《公路水运工程施工安全风险评估指南 第3部分：隧道工程》
(JT/T 1375.3—2024) 解析

RISK ASSESSMENT METHODS AND TYPICAL CASE STUDIES FOR
CONSTRUCTION SAFETY OF HIGHWAY TUNNEL ENGINEERING

# 公路隧道工程施工安全风险评估方法及典型案例分析

吴顺川　主　编

李　伟　吴忠广　吴全立　副主编

人民交通出版社

北京

## 内 容 提 要

本书系统解读了《公路水运工程施工安全风险评估指南 第3部分:隧道工程》(JT/T 1375.3—2024)的编制背景、思路和特点,以及多维度优化的评估体系、流程和方法等,主要包括公路隧道与典型施工安全风险、国内外隧道工程风险评估标准与方法、2024年版指南编制思路与特点、隧道施工安全风险评估基本要求、总体风险评估、施工前专项风险评估、施工过程专项风险评估、典型施工安全风险评估案例、典型风险评估方法和隧道施工安全风险评估平台等内容,旨在促进公路隧道施工风险评估工作的有效实施,进一步提升施工安全与管理水平。

本书可供公路隧道工程施工技术人员及风险评估领域从业人员使用,也可作为相关领域科研人员的参考用书。

图书在版编目(CIP)数据

公路隧道工程施工安全风险评估方法及典型案例分析 / 吴顺川主编. — 北京:人民交通出版社股份有限公司,2024.9. — ISBN 978-7-114-19751-2

Ⅰ.U459.2

中国国家版本馆 CIP 数据核字第 2024JZ6949 号

Gonglu Suidao Gongcheng Shigong Anquan Fengxian Pinggu Fangfa ji Dianxing Anli Fenxi

| | |
|---|---|
| 书　名: | 公路隧道工程施工安全风险评估方法及典型案例分析 |
| 著 作 者: | 吴顺川 |
| 责任编辑: | 潘艳霞 |
| 责任校对: | 赵媛媛　龙　雪 |
| 责任印制: | 刘高彤 |
| 出版发行: | 人民交通出版社 |
| 地　　址: | (100011)北京市朝阳区安定门外外馆斜街3号 |
| 网　　址: | http://www.ccpcl.com.cn |
| 销售电话: | (010)85285857 |
| 总 经 销: | 人民交通出版社发行部 |
| 经　销: | 各地新华书店 |
| 印　刷: | 北京市密东印刷有限公司 |
| 开　本: | 787×1092　1/16 |
| 印　张: | 15.25 |
| 字　数: | 331 千 |
| 版　次: | 2024年9月　第1版 |
| 印　次: | 2024年9月　第1次印刷 |
| 书　号: | ISBN 978-7-114-19751-2 |
| 定　价: | 90.00元 |

(有印刷、装订质量问题的图书,由本社负责调换)

# 序

　　公路隧道工程是我国交通基础设施建设中的重要支柱,承载着连接各大区域与促进经济发展的关键任务。公路隧道有效突破了自然地理屏障,缩短了空间距离,进而显著提高了交通运输效率,加速了区域经济一体化与协调发展。近几十年来,公路隧道作为公路系统的核心组成部分,对完善国家综合交通体系、提高民生生活质量以及推动社会全面进步,发挥了至关重要的作用。

　　交通强国建设和国家综合立体交通网的快速推进,对公路建设标准提出了更高要求,我国公路隧道建设逐步进入高质量发展阶段。近10年来,我国公路隧道每年新增里程超过1100km,已成为当今世界公路隧道规模最庞大、地质条件和结构形式最复杂、发展速度最快的国家。在新形势下,特长隧道和大断面隧道正逐渐成为新建公路隧道工程的"新常态",隧道掘进施工方法呈现了仍以钻爆法为主,但盾构法与隧道掘进机(TBM)法占比逐渐增大的趋势。伴随着公路建设需求的增多和隧道发展态势,随之而来的是施工难度不断增大,坍塌、岩爆、掌子面失稳、涌水突泥及掘进机损伤等隧道灾害事故频发,造成较大程度的人员伤亡、直接经济损失、工期延误和不良社会环境影响的可能性在增加。

　　随着新理念、新技术的发展,2011年发布的《公路桥梁和隧道工程施工安全风险评估指南(试行)》(简称"2011年版指南")已难以适应新形势下隧道工程施工风险评估的需求。《公路水运工程施工安全风险评估指南　第3部分:隧道工程》(JT/T 1375.3—2024)(简称"2024年版指南")在总结多年来隧道施工风险评估经验的基础上,以问题为导向、以实用为宗旨,延续了既有风险评估模式,创新了评估方法,优化了隧道施工安全风险评估体系。相比于既有隧道施工风险评估体系,2024年版指南体现了三方面的创新:提出了总体风险评估方法体系,建立了施工前主要风险事件可能性评估和严重程度当量估测方法,构建了施工过程专项风险评估与风险控制预期效果评估方法。

　　本书以2024年版指南的内容为基础,不仅细致剖析了2024年版指南的编制背景、思路和特点,更对其涉及的多维评估指标体系、风险评估方法等关键技术要点进行了全面、系统的解读,兼具理论性、实践性和应用性。它不仅是一部学术著作,更是一本兼具实践指导意义的实用解读手册,为读者搭建了一座理论与实践相交融的桥梁,并为相关领域的发展提供了宝贵经验借鉴和有力实践支撑。本书对帮助读者准确把握2024年版指南的定位、理解其各项要求与使用方法、促进其落地实施大有裨益。

  本书的付梓恰当其时,我相信该书的出版,可为从事隧道工程设计、施工与研究的人员提供有益参考,并进一步提升我国公路隧道工程施工安全与管理水平。

朱合华

中国工程院院士　同济大学教授

2024年7月

# 前言

20世纪80年代中期，我国开始了汽车专用公路（高速公路的前身）的探索，自1988年10月31日中国大陆第一条高速公路（沪嘉高速公路一期工程）通车，到1998年"五纵七横"规划的全面实施，全国高速公路建设进入快速发展阶段；在2004年发布的《国家高速公路网规划》、2022年发布的《国家公路网规划》的指导下，遵循"东部加密、中部成网、西部连通"的总体布局思路，我国高速公路的发展突飞猛进，已形成了"首都连接省会、省会彼此相通、连接主要地市、服务全国城乡"的高速公路网络。截至2023年底，全国公路里程达543.68万km，其中高速公路里程为18.36万km，稳居世界第一。

在公路建设，特别是高速公路建设过程中，隧道作为提升公路运输效率与道路服务水平的重要基础设施，越来越受到重视和关注，截至2023年底，全国公路隧道数量达27297处、超过3023.18万延米，其中有特长隧道2050处、超过924.07万延米。从公路隧道的分布特征看，山岭隧道增长数量最多，水下隧道发展速度最快，城市道路隧道发展进入明显的快速增长期，且呈现出向特长和10km以上超长隧道、大断面及超大断面隧道发展的趋势。在隧道施工方法方面，其呈现多元化发展态势，钻爆法仍是主流工法，盾构法应用越来越广泛，沉管法取得突破性进展，隧道掘进机（TBM）法呈现多样化发展态势。同时，随着我国"创新、协调、绿色、开放、共享"五大新发展理念的落实以及打造"新质生产力"发展路径的贯彻实施，中国公路隧道建设理念正在发生日新月异的变化。

隧道工程建设安全的首要制约因素是岩土体与地下水状态。若围岩质量差、结构松散，易出现坍塌问题；若围岩质量较好，结构完整，在高地应力下又易出现岩爆问题；同时，地下水、岩溶、采空区等因素对施工的影响也日益凸显。我国幅员辽阔，东西南北跨度较大，不同地区地质环境差异巨大，工程水文地质条件复杂多变；同时，不同建设规模和结构类型的隧道工程，其施工工法及参数也受众多不确定因素的影响，更受经济、人为等因素的制约。因此，隧道工程建设存在极大的不确定性，且影响安全的风险因素繁多，给隧道工程的安全生产建设带来了极大挑战。为减少事故的发生，隧道施工安全风险评估显得尤为重要。

美国麻省理工学院的 H. H. Einstein 教授是早期研究隧道及地下工程风险评估理论的代表性人物,提出了隧道施工决策辅助工具(Decision Aids for Tunneling,DAT)模型,1983年,剑桥大学的 G. F. Salazar 指出,在地铁工程项目中应用风险管理可以影响工程造价,并可降低工程事故的发生概率。此后,风险分析开始得以在隧道工程领域应用,各国先后出台了一系列隧道及地下工程领域的风险管理文件,国际隧道协会(ITA)发布的《隧道风险管理指南》,为隧道工程风险管理提供了相关的评判标准和管理办法。

相较于国外,我国隧道风险评估工作起步较晚,1987年,清华大学郭仲伟教授编写了《风险分析与决策》,标志着我国风险管理研究迈入新阶段,后期同济大学丁士昭教授、黄宏伟教授等众多学者在隧道工程风险评估领域开展了积极的探索性研究工作,2009年以来,以长安大学、重庆交通大学、西南交通大学为代表的高校开展了大量隧道施工风险评估相关的研究工作,研究成果为我国隧道工程风险管理制度及评估方法的优化与改进提供了重要支撑。

为有效降低隧道工程施工风险、减少安全事故发生,2011年,交通运输部在我国公路交通系统全面开展公路隧道工程施工阶段的安全风险评估工作,发布了《公路桥梁和隧道工程施工安全风险评估指南(试行)》,明确了相应的评估流程,建立了相关的评估方法和评估指标体系,该指南为我国近年来大体量公路隧道施工风险防控工作提供了指导和保障,具有划时代的重要意义。在《公路桥梁和隧道工程施工安全风险评估指南(试行)》的基础上,国内部分学者对隧道施工风险评估方法进行了不同角度的优化与改进,为我国隧道施工风险评估体系的发展发挥了积极作用。

依据我国近 10 年来隧道工程建设经验和发展情况,可以预计在未来一段时期内,我国公路隧道建设将呈现"特长隧道-长隧道-大断面隧道成为新建公路隧道工程'新常态'""盾构法与 TBM 法将在隧道施工中占更大比例"等趋势,在隧道建设过程中将展现施工难度不断增大、动态监测要求更高与管理要求日益严苛等特点,原有的施工风险评估体系已难以全面满足当前及今后隧道施工安全风险评估的需要。因此,交通运输部自 2022 年开始陆续发布《公路水运工程施工安全风险评估指南》(JT/T 1375)的 7 个部分,该指南是指导公路水运工程施工安全风险评估的基础性和通用性标准,旨在指导公路水运工程施工安全风险评估工作的开展。7 个部分分别为:总体要求、桥梁工程、隧道工程、边坡工程、港口工程、航道工程和船闸工程,其中,隧道工程部分为隧道工程施工安全风险评估工作的开展提供了可操作性和具有实用价值的评估程序和方法。

本书重点对《公路水运工程施工安全风险评估指南 第 3 部分:隧道工程》(JT/T 1375.3—2024)的内容进行解析,并给出典型的案例分析,有助于隧道风险评估团队和工程技术人员准确理解该指南中的风险评估方法,并将其有效应用于施工风险评估工作中。

本书共包括 8 章与 2 个附录:第 1 章系统介绍了我国公路隧道的发展现状,并详细分析了钻爆法和盾构法隧道典型施工安全风险事件的类型、成因及防治对策;第2章简要梳理了多部国内外隧道工程建设风险评估标准的主要内容和优缺点,并总结了总体风险评估和专项风险评估方法的研究现状;第3章全面剖析了JT/T 1375.3—2024的编制思路与特点;第4章~第7章分别深入解读了JT/T 1375.3—2024中的基本要求、总体风险评估、施工前专项风险评估以及施工过程专项风险评估等内容;第8章结合典型工程案例,给出了总体风险评估、施工前和施工过程专项风险评估中重大风险源风险估测的评估流程和方法;附录A列举了典型风险评估方法的基本原理和步骤;附录B介绍了隧道施工安全风险评估平台及其使用方法。

本书重点分析并探讨了以下几方面的内容:

(1)**总结了JT/T 1375.3—2024的编制思路与特点**:结合JT/T 1375.3—2024的前期调研、初稿撰写、意见征集、报批完善等编制工作的思考,全面梳理了在提高风险评估指南适用性、优化评估体系与创新评估方法等方面的总体编制思路,并阐述了动静态风险评估体系、精简化的评估流程、精确化的评估方法等具体内容和特点。在全面解析JT/T 1375.3—2024各条款之前,全面总结评估新体系和新方法,增强了阅读的流畅性,帮助读者更好地厘清风险评估指南的框架和脉络。

(2)**剖析了隧道施工安全风险评估方法与流程及其逻辑关系**:针对主控因素判识法与指标体系法相结合的总体风险评估,以及检查表法、作业条件危险性分析法(LEC)、指标体系法、专家调查法、后果当量估计法、风险矩阵法等协同配合的施工前和施工过程专项风险评估,系统阐述了各评估阶段的作用、评估方法的选取原则及评估流程间的逻辑关系。在此基础上,进一步详细剖析了主控因素判识表、总体风险评估指标体系、施工前与施工过程风险事件可能性评估指标体系、风险事件后果严重程度当量计算中的指标分类、计算方法与分级标准的内在逻辑和依据,使读者能够更深入地理解和把握风险评估的具体实施过程。

(3)**列举了隧道施工安全风险评估的典型案例**:基于优化的评估流程、方法与体系,结合4个典型的钻爆法和盾构法隧道工程案例进行了施工安全风险评估,包括总体风险评估、施工前和施工过程重大风险源风险估测,以便读者更清晰地理解和掌握总体风险评估和专项风险评估流程,以及涉及的主控因素判识法、指标体系法、重要性排序法、后果当量估计法、风险矩阵法等方法。通过实际隧道工程评估案例,可有效促进隧道施工安全风险评估体系的应用和落地。

(4)**建立了在线风险评估平台**:由于隧道施工安全风险评估工作量较大,为顺应科技发展时代的新要求,通过提供网络服务实现隧道施工安全风险在线评估,提高隧道工程评估工作的便捷性。该平台包括钻爆法和盾构法隧道施工安全总体风险评估、施工前重大风险源风险估测等内容,并提供评估小组组建与评估报告导出功能,在帮助技术人员高效完成评估工作的同时,使其更易理解和掌握整个评估体系。在线风险评估平台的建立,实现了隧道施工安全风险评估的流程化与智能化。

本书由昆明理工大学吴顺川任主编并负责统稿,李伟、吴忠广、吴全立任副主编。具体编写分工:第1章,吴顺川、李伟(交通运输部公路科学研究所)、吴全立(中国路桥工程有限责任公司);第2章,李伟、吴忠广(交通运输部科学研究院)、刘伟(交通运输部公路科学研究所);第3章,吴顺川、吴忠广、田万利(交通运输部科学研究院);第4章,吴顺川、吴金(北京科技大学)、王涵(北京科技大学);第5章,吴顺川、吴全立、吴金;第6章,吴忠广、吴全立、田万利;第7章,吴全立、吴顺川、刘伟、郑甲佳(中国路桥工程有限责任公司);第8章,吴金、刘伟、郑甲佳;附录A,王涵、吴金;附录B,吴顺川、崔靖奇(昆明理工大学)。

本书的编写历时7年(2018—2024年),在众多学者和同仁的共同努力和帮助下,才得以顺利出版,在此向他们致以诚挚的感谢和崇高的敬意:黄勇、桂志敬、黄宏伟、和昆、张卓、张玉芳、程崇国、陈学雄、彭建华、严琼等施工安全风险评估和施工管理经验丰富的专家对JT/T 1375.3—2024的编撰提出了诸多建议,同时,JT/T 1375.1—2022的编撰专家为本书的编写提供了重要支撑;高超伟、张晨曦、张化进、李康、林一坤、沈亚玺、夏磊、刘伟铧、王晓龙、庞瑞、耿晓杰、储超群、郭沛、张光、王寰宇、彭阳、张鑫磊、张梦、王天昊等参与了本书的资料收集、编排、绘图及校核等工作;此外,交通运输部公路科学研究所的陈磊、杨弘卿、李欣等为本书的出版提供了支持,昆明理工大学国土资源工程学院青年教师程海勇、夏志远、韩龙强、王超、姜关照、代风、任敏、李红等也为本书的编写提供了帮助。

本书在编写过程中,得到了交通运输部安全与质量监督管理司、人民交通出版社、云南省交通运输厅、同济大学、福建省交通建设质量安全中心、中国铁道科学研究院、云南省交通发展投资有限责任公司、中国建筑股份有限公司、中交第一公路工程局有限公司、中桥安科交通科技(浙江)有限公司、四川藏区高速公路有限责任公司、四川汶马高速公路有限责任公司、中桥隧(北京)交通科技有限公司、自然资源部/云南省高原山地地质灾害预报预警与生态保护修复重点实验室等单位的大力支持,同时书中参考引用了大量国内外文献、网络视频与图片等资源,在此谨向所有给予支持的单位、个人以及文献作者表示衷心感谢。

由于编者水平有限,书中难免存在不足之处,诚恳期待各位同行、读者不吝赐教、批评指正,以便在本书再版时得以修正和完善。

吴顺川<br>
2024年7月于春城

# 目录

**第1章　公路隧道与典型施工安全风险** ················ 1

　1.1　我国公路隧道发展现状 ················ 1
　1.2　公路隧道典型施工安全风险事件 ················ 5
　1.3　本章小结 ················ 37

**第2章　国内外隧道工程风险评估标准与方法** ················ 39

　2.1　隧道工程建设风险评估标准 ················ 39
　2.2　公路隧道工程施工安全风险评估方法 ················ 45
　2.3　本章小结 ················ 48

**第3章　2024年版指南编制思路与特点** ················ 49

　3.1　编制思路 ················ 49
　3.2　编制特点 ················ 51
　3.3　本章小结 ················ 54

**第4章　隧道施工安全风险评估基本要求** ················ 55

　4.1　评估阶段划分 ················ 55
　4.2　评估方法选择 ················ 57
　4.3　评估实施步骤 ················ 61
　4.4　本章小结 ················ 63

## 第5章 总体风险评估 ·················································· 65

### 5.1 评估流程 ·················································· 65
### 5.2 主控因素判识法 ·················································· 67
### 5.3 指标体系法 ·················································· 74
### 5.4 风险控制 ·················································· 82
### 5.5 本章小结 ·················································· 82

## 第6章 施工前专项风险评估 ·················································· 83

### 6.1 评估流程 ·················································· 83
### 6.2 风险辨识与风险分析 ·················································· 85
### 6.3 风险估测 ·················································· 96
### 6.4 风险控制 ·················································· 117
### 6.5 风险控制预期效果评价 ·················································· 135
### 6.6 本章小结 ·················································· 135

## 第7章 施工过程专项风险评估 ·················································· 136

### 7.1 评估流程 ·················································· 136
### 7.2 风险估测 ·················································· 138
### 7.3 本章小结 ·················································· 166

## 第8章 典型施工安全风险评估案例 ·················································· 167

### 8.1 钻爆法隧道施工安全风险评估案例 ·················································· 167
### 8.2 盾构法隧道施工安全风险评估案例 ·················································· 184

## 附录A 典型风险评估方法 ·················································· 204

## 附录B 隧道施工安全风险评估平台 ·················································· 216

## 参考文献 ·················································· 223

# 第1章

# 公路隧道与典型施工安全风险

公路隧道作为交通基础设施的关键部分,直接穿越自然和人工障碍物,减少公路的里程,提供了一种高效、经济的交通解决方案,且与桥梁和高架道路相比,隧道在保护自然景观完整性及减少城市空间干扰方面具有显著优势。世界隧道建设目前呈现出显著的技术创新和持续发展趋势,从早期隧道小规模、技术难度低、施工环境条件单一逐步向大规模、技术要求高、施工环境多样方向发展。迄今为止,挪威的拉达尔公路隧道是世界上最长的公路隧道,全长24.5km;2018年开工建设的罗加兰隧道,穿越博肯峡湾的海底,全长26.7km,建成后将成为世界上最长的公路隧道。这些隧道通过先进的施工方法有效跨越了地理障碍,改善了地区的交通流动性和经济联系。21世纪以来,随着我国国民经济的快速发展,我国的公路隧道建设进入高速发展阶段,与全球隧道建设进程并行,并高度重视施工安全性、环境友好性和可持续性。

## 1.1 我国公路隧道发展现状

我国是当今世界上公路隧道规模最庞大、数量最多、地质条件和结构形式最复杂、发展速度最快的国家,近10年公路隧道每年新增运营里程超过1100km。根据中华人民共和国交通运输部发布的《2023年交通运输行业发展统计公报》显示,截至2023年底,全国公路总里程为543.68万km,比2022年增加8.20万km,其中隧道有27297处、3023.18万延米(特长隧道2050处、924.07万延米,长隧道7552处、1321.38万延米),比2023年增加2447处、344.75万延米。根据2007—2023年的统计结果,我国公路隧道、特长隧道及长隧道数量及总长度统计情况见表1-1。

2007—2023年我国公路隧道数量及总长度 表1-1

| 年份(年) | 全国公路隧道总数(处) | 特长隧道总数(处) | 长隧道总数(处) | 公路隧道总长度(万延米) |
| --- | --- | --- | --- | --- |
| 2007 | 4673 | 83 | 607 | 255.55 |
| 2008 | 5426 | 120 | 743 | 318.64 |

续上表

| 年份(年) | 全国公路隧道总数(处) | 特长隧道总数(处) | 长隧道总数(处) | 公路隧道总长度(万延米) |
|---|---|---|---|---|
| 2009 | 6139 | 190 | 905 | 394.20 |
| 2010 | 7384 | 265 | 1218 | 512.26 |
| 2011 | 8522 | 326 | 1504 | 625.34 |
| 2012 | 10022 | 441 | 1944 | 805.27 |
| 2013 | 11359 | 562 | 2303 | 960.56 |
| 2014 | 12404 | 626 | 2623 | 1075.67 |
| 2015 | 14006 | 744 | 3138 | 1268.39 |
| 2016 | 15181 | 815 | 3520 | 1403.97 |
| 2017 | 16229 | 902 | 3841 | 1528.51 |
| 2018 | 17738 | 1058 | 4315 | 1723.61 |
| 2019 | 19067 | 1175 | 4784 | 1896.66 |
| 2020 | 21316 | 1394 | 5541 | 2199.93 |
| 2021 | 23268 | 1599 | 6211 | 2469.89 |
| 2022 | 24850 | 1752 | 6715 | 2678.43 |
| 2023 | 27297 | 2050 | 7552 | 3023.18 |

根据近年来我国公路隧道的发展状况，今后的公路隧道发展将会呈现以下3个趋势。

1）特长隧道、长隧道、大断面隧道将成为新建公路隧道工程的"新常态"

修建隧道是公路交通工程穿越高山的最优选择，表1-1的统计数据表明，从2007年至2023年，全国特长隧道总数由83处增加到2050处，长隧道总数由2007年的607处增加到7552处。特长隧道与长隧道总数量的快速增加，一方面代表着我国隧道建设规模与施工技术的不断进步，另一方面也预示了公路隧道今后的发展趋势：特长隧道、长隧道将会成为新建公路隧道的"新主角""新常态"。

我国西南地区地势起伏，高山大川星罗棋布，伴随"一带一路"建设及"西部大开发"战略的深入实施，高速公路与普通公路路网末端不断向西南地区延伸。例如，云南省交通运输厅发布的《云南省高速公路网中长期布局(2016—2030年)》指出，至2030年，云南省将形成"五纵"（威信—天保、水富—河口、永仁—勐康、隔界河—磨憨、泸水—打洛）、"五横"（镇雄—香格里拉、宣威—片马、胜境关—猴桥、江底—瑞丽、罗村口—清水河）、"一边"（泸水—富宁沿边高速公路）、"两环"（昆明绕城高速公路、滇中城市群高速环线）、"二十联"的高速公路布局；根据四川省交通运输厅与四川省发展和改革委员会联合发布的《四川省高速公路网规划(2019—2035年)》，修建与原川藏公路南线、北线平行的川藏高速公路，打通更高等级、更快速度的进藏通道,已是势在必行。

在东部沿海地区,规划中的三大海峡通道(渤海海峡通道、琼州海峡通道与台湾海峡通道),其隧道长度将达到历史空前的水平。如规划中的渤海海峡通道,其北隍城岛—铁山段长度超过40km,而规划中的台湾海峡南通道,隧道总长度达到195km。

伴随国内机动车辆总数的不断攀升,发达地区对公路隧道通行能力的要求不断提升,修建三车道乃至四车道的大跨度、大断面公路隧道,是提升隧道通行能力的必然选择。近年来,国内已经建成了较多大断面典型隧道。如辽宁韩家岭隧道,是我国第一座单洞四车道公路隧道;深圳雅宝隧道最大开挖跨度达21.1m,最大开挖高度达13.7m,是我国第一座投入运营的双洞八车道公路隧道;全国最大断面高速公路隧道群——滨莱高速公路淄博西至莱芜段隧道群,整个隧道群左洞总长为4552m,右洞总长为4465.7m,合计长度为9017.7m,均为双向八车道分离式隧道,该隧道群共由5条隧道组成,其中乐瞳隧道最长,左洞与右洞长度分别为2010m和1995m,最大开挖跨度为21.48m,最大开挖高度为14.29m,最大开挖断面面积为245.5m$^2$。

2) 盾构法与隧道掘进机(TBM)法将在隧道施工中占更大比例

目前,钻爆法与浅埋暗挖法仍是我国隧道施工的主要方法,而盾构法与TBM法作为机械化程度较高的隧道施工方法,目前在地铁、跨江越海通道工程施工中处于主导地位,可以预计,公路特长隧道也将会优选盾构法与TBM法进行施工。

TBM,在国内一般是指用于硬岩掘进的敞开式隧道掘进机,在国外则是用于软岩掘进的护盾式隧道掘进机和用于硬岩掘进的敞开式隧道掘进机的统称,其中,护盾式隧道掘进机主要是在土体或软岩工程中建立压力并维持工作面平衡,在国内又称之为盾构法施工。

盾构法是暗挖法施工中的一种全机械化施工方法,具体方式是通过盾构外壳和管片支承作用,将盾构机械在地下安全推进并最终使隧道贯通。在开挖作业时,开挖面前方用切削装置开挖土体,采用泥水挟渣或者螺旋机出渣,依靠千斤顶在后部加压顶进,拼装预制混凝土管片,从而形成隧道结构。采用盾构法修建隧道已有近200年的历史,法国工程师M. I. Brunel最早进行研究,他由船蛆在船的木头中钻洞,并从体内排出一种黏液加固洞穴的现象得到启发,于1818年开始研究盾构法施工,并于1825年在英国伦敦泰晤士河下,采用一个矩形盾构建造了世界上第一条水底隧道(宽11.4m、高6.8m)。我国在第一个五年计划期间,首先在辽宁阜新煤矿采用直径2.6m的手掘式盾构进行了疏水巷道的施工。

目前,盾构法已在过江、跨海隧道掘进中得到广泛应用。如图1-1所示,"钱江第一隧"——杭州庆春路过江隧道与"长江第一隧"——武汉长江公路隧道均采用盾构法掘进,盾构直径均为11m;南京长江公路隧道采用了直径15m的盾构机进行掘进。计划中的渤海海峡跨海通道拟采用TBM法+钻爆法的方式进行施工,跨越琼州、台湾海峡的隧道分别计划采用泥水平衡盾构法与TBM法+钻爆法的施工方式。

  a)杭州庆春路过江隧道    b)武汉长江公路隧道    c)南京长江公路隧道

图 1-1 国内典型盾构法施工隧道

  自 2004 年武汉长江公路隧道开始建设,采用盾构法施工的公路隧道逐渐成为国内大陆地区公路跨越江河湖峡的重要方式之一,截至 2021 年底,共建成 45 条大直径公路盾构隧道,其中单层双车道隧道有 24 条,开挖直径范围为 10.22～13.67m,单层三车道隧道有 12 条,开挖直径范围为 14.1～15.76m,双层双车道隧道有 9 条,开挖直径范围为 14.27～15.43m。更大直径的盾构隧道,当属美国西雅图 SR99 隧道和中国香港屯门—赤鱲角隧道,其中前者采用了直径 17.45m 土压平衡盾构机,而后者采用的是直径达 17.6m 的气压泥水平衡盾构机,因此直径 16～18m 的盾构隧道已具有成熟的施工经验。

  传统的钻爆法隧道开挖工艺,虽然施工方式简便,但施工效率较低,且对岩土体有较大扰动。在未来的公路隧道施工中,钻爆法与盾构法/TBM 法等深度机械化的隧道掘进工艺相结合,将成为隧道施工方法的发展趋势。

3)人工智能等计算机技术广泛应用于隧道工程

  人工智能是研究、开发用于模拟、延伸和扩展人的智能的理论、方法、技术及应用系统的一门新学科。同时,人工智能也是一种外向型学科,是研究计算机模拟人类智能活动能力的科学,它与原子能、空间技术一起,被誉为 20 世纪三大科学技术成就。

  目前,传统隧道工程的相关技术主要依靠经验类比和少量的数值分析,其局限性大大限制了隧道工程技术的发展。在国内外隧道工程中,已有大量将人工智能与隧道工程相结合的案例,并有效促进了我国隧道工程的发展,但在实用性和智能分析精度等方面仍存在大幅提升的空间。

  在隧道地质条件与施工方面,国内外研究人员在地质参数反演方面提出了基于人工神经网络、改进 BP 神经网络、长短记忆神经网络、深度神经网络、$K$ 均值聚类等算法,应用于围岩参数相关性分析、软弱围岩位移反分析、岩体分级、地质条件预测和分类等;在地表变形与沉降方面提出了基于随机森林、小波网络与人工神经网络相结合、长短记忆神经网络等算法,应用于隧道施工引起的最大地表沉降预测。

  人工智能在盾构法隧道施工领域取得了显著的进展,针对刀盘故障问题,Guo 等提出了稀疏自编码器与长短期记忆神经网络相结合的刀盘故障预测模型,Han 等提出了基于 BP 神经网络的复杂机械设备故障预测模型等;在预测刀盘寿命方面,K. Elbaz 等提出了基于神经网络的数据预处理与遗传算法相结合的刀盘寿命预测模型,A. Mahmoodzadeh 等利用高斯过程回归、支持向量机、决策树、$K$ 近邻算法结合实测数据预测刀盘寿命等；在预测掘进效率方面，D. J. Armaghani 等提出了将粒子群算法与人工神经网络相结合的盾构机推进速度预测模型，Xu 等提出了基于现场监测和室内试验数据的监督机器学习算法的隧道掘进效率预测模型，S. Mahdevari 等提出了基于支持向量机的 TBM 掘进效率预测模型等；在施工风险方面，章龙管等提出了基于故障树与贝叶斯网络等算法预测盾构施工风险。

## 1.2 公路隧道典型施工安全风险事件

随着公路隧道的大规模建设，公路隧道施工风险管理日益受到重视。由于工艺技术复杂、施工难度大、风险程度高，隧道施工过程极易引发事故，轻则影响施工进度，重则造成人员伤亡。一般来说，现阶段公路隧道建设呈现以下几个特点。

1) 施工难度不断增大

隧道工程施工安全与周边地质环境紧密相关，若围岩质量较差、结构松散，易出现坍塌问题；若围岩质量较好，结构完整，在高地应力下又易出现岩爆问题；同时，地下水、岩溶、采空区等因素对施工的影响也日益凸显，且随着隧道长度增加，众多不可预见的危险源也将显著影响公路隧道的施工安全；此外，隧道工程视觉条件相对较差，不易发现潜在的风险。

2) 管理难度日益严格

公路隧道施工多为洞内作业，设备多、空间小、组件大、工作环节紧凑且衔接紧密、相互影响，同时存在诸多不确定因素与较多危险源，安全风险管理细节多、难度大，对施工全过程的各项作业任务完成质量要求高，对作业的管理、技术的审查、人员的管控、安全的防控等均需严格做到位。

3) 动态监测要求更高

随着隧道工程建设向"深、长、大"方向发展，为保证隧道施工安全，需要对围岩进行动态监控量测，准确了解围岩的实时状态，并对其状态的变化进行科学分析，从而充分预见险情及事故，以防患于未然。超前地质预报可预判隧道前方的地质状况，弥补设计对实际地质状况的误判；隧道围岩变化的动态监测可通过变形等灾害先兆指标及时预报灾害的发生，确保整个施工过程的安全。

基于上述公路隧道施工的特点以及施工中易产生安全风险的因素，应针对隧道施工中的安全风险分析、辨识与控制等内容，建立系统科学、可行性高的安全风险管理方法，包括施工前的勘测设计、施工流程及问题处理、施工后的检查与完善等。公路隧道施工安全风险管理具体工作内容包括：对施工设计方案的反复研究，与现场情况做细致比对，查找安全风险点；考察分析隧道施工涉及的综合环境，对施工工艺、设备和施工人员等进行测评及安全风险分析；对隧道施工的安全风险监测以及风险处理；发生安全风险时的快速响应等。钻爆法（矿山法）和盾构法是公路隧道的常用施工方法，以下将分别针对钻爆法（矿山法）和盾构法，列举常见的风险事件,并分析其成因及防治对策。

## 1.2.1 钻爆法

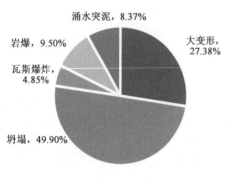

图1-2 钻爆法施工隧道常见风险事件发生数量占比

根据国内外千余条施工隧道各类灾害事故统计,坍塌、岩爆、瓦斯爆炸、大变形以及涌水突泥风险事件占比较高,如图1-2所示,其中坍塌灾害事件有483起,占总数的49.90%,四川省是发生隧道坍塌灾害的典型地区;隧道大变形灾害事件有265起,占总数的27.38%,四川省、重庆市、甘肃省和湖北省均是发生隧道大变形灾害的典型地区;岩爆灾害事件有92起,占总数的9.50%,四川省是发生隧道岩爆灾害的典型地区;涌水突泥灾害事件有81起,占总数的8.37%,发生涌水突泥灾害前5的地区依次是湖北省、云南省、广东省、重庆市和福建省;瓦斯爆炸灾害事件有47起,占总数的4.85%,重庆市是发生隧道瓦斯爆炸灾害的典型地区。

此外,隧道洞口一般属于工程施工的重要控制段落,通常具有岩体稳定性差、受力复杂、施工技术难度高和支护工程量大等特点,因此,隧道洞口段易发生失稳坍塌、滑坡等灾害,处置不当将严重影响工程作业人员的生命财产安全和施工进度。因此,钻爆法施工隧道的风险事件类型主要包括洞口失稳、坍塌、涌水突泥、大变形、瓦斯爆炸和岩爆等6种。

### 1.2.1.1 洞口失稳

隧道洞口是隧道施工的重难点,常存在进洞困难及不良地质等问题,随着隧道工程日益增多,洞口施工条件愈加复杂,洞口失稳频发,如图1-3所示。2011年版指南中,"洞口形式"和"洞口特征"作为评估洞口工程风险指标被纳入隧道工程总体风险评估体系,可见洞口工程在隧道施工风险管理中的重要地位。

图1-3 典型的隧道洞口失稳

1）成因分析

洞口是隧道出入部分的构筑物，包括洞门、洞口通风与排水系统、引道和边仰坡支挡结构等。隧道洞口失稳的主要原因可归纳如下：

（1）隧道洞口一般需穿越山体表层，由于表层岩体长期受风化作用影响，岩体结构通常较为破碎，节理裂隙发育，稳定性较差。洞口开挖会对不稳定岩体产生扰动，引起隧道边仰坡失稳，进而导致洞口失稳。

（2）隧道洞口一般位于浅埋地段，隧道上方覆盖层薄，围岩破碎软弱，洞口开挖后围岩变形速率较快且难以形成自承体系。当围岩变形超过某一限度时可能引发洞口失稳，同时洞口段围岩长期稳定性较洞身段差，往往会承受仰坡的纵向推力，进一步增加了隧道洞口失稳的可能性。

（3）隧道穿越山体，其轴线与山体或者岩层走向斜交时，洞口左右两侧坡度存在差异，洞口受力不均产生偏压，易导致围岩与隧道支护结构发生张拉或剪切破坏，进而导致隧道洞口失稳。

（4）隧道洞口开挖易受降雨影响，一方面，降雨在地表集聚、汇流，冲蚀地表覆盖层，导致覆盖层厚度减小；另一方面，降雨沿裂隙渗入岩体，部分岩体遇水软化，强度降低。覆盖层厚度减小与岩体强度的降低，将增加洞口失稳发生的概率。

由上可知，隧道洞口的稳定性主要受控于边仰坡以及开挖引起的洞口段围岩劣化，且两者相互影响，这也是洞口施工的复杂之处。

边仰坡的稳定影响因素多且繁杂，可分为内部因素和外部因素。内部因素主要包括岩土体性质、岩体结构及地应力等，外部因素主要包括水、振动等。洞口段围岩稳定性影响因素除岩土体力学性质、岩体结构和降雨等外，还包括浅埋和偏压两个因素，其中偏压主要考虑地形因素引起的偏压。当上覆岩层较薄时，洞口开挖后，围岩受自重应力的影响使其扰动范围扩散至地表，并可能在隧道顶部形成较大的塑性破坏区，难以形成有效的承压拱；当洞口出现偏压时，隧道两侧围岩压应力不同，埋深较深的一侧承受压力较大，呈现出拉弯变形，压力差过大时可能导致围岩和支护结构发生破坏。

2）防治对策

根据前述成因分析，预防洞口失稳的主要对策包括：

（1）有序组织洞口边仰坡施工，并对软弱地层进行预加固：施工前应清理易滑塌的表土和危石，并自上而下开挖边仰坡；若边仰坡地层较松散软弱，则需采取地表注浆、抗滑桩、锚杆、锚索等预加固和支护措施；边仰坡施工过程中应尽早施作洞顶截排水系统。

（2）开展超前地质预报：在洞口段开挖过程中，可采用探地雷达法、瞬变电磁法、隧道地震波法（TSP法）、地震波反射层析成像法（TRT法）、地震波层析成像法（TST法）、红外探水法或超前钻孔法等，及时探测并反馈可能遇到的不良地质现象，根据掌子面前方围岩状况及水文地质条件，及时调整施工方法。

(3) 以超前支护等措施对洞口开挖段岩土体进行加固：洞口浅埋、软弱破碎段岩土体应采用管棚、小导管、锚杆等超前加固措施进行预加固,以保证开挖过程中洞口段围岩与掌子面的稳定。

(4) 根据洞口段围岩情况,选择合适的施工方法,减少对洞口段围岩及边仰坡岩土体的扰动,可选择如台阶法、中隔壁法(CD法)、交叉中隔壁法(CRD法)或双侧壁导坑法等方法对隧道洞口段进行开挖作业。开挖过程中,爆破作业应遵循"短进尺、密布眼、少装药、弱爆破"的原则,以减少对围岩和边仰坡的扰动。开挖后及时采取钢拱架、锚杆、钢筋网和喷射混凝土等措施对洞口段围岩进行支护。

(5) 开挖后及时对隧道围岩开展监控量测工作：对隧道洞口段围岩拱顶沉降、水平收敛和地表沉降量进行及时量测,并根据监测反馈数据完善施工工艺。

3) 典型事故案例

千担坡隧道位于重庆市黔江区,隧道右线起终点为YK76+797.5～YK77+151.5,右线全长354m,为短隧道。隧址区属构造侵蚀中低山沟谷切割地貌,进洞口一侧受冲沟切割,地形陡峭,坡向265°,坡角40°～55°,坡度大;YK76+797.5～YK76+900段地形与隧道洞轴线斜交,存在地形严重偏压,该段隧道最大埋深约为16.2m,最浅埋深2.3m。洞身段YK76+860～YK76+900发育有走向约250°的冲沟。隧址区进口一带山顶大部分基岩裸露倒悬,陡倾裂隙发育,洞顶风化层及堆积体较厚,处于基本稳定～欠稳定状态。

隧道开工后自出口向进口方向组织施工,2018年5月,在YK76+890段下穿浅埋沟段时掌子面发生冒顶坍塌,为开辟工作面,后由进口向出口施工。2018年8月,YK76+797.5～YK76+825段线路右侧山体突然出现滑塌,掘进段洞口和右侧山体垮塌导致已掘进的27.5m隧道全部掩埋,如图1-4所示。

图1-4 修复中的千担坡隧道洞口

事故原因分析：右洞进口段地表横坡较陡,陡倾斜裂隙发育,且洞顶风化层及堆积体较厚,进口及洞身段围岩为V级且浅埋偏压,洞身开挖爆破振动导致山体稳定性降低,加上施工正值雨季,强降雨频繁,雨水下渗弱化了岩体强度;同时,由于修建临时便道,在原始地形上堆砌了大量杂填土,因原始地形坡度大,杂填土体可能沿原始坡面产生滑动。原始冲沟沟心覆土主要为粉质黏土夹碎石和素填土,由于坡顶地形偏陡,天气持续降雨,洞顶原生崩坡积土与新近弃渣填土之间存在较大空隙,导致素填土沿原始坡面自隧道右侧出现局部滑动。

#### 1.2.1.2 坍塌

隧道开挖打破了围岩的初始应力平衡状态,引起围岩应力的重新分布,并伴随着围岩变形和松弛的产生。当围岩条件较差或支护薄弱时,容易产生局部破坏;同时,随着围岩应力状态的进一步调整,可能会造成局部破坏的扩大,进而导致隧道失稳坍塌,如图 1-5 所示。一般而言,隧道坍塌常发生于不良地质体条件下,如软弱破碎围岩、断层破碎带、不整合接触面和膨胀岩(土)或第四系松散岩层等。

图 1-5 广西乐业大道上岗隧道和贵州惠罗高速公路边阳隧道坍塌

根据坍塌事故案例的特征,可采用以下 8 个指标进行隧道坍塌分类:隧道类型、坍塌原因、坍塌发生位置、坍塌发展速度、坍塌规模、坍塌破坏形态和危害形式、造成的经济损失与人员伤亡、时效性。基于不同指标,可将隧道坍塌事故划分为:山岭、城市和水下的隧道坍塌,围岩失稳、支护强度不足引起的隧道坍塌,洞口坍塌与洞身坍塌,突发性、阵发性、缓慢变形的隧道坍塌,小型、中型和大型的隧道坍塌,局部、拱形、异形和贯穿型的隧道坍塌,一般、较大、重大和特别重大的隧道坍塌,初期支护前、二次支护完成前和二次支护后的隧道坍塌。

1)成因分析

导致坍塌的原因是多方面的,主要包括地质条件、设计影响以及施工原因等,具体如下。

(1)地质条件。

①围岩等级。围岩等级的划分方法有多种,是为了区分围岩稳定性。围岩的强度、破碎程度及其完整性对围岩的稳定性起到重要作用,围岩等级越低,其强度越低、破碎程度越高、完整性越差,发生坍塌的风险越高。

②特殊地质条件。特殊地质条件主要包括断层破碎带、空洞、溶洞等不良地质条件,受施工影响可能发生破坏。断层破碎带强度低、介质松散、透水性大,当有地下水时易软化,松动圈

增大,围岩压力增加,支护结构变形增大,最终导致坍塌事故发生。在隧道施工扰动下,地层中存在的空洞、溶洞等可能发生破坏,使得上方地层出现力学不平衡情况,从而导致坍塌发生。

③水的影响。水是隧道坍塌事故最主要的影响因素,大部分坍塌事故发生过程中均受到水的影响。地下水会改变围岩应力状态,同时影响围岩强度,其作用主要体现在:以松散破碎岩体或软黏土等为主的软岩地层,岩石单轴抗压强度、抗剪强度和弹性模量等随含水率的增加而降低;断层等地质构造带中的膨胀性矿物(高岭土、蒙脱石等)在无水状态下较为坚硬,遇水后迅速发生软化,强度降低,使围岩自稳能力下降,导致坍塌事故发生。

地下水和地表水均对隧道稳定性有影响,其中地下水主要指孔隙水、裂隙水、水囊、管线渗漏水等;地表水是地下水的主要补给源,包括降雨、降雪、河流、湖泊等,持续或强降雨会增加地下水量,从而加剧坍塌的风险和危害。

④偏压因素。偏压指因各种原因导致的隧道围岩压力呈现明显的侧压力不均衡,偏压对隧道洞口、浅埋段的影响较大,对深埋段的影响较小。引发偏压的原因主要包括:a.地形原因,地面显著倾斜,且隧道埋深较浅,导致侧压力较大;b.地质原因,节理发育、存在滑动面或软弱结构面等;c.施工原因,施工引起隧道结构受力不均衡。

(2)设计影响。

隧道设计的目的是在不同地质环境下建设长期稳定的隧道结构体系。从结构方面考虑,该体系是由周围的岩土体与各种支护结构组成的。隧道设计不仅包括与地质条件相匹配的结构形式,还包括施工方法、支护方法以及施工工艺等的选择与参数确定。

导致设计不合理的因素是多方面的,主要包括:a.勘察程度不足,地质勘探揭露的信息与实际围岩不符;b.资料收集不齐全,导致所用参数与实际不符;c.施工方法选择不合理,选定的施工方法不适合地质条件,或新的施工技术应用失败等,如在破碎的围岩地质条件下,使用台阶法会比侧壁导坑法发生坍塌的风险大;d.设计参数选取不合理,如不合理的断面形式和大小、不合理的施工顺序、不当的支护方式等均会导致支护强度不足。

(3)施工原因。

影响坍塌的主要因素包括:施工规范性、施工质量合规性、支护及时性。

①施工规范性主要是指对施工过程中是否按照相关标准和规范进行施工和管理等。施工不规范主要包括:a.施工工序安排不当,如导洞、左右洞的开挖顺序不合理,左右洞的开挖进度不合理,上下洞的开挖进度不合理等;b.施工方案及技术措施落实不到位等;c.管理混乱。

②施工质量合规性主要包括:a.超欠挖控制;b.衬砌钢筋、喷射混凝土厚度未达到设计要求,施工参数未达到设计的安全储备要求;c.施工质量较差,如锚杆施工质量差,包括拉拔力不满足设计要求、数量不足、间排距不符合设计等;d.爆破施工装药过多,造成扰动过大;e.未落实精细化管理要求。

③支护及时性:隧道开挖后围岩从表面到深部逐渐产生变形破坏,从外向里依次形成塑性软化区、塑性强化区和弹性区,其中塑性软化区是支护措施的主要对象,而塑性强化区和弹性

区是围岩承载力的主体来源。通过采取支护措施,一方面提高软化区围岩强度,另一方面增大对塑性强化区的抵抗力,提高强化区的承载力。支护不及时主要包括:a.超前支护不及时;b.裸露时间过长,初期支护不及时;c.变形较大时,换拱不及时;d.台阶过长、仰拱、二次衬砌施工不及时导致的空间效应;e.围岩发生变化时,未及时根据实际情况调整支护方案。

2)防治对策

针对隧道坍塌这一典型风险事件,可从开挖前地质勘察、开挖前超前支护与加固、开挖支护工序管理等方面入手,制定有效的防治对策。

(1)开挖前地质勘察。

隧道开挖前的地质勘察,不仅指隧道勘察阶段进行的地质勘察,也包括隧道开挖过程中进行的超前地质预报工作。在隧道开挖过程中进行的超前地质预报工作,其针对性更强,得到的成果较隧道勘察阶段更为翔实。目前,常用的超前地质预报包括隧道地震波法(Tunnel Seismic Prediction,TSP)、地质雷达法(Ground Penetrating Radar,GPR)、红外探水法、超前钻孔法等。不同的超前地质预报方法适用于不同条件下的超前预报工作。在多数情况下,需综合使用多种超前地质预报方法,才能更好地掌握隧道掌子面前方围岩状态,以便提前采取措施,预防坍塌灾害的发生。

(2)开挖前超前支护与加固。

当隧道开挖掌子面前方存在不良地质体(如断层破碎带等)或隧道浅埋时,则需要采取超前支护或地表加固措施,其中超前支护措施主要包括洞内超前注浆、超前小导管、超前锚杆、超前管棚支护技术等,地表加固措施包括高压旋喷桩、地表注浆加固技术等,也可采用水平旋喷、冷冻加固、预切槽加固等方法。在隧道施工中,可根据前方围岩状态、隧道断面设计等,有针对性地选用超前支护手段,预防穿越不良地质段时发生坍塌。当隧道采用暗挖方式穿越浅埋段时,由于上方覆盖层较薄,隧道开挖后难以形成自承体系,可根据浅埋段埋深、围岩状态、断面设计等,选用有效的预加固手段对围岩进行加固。

施工过程中隧道坍塌现象频发,需开展严格的施工前勘察,并加强施工过程监控等预防控制措施。对已发生的坍塌事故要控制坍塌范围,对坍塌地段进行加固处理,强化塌腔回填,提高隧道工程的整体质量。

3)典型事故案例

甘肃兰新铁路甘青段LXS-8标段小平羌隧道出口掌子面,在进行喷浆作业时拱顶突然发生坍塌,12名作业人员被掩埋致死,造成重大生产安全事故。

2011年4月19日23时30分,钢筋班组完成DK349+035处最后一环I22a型钢拱架安装,经领工员检查无异常后,喷浆组13人操作3台喷浆机喷浆;次日4时05分,隧道喷浆作业面上方围岩突然发生坍塌,导致初期支护的I22a型钢拱架及喷浆作业台架被砸垮,12名作业人员全部被埋在坍塌体中,事故发生后施工单位立即组织抢险救援,4时40分发现一名遇难者遗体,后因连续发生坍塌,抢险工作被迫停止。经勘察事故现场,坍塌范围里程为DK349+

035～DK349+050,距离地表深度为100～110m,坍塌体积约为400m³,如图1-6所示。

图1-6　兰新铁路小平羌隧道坍塌

事故产生的直接原因分析:小平羌隧道岩层倾角较陡,节理发育,岩体破碎,岩层的层间结合力较差,加之隧道洞顶地表冻土春季开始融化,冰雪融水下渗软化软弱结构面,致使围岩抗剪强度降低,是该起事故发生的潜在客观因素。施工单位在4月4日发生小规模坍塌后,将四方商定的会议纪要作为技术交底内容,未单独编制坍塌处理方案且未向监理单位报验,已坍塌段施工处理缓慢,4月5日至19日仅完成初期支护,未及时对上部空腔进行压注水泥砂浆回填处理,没有形成有效抵抗坍塌冲击荷载的结构体系;此外,拱顶空腔围岩临空暴露过久,引起围岩松动、风化,进而导致上部围岩抗剪强度进一步降低,造成了DK349+035～DK349+050段拱顶围岩整体坍塌。

引发该事故的间接原因还包括:①施工单位安全技术管理混乱,施工人员安全培训不到位,技术资料管理混乱;②监理单位监理基础工作薄弱,履行职责不力,监理制度落实不到位,管理手段弱化;③设计单位制订的坍塌处理方案不完善,未向施工单位提出施工过程中保障施工人员安全的措施建议。

### 1.2.1.3　隧道涌水突泥

隧道涌水是指在隧道开挖过程中,地下水形成涌流体造成的人工诱发灾害;隧道突泥是指隧道开挖过程中,工作面围岩失稳导致土石混合物垮塌并流动的人工诱发灾害;隧道涌水突泥灾害是指隧道开挖过程中,水与土石混合物短时间迸流而出的人工诱发灾害,如图1-7所示。在3种灾害中,其定义只是定性区分,并没有严格意义的定量区别。涌水突泥灾害具有突发性、规模大、人员伤亡多、经济损失大等特点。涌水突泥除造成人员伤亡外,有时还堵塞排水系统,掩埋设备,并常伴生地面塌陷。

1)成因分析

涌水突泥灾害成因复杂,主要包括工程地质、水文地质及工程施工因素,前两个因素属于客观因素,而工程施工因素则属于诱发因素,三者综合作用,导致了涌水突泥事故的发生。涌水突泥的主要成灾因素分述如下。

a)涌水　　　　　　　　　　　b)突泥

图1-7　公路隧道涌水和突泥灾害

(1)工程地质因素。

工程地质因素可分为地形地貌因素与地层岩性因素。地形地貌因素主要指隧址区的整体地形、坡度等;地层岩性因素主要指隧道围岩的力学性质,即围岩抵抗变形和破坏的能力。构造裂隙和岩层切割改变了地表水和地下岩溶水排泄通道,使其顺陡倾裂隙向下渗透并汇聚至隧址区的低洼地段;多次构造运动增加了裂隙连通性,为地下水流动提供了通道;经历构造运动后的岩体自稳能力差,隧道施工过程中掌子面岩体易出现卸荷裂隙等,均属于涌水突泥灾害发生的工程地质因素。

(2)水文地质因素。

水文地质因素可分为气候及地下水因素,大气降水垂直下渗补给地下水,隧道两侧自然冲沟季节性流水侧向补给地下水,为隧道涌水提供了足量的水源;隧道开挖破坏了原有的地下水平衡系统,形成集水廊道,造成大量地下水挟带泥沙、碎石涌入隧道,易形成涌水突泥灾害;地下水发育、导水性较好、水源补给充分时,涌水突泥灾害发生的概率较高。

(3)工程施工因素。

工程施工因素主要指隧道开挖掘进施工和爆破因素,开挖、爆破都会导致围岩的自稳能力降低,随着地下水涌入,并伴随泥沙,极有可能导致涌水突泥灾害发生。具体表现为:隧道开挖后围岩应力状态由三向变为双向,岩土体具备了侧向移动的空间,当围岩强度不足以抵抗地下水压力时,地下水从掌子面涌入隧道;涌水通道周边一定范围内岩土体因冲刷、浸泡丧失自稳能力,导致岩土体坍塌并被水挟带,最终冲入隧道形成涌水突泥灾害;施工方法和施工工艺不当也是造成隧道涌水突泥的重要因素。统计显示,涌水突泥灾害多集中于爆破施工之后,故可认为爆破是诱发涌水突泥的另一原因。

2)防治对策

存在涌水突泥风险的隧道施工,可采取的防治措施包括涌水突泥灾害预报、涌水突泥灾害监测、预加固形成隔水帷幕、涌水突泥灾害处理。

(1)涌水突泥灾害预报。

涌水突泥灾害的预报可采用高密度电阻法、陆地声呐法、瞬变电磁法、钻探法等方法,对围岩的破碎程度和富水程度进行预测,在施工过程中及时进行信息收集、处理、反馈,以调整施工方案和施工方法。在一般情况下,应以地质法为基础,采用"物探先行、钻探结合"的原则,充分利用各种物探方法的特点,开展综合超前地质预报,结合钻探判断掌子面前方地质情况,并据此制定处治方案。

(2)涌水突泥灾害监测。

根据隧道工程的要求,涌水突泥灾害的监测可以按技术规范的相关规定,及时开展现场监测工作或建立监测信息系统,合理选择监测断面,适时埋设测点并采集数据;此外,可通过现场调查、地下水示踪实验、地下水流量监测以及采用大气降雨入渗法计算隧道的平均涌水量和丰水期涌水量等,并结合数值模拟分析对隧道涌突水的可能性进行预判。

(3)预加固形成隔水帷幕。

为有效防止软弱、破碎围岩隧道施工中的涌水突泥灾害,预加固形成隔水帷幕是一项重要且有效的措施。通过对预警区域进行强化加固,针对软弱、破碎的围岩采取注浆、锚杆支护、预应力锚索等措施,提高围岩的整体稳定性和承载能力;同时,注入具有隔水性能的材料,形成隔水帷幕,阻止地下水和泥浆的涌入,保障施工面的安全。合理划分预警区域,重点对预警区域进行预加固,能够有效减少涌水突泥灾害的发生,保障隧道施工安全。

(4)涌水突泥灾害处理。

对涌水突泥灾害可采用超前支护与加固、排水降压、注浆加固等方式进行处理。涌水突泥灾害会带出岩体中的充填物,导致裂隙规模增大,掌子面前方及上方岩体变得松散,形成较大空洞,岩体的自稳能力降低且富水。基于涌水突泥机理分析结果,可合理选择挤压劈裂注浆、负压排水、长管棚注浆、前进式分段高压注浆等治理措施。针对掘进过程中的掌子面涌水突泥,应结合现场施工方法,通过预加固、加强初期支护、注浆加固掌子面等方法避免二次事故。

3)典型事故案例

2019年11月26日17时21分许,云南临沧市云凤高速公路安石隧道出口端右洞掌子面附近突发涌水突泥,距掌子面42m正在进行仰拱施工的6名作业工人被困,18时22分许,发生二次涌水突泥,造成前去救援的7名工人被困,两次灾害共造成13人失联、9人受伤。

经测算,现场突泥约1.5万$m^3$,涌水量为800$m^3/h$,形成的堆积层最薄处约为2.5m,最厚处约为5.5m,如图1-8所示;造成掌子面至二次衬砌台车施工位置长度共计68m被突泥完全堵塞,一辆挖掘机被推翻掩埋,重约110t的二次衬砌台车被从原位置推出148m。涌水突泥灾害发生后,现场应急抢险救援综合指挥部成立9个工作组,投入救援力量1000余人;根据专家组意见,采取了边泄水、边加固、边封堵、边清淤、边搜救的方案。

根据调查,由于该隧道水文地质条件复杂,存在致灾因素的隐蔽性和成灾过程的突发性、间歇性等特点,按现行公路建设勘察技术规范难以发现。此外,施工单位在第一次涌水突泥后,应对措施不力,现场指挥和管控措施不到位,现场管理较为混乱,自发盲目施救导致事态扩大。

图 1-8　云凤高速公路安石隧道涌水突泥灾害

### 1.2.1.4　大变形

目前,围岩大变形还没有得到普遍认可的定义,大变形是一种与时间相关的变形行为,通常发生在地下空间开挖面周边,可能会在开挖期间停止,也有可能持续很长时间,如图1-9所示。国内外学者开展了大量研究工作,总体来看,围岩强度应力比和收敛应变是进行大变形等级划分的两项重要指标,大变形等级划分多基于其中一项或两项指标,但不同等级的取值范围有所差异。在国内,铁道部科学研究院西南分院(现名为中铁西南科学研究院有限公司)、中铁第一勘察设计院集团有限公司等单位从高地应力地区的软岩大变形分级角度,将达到1% ~ 2%(最大垂直地应力小于30MPa)的相对变形定义为一级大变形,达到2% ~ 4%(最大垂直地应力30 ~ 40MPa)的相对变形定义为二级大变形,大于4%(最大垂直地应力大于40MPa)的相对变形定义为三级大变形。中铁第二勘察设计院集团有限公司基于变形是否超出支护预留变形量,将大变形定义为:隧道施工时,如果初期支护发生了大于25cm(单线隧道)和50cm(双线隧道)的位移,则认为发生了大变形。在国外,Hoek 和 Marinos 将圆形隧洞在各向应力相等、无支护条件下的大变形划分为无挤压、轻微挤压、中等挤压、严重挤压和非常严重挤压 5 个等级,相对变形分别为 <1%、1% ~ 2.5%、2.5% ~ 5%、5% ~ 10% 和 ≥10%。

图 1-9　云南大理昌宁隧道软岩大变形

高地应力下岩石的脆-延转化特性、流变特性显著,是导致大变形灾害的主要因素,较坚硬的完整岩体、节理岩体在高地应力作用下均可能发生较大变形。大变形在深部隧道工程中普遍存在,易造成隧道侵限、围岩失稳、TBM 卡机等灾害,其诱发的安全问题和额外支护费用严重制约了隧道工程的安全高效建设。

1)成因分析

导致大变形的原因较为复杂,主要包括围岩强度、地应力和地下水的影响,可归纳如下。

(1)围岩强度的影响。

大变形与围岩强度存在明显的关联性,主要取决于岩块强度、结构面、矿物成分、地质构造等因素。地层岩性软弱或松散破碎是发生围岩大变形的基本条件,表现为岩石或岩体具有较低的抗压强度,大变形主要发生在岩石单轴抗压强度小于 30MPa 的条件下。由于软弱围岩强度低,或具有一定膨胀性或不利构造条件,开挖后形成较高强度应力比,易造成其松弛并产生塑性变形。岩体完整性差、松散破碎的地层,如断层破碎带、节理密集带等,即便母岩为石英岩和花岗岩等坚硬岩,也会发生大变形。

(2)地应力的影响。

地应力场作为地下工程重要的赋存环境场,对隧道围岩的变形破坏存在较大影响。随着埋深的增加,隧道围岩承受的自重应力不断增大,同时构造应力的作用也逐渐凸显。高地应力状态是在漫长的地质演化过程中形成的,该过程中围岩既产生了变形与破坏,同时还蓄积了较高的应变能。隧道开挖前,围岩处于稳定状态,隧道的开挖打破了围岩初始应力平衡状态,围岩发挥其自组织能力,通过变形进行应力调整,以达到新的应力平衡状态,从而形成围岩二次应力场。二次应力场形成过程中隧道围岩产生变形,包括开挖后短时间内产生的卸荷回弹变形及后期的塑性变形和流变变形。高地应力对围岩变形的影响是当前的研究重点。

(3)地下水的影响。

地下水对隧道围岩的物理作用主要表现为润滑、软化或泥化作用。地下水在岩体中渗流,软化了岩体中不连续面(坚硬岩石的裂隙面、节理面以及断层面等),使其抗剪强度降低。同时,岩体以及结构面中充填物的抗剪强度随含水率的升高而降低,且对断层破碎带产生泥化作用。地下水运动也会导致岩体中结构面的长度与宽度不断增大,渗透系数增加,进而影响岩体的稳定状态。

地下水对围岩的化学作用主要表现为溶解溶蚀作用、水化作用、水解作用、氧化还原作用及沉淀作用等。地下水对岩体所产生的各种化学作用都是同时且持续进行的,一般历时较长,通过改变岩体的矿物成分影响隧道围岩的结构与变形。

地下水对围岩的力学作用主要表现为静水压力与动水压力作用。静水压力通过减小岩体的有效应力而影响岩体强度,同时静水压力还影响节理岩体中裂隙的扩容变形。动水压力则通过地下水渗流对岩体产生切向的推力,从而促使岩体产生剪切变形。二者的耦合作用可能使岩体产生劈裂扩展、剪切变形,增加结构面的空隙度和连通性,显著影响岩体的渗透性能,使地下水的影响更为突出。

2)防治对策

隧道围岩大变形可能会直接导致坍塌事故。隧道开挖后,由于应力状态改变,围岩会产生一定的变形,当隧道围岩出现大变形,特别是超过了初期支护预留变形量时,将造成初期支护破坏或侵限。一般来说,隧道大变形防治对策按施工阶段可分为以下两类。

(1)超前支护与加固。

对于围岩结构较破碎的隧道,超前支护宜采用锚杆或小导管作为防治掌子面前方岩体松动、垮落的支护方式。超前锚杆法是指隧道开挖前,沿隧道掌子面周边,以一定的外插角将锚杆或钢管打入孔中并灌注水泥砂浆使锚杆与围岩黏结成整体。超前小导管注浆法是指沿隧道掌子面周边以一定角度插入小导管,并向小导管内注入浆液,待浆液与围岩胶结成为整体后,隧道掌子面前方岩体形成一定厚度的加固圈。通过锚杆或小导管方法在掌子面前方围岩中形成拱形加固圈,达到加固地层的目的,同时借助加固圈的支撑力保持围岩的稳定性,降低隧道大变形灾害发生的可能性。

(2)开挖过程支护与加固。

在开挖过程中,围岩向洞内变形,为保证隧道结构安全,需设置合适的预留变形量、选用合理的初期支护刚度,采用可靠性较高的开挖工法,在拱脚及钢架连接处等变形薄弱环节,采取加强锁脚以及局部锚注措施,加强对关键部位的变形控制,并进行动态支护补强,控制围岩大变形。近年来,采用对拉锚杆或锚索等措施控制大变形也起到了一定的效果。同时,可根据围岩分布及变形情况,合理调整预留变形量,有效释放围岩压力,减少或杜绝初期支护侵限,并采用"快挖、快支、快封闭"的开挖工法,减少施工扰动;在支护结构方面坚持"宁强勿弱,杜绝拆换"的原则,施工过程遵循"边放边抗"的原则,适当增大初期支护的强度和刚度,降低隧道大变形发生的可能性。

3)典型事故案例

兰渝铁路木寨岭隧道位于甘肃省定西市漳县和岷县交界处,地处西秦岭高中山区,地表沟谷深切呈"V"形,自然坡度大于50°。地面高程为2390～3214m,相对高差为824m,洞身最大埋深为728m。隧道为双洞单线分离式特长隧道,左线长19095m,右线长19115m,线间距为40m,建筑限界采用《200km 客货共线铁路双层集装箱运输建筑限界(暂行)》标准,旅客列车设计行车速度为200km/h。隧道最大开挖高度为12.38m,最大开挖宽度为10.9m,最小净距为29.0m。

隧道开挖后围岩变形剧烈,如图1-10所示,主要特点为累计变形量大、变形速率快、持续时间长等。监测数据显示,隧道最大收敛变形达2403mm,拱顶累计最大下沉量为1810mm;初期速率通常在40～200mm/d,最大收敛速率为417mm/d,最大下沉速率为252mm/d。变形稳定期在35～50d,极少数地段变形持续不收敛。

图1-10 兰渝铁路木寨岭隧道大变形

隧道围岩大变形的主要原因在于其特殊的地质条件,兰渝铁路位于青藏高原隆升区边缘,地质环境极为特殊,受多期构造影响,区域断裂、褶皱发育,初始地应力状态极其复杂,且多为高~极高地应力。

### 1.2.1.5 瓦斯爆炸

瓦斯爆炸是隧道施工中一种极其严重的灾害。隧道若穿越含瓦斯地层,则瓦斯会涌入隧道并与空气形成混合气体,在一定条件下(如遭遇明火等)可能发生爆炸,如图1-11所示。根据瓦斯来源,可将瓦斯隧道划分为煤系地层瓦斯隧道与非煤系地层瓦斯隧道两大类。直接穿越煤系地层的隧道称为煤系地层瓦斯隧道;若隧道虽然没有直接穿越煤系地层(如隧道穿越的地层含天然气、油气田或者隧道附近赋存煤层),但下伏或邻近地层中的瓦斯具备运移至本隧道的条件而使隧道内存在瓦斯,则为非煤系地层瓦斯隧道。

a)　　　　　　　　　　　　　　　b)

图1-11 某在建隧道发生瓦斯爆炸后衬砌和隧址附近建筑物损坏情况

瓦斯爆炸对隧道施工存在以下危害:

(1)产生高温。在隧道发生瓦斯爆炸的瞬间,温度可达1850~2650℃,高温会造成人员伤亡与设备损坏。

(2)产生高压。瓦斯爆炸后的空气压力平均为爆炸前的9倍,如发生连续瓦斯爆炸,则爆炸后的空气压力会越来越高,对隧道的破坏更严重。

(3) 产生有毒气体。由于隧道空间狭小,通风欠佳,所能提供的氧气有限,因而瓦斯爆炸过程的化学反应并不完全,通常会产生大量剧毒的一氧化碳气体,这是造成瓦斯爆炸后人员大量伤亡的主要原因。

(4) 产生冲击波。瓦斯爆炸产生的冲击波可能导致隧道冒顶塌落,造成人员伤亡与设备损毁。

1) 成因分析

地层中蕴藏有大量的石油、煤炭及各种可燃性气体,若隧道开挖过程中穿越煤层、背斜构造、断层破碎带、多孔砂岩和石灰岩等易积聚气体的地层,常遇到可燃性气体(主要是瓦斯)。若可燃气体、氧气、点火源等燃烧三要素均具备,就可能发生瓦斯爆炸。

2) 防治对策

在隧道施工过程中,可通过采取瓦斯监控及监测,设置隔离层,超前排放、加强通风,控制火源、强化管理等对策,最大限度地预防瓦斯爆炸事故的发生。

(1) 瓦斯监控及监测。

针对一般瓦斯隧道,可通过瓦斯自动化监测系统与人工现场监测相结合的方式,随时监测隧道内瓦斯含量,保障隧道安全施工;针对高瓦斯隧道,可建立超前地质预报、车载瓦斯监控系统、自动与人工综合监测系统,全天候不间断监测,防止高瓦斯隧道发生爆炸事故。

(2) 设置隔离层。

探测出隧道内瓦斯后,应立即调整施工方法。隧道施工时,可通过优化隧道衬砌结构气密性的方式,在施工缝中采用双层结构止水带,确保衬砌结构的气密性大于本体结构的气密性。同时可利用多层次的瓦斯防渗支护体系,防止瓦斯沿隧道环向渗透和轴向扩散。

(3) 超前排放、加强通风。

加强通风是防止瓦斯积聚爆炸的有效措施。隧道所需风量,应按爆破排烟、同时作业最多人数和绝对气体涌出量分别计算,以最大允许风速为准。加强通风主要是合理选择风机的功率大小及通风方式,强化通风可保证充足的风量和风速,使有害气体被稀释和加速排出,减少洞内有害气体含量。排风器必须保证不漏风,且配有备用风机和两路电源。应根据隧道布置形式、掘进长度、断面大小、开挖方法等因素,设计隧道通风方案。

(4) 控制火源、强化管理。

在瓦斯隧道中施工,所有的施工机械及用电设备均需进行防漏电、防爆改造,避免火花的产生,杜绝明火,且要经常检测洞内空气中瓦斯含量。通常,人的不安全行为是引起瓦斯爆炸事故的重要因素,可通过强化管理,如组织专家对现场及管理人员进行多轮岗前培训、加强进隧道人员管理、落实隧道进入等级制度等,提高施工人员素质,最大限度地避免瓦斯爆炸事故发生。

3）典型事故案例

2005年12月22日14时40分,四川省都江堰至汶川高速公路董家山右线隧道发生特别重大瓦斯爆炸事故,造成44人死亡,11人受伤,直接经济损失2035万元。该隧道左线全长4090m,右线全长4060m,事故发生时右线隧道完成开挖1487m,衬砌1419m。

事故的直接原因是掌子面坍塌,瓦斯异常涌出,导致模板台车附近瓦斯浓度达到爆炸界限,模板台车配电箱附近悬挂的三芯插头短路产生火花引起瓦斯爆炸。

事故主要原因分析如下。一是施工企业违规将劳务分包给无资质作业队伍,施工过程中安全管理混乱;通风管理不善,右洞掌子面拱顶瓦斯浓度经常超限;部分瓦斯检测员无证上岗,检查质量、次数不符合规定等。二是监理单位未正确履行职责,关键岗位人员无证上岗。三是业主对施工单位违规分包、现场管理混乱等问题未及时加以纠正,对施工中出现的瓦斯隐患未能充分采取有效措施进行处治。四是设计单位对设计施工安全的瓦斯异常涌出认识不足,防范措施设计不到位。

#### 1.2.1.6 岩爆

岩爆是指岩体在开挖或其他外界扰动下,聚集的弹性变形势能突然释放,导致岩体爆裂、弹射的动力现象。高地应力是导致岩爆产生的最直接原因,一般而言,岩爆发生的可能性和剧烈程度与隧道埋深存在较强联系,隧道埋深越大,围岩地应力越高,发生岩爆的可能性越大,岩爆的剧烈程度越高,如图1-12所示。

图1-12　川藏铁路桑珠岭隧道大型岩爆坑

1）成因分析

岩爆是岩体中应变能的突然释放过程,作为岩爆形成发生的条件,一是存在能有效集聚应变能的岩石,即岩性条件;二是具有能量的来源,即较高的初始应力;同时还要有引起应变能释放的外部条件,即隧道开挖。对于质地坚硬、强度高、干燥无水的弹脆性岩体,高地应力等外力的作用能有效地转化为弹性应变能并集聚,在该环境下,隧道开挖会破坏围岩初始应力平衡,应力重分布导致局部应力高度集中,围岩应力易超过岩爆的临界应力,从而发生岩爆。目前,对于岩爆发生的预测,已形成以强度理论、刚度理论和能量理论等为基础的多种指标和判据。

2) 防治对策

岩爆受围岩应力状态和岩石物理力学特性影响,其防治理念一般为加固围岩、弱化围岩、应力转移等,相应的岩爆控制措施包括高应力卸荷与柔性支护,两者通过改变岩体应力的区域分布特征和规律,形成新的应力分布状态,使开挖区域应力集中程度降低,从而保证工程施工的安全。岩爆的防治应从开挖过程和支护两方面入手。

(1) 开挖过程。

钻爆法施工通常采用光面爆破、爆破卸压和围岩软化等技术进行高应力卸荷,控制多次开挖造成的应力增高带相互重叠的程度,改善岩体应力分布状态。光面爆破可降低对围岩的破坏,减小动力扰动,同时可使岩面平整,减小围岩表面应力集中,进而降低岩爆发生的可能性;爆破卸压的实质是采用局部控制爆破的方式破碎岩体,从而达到降低应力集中程度和耗散储存应变能的目的,该技术适用于坚硬且完整性好的岩体;掘进后,若隧道掌子面发生岩爆,对于浸水软化的岩石,可采取浇水软化等应对措施,水通过岩石的孔隙、裂隙、节理、层理等弱面进入岩体,降低岩体集聚弹性应变能的能力,降低发生岩爆的概率与程度。

(2) 支护。

在支护方面可采用悬吊-承托支护、喷射钢纤维混凝土和布设吸能锚杆等措施防止岩爆的发生。悬吊-承托支护措施是在开挖隧道拱顶布设锚杆并悬挂金属网,一方面,锚杆与开挖隧道顶部围岩共同承受上覆岩层的压力,可缓解应力集中,有效防止岩爆发生;另一方面,悬挂的金属网能将破碎岩石固定在开挖隧道顶部,即便发生岩石剥落或弹射,也不会对作业人员以及工作设备造成重大危害,可有效降低岩爆造成的影响。钢纤维混凝土具有较大的柔性和抗剪能力,能够承受较大的变形而不使表层开裂,喷射钢纤维混凝土可降低岩爆的影响,保护施工人员和设备的安全。吸能锚杆具有高强度、大伸长率、快速外荷载响应、滑移和延伸等特性,当围岩出现岩爆时,锚杆的承载力将维持恒定水平并随着围岩变形同步快速响应。

3) 典型事故案例

新二郎山隧道位于雅安至康定高速公路,双向四车道,长约13459m。隧址区属构造剥蚀高中山,地面切割强烈,山势陡峻。隧道穿越围岩主要以Ⅲ级、Ⅳ级为主;岩性包括两大类,分别为沉积岩和岩浆岩,岩质坚硬、性脆,强度高。按新奥法设计和施工,并采用全断面法开挖。隧道最大埋深为1500m,受区域构造影响较严重,施工区域以构造应力场为主。

该隧道自2012年12月开工,在2013年7月21日至2014年7月14日期间,共发生245次岩爆(其中左线发生129次,右线发生116次)。发生岩爆的地段主要位于埋深350~1250m处,岩爆多发洞段围岩多为红褐色粗颗粒花岗岩,岩质坚硬,岩体较破碎,如图1-13所示。根据现场施工的统计资料,新二郎山隧道岩爆具有以下特征:①从爆裂声判断,通常声音沉闷的岩爆规模较大,声音清脆的岩爆规模较小;②原生节理、裂隙等结构面发育情况在很大程度上决定了岩爆爆坑的范围及深度,岩爆发生时大量岩块均沿结构面崩落;③在隧道掘进过程中,受岩爆影响的掉块现象主要发生在距掌子面 4m 范围内,掌子面至 3 倍洞径范围内也存在轻微岩爆,局部为初期支护开裂;④因岩爆影响而产生的掉块现象主要发生在隧道爆破后 5~20h;⑤大部分岩爆区域岩体表面干燥,但部分裂隙发育段存在掌子面左侧岩体含有裂隙水而掌子面右侧发生轻微岩爆的现象;⑥隧道横断面的岩爆发生位置以拱顶为主。

 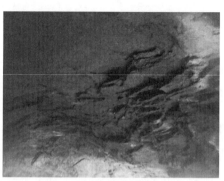

a)岩体呈板状剥落　　　　　　　　b)薄层剥落破裂面

图 1-13　新二郎山隧道岩爆典型破裂迹象

## 1.2.2　盾构法

根据搜集的国内外 69 起典型盾构事故案例,盾构隧道施工时的主要风险事件类型包括掌子面失稳、建(构)筑物受损、突水、盾构机损伤、气体爆炸、管片上浮下沉、盾构机推进困难等,其中掌子面失稳、建(构)筑物受损、突水和盾构机损伤这 4 种风险事件类型占比较高,如图 1-14 所示。因此,盾构法施工隧道的风险事件主要类型包括掌子面失稳、建(构)筑物受损、突水、盾构机损伤等。

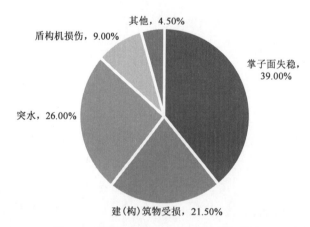

图 1-14　盾构隧道施工常见风险事件类型统计

### 1.2.2.1　掌子面失稳

盾构隧道掌子面失稳是最常见的风险事件,广义的掌子面失稳包括地表沉降、地表隆起、地面塌陷、掌子面塌陷等。易发生掌子面失稳的施工阶段除了正常掘进阶段外，也包括盾构机始发及到达、进仓作业等重点施工阶段，同时在特殊段施工，如穿越不良地质段、水体、障碍物、浅覆土地层等也易发生地表沉降、隆起等掌子面失稳引起的风险事件。因此，以下从盾构机正常掘进、盾构机始发及到达、进仓作业及穿越不良地质段4种特殊施工阶段详细分析掌子面失稳原因和防治对策。

1）正常掘进阶段

（1）成因分析。

在盾构掘进过程中，将施加于隧道掌子面的支护力控制在一个合理范围内，是保证施工安全的关键。若施加于掌子面的支护力过大，掌子面前方土体会向上产生隆起导致地表破坏；若施加的支护力不足，则掌子面前方土体会因自重应力和孔隙水压力的作用而产生滑动破坏，导致掌子面失稳。

同时，盾构掘进过程中若出现泥饼、喷涌、掘进速度慢等情况，扰动周边地层，可能造成出土量超标，进而导致掌子面失稳；另外，隧道影响范围内地层松散、存在未封好的孔洞或浆液压力过高击穿地面，同样会导致工作面压力波动过大，诱发掌子面失稳。

（2）防治对策。

根据地层、地面环境、监测信息等不断调整掌子面压力和其他掘进参数，合理设置掌子面压力；控制每环出土量，开展渣样分析，以此判断掌子面是否失稳坍塌；加强同步注浆和二次注浆，下穿重要建（构）筑物须进行二次注浆，实行注浆量和注浆压力双控制；一旦发现出土量超标，应及时进行二次注浆，并适当提高掌子面压力；现场应储备必需的应急物资，包括围蔽材料、注浆材料、钢板等；检查隧道范围内的地质勘察孔、注浆孔等孔洞是否封好等。

2）盾构始发与到达

（1）成因分析。

盾构始发与到达是盾构施工中风险较大的环节，极易发生掌子面失稳风险事件，如图1-15所示。盾构机始发或到达时，盾构刀盘切削洞口加固土体及进出洞圈密封装置，该过程中洞口加固土体因暴露时间较长，且受工作井施工扰动影响，易导致加固效果欠佳或洞圈密封装置缺陷，从而发生洞口水土流失或坍塌。如遇饱和含水砂性土层、沼气或其他原因形成的含气层（如气压法施工的隧道或工作井附近），更易发生向井内大量涌沙涌水而导致盾构出洞磕头或进洞突沉，甚至在进洞突沉中拖带盾尾后一段隧道严重变形或垮塌。

盾构始发与到达时掌子面失稳原因分析如下。

①端头加固方法及质量。

端头加固工法选择不合理；端头加固范围（长度、深度、宽度等）不足；端头加固质量未达到设计要求，如加固体本身强度不足、加固体不连续等。特别需注意的是，围护结构与加固体之间的间隙或不同工法之间的界面易出现不连续或强度不足等，极易造成盾构始发及到达时发生掌子面失稳风险事件。

a)盾构始发阶段掌子面失稳导致的地表塌陷　　　　b)盾构接收阶段的掌子面失稳

图1-15　盾构始发与接收阶段的掌子面失稳

图1-16　洞门密封钢环脱落

②洞门密封质量与安装方法。

洞门密封钢环脱落(图1-16)或开裂、洞门帘布橡胶板开裂或未拉紧、盾构机始发姿态偏差过大,造成密封失效,使得始发掘进时掌子面压力无法有效建立,从而导致失稳。

③反力架安装与加固(图1-17)。

反力架结构强度不足,反力架或始发台加固不牢,未做好有效的防扭和抗浮措施,导致盾构机推力或扭矩无法有效施加,推进时间过长,使得始发掘进无法对掌子面进行有效支撑,扰动地层诱发失稳。

a)　　　　　　　　　　　　　　　b)

图1-17　反力架加固

④其他原因。

盾构始发与到达施工参数控制不合理(掌子面压力、注浆压力、推力等)、洞门破除过早等。

(2）防治对策。

①盾构始发（或到达）前。

应对端头加固效果进行检验，采用垂直和水平两种探孔取芯方式检验加固体的效果，包括孔位、深度、连续性等。在洞门处安装止水橡胶帘布和扇形压板，密封装置安装前应对帘布橡胶的整体性、硬度、老化程度等进行检查，对圆环板的长圆螺栓孔位等进行检查；在外围刀盘和帘布橡胶板外侧涂润滑油以免影响密封效果。应合理选择围护结构的破除时机，确保破除过程中端头处土体的稳定；对盾构机始发姿态进行人工复测，确保盾构机始发姿态满足施工要求；对注浆堵漏及降水井点等施工安全生产条件进行核查。

②盾构始发施工过程中。

洞门破除后应立即推进盾构；盾构推进中注意观察、防止刀盘周边损伤橡胶带；洞圈扇形钢板要及时调整，提高密封圈的密封性；盾构机在加固区内施工时，应严格控制出土量；在即将推出加固区时应尽量将土压建立到略高于基准值，以确保在推出加固区后不会因土压过低而造成地表塌陷；控制总推力和扭矩在反力架及始发基座所能承受的范围内。

③盾构到达施工过程中。

控制好盾构姿态，在保证出渣量正常、同步注浆回填密实的前提下，尽量快速完成盾构机的接收；盾构推进到加固区后应逐步减小土压直至降为0，同时降低总推力和推进速度，缓慢向洞门推进，并严格控制出土量；盾构贯通时，对近洞口段至少10~15环管片进行纵向拉紧作业；盾构机刀盘推出后，注意观察、防止刀盘周边损伤橡胶带；应及时拉紧帘幕橡胶板钢丝绳，使帘幕橡胶板包紧盾构机前体，确保洞门密封，防止洞口处涌水涌沙，同时保证同步注浆浆液不流失；做好同步注浆，保证管片壁后注浆，控制地表沉降。

3）进仓作业

(1）成因分析。

施工过程中的盾构机进仓作业是必要的工作，如图1-18所示，根据地质情况可采用常压进仓作业和带压进仓作业两种方式。常压进仓作业只能在地层比较稳定、无大量地下水涌出、无有毒气体存在的条件下进行，否则容易发生掌子面坍塌、地面坍塌、人员中毒、爆炸等安全事故；当盾构在软岩、富水地段掘进时，由于地层自稳能力差，必须利用盾构机自身及配套设备提供支撑压力，在该情况下需采用带压进仓作业方法。

图1-18 盾构机进仓作业

在常压进仓作业条件下，导致掌子面失稳的原因主要包括三种情况：①地层稳定性不足，开仓作业时压力降低；②稳定时间不够，进仓作业时间过长；③若地层中含水，随着地层水土流失,地层出现应力松弛。

在带压进仓作业条件下,导致掌子面失稳的原因主要包括三种情况:①泥膜未有效建立,仓内压力降低过快;②地层松散或存在未封好的孔洞,难以形成泥膜,仓内压力无法有效建立;③在进仓作业过程中,仓内压力监控不到位,对掌子面泥膜观察评估不准,仓内压力降低过快。

(2)防治对策。

常压开仓应选择在自稳性强、天然含水率小或已改良加固地层进行。通过垂直钻探对预定的开仓作业点地层进行检查,确保地层稳定性和地下水满足要求。对常压开仓配套设备与材料进行核查,确保其完好率。组织进仓作业工作小组成员进行岗前培训;由专人负责对掌子面的稳定性进行观察和评估;对开仓流程进行签认,确保开仓上一道工序完成签认后方能进行下一道工序,如图1-19所示。

图1-19 掌子面地质观察与泥膜制作

带压进仓作业应根据最近几环的渣样和地质报告绘制预定开仓位置的地质剖面图;依据预定位置的地质地层信息设计不同阶段的合理泥浆配比,必要时进行试验验证;依据预定位置的地质信息与埋深,计算不同阶段的工作压力值;对带压开仓配套设备与材料进行核查,确保其完好率。组织各工作小组成员进行岗前培训;由专人负责对掌子面泥膜的形成和发展、供气量与持续时间、工作面压力以及掌子面稳定性进行观察和评估;对开仓流程进行签认,确保开仓上一道工序完成签认后方能进行下一道工序。

4)穿越不良地质段

当盾构机穿越软硬不均地层、砂层、卵石(漂石、孤石)层、断层破碎带、浅覆土地层等不良地质段时,易导致盾构隧道掌子面失稳。

(1)成因分析。

①软硬不均地层。

盾构机在软硬不均地层中掘进易造成刀具磨损(图1-20)、掘进速度慢,对不稳定的软地层造成过度扰动,从而导致软土部分失稳。

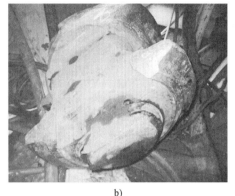

a)　　　　　　　　　　　　　b)

图 1-20　软硬不均地层导致的刀具刀盘磨损

②砂层。

在砂层地层掘进时,由于砂层自身稳定性较差,掌子面压力维持不够,易引起地层松动变形;砂层富含地下水或承压水时,若掌子面压力设置不当,易引起涌水或涌沙,使地层进一步松动变形;对于含水液化砂层,机器振动易引起掌子面液化,地层自稳性更差,进而导致掌子面失稳。

③卵石(漂石、孤石)层。

由于卵石(漂石、孤石)的存在,如图 1-21 所示,刀盘刀具容易受到磨损,掘进速度慢,对地层扰动大,出渣量不易控制,易导致掌子面失稳;当漂石、孤石无法有效破碎,会对掌子面前方及周边地层产生扰动,导致超挖,进而诱发掌子面失稳。

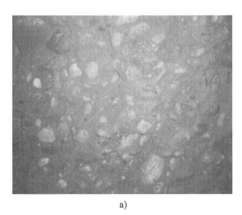

a)　　　　　　　　　　　　　b)

图 1-21　典型卵石(漂石、孤石)层

(2)防治对策。

①软硬不均地层。

盾构掘进参数的确定以"低速度、低转速、控扭矩、适推力、勤检查、控出渣"的思路进行制定,减少对刀具的损坏,尽量避免对地层的扰动。

通过软硬不均地层时,强化对刀具磨损量的评估与检查,主要包括两个方面:a. 根据类似地层对刀具磨损量的统计,提前预判,根据掘进地层的长度和刀具磨损量确定开仓作业的频率;b.通过掘进参数的异常变化判断刀具受损情况,选择开仓时机,必要时应停止掘进并及时更换,切忌存在侥幸心理。

因软硬不均地层掘进速度慢,应严格控制出渣量,对出渣量进行动态控制,避免地层扰动。地面具备条件时,可采用深孔爆破对硬岩段进行预处理。

②砂层。

盾构通过砂层地段的关键是防止因喷涌、失水、扰动等原因造成掌子面失稳,具体施工对策包括:

a.土压平衡盾构土体改良主要采用聚合物添加剂、膨润土等改良渣土,改善渣土和易性,提升止水效果,避免喷涌的发生;泥水平衡盾构泥浆级配应与砂层级配相适应。

b.加强同步注浆和二次注浆,及时填充管片背后空隙,防止仓内地下水或泥浆与隧道管片后的地下水形成串流。

c.根据地下水位、地层条件、隧道埋深等合理选择土压力和掘进参数,采用合适的盾尾油脂使用量,确保盾尾密封有效性。

d.合理确定渣土的松散系数,严格控制出土量;选择合适的掘进速度,避免刀盘转动对地层扰动时间过长。

③卵石(漂石、孤石)层。

采用"低速度、低转速、控扭矩、适推力、勤检查、控出渣"原则确定盾构掘进参数,减少卵石(漂石、孤石)对刀具的损坏,尽量避免对地层的扰动。通过卵石(漂石、孤石)层时,强化对刀具磨损量的评估与检查,主要内容与软硬不均地层类似。

因卵石(漂石、孤石)层掘进速度慢,应严格控制出渣量,对出渣量进行动态控制,严禁渣土多出,避免地层扰动;当遇到大型孤石群或大块孤石,掘进参数异常时,仅依靠盾构机本身无法有效处理,应采用洞内开仓对孤石进行人工破除,地面具备条件时可采用深孔爆破对孤石进行预处理。针对卵石地层水压高和水量大的特点,应采用防止喷涌和水压击穿盾尾密封的应对措施。

5)典型事故案例

(1)工程概况。

南宁轨道交通1号线土建7标段动物园站至鲁班路站区间线路沿大学东路而设,总长度为6418.768m,区间隧道采用土压平衡盾构法进行掘进。2014年10月7日21时50分,区间左线2号联络通道加固区在进行盾构设备开仓换刀作业期间发生坍塌事故,造成3名作业人员死亡,直接经济损失约1300万元。

2号联络通道位置加固设计采用0.6m厚的C20素混凝土地下连续墙,采用外围止水和中间土层袖阀管注浆加固。7月30日至8月2日,右线盾构机在2号联络通道加固区内换刀时,曾发现盾构机尾部存在渗水现象,为防止地下连续墙接缝渗漏,保证左线换刀安全,施工单位采取了加强保护措施,即在联络通道加固区外西北侧增加一幅宽度为 6.5m、厚度为 1.0m、深度与联络通道加固区地下连续墙相同的素混凝土墙,该段混凝土墙于 9 月 29 日完工。

(2)事故经过。

10 月 6 日 16 时左右,施工单位组织左线盾构的开仓换刀作业,换刀期间降水井一台水泵因故障停止运行,导致水位升高、土仓内渗漏水增多。10 月 7 日 21 时 50 分左右,土仓内发生了土方坍塌事故,大量塌落的黄泥夹杂着水泥块和卵石瞬间充满土仓并从土仓门迅速往外喷涌,2 人被埋在土仓内,1 人被困在人闸内,身体部分被掩埋,1 人被泥石流从人闸门冲出。事故发生后,现场值班人员立即向地面值班室报告,并开展施救工作。

(3)事故原因。

2 号联络通道地下连续墙体外地下水受天气及复杂工程水文地质环境等多重因素叠加影响,加之水泵故障原因,水位上升形成高压水头,并穿透左线盾构机前方地下连续墙接缝,使之超过承压极限而被破坏,导致土仓外土体瞬间坍塌,大量水土涌入土仓和人闸,掩埋了作业人员。

(4)解决措施。

综合考虑实施条件、技术可行性、施工周期、对后续施工影响等因素,并经专家严密论证,事故应急救援指挥部决定采用施工周期较短、搜救抢险较快的冻结加固方案进行抢险。

(5)事故警示。

①高压地下水的存在是盾构掌子面失稳的重要原因之一;②常压开仓时要对掌子面稳定性进行适时观察与评估;③仓内渗漏水增加或者掌子面异常时,应立即停止仓内作业,待采取措施评估安全性后才能恢复进仓作业。

#### 1.2.2.2 建(构)筑物受损

因采用盾构法施工的隧道多位于城市区域,沿线不可避免会穿越重要建(构)筑物,盾构机掘进中若施工不当极易造成影响范围内建(构)筑物的损坏,一方面影响建(构)筑物的功能和使用,另一方面建(构)筑物损毁导致的次生风险又会影响盾构施工的安全。

易发生建(构)筑物受损风险事件的施工阶段主要集中在下穿或者近距离侧穿建(构)筑物,特别是盾构机始发及到达、联络通道施工、进仓作业等重点阶段,或者同时存在穿越不良地质段、障碍物、浅覆土地层等特殊阶段。

1)成因分析

导致建(构)筑物受损的主要原因为出渣量过多、土仓压力设置不合理、同步注浆量不足、二次补充注浆不及时、地质条件差、盾构机其他掘进参数和掘进控制不合理等。根据穿越建(构)筑物的不同情况,详细描述如下。

(1)盾构穿越重要建(构)筑物。

运营地铁隧道、越江公路隧道及立交桥、高速铁路、高层建筑等重要建(构)筑物的变形要求极其严格,在盾构施工过程中易对土层产生扰动,从而造成一定的地层损失率,若采取措施不当,可能会导致被穿越的重要建(构)筑物的不均匀变形超标,影响其使用功能与安全。

(2)盾构穿越对沉降敏感的居民建筑物。

一般居民建筑物为短桩或浅基础,对沉降极为敏感,盾构在其邻近或下方穿越时,盾构上方荷载变化较大且不均匀,同时盾构正面压力及推进姿态难以掌控,既要避免正面压力及同步注浆压力不足引起的沉陷,又要防止正面压力及注浆压力过高导致地层扰动过大或地面冒浆。此外,盾构隧道渗漏及自身长期沉降也可能导致地面沉降加剧,从而导致建筑物的不均匀沉降。图1-22为盾构施工导致的地面塌陷及建筑物倾斜实例。

图1-22　盾构施工导致的地面塌陷及建筑物倾斜

(3)盾构穿越重要管道。

自来水、污水、热力管线等含水管线及燃气等带压管道为城市重要生命线,数量众多,且其走向、埋深、年代、管材、接头形式等变化较多,其允许变形较小且具有较大不确定性,盾构穿越这些重要地下管道可能引起其不均匀沉降并弯曲变形,导致泄漏或燃爆,不仅会影响管道的安全使用,同时还会对盾构隧道施工造成较大危害。另外,城市地下管道存在顺管道的地下水窜流,如盾构经过时产生地层扰动或者变形过大,易导通盾构与管道之间的渗水通道,影响两者安全。

(4)盾构穿越邻近桩基。

盾构穿越邻近桩基,导致桩身水平压力或竖向压力改变、桩基承载能力降低,从而影响其上建(构)筑物的安全。

2)防治对策

应根据建(构)筑物评估结果采取相应的加固、隔离等措施;下穿前50～100m设定为试验段,对盾构机掘进参数、泥浆参数(渣土改良参数)、注浆参数进行试验验证,获取最优参数;二次补强注浆与地表跟踪注浆相结合,降低对建(构)筑物的影响;加强监测,并根据监测成果动态调整施工;建立盾构隧道拱顶-地表沉降的观测巡视联动机制。

3)典型事故案例

(1)事故经过。

2007年2月5日凌晨6时左右,南京汉中路牌楼巷与汉中路交叉路口北侧正在施工的南京地铁2号线出现渗水塌陷,造成天然气管道断裂爆炸,如图1-23所示,事故导致附近5000多户居民停水、停电、停气,未造成人员伤亡。

图1-23　盾构施工导致天然气管道爆炸事故现场

(2)事故原因。

塌陷路段下卧土层长期被老化水管漏水浸泡软化,隧道施工过程中压力水击穿下卧土层并涌入已建成的地铁隧道内,造成地面下沉,从而引起自来水管产生裂缝,出现渗水,土体被水浸泡,地面沉降,进一步导致天然气管道破裂,而天然气管为铸铁管,破裂过程中可能出现火花,引燃天然气并产生爆炸,最终导致地面塌陷。

(3)事故警示。

①施工前,应对沿线隧道上建(构)筑物及其基础类型、地下管线进行详细调查核实,并采取有效加固、隔离措施,确保将施工对其影响降至最低;②对地下管线应加密监测,并将加密监测结果及时上传至远程监控系统;③仔细检查现场,对薄弱环节进行加固,同时在隧道外采取充填注浆等手段,防止因土体流失造成地表沉降、管线断裂等更为严重的后果。

#### 1.2.2.3　突水

突水风险事件易发生在盾构机始发及到达、盾尾刷更换、进仓作业等重点施工工序中,如图1-24所示。在特殊施工阶段,如下穿或者侧穿水体、穿越富水砂层、穿越富水浅覆土地层和地下管沟时,掘进过程中压力设置不当、盾尾及主轴承密封失效等均易导致突水风险事件。

在破碎带、富水砂层地段中发生的突水灾害易造成盾构机无法正常推进,土仓压力无法按要求控制,从而进一步导致地面沉降、塌陷,甚至对周边环境产生大范围破坏。

1)穿越江河施工

(1)成因分析。

盾构穿越江河施工时,河水易从扰动土体裂缝中经刀盘开口及盾尾进入盾构机,造成河底击穿，如图 1-25 所示。在砂土、砂质粉土等易液化的土层中掘进，刀盘切削挤压扰动土层，在过高的水压力下砂土液化，并随地下水沿盾尾和隧道接缝渗漏进入隧道内，可能出现局部地基掏空、隧道下沉、管片边接螺栓断裂、结构破坏等次生灾害；盾构在水域下浅覆土中推进时，覆土浅、水压高，压力平衡不易建立，上下受力不均衡，造成盾构姿态上扬，控制困难，调整姿态将对周围土体扰动增大，也易导致突水风险事件。

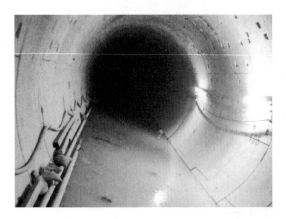 

图 1-24　盾构隧道掌子面突水

图 1-25　盾构穿越江河施工造成突水事故

（2）防治对策。

盾构工作面压力应适时调整，确保与地下水压力平衡；做好理论渣土量与实际渣土量的记录，保证出渣量与掘进速度一致，避免冒顶突发事故；合理组织施工，连续、快速地通过河流区段；加强对盾构姿态的控制和地面的监控量测，及时反馈信息以指导掘进施工；严格控制盾构操作，调整好盾构推进油缸的压力差及各组推进油缸的行程，避免盾构机上浮；土压盾构需采用适合地层的渣土改良添加剂，泥水盾构则需采用适合地层的泥浆配比与参数；在盾构掘进过程中设定与盾尾地下水压力相适应的注脂压力与注浆压力，防止地下水和注浆液渗入盾尾刷。

2)破除洞门时突水涌泥沙

(1)成因分析。

当盾构始发端或到达端位于富水地层时,在破除洞门过程中,若端头加固方案不当或者加固效果欠佳,洞门土体自稳能力无法满足洞门破除所需的施工时间要求,地下水易在端头失稳的瞬间涌入隧道内;另一方面,若洞门破除方案不合理或者洞门暴露时间过长,同样易导致隧道周边地下水挟带泥沙涌入隧道内。

(2)防治对策。

提前检查洞门加固效果,未达到要求则必须重新进行加固处理;在小范围坍塌的情况下,可采用边破除洞门混凝土边喷素混凝土的方法对土体临空面进行封闭;对于坍塌失稳严重的情况,应封闭洞门,重新加固;情况危险时,需用盾构机封住洞门,重新安排工期并选择合适的洞门破除方案。

3)典型事故案例

(1)事故经过。

2018年2月7日,广东省佛山市禅城南庄的佛山地铁2号线绿岛湖至湖涌盾构区间隧道正常施工期间,于当晚18时左右,右线盾构905环掘进完成后,18时50分,盾尾突发涌水涌沙,作业工人尝试堵漏未果,随即渗流量失去控制,20时40分左右,现场透水面积扩大,导致隧道管片变形并破损,引发地表塌陷,塌陷区长约70m、宽约80m,最大深度约为7.5m,如图1-26所示。塌陷处隧道穿越地层从上至下为淤泥质粉土层、粉细砂层、中粗砂层,影响区范围内存在供水管道、中高压燃气管道、污水管、雨水管及通信管线等,事故发生时所有管线均被破坏,共造成十余人伤亡。

图1-26 突水事故导致的地面塌陷

(2)事故原因。

根据事故调查报告,分析事故主要原因如下:①事故发生段存在深厚富水粉砂层且临近强透水的中粗砂层,地下水具有承压性,盾构机穿越该地段时发生涌水涌沙风险高;②盾构机已完成905环推进,盾尾密封装置性能有所下降,被外部水土压力击穿后,产生涌水涌沙通道;③在涌水涌沙严重的情况下,相关人员仍在隧道内继续进行抢险作业,撤离不及时;④隧道结构破坏后,大量泥沙迅速涌入隧道,在狭窄空间范围内形成的强烈泥沙流和气浪向洞口方向冲击,导致部分人员逃生失败。

(3)事故警示。

①盾尾渗漏持续可能引起盾构机底部掏空后整体下沉、管片错台、螺栓断裂,最终导致隧道突然垮塌;②突遇软弱地层时会引起盾构机姿态变化,可能导致底部盾尾间隙变大,进而盾尾失效;③长距离掘进时应重点关注盾尾密封的管理,出现渗漏时要分析评估并及时更换;④松散的粉细砂层会加剧盾尾涌水涌沙,导致隧道结构破坏,造成泥沙瞬间涌入。

#### 1.2.2.4 盾构机损伤

常见的盾构机损伤包括主轴承密封击穿、盾尾密封击穿、保压仓失压、刀具刀盘磨损、卡盾、盾体变形等,主要发生在穿越不良地质段、穿越障碍物等特殊施工阶段。

1)主轴承密封击穿

(1)成因分析。

主轴承作为盾构机核心部件之一,起着支承盾构刀盘并使之回转破岩的作用,密封系统是主轴承的一个关键部件,如图1-27a)所示,该系统位于主轴承前端,可阻止泥渣进入主轴承。地下作业时,密封系统难以在隧道硐室内更换,若在施工中因密封击穿而导致主轴承齿轮油泄漏或泥渣颗粒进入齿轮箱,引起主轴承或齿轮损坏,将会对工程造成不可估量的损失,如图1-27b)所示。

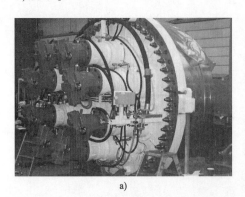

a)            b)

图1-27 盾构机主轴承

造成盾构机主轴承密封击穿的原因主要包括:主轴承密封的设计或制造存在缺陷,导致密封材料无法有效阻止外界杂质进入主轴承区域,从而导致密封击穿;如果对主轴承密封维护不当或未定期检查,可能导致密封材料老化、磨损或损坏,最终导致密封被击穿;在盾构施工过程中,可能会有泥沙、水、颗粒物等外界物质侵入主轴承密封区域,这些物质可能对密封材料造成损害,导致密封击穿;在盾构机掘进过程中,如果操作不当(如过度负荷、过高转速、过高油温等),可能会对主轴承密封造成损害,最终导致密封击穿。

(2)防治对策。

在运输过程中对主轴承密封进行有效保护,安装前后进行全方位检查,确保其可靠性;始发后对盾构机主轴承注脂系统、报警系统及各项参数进行检查,确保其工作稳定性;在使用过程中注意尽量减少或者避免超负荷作业导致的油温过高。

通过调整密封衬套位置,以保证主轴承密封可靠性,或更换主轴承内外密封,确保盾构机在长时间使用后主轴承密封的可靠性。

2)盾尾密封击穿

(1)成因分析。

造成盾尾密封击穿的原因主要包括:①盾尾刷与油脂质量差;②盾尾刷安装质量差或者第一次涂抹油脂不到位;③管片选型不合适或者掘进姿态不佳造成盾尾间隙过大或过小;④盾尾油脂注入不及时,注脂压力设置与地下水压力、注浆压力不匹配,造成泥沙、浆液渗入;⑤盾尾密封渗漏且原因分析不明,在持续推进过程中造成盾尾损伤过度等。

(2)防治对策。

重视盾尾刷与油脂选型,确保安装质量与初涂油脂质量;合理控制盾尾油脂注入压力与注入量;重视掘进姿态调整与管片选型,确保盾尾间隙在合理区间;出现渗漏时,根据盾尾油脂压力的保持时间及工作状态评估盾尾刷质量,及时检查并更换损坏的盾尾刷。

3)刀具刀盘磨损

(1)成因分析。

当盾构机在岩石强度高、完整性好的地层中掘进时,为了切削岩层,盾构机会增强推力、增大扭距,导致推进速度变慢、贯入度减小、盾体摩擦力变大等,从而造成盾构机刀盘、刀具磨损,如图 1-28 所示。

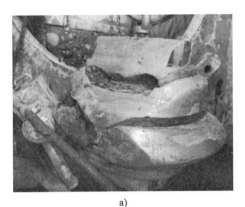
a)

b)

图 1-28

c)

图 1-28 不同类型的刀具刀盘磨损

(2) 防治对策。

刀盘刀具配备需与地层相适应,对易磨损刀具的地层,配备可更换刀具与刀具刀盘磨损检测系统;根据地层与刀具刀盘匹配情况,选取合适的刀具检查与更换地点并提前进行加固;根据磨损检测系统、推进参数的变化评估刀具磨损状态,必要时进仓核查刀具磨损状态并及时更换。

4) 卡盾

(1) 成因分析。

盾构机在硬岩地层中掘进时,出现推力不断增加、刀盘扭矩逐渐减小、盾尾铰接无法收回等现象时,可判断盾构机盾体被围岩卡死,即发生了卡盾情况;当盾构姿态偏向严重时,盾尾受到被动土压力过大,持续时间过长,会造成盾尾变形过大而卡盾。

造成盾构机卡盾的原因主要包括:盾构机边缘刀具磨损严重,或盾构机在硬岩段曲线掘进,造成切削轮廓不足,易导致卡盾;盾构机穿越硬质破碎岩体时,大块岩石易卡住盾壳;同步注浆固结时间较短,浆液流入盾壳,若此时盾构机长时间停机,盾壳被浆液包裹,会导致卡盾;盾构机姿态控制不好,持续受到的被动土压力超过盾壳的弹性承载能力时易导致卡盾。

(2) 防治对策。

及时检查并更换刀具,特别是周边刀;对破碎岩体提前再破碎或注浆加固,确保开挖轮廓稳定不变形;注意控制注浆量与注浆体凝结时间,长期停机时对盾壳周边注膨润土,润滑盾壳,减小摩擦力,防止盾壳被固结包裹;盾构机在硬岩段曲线掘进前,需先检查刀具,确保开挖轮廓在设计许可范围内;姿态调整要循序渐进,防止过度向一个方向持续纠偏,使盾尾受到过度挤压。

5) 典型事故案例

(1) 事故经过。

南京地铁 4 号线鼓楼站—鸡鸣寺站盾构区间右线施工至 611 环,刀盘进入石英砂岩和粉质黏土的复合地层,为保证盾构顺利通过,采用带压换刀的方式将原有 38 把撕裂刀更换为滚刀,同时更换部分受损切刀和边缘刮刀。掘进39环后,即650环处,掘进速度骤降,项目部立刻组织人员进行二次带压进仓作业,检查并更换了部分面板及周边滚刀。由于更换8把滚刀后掌子面不稳定(顶部坍塌高度约为2.0m),为保证人员安全,停止换刀,中心滚刀未检查更换,如图1-29所示。

为确保盾构机通过掌子面坍塌区后安全换刀,恢复掘进了651环和652环,推进速度无明显改善,且出现喷涌现象。在掘进过程中,刀盘处地面出现塌陷,直径约2.8m,塌陷区域位于快车道和非机动车道中间的绿化带内。

图1-29 南京地铁4号线盾构机刀盘磨损

(2)解决方案。

袖阀管注浆加固:注浆范围为盾体左右两侧各1.0m,刀盘前方3.0m,刀盘后方2.0m;布孔间距不大于1.5m(二次加密布孔后间距1.0m左右),布孔深度为刀盘上方0.5~1.5m,刀盘前方入岩0.3m,分两次共计注水泥浆86m³,水玻璃13m³。

树根桩加固:为防止竖井开挖过程中前方土体失稳,在刀盘右前方打设两排树根桩,桩径150mm,桩间距200mm,桩深入岩层50cm,注入水泥-水玻璃双液浆。共打设树根桩19根,每根桩注入浆液约为1t。

(3)事故警示。

①在软硬不均地层中掘进时,应适当降低刀盘转速,使刀具受到的瞬时冲击力小于25t(安全荷载),控制刀盘转速在1.0r/min左右。②盾构长距离通过软硬不均地段时,盾构机刀具磨损严重,换刀频率增加,影响掘进速度,为保证盾构顺利安全通过硬岩地段,施工过程中需采取有针对性的技术措施。

## 1.3 本章小结

本章系统介绍了我国公路隧道的发展现状以及在公路隧道施工中的典型风险事件。针对钻爆法和盾构法,分别列举了常见的风险事件,并分析其成因及防治对策。

(1)针对钻爆法,详细叙述了洞口失稳、坍塌、涌水突泥、大变形、瓦斯爆炸和岩爆等常见风险事件,并结合工程水文地质、设计施工方法因素等,对每种风险事件进行了成因分析,包括地质条件不稳定、围岩级别过低、高地应力条件、富水条件、支护方法不当、现场管理措施不足等;同时,结合技术和施工手段提出了相应的防治对策,包括实施严密的工程水文地质勘探、严格控制施工参数、强化施工过程的监控量测、加固洞口结构、加强隧道通风、重视现场安全管理等；最后，结合相关典型事故案例，进一步明确了钻爆法施工中可能发生的风险事件及其具体表现、人员伤亡和经济损失等。

(2)针对盾构法，详细叙述了掌子面失稳、建(构)筑物受损、突水和盾构机损伤等风险事件。分析了盾构机正常掘进、盾构机始发与到达、进仓作业和穿越不良地质等阶段的掌子面失稳事件，剖析了风险事故成因，明确了相应对策；对建(构)筑物受损事件进行了成因分析，探讨了防治对策以及相关典型事故案例；从穿越江河施工和破除洞门时突水涌泥沙两个方面，对突水事件进行了成因分析，探讨了防治对策以及相关典型事故案例的探讨；从主轴承密封击穿、盾尾密封击穿、刀具刀盘磨损和卡盾等方面，对盾构机损伤进行了成因分析，探讨了防治对策以及相关典型事故案例。

# 第2章

# 国内外隧道工程风险评估标准与方法

近年来国内外大规模开展了隧道工程的建设,其施工过程难以避免遭遇各种风险源,进而导致风险事件的发生。在隧道施工过程中,风险事件的发生往往伴随人员伤亡、直接经济损失、社会影响、环境影响及工期延误等后果,为隧道设计与施工带来严峻挑战。如何辨识、评估并管控隧道工程中存在的风险成为一项重要且有意义的工作。因此,本章从上述内容出发,首先介绍当前国内外典型的 6 部隧道工程建设风险评估标准,并在此基础之上进一步介绍隧道工程总体风险评估与专项风险评估常用方法。

## 2.1 隧道工程建设风险评估标准

隧道建设是一项高度复杂且充满不确定性的工程,随着隧道工程的快速建设与发展,其施工安全面临严峻挑战。为应对特殊的地下施工环境和多变的地质条件带来的风险,开展科学系统的风险评估成为确保隧道工程建设安全的关键环节。为规范隧道工程建设风险评估工作,最大限度减少事故引发的人员伤亡和经济损失,国内外有关部门相继发布并实施了多项风险评估标准。以下介绍 6 部国内外隧道工程风险评估标准,旨在为隧道工程建设提供科学可靠的风险评估依据,以提高隧道工程建设的安全性与可靠性。

### 2.1.1 《隧道风险管理指南》

2003 年,国际隧道协会发布了《隧道风险管理指南》(*Guidelines for Tunnelling Risk Management*),旨在为隧道工程风险管理提供全面的建议和方法。该标准致力于解决隧道工程面临的多样化风险,其内容涵盖了从设计至施工期间的风险管理实施流程,为负责制定隧道和地下工程风险管理方案的人员提供了翔实的指导,确保在隧道工程各个阶段均可有效应对潜在的风险挑战。

《隧道风险管理指南》共有 8 章,总体上可分为 4 个部分。第 1 部分包含该标准第 1 章和

第2章,主要介绍了该标准的适用范围。第2部分包含该标准第3章,主要介绍了风险管理范围、目标与策略。该标准指出,应在隧道设计和施工的各个阶段,根据可用信息进行施工安全风险辨识,并强调应通过辨识风险、确定并实施消除或减轻风险的措施等流程进行落实,着重降低具有重大后果事件发生的可能性。该标准第3部分包含第4章至第6章,具体介绍了隧道工程各阶段风险管理要求。在设计阶段,应开展基于定性方法的风险辨识工作,重点辨识施工活动存在的潜在风险;在招投标阶段,应进一步开展基于定性方法的风险辨识,并将设计阶段风险辨识成果纳入其中;在施工阶段,工程承包方应建立健全风险管理体系,并为参与工程管理的人员提供专业培训。此外,该标准规定,在隧道施工周期内,业主方须制定应对突发事故的应急预案,并规定业主方应派驻施工现场监督代表,以确保业主方制定的风险控制措施及应急预案落实到位。同时,该标准建议工程承包方建立包含已确定风险的详细信息和所有已发生事故的调查结果的隧道工程项目风险登记册,以预防类似事故的发生。该标准第4部分包含第7章与第8章,主要介绍了风险辨识的典型方法,包括故障树分析法、事件树分析法、决策树分析法等。

该标准具有以下特点:①强调了全面风险管理的重要性,明确了风险管理的多个层面,包括作业人员、第三方、环境和财务等多个层面;②强调了以流程化方式进行风险管理的重要性,包括辨识风险、确定并实施消除或减轻风险的措施,从而确保隧道工程建设安全高效推进;③强调了隧道工程项目全周期风险管理的重要性,尤其注重在项目设计与招投标阶段开展的风险管理工作;④强调了定义准确术语的重要性,以确保在隧道工程风险管理中沟通和执行管理措施的准确性和有效性。

该标准为隧道工程提供了全面的风险管理框架,但在实施过程中面临一些问题:首先,该标准需要更具体和实用的风险管理方法以满足特定项目的需求;其次,该标准给出的定量评估方法,可能会受基础数据可用性和不确定性的限制,其评估结果需要在实践中谨慎处理;最后,随着技术和行业的发展,该标准需要定期更新,以确保其与最新的工程实践创新保持一致。

## 2.1.2 《隧道工程岩土风险管理》

2009年,中国香港特别行政区土木工程与发展署岩土工程办公室推出了《隧道工程岩土风险管理》(*Geotechnical Risk Management for Tunnel Works*),旨在为与隧道工程相关的岩土工程风险管理提供指导。该标准明确了风险管理在隧道工程安全高效推进中的关键作用,并强调了现场勘察与监控量测的重要性。此外,该标准提倡建立风险交流机制,以促进项目团队之间的协作,并确保及时分享风险信息。

《隧道工程岩土风险管理》共有6章,总体上可分为4个部分。第1部分包括第1章至第3章,分别介绍了该标准的适用范围、技术标准及引用性文件。第2部分包括第4章,主要定义了标准使用过程中涉及的术语。第3部分包括第5章,主要给出了相关技术建议。其中,在风险评估方面,该标准强调应首先明确当前建设隧道线路施工方法及与工程相关的岩土风险源、敏感区域或设施;其次,需在隧道工程风险登记簿中登记所有对隧道工程存在影响的风险源,并制定风险接受标准;最后,通过使用定性或半定量风险评估方法,确定风险控制的优先级,并明确已达到可接受水平的风险。在风险控制方面,该标准给出了具体的风险控制措施及监控量测仪器的选型建议。第4部分包括第6章,主要介绍了隧道施工中岩土工程灾害典型案例,有助于工程团队更全面深入地理解和应对岩土工程相关风险。

该标准具有以下特点:①强调了风险评估的多层次性和综合性,要求项目团队深入了解隧道工程相关风险,确保对潜在风险有全面认识;②强调了明确标准术语的重要性,以确保在不同专业领域或国际项目合作中保持一致性和准确性;③强调了现场勘察和风险评估的重要性;④强调了监测和风险交流的重要性。

该标准为隧道工程风险管理提供了重要指导,但在工程实践中也面临如下问题。首先,该标准的适用性可能受地域和项目特性的限制;其次,该标准规定的风险辨识与评估通用性方法可能需要根据不同项目的特殊性进行调整,以满足实际需求;最后,在风险控制方面,该标准提供的方法较为笼统,在工程实践中需要不断细化完善。

## 2.1.3 《隧道工程风险管理应用规范》(第三版)

2023年,国际隧道与地下空间协会与国际工程保险公司协会联合发布了《隧道工程风险管理应用规范》(第三版)(*A Code of Practice for Risk Management of Tunnel Works*:*Third Edition*),旨在为隧道工程提供全面的风险辨识、评估与管理守则,从而最大限度地控制和管理隧道工程相关风险。该标准通过增加主要属性清单、区分风险管理的概念、引入数字建模等方式,拓展了该标准对隧道工程风险辨识、评估与管理的适应性。该标准特别强调了着重管理高风险事件的重要性,细化了监控量测方案与应急预案制定的有关条文,以更准确和清晰地指导隧道工程风险辨识、评估与管理实践。

《隧道工程风险管理应用规范》(第三版)共有11章,总体上可分为3个部分。第1部分包括第1章至第3章,分别介绍了该标准的编写目标、适用范围及基本原则。第2部分包括第4章至第7章,分别介绍了隧道工程风险辨识、评估与管理的方针和程序,风险管理过程中各团队有效沟通的重要性,数字模型在隧道工程风险辨识、评估与管理中的关键作用,以及工程承包方的责任和义务。该标准第3部分包括第8章至第11章,分别给出了隧道工程勘察阶段、招投标阶段、设计阶段及施工阶段风险辨识、评估与管理规定。在勘察阶段,业主及勘察方应确保现场勘察的时间与质量,确保勘察获取的资料可支撑后续可行性计划编制与隧道工程设计,并尽可能辨识风险源;在招投标阶段,该标准给出了招投标文件、合同的编制建议及工程承包方的选择建议,同时规定投标人应提交招投标阶段风险辨识汇总表,供评标时审查;在设计阶段,该规范强调,应基于一致的原则开展永久性工程及临时性工程设计,并应特别注意控制发生概率较低但风险等级较高的风险事件。设计阶段风险评估应考虑施工工法、工期及施工方等带来的风险;在施工阶段,应建立施工风险登记册,对施工过程风险进行动态管控。

该标准具有以下特点:①强调了综合风险管理(包括风险辨识、评估、管理及剩余风险管控)的重要性,以确保隧道工程在施工安全及设计使用年限内安全运营;②强调了在项目中建立积极的风险管理文化和清晰的沟通流程的重要性,以确保整个项目分工和管理的协调进行;③强调了数字模型在隧道工程风险辨识、评估及管理中的重要性;④强调了要明确勘察方与施工方在隧道工程项目中的责任,要确保项目各方具备必要的技术和管理能力,并加强风险管理和数字模型的发展、维护和共享;⑤强调了现场勘察的重要性。

尽管该标准在推进全面风险管理方面取得了显著进展,但在工程实践中仍存在以下问题:首先,该标准仅强调了全面风险管理的重要性,但未提供具体实施方法,导致在执行过程中存在一定偏差;其次,该标准未明确给出数字模型的相关要求,可能导致不同风险辨识、评估及管理阶段建立的数字模型有所差异,进而影响隧道风险评估的结果。

## 2.1.4 《铁路隧道工程风险管理技术规范》

2016年,中国铁路总公司发布《铁路隧道工程风险管理技术规范》(Q/CR 9247—2016),旨在有效控制铁路隧道工程建设风险,规范铁路隧道风险管理工作,统一铁路隧道工程风险管理技术要求,并为铁路隧道工程的各阶段提供系统而科学的风险管理方法。该标准详细规定了可行性研究阶段、初步设计及施工图阶段和施工阶段的风险管理要求,对隧道工程不同阶段做出了具体而全面的风险管理要求。该标准通过科学细致的方法解决隧道工程在不同阶段可能面临的多方面风险,从而提高隧道工程建设的整体安全性和可靠性。

《铁路隧道工程风险管理技术规范》共有7章,总体上可分为3个部分。第1部分包括第1章至第3章,分别为总则、术语及基本规定。其中,总则强调风险管理工作应贯穿铁路隧道设计与施工全过程,并以施工安全风险和结构稳定风险为风险管理重点,尤其应高度重视具有突发性和灾难性的风险;术语中定义了地质风险、技术风险、自然风险、稳定风险、控制性隧道工程和风险后期评估等关键术语;基本规定明确了风险分级、风险接受准则和建设各方风险管理要求,修订了人员伤亡、环境影响、经济损失、工期延误风险分级标准,增加了稳定影响和功能缺陷分级标准,修订了风险等级标准、风险接受准则和控制原则。该标准第2部分主要包括第4章至第6章,分别规定了可行性研究阶段、初步设计及施工图阶段及施工阶段的风险管理工作要求。在可行性研究阶段的风险管理要求中,补充了风险计划内容,从地质风险、自然风险、稳定风险和技术风险4个方面明确了风险管理技术要点;在初步设计及施工图阶段风险管理要求中,明确了初步设计及施工图阶段的风险管理流程,补充了风险计划内容,完善了风险因素核对表,针对具有不同特点的铁路隧道制定了风险管理技术要点;在施工阶段风险管理要求中,明确了施工阶段的风险管理流程,完善了风险因素核对表,明确了分级管理、分级负责的风险控制原则,补充了风险告示、监控量测、信息化施工等内容,增加了风险后期评估规定。第3部分主要包括第7章,该部分明确铁路隧道工程各阶段均应编制风险管理报告,并全面介绍了各阶段风险管理成果报告应包括的内容。

该标准具有以下特点:①强调了风险管理应综合考虑隧道工程的安全、稳定、质量、环境、工期、投资、第三方等多个方面的风险,确保了风险管理的全面性;②强调了相应的风险管理技术要点,明确了可行性研究阶段、初步设计及施工图阶段、施工阶段的风险管理流程,确保了在不同阶段能够有针对性地管理风险;③强调了对于风险管理成果的及时总结和报告,有助于形成全面的风险管理档案,为项目的后续决策提供参考。

尽管该标准在隧道工程各个阶段均提出了详细的风险管理要求,但在工程实践中仍存在部分问题:首先,该标准对风险管理方法和技术手段的介绍较为抽象,未能提供更具体、更有可操作性的实施细节;其次,该标准对一些新出现的风险因素或复杂环境的处理方式较为简单,对复杂应用场景的适用性不足;最后,该标准在风险监测和动态评估方面相对薄弱。

### 2.1.5 《城市轨道交通地下工程建设风险管理规范》

2011年,住房和城乡建设部发布了《城市轨道交通地下工程建设风险管理规范》(GB 50652—2011),旨在加强我国城市轨道交通地下工程建设风险管理。

该标准通过明确指出风险管理原则和程序并详细阐述风险分类和管理步骤的方式,为城市轨道交通地下工程的各个阶段提供了系统的管理指导。该标准特别强调了应关注突发性和灾难性风险的重要性,并规定在工程建设各阶段应根据工程的技术特点对安全、稳定、质量等多方面风险进行管理。该标准通过制定风险等级标准、明确规划阶段的风险管理要求,以及在可行性研究、勘察与设计、招投标与合同签订、施工等阶段提供具体的风险管理要求和措施。

《城市轨道交通地下工程建设风险管理规范》共有9章,总体上可分为3个部分。第1部分主要包括第1章至第3章,为总则、术语及基本规定。在第3章中,该标准特别强调了建设单位在管理中的责任和专项费用的划分,并详细阐述了风险分类、管理步骤以及风险管理文件的作用。第2部分主要包括第4章,该部分详细介绍了城市轨道交通地下工程风险发生的可能性与后果,以及风险分级标准。该标准第3部分主要包括第5章至第9章,分别规定了规划阶段、可行性研究阶段、勘察与设计阶段、招投标与合同签订阶段、施工阶段的风险管理工作相关要求。在规划阶段,规定了风险管理所需的基本资料及需完成的工作,并强调了重大风险因素专项风险分析与编制规划阶段风险评估报告的重要性;在可行性研究阶段,强调了现场风险调查的重要性,并规定了现场风险调查应覆盖的范围;在勘察与设计阶段,强调了风险管理应遵循"分阶段、分对象、分等级"的基本原则,并明确了勘察与设计风险管理的基本资料和实施内容,为后续的风险控制提供基础和依据;在招投标与合同签订阶段,强调了在招投标单位编制的招标文件中应涉及的风险管理要点;在施工阶段,规定了城市轨道交通地下工程施工阶段的全面风险管理,包括施工准备、施工期、系统安装与调试、试运行和竣工验收等各阶段的风险分析和控制。各建设单位、设计单位、监理单位和施工单位需协同合作,共同参与现场风险管理,确保工程安全高效进行。

该标准具有以下特点:①强调了在工程建设过程中应根据施工技术特点对安全、稳定、质量等多方面风险进行管理,特别关注突发性和灾难性风险;②强调了建设单位在管理中的责任和专项费用的划分,以确保风险管理的系统性和科学性;③强调了各阶段风险评估报告编制的重要性,为项目团队提供了明确的风险认知和管理方案;④强调了各单位之间协同合作的重要性,确保工程的安全、高效进行。

该标准为城市轨道交通地下工程建设提供了全面风险管理指导,但在工程实践中也存在部分问题:首先,该标准在细节上过于强调风险管理的具体程序和要求,使得这些规定在工程实践中执行起来较为复杂;其次,该标准更侧重于静态和已知风险的管理,在应对项目中可能出现的动态和未知风险方面存在不足。

### 2.1.6 《公路桥梁和隧道工程施工安全风险评估指南(试行)》

2011年,交通运输部发布了《公路桥梁和隧道工程施工安全风险评估指南(试行)》,旨在指导和规范我国公路桥梁和隧道工程施工安全风险评估工作,预防公路施工重特大生产安全事故发生,提高工程施工安全风险控制能力。该标准提出了公路桥梁和隧道工程施工安全风险评估的方法和程序,建立了风险评估指标体系,并列出了典型的重大风险控制措施建议。

2011年版指南共有7章,总体上可分为3个部分。第1部分包括第1章及第2章,介绍了该标准的总则及术语,明确了标准的编制目的、适用范围、隧道和桥梁施工安全风险评估阶段及评估要求。第2部分包括第3章至第6章,主要介绍了隧道及桥梁施工安全风险评估流程,包括总体风险评估、专项风险评估及风险控制。总体风险评估是指开工前根据隧道或桥梁工程的地质环境条件、建设规模、结构特点等孕险环境与致险因子,评估隧道或桥梁工程整体风险,估测其安全风险等级的过程;专项风险评估是将总体风险评估等级为高度风险及以上的隧道或桥梁工程的施工作业活动(或施工区段)作为评估对象,根据其作业风险特点及类似工程事故情况,进行风险源普查,并针对其中的重大风险源进行量化估测的过程;风险控制是指根据风险评估结果,按照风险接受准则,提出风险控制措施的过程。第3部分包括第7章,主要介绍了风险评估报告编制要求及应包含的主要内容。

该标准具有以下特点:①强调了分层次开展隧道或桥梁施工安全总体和专项风险评估的做法,建立了整体施工安全与具体施工作业活动的针对性评估体系;②强调了重大风险源风险估测对施工安全评估和风险管控的重要意义,现场施工应建立重大风险源监控和预警预报体系;③强调了指标体系法对定量评价施工安全风险的积极作用,该方法可为施工现场技术人员提供科学合理、较易掌握的评估手段。

该标准为公路桥梁和隧道工程施工安全提供了有效的风险评估框架,促进了桥隧工程建设长期安全稳定发展。随着交通建设行业的发展,隧道施工方法与技术不断丰富以及对风险评估理念和方法的研究不断深入,该标准需进行不断充实和完善。

## 2.2 公路隧道工程施工安全风险评估方法

如2.1节所述,我国公路隧道工程施工安全风险评估分为总体风险评估与专项风险评估两个阶段,本节内容旨在概述国内外相关学者对隧道工程风险评估方法的研究现状。

### 2.2.1 隧道工程总体风险评估方法

总体风险评估是指在隧道工程施工前根据隧道的地质环境、建设规模、结构特点等,评估整个隧道工程的整体风险,国内外学者针对隧道工程总体风险评估开展了较多研究。

1974年,美国学者H. H. Einstein首先提出了隧道及地下工程风险评估的概念,为隧道及地下工程建设过程中的风险管理提供了新颖思路,平衡了施工过程中时间、成本及投资风险间的关系。基于上述概念,H. H. Einstein于同年采用计算机模拟仿真的方法,建立了隧道风险评估模型,研究了隧道施工各阶段随机风险因素对隧道造价及工期的影响,并基于此开发了隧道风险评估决策系统,显著降低了主观因素对风险评估结果的影响。

在H. H. Einstein研究的基础之上,G. F. Salazar于1983年提出了一种考虑隧道施工过程中随机风险因素对工程造价及工期影响的风险评估方法,极大降低了风险评估及控制所需成本;1996年,R. Sturk、L. Olsson与J. Jonsson三位学者基于隧道工程实例,结合风险评估与统计学相关理论,建立了适用于该隧道及工况类似隧道的风险评估模型,实践证明模型在该隧道及其他工况类似隧道的风险评估中均取得了良好效果;1998年,S. D. Eskesen综合考虑风险发生的可能性与后果严重性两个方面,建立了一种新的隧道风险评估体系,并结合丹麦哥本哈根地铁系统梳理了10种风险类型及对应的风险控制措施。

以上风险评估方法大多数为定性评估方法。伴随隧道工程风险评估需求不断发展,单一的定性评估方法已难以满足风险评估需求。因此,半定量和定量方法被引入隧道工程风险评估领域,以应对日益复杂的工程挑战。近年来,国内外学者分别基于层次分析法、专家调查法、风险矩阵法与贝叶斯网络法等对隧道工程总体风险进行了较多研究,并取得了丰硕成果。

层次分析法是一种将定性与半定量方法相结合的多目标决策分析方法,由T. L. Saaty于20世纪70年代初提出。在此之后,基于层次分析法与模糊数学理论的模糊层次分析法在隧道工程总体风险评估过程中得到了广泛应用。2011年,A. Aliahmadi结合三人合作博弈理论与模糊层次分析的交互决策模型,构建了一种适用于隧道工程总体风险评估的模糊对策理论模型并将其应用于Resalat隧道的风险管理中;2010年,J. K. Hamidi采用模糊层次分析法开展地质条件较差的Zagros隧道总体风险评估工作,并基于风险评估结论进行了TBM选型;2013年,宋浩然等采用层次分析法,基于技术、经济、安全和环境影响等因素,建立了隧道总体风险评估模型,并对拟采用的施工方法进行风险评估;2015年,K. C. Hyun等通过将风险分组的方式建立故障树,并采用故障树分析法和层次分析法对盾构掘进过程中风险发生概率和风险后果进行了系统量化分析;2021 年,Meng 等提出了一种基于云模型和模糊层次分析法的隧道工程总体风险评估方法,研究了岩溶隧道施工中各风险等级对应的评估指标的确定度,根据风险云图的比较和最大确定性原则确定最终的风险等级。

专家调查法也称德尔菲法,在隧道工程风险评估领域中应用广泛。基于专家经验的量化评价过程,具有量化方法可操作性强、评价目标适应性好等优点。2015 年,蒋强等基于龙头山隧道工程实际,建立了合理的评估指标体系,并采用专家调查法与指标体系法对该隧道开展总体风险评估工作;2021 年,王春河等基于专家调查法开展改扩建隧道施工风险源普查工作,建立了合理的改扩建隧道总体风险评估指标体系;同年,Liu 等提出了一种综合层次分析法和专家调查法的隧道施工总体风险评估方法,并将其应用于中国青岛地铁泰安路站的施工总体风险评估;2022 年,J. Kim 等基于专家调查法与层次分析法,构建了基于量化分级体系与影响因素的隧道坍塌风险评估模型,对评估隧道坍塌风险影响因素和等级进行了量化分析。

风险矩阵法是根据危险发生可能性及危害程度,综合确定相应风险事件的安全风险水平的一种半定量分析方法。该方法由 H. H. Einstein 于 1994 年提出,之后众多学者基于其理论开展了较多研究。2007 年,黄宏伟等采用风险事故发生概率及其损失的函数定量表征海底隧道运营期风险,得到海底隧道工程风险估计矩阵及风险接受准则;2016 年,朱合华院士基于风险评估模型,考虑了风险因素发生概率及损失对风险评估的影响,建立风险评价矩阵及风险水平分级,对茅山隧道总体风险进行了评估。

随着计算机技术在隧道风险评估领域内的广泛应用,较多学者将贝叶斯网络引入隧道总体风险评估过程。该理论最初由 J. Pearl 于 20 世纪 80 年代中期提出,是一种可以有效表达不确定认知与其推理的模型,适用于不确定过程的研究。因贝叶斯网络在处理不确定性信息方面具有明显优势,可解决复杂环境条件下可靠故障分析问题,故其可被应用于隧道总体风险评估过程。2012 年,R. L. Sousa 等基于贝叶斯网络构建了一种可较准确预测隧道掌子面前方地质变化并修改施工方案以降低施工风险的隧道风险评估方法,有效降低了与隧道施工相关的风险;之后,O. Špacková 等构建了一种可用于量化施工过程中的不确定性以及造成严重延误和损害的风险事故的动态贝叶斯网络模型;2014 年,张立茂等基于模糊贝叶斯网络分析隧道灾害风险与其影响变量之间的因果关系,提出了一种隧道施工安全风险分析的系统决策支持方法;Wang 等针对目前深埋隧道风险评估中存在的不足,提出了一种基于贝叶斯网络的动态风险评估方法,并应用于胡麻岭隧道 3 号斜井总体风险评估。

综上所述,国内外学者针对隧道工程总体风险评估方法正逐渐由定性分析方法向半定量或定量分析方法转变。在以往单一风险评估方法的基础上,国内外学者综合运用不同方法,为隧道工程项目提供更为科学和可操作的风险评估手段,以期针对不同的实际工程状况进行更为准确的隧道风险评估。

## 2.2.2　隧道工程专项风险评估方法

专项风险评估是指根据隧道工程总体风险评估得出的结论,对重大风险源进一步量化估计。通过评估风险事件可能发生的概率和导致风险事故后果的严重程度,结合项目特点提出相应的风险控制措施。隧道工程专项风险评估分为风险事件可能性评估与风险事件后果严重程度评估,下面分别介绍相关评估方法。

1) 风险事件可能性评估

由于隧道工程所处环境及施工过程的复杂性,在施工中存在较多不确定性因素,可能导致不同类型的风险事件。因此,对风险事件开展可能性评估是隧道工程专项风险评估的关键步骤。基于风险事件可能性评估结论,施工单位可更深入地了解隧道施工过程中的潜在风险,并制定有针对性的风险控制措施,降低其发生的可能性。

通常基于确定性分析法与不确定性分析法两大类方法开展风险事件可能性评估工作。其中,常用的确定性分析方法主要包括专家调查法、层次分析法等,不确定性分析方法主要包括未确知测度法、点估计法等。2.2.1 节中已对专家调查法与层次分析法进行了介绍,本节不再赘述,下面重点介绍不确定性分析方法。

未确知测度法是一种基于模糊集中理论的风险事件可能性评估方法,该方法引入模糊度相关概念,可灵活评估隧道工程风险事件可能性。通过确定单指标测度函数与测度评价矩阵、计算风险事件多指标测度向量以及选取置信度等步骤,得出风险事件的可能性。该方法的优势在于其可有效处理信息的不确定性和不完备性,使得在面对隧道工程中地质条件等多方面因素的不确定性时,仍能提供更全面的、具有模糊度的可能性评估,为专项风险评估提供了更为灵活和综合的方法。

点估计法是一种基于统计矩理论的风险事件可能性评估方法,该方法是利用待评估隧道风险事件部分或全部指标参数值分布的随机性,通过风险事件可能性分值计算公式建立累积概率分布函数,从而确定风险事件可能性的方法。该方法简单易懂,计算较为简便,能够提供总体参数的估计值,但其采用抽样指标直接代替全部指标,不可避免地存在一定误差;且当选取的参数具有高变异性时,计算结果会低估风险概率。

2) 风险事件后果严重程度评估

风险事件后果严重程度评估旨在了解潜在风险事件发生时对工程造成的损失情况。通过对风险后果的深入评估,可有依据地确定风险控制与管理优先级,制定合理的风险控制措施。针对隧道工程,可从经济损失、社会影响、环境影响、工期延误等方面评估风险事件造成的后果。通常,采用就高原则可确定事故严重程度等级,然而公路隧道施工风险事件后果存在多样性,各种风险事件后果计量方式不统一,目前较多学者通过建立后果当量对风险后果进行量化统一。后果当量估计法主要用于评估风险事件发生后可能造成的影响与损失,该方法将风险事件后果分为不同的级别,并按一定标准对各级别后果进行量化,最终得出各风险事件后果当量值。其优势在于可将风险事件的各类后果进行量化处理,便于比较分析,但也存在一定局限,如不同级别的后果划分主观性较强,各级别的量化标准需要经过实践检验和不断完善等。

2009 年,贺志军提出使用后果当量估计法对山岭铁路隧道施工事故的后果进行量化估计,提高了工程分析结果的可靠性;2013年,范建海等基于后果当量估计法建立了隧道大变形后果严重程度评估模型,该模型将100万元人民币损失、1人死亡或10人重伤或30人轻伤、工期延误30d、环境影响严重、社会影响中等、隐蔽损失300万元等表示为1个当量,将风险后果分为5级。当人员伤亡、财产损失、社会影响、环境影响多个角度评估的严重等级存在矛盾时,采取后果比较法(就高原则)确定事故严重程度等级;2018年,桂志敬从国民经济和赔偿角度等方面确定伤亡当量指标,引入修正系数,考虑各地方福利标准、工程项目体量等影响,得出后果当量总值,确定隧道风险事件后果严重程度等级;同年,吕擎峰等构建了包括工程直接经济损失、人员伤亡、工期、环境及社会影响损失后果的评估模型,综合采用后果当量估计法与模糊层次综合评估法,对邓家湾隧道塌方风险事件后果的严重程度进行评估;2022年,黄宏伟等以钻爆法施工的山岭隧道为研究对象,基于风险量化分析理论,针对塌方事故概率、塌方潜在规模以及塌方事故导致的人员伤亡损失风险、工期延误损失风险、经济损失风险开展定量化研究,定量地制定风险接受准则,并建立了塌方风险量化评估模型。以上学者关于后果严重程度的评估方法研究,为隧道工程专项风险评估中风险事件后果的评估提供了借鉴。

## 2.3 本章小结

本章围绕隧道工程建设风险评估标准与施工安全风险评估方法,系统梳理了6部国内外隧道工程建设风险评估标准的主要内容和优缺点,以及总体风险评估、专项风险评估方法等研究现状。

(1)隧道工程建设风险评估标准已建立从规划、可行性研究、勘察与设计、招投标到施工等阶段的全周期项目风险管理框架,尤其在施工阶段风险事件的影响突出,应高度重视超前预报与监控量测对突发性高风险事件评估的重要作用,然而,与其密切相关的动态评估方法、内容及实施细节仍较为缺乏。

(2)隧道工程总体和专项风险评估方法逐渐由定性分析向半定量或定量分析方法转变,模糊数学与概率统计等不确定性分析方法为不同工程状况提供了更为准确的风险评估结果,但在实际应用中,应兼顾评估方法的简便性与科学性。此外,对于专项风险评估中估测风险事件后果严重程度的后果当量估计法,其量化标准与分级的确定,需充分结合国家法律法规、公众的关切以及相关工程规范。

# 第3章 2024年版指南编制思路与特点

2011年发布的《公路桥梁和隧道工程施工安全风险评估指南(试行)》,在公路隧道工程施工阶段实行安全风险评估制度,为保障公路隧道施工安全发挥了重要作用。但随着新理念、新技术的发展,2011年版指南已逐渐难以适应新形势下隧道工程风险评估的需要,亟须进行修订。因此,2024年发布的《公路水运工程施工安全风险评估指南 第3部分:隧道工程》(JT/T 1375.3—2024)以问题为导向,延续了既有模式,创新了评估方法,优化了评估体系。

## 3.1 编制思路

### 3.1.1 坚持问题导向,明确编制定位

我国幅员辽阔,各区域地形地质条件复杂多变,公路隧道施工面临的坍塌、高地应力及大变形等问题日益突出,隧道施工安全面临严峻挑战。开展隧道工程施工安全风险评估工作,是保障隧道施工安全和工程质量必不可少的举措;低风险的隧道工程,不需要或只需要采取简单的风险控制措施;高风险的隧道工程,则需要采取复杂、有效的风险管控措施将风险降低至可接受的范围内。

随着钻爆法在地质复杂条件下高风险隧道施工技术的积累,以及盾构法等方法施工的隧道占比逐步增加,2011年版指南施工风险评估仍存在静态风险评估指标体系不尽合理、评估体系中重大风险源类型欠缺、评估指标确定针对性与全面性不足、事故严重程度等级界定不够清晰等不足之处,导致评估结果难以满足新形势下的隧道施工安全风险评估需求。因此,有必要针对公路隧道工程施工方法、所面临的新的安全生产形势与政策要求、安全评估方法及其适用性、评估指标针对性等进行全面深入的调研与分析,在延续2011年版指南方法体系的基础上,选定钻爆法和盾构法两类施工方法,构建适用的指标体系和评估方法。

### 3.1.2 延续既有模式,创新评估方法

2011年版指南提出了总体风险评估和专项风险评估两阶段风险评估思路,在构建了针对钻爆法施工隧道风险评估指标体系方法的同时,又根据不同隧道不同区段的风险差异情况推荐采取不同的评估方法,在满足实际应用的同时,强化了不同评估方法的适用性。但由于2011年版指南中总体风险评估方法流程相对烦琐、一般风险源与重大风险源的界定不够明确,对施工现场风险评估的指导性仍有待优化提升。因此,在延续既有总体风险评估和专项风险评估模式的前提下,进一步明确风险评估的阶段划分,分别针对评估体系进行创新研究,建立使用简便且符合工程实际的评估方法。

总体风险评估是项目开工前对隧道工程施工风险的整体性评估,评估结论可为配置安全专项资金和装备等资源、决定是否开展专项风险评估、初步辨识重大风险源等方面提供决策支持。因此,应建立操作简便、切实科学的评估指标和评估方法,突出实用性。专项风险评估在参照钻爆法施工隧道风险评估的基础上,补充了盾构法施工隧道评估内容,主要包括对钻爆法施工隧道工程各施工区段洞口失稳、坍塌、涌水突泥、大变形、瓦斯爆炸、岩爆等风险事件以及盾构法施工隧道的不同施工阶段掌子面失稳、建(构)筑物受损、突水、盾构机损伤等风险事件的量化评估,评估结果可作为完善隧道工程专项施工方案的依据。

结合国内外相关研究成果,建立后果当量估计法评估风险事件的后果严重程度,该方法充分考虑公路隧道施工安全事故后果的综合影响,不局限于经济损失、人员伤亡等单一指标,同时对各项风险后果与估计结果进行量化归一,最终得出后果当量总值,直观、方便且可操作性较强。

### 3.1.3 依据评估阶段,优化评估体系

以往在开展风险评估时,仅从地质勘察报告、施工图设计文件、评估人员的现场调查及行业相关标准、规范等资料查找评估体系中需要使用的信息,而这些信息往往非常局限。但实际隧道工程中岩体性质复杂多变,围岩等级不同决定了所采用的施工方法不同,其施工组织设计亦有所差别,故隧道工程施工安全风险评估应是一个动态过程。同时,由于缺少将数值计算、监控量测、超前地质预报等隧道工程常用的技术方法与风险评估相结合的量化评估工具和方法,导致由此得到的风险评估结果不足以概括整个施工阶段的安全状况。因此,风险评估应考虑施工过程的风险状态,突出动态性与科学性的统一。

应根据公路工程隧道施工两阶段评估特点,在满足地质条件和施工工艺要求的前提下,系统建立施工安全风险评估体系。针对总体风险评估,2011年版指南评估体系仅考虑地质条件、开挖断面、隧道全长、洞口形式及洞口特征5个评估指标,难以满足实际隧道工程风险评估的需求,因此,2024年版指南分别针对钻爆法和盾构法施工,厘定了全面合理的评估指标。针对专项风险评估,2024年版指南作为《公路水运工程施工安全风险评估指南》(共7部分)的

一部分,与港口、航道等其他部分相比,其特点是围绕"风险事件"开展。通过工程案例总结,分析隧道施工过程中可能发生的典型风险事件及其类型,根据定性指标与定量指标量化统一、微观指标与宏观指标相结合的原则,准确选取评估指标体系。如针对公路隧道工程常采用的钻爆法和盾构法建立了施工典型风险事件类型表,其中钻爆法主要包括洞口失稳、坍塌、涌水突泥等16种典型风险事件类型;盾构法主要包括掌子面失稳、建(构)筑物受损、突水等19种典型风险事件类型。针对重大风险源,建立了洞口失稳、坍塌、掌子面失稳等9个施工前风险可能性评估指标体系(钻爆法隧道6个、盾构法隧道3个)以及洞口失稳、坍塌、掌子面失稳等10个施工过程中风险事件可能性评估指标体系(钻爆法隧道6个、盾构法隧道4个)。

## 3.2 编制特点

### 3.2.1 形成了隧道施工安全风险评估体系

1)提出了总体风险评估方法和风险等级分级标准

根据2011年版指南总体风险评估现状,2024年版指南优化了总体风险评估阶段的评估流程,建立了钻爆法施工和盾构法施工主控因素判识表(见2024年版指南条文5.2主控因素判识法)以及指标体系评估表、总体风险分值计算方法和施工安全总体风险等级(见2024年版指南条文5.3指标体系法)。基于总体风险评估等级,明确需要进行专项风险评估的内容和范围。

2)明确了专项风险评估静态与动态估测要求

专项风险评估对于施工安全管控具有重要作用,2024年版指南中风险事件可能性评估包括施工前风险事件可能性评估和施工过程风险事件可能性评估,在静态评估的基础上,更加强调施工风险事件可能性的动态估测和实施效果的再评估;针对重大风险源估测,明确了钻爆法、盾构法隧道施工前、施工过程的风险事件可能性评估指标体系、计算方法与分级标准,引入了当量分级方法评估风险事件的后果严重程度等级(见2024年版指南条文6.3.3重大风险源风险估测)。

### 3.2.2 提出了总体风险评估方法体系

1)提出了总体风险评估主控因素判识法

针对隧道工程总体风险评估,2024年版指南首次提出了主控因素判识法,使用时根据隧道工程施工安全风险的主控因素,选取关键的控制性指标,对照体现风险特征的主控因素判识表,由主控因素直接确定隧道施工安全总体风险等级;若不满足主控因素描述情况,则采用指标体系法对各总体风险评估指标进行分析,对隧道总体风险做出评估和预测。该方法在减少工作量的同时,可有效满足隧道工程现场总体风险评估的需求。在2011年版指南的基础上,重新构建了总体风险评估指标体系和评估模型方法。结合大量的隧道工程施工案例,利用累积概率方法,并通过隧道工程施工实例的数据验证,重新核定了总体风险分级阈值,制定了更加科学、实用的总体风险分级标准。

2)建立了钻爆法和盾构法施工主控因素判识表

根据隧道工程地质条件及施工方法,2024年版指南分别建立了钻爆法隧道工程和盾构法隧道工程主控因素判识表。其中,钻爆法包括隧道结构类型与区域环境、辅助坑道、隧道长度、隧道开挖跨度、洞口地质特征、围岩条件、预测瓦斯涌出量、预测涌水量、隧道最大埋深和岩溶发育程度等10种主控因素;盾构法包括隧道长度、掘进断面直径、附属工程、隧道主体邻近建(构)筑物、隧道穿越水体、不良地质段长度和岩溶发育程度等7种主控因素。

### 3.2.3　建立了施工前主要风险事件可能性估测方法

1)优化了风险估测流程,明确了重大风险源类型

2011年版指南中隧道工程的风险估测部分包括"风险估测"和"重大风险源风险估测"两部分内容,"风险估测"中提及一般风险源和重大风险源的风险估测推荐方法,但未明确一般风险源和重大风险源的关系,其内在逻辑有待进一步梳理。通过与《铁路隧道工程风险管理技术规范》(Q/CR 9247—2016)、《城市轨道交通地下工程建设风险管理规范》(GB 50652—2011)等相关规范对比,2024年版指南明确了风险辨识、分析和估测的具体方法与流程,确定了钻爆法施工重大风险源包括洞口失稳、坍塌、涌水突泥、大变形、瓦斯爆炸、岩爆等6类,盾构法施工重大风险源包括掌子面失稳、建(构)筑物受损和突水等3类。

2)建立了施工前风险事件可能性估测方法

通过对现行标准规范和研究成果的梳理,2024年版指南指出"风险事件可能性可采用指标体系法、专家调查法或点估计法等方法进行估测"(见2024年版指南条文6.3.1.1),其中,指标体系法由于具有适用性、清晰性、方便性较好等特点,在工程实际中应用较为广泛。因此,2024年版指南建立了钻爆法施工前的洞口失稳、坍塌、涌水突泥、大变形、瓦斯爆炸、岩爆等6类重大风险源的风险事件可能性评估指标体系,以及盾构法施工前的掌子面失稳、建(构)筑物受损和突水等3类重大风险源的风险事件可能性评估指标体系,并分别给出了各指标体系的分级标准和说明(见2024年版指南条文6.3.3.2)。指标体系中的定性指标根据专家和工程案例经验,综合确定各指标分级及取值建议,定量指标按照相关数值区间综合确定指标取值。

3)界定了施工前风险事件可能性分级标准

在评估过程中,可能性评估分值可按照各风险事件可能性分值计算公式计算,再采用隧道类型、资料完整性等参数对其进行修正;同时,还可以根据工程实际情况对现有评估指标进行适当增减。对于2024年版指南中未加以明确的其他重大风险源,可参考已有的重大风险源建立其风险可能性评估指标体系。

参照《工程岩体分级标准》(GB/T 50218—2014)、《公路隧道施工技术规范》(JTG/T 3660—2020)、《铁路隧道设计规范》(TB 10003—2016)等相关国家和行业标准,结合当前隧道工程施工安全事故发生情况,基于概率方法分别给出了洞口失稳、坍塌、涌水突泥、大变形、瓦斯爆炸、岩爆等6种钻爆法及掌子面失稳、建(构)筑物受损、突水等3种盾构法施工前风险事件可能性分级标准,实现了风险可能性的量化分级(见2024年版指南条文6.3.3.3~6.3.3.10)。

### 3.2.4 创建了风险事件后果严重程度当量估测方法

1)建立了严重程度后果当量估计法

2011年版指南中事故严重程度的确定通常主要考虑人员伤亡和直接经济损失,也可根据实际情况考虑工期延误、环境破坏及社会影响等方面的后果,且多种后果同时产生时,采用就高原则确定事故严重程度等级。该方法可能会低估事故严重程度,进而导致影响风险事件风险等级的确定。因此,为综合考虑事故后果的影响,量化归一风险后果的估计结果,引入当量的概念,提出使用后果当量估计法进行事故后果等级的评估。后果当量估计法是对人员伤亡、直接经济损失、环境影响、社会影响及工期延误等五种后果的严重程度进行量化统一的方法,该方法以死亡1人作为单位当量,按照相关法规、标准等量化人员伤亡、直接经济损失、环境影响、社会影响及工期延误等5种后果,使其与单位当量的严重程度相当,实现各类型后果的量化统一。

2)明确了事故严重程度当量分级的流程

结合钻爆法和盾构法施工隧道工程的特点,参考引用相关法律法规和规范,确定5种后果的换算标准(见2024年版指南条文6.3.3.13)。一般情况下,采用就高原则(考虑人员伤亡、直接经济损失两种后果)确定后果严重程度等级;当多种后果同时产生时,宜采用后果当量估计法确定风险事件后果严重程度等级。通过引入后果当量方法,一方面,扩展了灾害后果的类型,可综合考虑多种后果的影响,而不是单纯利用就高原则确定严重程度等级,避免对风险事件后果严重程度的误判,提高了风险事件评估精度;另一方面,后果当量估计法考虑并量化了社会、环境影响等因素,尤其是当量值的引入,可以让人们更直观地认识到各类后果严重程度的大小,统一的衡量标准对于理解事故严重程度具有重要意义。

### 3.2.5 构建了施工过程专项风险评估方法

1)提出了施工过程专项风险动态评估要求

施工前专项风险评估难以评价施工过程中的各类复杂风险状况,当隧道施工过程中出现重大风险源遗漏、出现新的重大风险源、原有的风险源发生重大变化,以及有关法律、法规、标准提出了新的要求时,可以根据工程实际的需要,有选择性地开展隧道工程施工过程专项风险评估。施工过程重大风险源风险事件可能性评估对于保障施工作业活动安全具有重要作用,因此,2024年版指南提出了施工过程风险事件可能性评估指标体系、推荐方法及其适用条件。

2)建立了施工过程重大风险源风险事件可能性估测方法

根据钻爆法和盾构法施工的特点,施工过程风险事件可能性分析宜采用专家调查法,也可结合超前地质预报和监测量控等数据,采用指标体系法进行施工过程重大风险源风险事件可能性评估,并可根据施工状态对评估指标参数进行动态调整(见2024年版指南条文6.3.3.11与附录D)。对于施工区段特别复杂的隧道,施工过程重大风险源估测应结合地质预报、监控量测结果,利用数值模拟等手段,采用层次分析法、未确知测度法等综合方法确定风险事件的可能性,给予施工或建设单位更灵活的评估方法选择,以满足复杂多变的施工过程安全风险评估需求。施工过程风险事件可能性评估指标体系法可采用专家百分制评分与权重相结合的方式,以充分表达专家的主观意见,权重的确定推荐采用重要性排序法。

### 3.2.6  建立了风险控制预期效果评估方法

隧道风险评估的开展对于加强隧道工程施工安全风险预控管理、有效防范施工安全事故发生、增强风险管理意识、优化施工方案、提高施工安全风险辨识和防控能力具有重要作用。在隧道工程施工全过程中,施工前专项风险评估、施工过程专项风险评估和风险控制预期效果评价等环节,应贯穿整个施工过程,形成动态闭环的风险管理模式。因此,综合风险危害程度、工程实际状况等因素,2024年版指南提出了针对专项风险等级为较大风险及以上的风险事件,应在实施风险控制措施、完成典型施工后,检查、确认其风险控制措施的落实情况,并对采取风险控制措施后预期风险进行再评价;为更好地促使人们在施工现场对风险控制效果进行评估,2024年版指南给出了评估方法选择的建议。

## 3.3  本章小结

本章介绍了2024年版指南的编制思路与编制特点,比较了其与2011年版指南的差异与优势。

(1)2011年版指南在公路隧道工程施工阶段实行安全风险评估制度,为保障公路隧道施工安全发挥了重要作用。但随着新理念、新技术的发展,2011年版指南已难以适应新形势下隧道工程风险评估的需要,亟须进行修订。因此,2024年版指南以问题为导向,延续了既有两阶段评估模式,创新了评估方法,优化了评估体系。

(2)与2011年版指南相比,2024年版指南在评估方法、评估体系方面的创新优化主要体现在:①首次采用主控因素判识法开展总体风险评估工作,构建了钻爆法与盾构法施工隧道总体风险主控因素判识体系,简化了总体风险评估流程,提高了总体风险评估工作效率;②首次在专项风险评估过程中,采用后果当量估计法进行风险严重程度等级评判,充分量化公路隧道施工安全风险事件在人员伤亡、直接经济损失、环境影响、社会影响及工期延误等方面的综合效应;③首次将施工过程风险评估引入风险评估体系,构建了施工过程专项风险动态评估体系,明确其估测要求,并建立了施工过程重大风险事件可能性的估测方法。

# 第4章

# 隧道施工安全风险评估基本要求

在隧道工程施工安全风险评估过程中,为确保评估的准确性和全面性,必须合理划分评估阶段、选择合适评估方法,并制定详细评估实施步骤。其中,通过合理划分总体和专项风险评估阶段,可及时为风险管控提供决策支持;选择适当的评估方法能高效识别和量化风险,提高风险评估的简便性和可靠性;详细的评估实施步骤可确保评估过程有条不紊,进而有助于落实风险控制措施。

## 4.1 评估阶段划分

隧道工程施工安全风险评估分为总体风险评估和专项风险评估两个阶段,如图4-1所示。隧道工程中的总体风险评估和专项风险评估旨在识别和评估隧道工程施工中可能面临的各种风险,以便采取适当的措施降低、控制和应对各类风险事件。总体风险评估原则上应由建设单位牵头组织,专项风险评估工作由施工单位具体实施,当施工单位的施工经验或能力不足时,可委托行业内第三方机构承担相关风险评估工作。

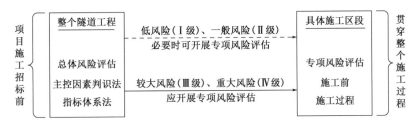

图4-1 隧道工程施工安全风险评估阶段划分

总体风险评估等级分为低风险(Ⅰ级)、一般风险(Ⅱ级)、较大风险(Ⅲ级)、重大风险(Ⅳ级)。其中,对于等级为较大风险(Ⅲ级)或重大风险(Ⅳ级)的隧道工程,应针对具体施工区段进一步开展专项风险评估;对于总体风险评估等级为低风险(Ⅰ级)或一般风险(Ⅱ级)的隧道工程,若建设单位或施工单位认为有必要,或者部分区段有高风险因素存在时,也可根据2024年版指南中确定的原则进行专项风险评估。

### 4.1.1 总体风险评估

总体风险评估通过全面了解隧道工程施工过程中的潜在风险,为后续的风险管理工作打下坚实基础,确保隧道工程顺利进行。在招标前通过对工程地质、设计、施工等方面的风险进行总体风险评估,可为建设单位提供详细的费用预算和估算,确保项目资金的有效利用和合理分配。同时在招标后,通过对隧道工程施工过程中的普遍情况进行分析,可以进一步验证和补充总体风险评估的结论,这有助于建设单位和施工单位更好地了解工程实际情况,及时调整施工方案和风险管理措施,确保隧道工程顺利进行。

总体风险评估的评估对象为整个隧道工程,并按隧道单洞或单个竖井、斜井划分评估单元。在隧道工程中,单洞、单个竖井、斜井等都是相对独立的部分,将其划分为不同的评估单元,可以更好地识别和处理各个部分的风险,避免风险在各个部分之间的相互影响和传递。

总体风险评估结论可为建设单位的项目组织实施、安全管理力量投入、资源配置和施工单位选择等方面决策提供支持,可作为施工单位编制施工组织设计和开展专项风险评估的依据。

### 4.1.2 专项风险评估

专项风险评估主要目的是识别和评估特定施工区段的风险,以便采取适当的措施来控制和降低相关风险。专项风险评估包括施工前专项风险评估、施工过程专项风险评估和风险控制预期效果评价等环节,贯穿于整个施工过程。在施工开始之前,对施工区段进行风险评估,识别可能存在的风险。在施工过程中,持续地对各个施工区段进行风险评估,确保施工过程中及时识别和应对风险。对已采取的风险控制措施预期效果进行评价,并根据评价结果开展后续工作。虽然专项风险评估可以为施工单位提供有价值的参考依据,但仍然存在一定的局限性,例如,一些潜在的风险可能无法被完全识别和评估、在施工过程中可能会出现新的风险因素等。因此,施工单位需时刻保持警惕,提升风险管理意识。

专项风险评估的评估对象为施工区段,并以根据地质情况、施工阶段、周边环境等划分的施工区段为评估单元,可以针对性地识别和评估每个部分的风险,确保每个分部分项工程的风险得到准确的识别和评估。专项风险评估需要考虑的因素较多,包括地质条件、施工区段特性等,因此评估过程较为复杂,且需要具备较高的技术水平和管理能力,对于部分技术和管理水平较低的施工单位而言可能存在一定的难度。

专项风险评估的结论是施工单位完善施工组织设计、编制完善专项施工方案的依据,通过结合地质情况和施工区段的特性进行风险评估,可以为施工单位提供有价值的参考依据,以完善施工组织设计和专项施工方案,确保施工的顺利进行。

## 4.2 评估方法选择

针对钻爆法和盾构法施工,2024 年版指南推荐了适合的隧道工程施工安全风险评估方法,评估人员可根据评估目的、评估对象特点,确定可行的评估工作组织形式,选用合理的评估方法。施工安全风险评估方法应根据工程的特点和实际需求进行选择。总体风险评估宜采用主控因素法、指标体系法等方法,也可采用专家调查法等;专项风险评估可综合采用指标体系法、后果当量估计法,也可采用专家调查法等,必要时宜采用两种以上方法比对验证风险评估结果,当采用不同方法得出的评估结果出现较大差异时,应分析导致较大差异的原因,进而确定合理的评估结果。

### 4.2.1 总体风险评估

总体风险评估主要是项目开工前对隧道工程施工风险的整体性评估,2024 年版指南提出了操作简便、切实科学的指标体系和评估方法,突出实用性,推荐采用主控因素判识法、指标体系法等方法,也可采用专家调查法等评估隧道工程施工安全总体风险,见表 4-1。

**总体风险评估推荐方法及其特点** 表 4-1

| 名称 | 基本步骤 | 优缺点 | 适用范围 |
| --- | --- | --- | --- |
| 主控因素判识法 | a)确定工程施工安全的主控因素;<br>b)建立体现风险特征的主控因素判识表;<br>c)对各主控因素进行量化分级;<br>d)评估施工安全总体风险 | **优点**:简单易懂,评估方便。<br>**缺点**:不适用于不满足主控因素条件的评估对象 | 可对风险作初步宏观评估,推荐将该方法应用于总体风险评估 |
| 指标体系法 | a)成立评估小组,收集勘察设计文件、开展现场调查并明确评估对象;<br>b)建立评估指标体系,并明确权重系数;<br>c)计算评估指标分值,根据风险等级划分标准,确定总体风险等级,提出专项风险评估对象和风险控制措施建议 | **优点**:简单易行,各指标间关系通常体现为四则运算,计算结果易于理解和接受。<br>**缺点**:指标体系的分值确定主要依赖技术人员的认知水平、业务熟悉程度等 | 可对作业的各个重要环节作出系统性评估,推荐将该方法应用于总体风险评估、专项风险评估中风险事件可能性的估测 |

续上表

| 名称 | 基本步骤 | 优缺点 | 适用范围 |
|---|---|---|---|
| 专家调查法 | a)成立评估小组,收集勘察设计文件、开展现场调查并明确评估对象;<br>b)各专家分别评估,针对每个项别给出信心指数,并汇总结果,提出专项风险评估对象和风险控制措施建议 | 优点:避免因专家多而产生当面交流困难、效率低下等问题。<br>缺点:由于专家不能当面交流,缺乏沟通,可能会坚持错误意见;由于是函询法,可能多次重复,会使某些专家不耐烦而不仔细填写;易受主观因素影响,有可能使结果产生偏差 | 依靠专家集体直观判断进行的风险问题分析;问题复杂、专家代表不同专业且不能相互交流的场景;受时间、经费限制,或因专家之间存在分歧、隔阂不宜当面交换意见的情况 |

主控因素判识法是根据影响公路隧道工程施工安全风险的主控因素,建立体现风险特征的主控因素判识表,对各主控因素进行量化分级,对施工安全总体风险作出评估的一种方法。主控因素是指隧道结构类型与区域环境、隧道长度、隧道开挖跨度、围岩条件等影响公路隧道工程施工安全风险的主要控制性因素,通过对各主控因素进行量化分级,可以较为准确地反映风险水平。指标体系法是一种常用的风险评估方法,通过构建包含多个指标的指标体系,衡量和评估项目的风险水平。在总体风险评估中,指标体系法可以针对不同的隧道工程,根据其特点构建相应的指标体系,以全面评估其风险水平。专家调查法是一种以专家意见为基础的风险评估方法,通过向相关领域的专家咨询,收集专家的意见和建议,然后对收集到的意见和建议进行统计和分析,以得出项目的风险水平评估结果。专家调查法可以针对不同的隧道工程,邀请具有相关经验的专家进行调查,以获得更为准确的风险评估结果,可以综合考虑多个专家的意见,减少单一专家主观因素的影响。

以上方法都具有操作简便、切实科学的特点,实用性强,但也具有一定的局限性,具体包括:主控因素判识法可能存在评估对象需满足主控因素条件,但对某些次要风险因素考虑不足、主控因素判识表的设计和量化分级标准的制定具有一定的主观性等问题;指标体系分值确定较为依赖技术人员的认知水平、业务熟悉程度等;专家调查法则易受主观因素影响,使结果产生偏差,一般偏于保守等。因此,在实际应用中,需要根据具体情况选择合适的方法,并结合其他评估方法进行综合评估,以保证风险评估的准确性和全面性。

## 4.2.2 专项风险评估

专项风险评估一般采用定性或定量方法,综合考虑风险事件的可能性和后果严重程度,确定风险等级。专项风险评估包括风险事件可能性评估与风险事件后果严重程度评估两部分,表4-2列举了不同专项风险评估推荐方法及其特点,必要时宜采用两种以上方法比对验证风险评估结果,当采用不同方法得出的评估结果出现较大差异时,应分析导致差异的原因,进而确定合理的评估结果。各种专项风险评估方法各有优缺点,应根据具体项目的特点和需求选择合适的方法进行风险评估,同时,还需要不断更新和完善,以适应不断变化的风险形势和项目需求。

**专项风险评估推荐方法及其特点** 表4-2

| 应用类别 | 名称 | 基本步骤 | 优缺点 | 适用范围 |
|---|---|---|---|---|
| 风险事件可能性评估方法 | 重要性排序法 | a)根据工程实际情况对影响风险事件的评估指标进行筛选;<br>b)分析各指标对风险事件的影响程度,并从高到低依次进行排序 | **优点**:简单易懂、计算方便。<br>**缺点**:对于确定数量的指标,各指标权重相对固定,且指标数量越多,各指标的权重越接近 | 适用于任何环节的权重确定。可用于施工前、施工过程风险评估的风险事件可能性指标权重的确定 |
| | 层次分析法 | a)建立多层次结构模型;<br>b)建立判断矩阵表;<br>c)计算相对权重;<br>d)通过一致性指标进行一致性检验,未符合要求则重新建立判断矩阵表,符合要求则计算各层次组合权重 | **优点**:具有实用、简洁和系统的特点。<br>**缺点**:得出结果是粗略方案的排序;对于定量要求较高的决策问题,单纯应用层次分析法,无论是建立层次结构或是构造判断矩阵,主观判断、选择、偏好对结果的影响都较大 | 应用领域较广泛,可以分析社会、经济以及科学管理领域中的问题;适用于任何领域的任何环节,但不适用于层次复杂的系统。可用于施工过程风险评估的风险事件可能性指标权重的确定 |
| | 点估计法 | a)确定状态函数;<br>b)选取样本点组合;<br>c)计算目标值的一阶矩和二阶中心矩;<br>d)求概率密度函数和累积分布函数,确定可能性等级 | **优点**:简单易懂、计算较为方便,能够提供总体参数的估计值。<br>**缺点**:用抽样指标直接代替全体指标,不可避免存在一定误差;若选取参数具有高变异性特点,计算结果会低估失效概率 | 适用于总体 $X$ 的分布函数形式已知,但一个或多个参数未知,借助于总体 $X$ 的一个样本来估计总体未知参数值的问题;适用于研究问题中某一变量在一定范围内连续变化的情况。可用于施工前风险评估的风险事件可能性分析 |
| | 未确知测度法 | a)建立风险事件可能性评估指标体系;<br>b)建立未确知测度函数;<br>c)利用重要性排序法或层次分析法确定指标权重;<br>d)依照置信度识别准则判定可能性等级 | **优点**:实用性强、相对科学合理,是一种定量化的评价方法,评价过程客观,应用较为广泛。<br>**缺点**:要求评估指标为定量指标,若为定性指标则需将其定量化 | 适用于解决有序分割问题、受多因素影响以及不确定性的评价、分类等问题。可应用于施工过程风险评估的风险事件可能性分析 |

续上表

| 应用类别 | 名称 | 基本步骤 | 优缺点 | 适用范围 |
|---|---|---|---|---|
| 风险事件后果严重程度评估方法 | 后果比较法 | a)根据人员伤亡程度等级和直接经济损失程度标准确定各因素对应的风险后果严重程度等级；b)综合各因素对应的风险后果严重程度等级，以最高等级确定后果严重程度 | 优点：简单易懂，评估方便。缺点：针对多种后果影响，可能对风险事件后果严重程度造成误判 | 适用于仅考虑人员伤亡和（或）直接经济损失时后果严重程度等级的确定。可用于重大风险源估测中风险事件后果严重程度分析 |
| | 后果当量估计法 | a)确定当量关系式（如：1个当量＝1人死亡＝$N$万元经济损失＝$n_1$级的社会或环境影响＝$n_2$个月非控制工期工程延误＝$n_3$个月控制工期工程延误）；b)计算风险事件后果当量，按照风险事件后果严重程度等级标准，确定风险事件后果严重程度等级 | 优点：综合考虑多种后果的影响，避免对风险事件后果严重程度的误判；考虑并量化社会、环境影响等因素，尤其是当量值的引入，可以更直观地认识各类后果严重程度的大小。缺点：后果当量计算关系式的科学性有待进一步论证与优化 | 适用于多种后果（综合考虑人员伤亡、直接经济损失、社会影响、环境影响、工期延误等后果）同时产生时的后果严重程度等级确定。可用于重大风险源估测中风险事件后果严重程度分析 |

1) 风险事件可能性评估方法

常用的风险事件可能性评估方法包括重要性排序法、层次分析法、点估计法与未确知测度法等方法，蒙特卡罗模拟法、贝叶斯网络法、事件树分析法也得到了一定程度的应用。在选择风险事件可能性评估方法时，应根据项目需求综合考虑，以便全面分析潜在风险，提高评估的准确性和全面性。

重要性排序法按照风险事件可能性的大小进行排序，通常根据风险事件发生的概率或其对项目的影响程度进行排序，其优点是简单易行，能够快速对风险事件进行排序，其缺点是可能忽略某些重要但概率较低的风险事件；层次分析法将复杂的风险问题分解为多个层次，通过比较每个层次中风险因素的重要性，得出总体风险水平，其优点是能够综合考虑多个因素，对风险事件进行全面评估，其缺点是计算较为复杂，需要具备一定的专业知识；点估计法根据历史数据或专家经验，对每个风险事件发生的可能性进行点估计，得出其概率分布，其优点是能够给出具体的概率估计值，对决策者具有参考价值，其缺点是依赖历史数据或专家经验，可能存在一定的误差；未确知测度法在缺乏完整历史数据或专家经验的情况下，通过建立未确知模型，对风险事件发生的可能性进行评估，其优点是能够处理缺乏完整历史数据或专家经验的情况，具有一定的灵活性，其缺点是计算较为复杂，需要具备一定的专业知识。

2) 风险事件后果严重程度评估方法

风险事件后果严重程度评估常见方法包括专家调查法、后果比较法、后果当量估计法、模型仿真法和场景分析法等，在选择评估方法时，需权衡不同方法的优劣，以全面了解风险事件后果的严重程度。专家调查法的定义和优缺点与总体风险评估相同,不再赘述;后果比较法对于同一风险事件,其后果严重程度应按照极端情况的影响程度进行评估,优点是简单易行,能够快速对后果严重程度进行评估,缺点是可能忽略相对较轻但影响较大的后果;后果当量估计法将风险事件的各类后果转化为当量值,然后根据当量值的大小对后果严重程度进行评估,其优点是能够将后果转化为当量值,便于比较不同风险事件的后果严重程度,其缺点是当量值的确定可能存在一定的主观性。

需要注意的是,以上优缺点是基于一般情况下的分析,在实际应用中还需要根据具体项目的特点和需求进行选择和调整,同时,为了提高风险评估的准确性和全面性,也可以结合其他评估方法进行综合评估。专项风险评估推荐方法及其特点见表4-2,其中指标体系法(可用于风险事件可能性)和专家调查法(可用于风险事件可能性和后果)已在表4-1中列出。

## 4.3 评估实施步骤

施工安全风险评估工作包括以下6个步骤:前期准备、现场调查、总体风险评估、专项风险评估、风险评估报告编制、风险评估报告评审(图4-2)。

### 4.3.1 前期准备

成立评估小组并确定评估小组成员,根据项目规模和复杂程度,选择具有相关经验和专业知识的成员组成评估小组,成员应包括项目部主要负责人、工程技术人员、安全专家、法律顾问等,选定一位具有丰富经验和领导能力的成员担任评估小组的负责人,负责协调和组织小组的工作。明确每个成员的职责和分工,确保每个成员都清楚自己的任务和责任,制定工作流程和时间表,确保评估工作按计划进行;明确评估对象和范围,收集与评估对象相关的工程资料,包括但不限于设计图纸、施工记录、验收报告等,并收集相关的法律法规和标准规范,如国家安全法律法规、行业标准等;通过文献调查、专家访谈等方式,了解同类工程中曾经发生的事故情况和原因,分析事故案例,为评估工作提供参考和借鉴。

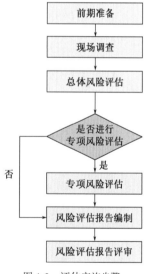

图4-2 评估实施步骤

### 4.3.2 现场调查

评估小组进行现场调研,了解隧址区的工程地质和水文地质条件、环境条件、施工组织现状等。工程地质和水文地质条件包括土壤类型、地质构造、地下水位、岩溶发育情况等信息,对于隧道施工的潜在风险源识别至关重要;环境条件包括气候、地形、植被、周边建(构)筑物等因素,可能影响施工的难度和安全性以及环境风险;施工组织现状包括施工队伍的资质、经验、施工设备的配置、施工材料的质量等,有助于评估施工过程中的管理风险和技术风险;对比施工组织设计中确定的施工流程和实际施工组织现状,找出可能存在的差异和问题,有助于识别施工过程中可能出现的风险源。

在现场调查过程中,评估小组应详细记录收集到的信息和数据,在现场调查的基础上,评估小组应按照相关国家标准和行业标准,对施工过程中存在的风险源进行辨识,可能包括技术风险、环境风险、管理风险等,形成现场调查报告,报告应包括对现场情况的描述、对风险源的辨识结果以及对下一步评估工作的建议。

### 4.3.3 总体风险评估

总体风险评估采用主控因素判识法或指标体系法等方法进行,方法的具体应用见本书第5章,总体风险评估等级为重大风险(Ⅳ级)、较大风险(Ⅲ级)的隧道工程宜开展专项风险评估。

### 4.3.4 专项风险评估

专项风险评估的基本程序包括风险辨识与风险分析、风险估测、风险控制,具体步骤见本书第6章。

### 4.3.5 风险评估报告编制

风险评估报告应反映风险评估过程的全部工作,将风险评估过程中的工作记录、采用的评估方法、获得的评估结果、风险控制措施建议等写入评估报告,并进行归档管理。风险评估报告应客观科学、内容全面、文字简洁、数据完整,提出的风险控制措施具有可操作性,需编写的报告和格式要求如图4-3所示,具体编制内容见表4-3。

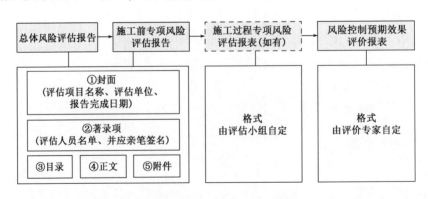

图4-3 风险评估报告编制要求

**风险评估报告编制内容**　　　　　　　　　　　　　　　表 4-3

| 分类 | 编制内容 | | |
|---|---|---|---|
| 总体风险评估报告 | (1)编制依据：<br>• 相关的国家和行业标准、规范；<br>• 项目批复文件；<br>• 项目可行性研究报告、工程地质勘察报告、初步设计文件、施工图设计文件，以及海事、港航、水利、环保等部门作出的与工程建设安全有关的文件等；<br>• 现场调查资料 | (2)工程概况。<br>(3)评估过程和评估方法。<br>(4)评估内容：专项风险评估报告应包括风险事件辨识、致险因素分析以及风险估测。<br>(5)风险控制措施建议。<br>(6)评估结论：<br>• 风险等级(各评估对象)(总体)、风险等级汇总(专项)；<br>• 重要性指标清单(如：主控因素判识法或指标体系法)；<br>• 风险控制措施建议；<br>• 评估结果自我评价及遗留问题说明。<br>(7)附件：评估计算过程、评估人员信息表等 | JT/T 1375.1—2022 8.2.1 |
| 施工前专项风险评估报告 | (1)编制依据：<br>• 相关的国家和行业标准、规范；<br>• 项目可行性研究报告、工程地质勘察报告、初步设计文件、施工图设计文件以及审查意见等；<br>• 总体风险评估成果及工程前期的风险评估成果；<br>• 现场调查资料；<br>• 第三方检测监测资料(如有) | | JT/T 1375.1—2022 8.2.2 |
| 施工过程专项风险评估报表 | (1)施工作业变化情况；<br>(2)重新评估的风险等级及计算过程；<br>(3)拟建议的风险控制措施等内容；<br>(4)评估人员信息表 | | JT/T 1375.1—2022 8.2.4 |
| 风险控制预期效果评价报表 | (1)典型施工或首件施工安全风险控制情况；<br>(2)采取措施后预期风险的等级；<br>(3)风险控制措施的完善建议；<br>(4)评估人员信息表 | | JT/T 1375.1—2022 8.2.5 |

### 4.3.6　风险评估报告评审

总体风险评估报告与专项风险评估报告(包括施工前专项风险评估报告、施工过程专项风险评估报表和风险控制预期效果评价报表)编制完成后，应组织评审。总体风险评估报告应由建设单位组织评审，专项风险评估报告应由施工单位组织评审。　　JT/T 1375.1—2022 8.3.1

评审应邀请设计、监理(如有)等单位代表和专家参加，专家人数应不少于 3 人，专家应具备高级及以上技术职称，并具有 15 年及以上隧道工程建设管理、施工、监理、勘察设计或风险评估等工作经历，其中，组长应由专业技术能力强、施工管理经验丰富的专家担任。评估小组应根据评审意见对评估报告进行修改，形成最终报告。　　JT/T 1375.1—2022 8.3.2

## 4.4　本章小结

本章系统梳理了风险评估阶段、评估方法以及评估实施步骤等。

（1）隧道工程施工安全风险评估分为总体风险评估和专项风险评估两个阶段，本章明确了不同阶段的任务、采用的方法以及相关标准。

（2）介绍了总体风险评估阶段推荐采用的主控因素判识法、指标体系法、专家调查法等方法，以及在专项风险评估阶段推荐采用的指标体系法、后果当量估计法、重要性排序法、层次分析法等方法。

（3）明确了施工安全风险评估工作的实施步骤，包括前期准备、现场调查、总体风险评估、专项风险评估、风险评估报告编制以及报告的评审等环节。

# 第5章 总体风险评估

隧道工程总体风险评估是在开工前对隧道工程施工的整体风险进行辨识、分析、估测,确定其风险等级并提出控制措施建议的系列工作。总体风险评估方法推荐采用主控因素判识法与指标体系法,亦可采用专家调查法,本章重点介绍前两种方法。

## 5.1 评估流程

隧道工程总体风险评估流程可为以下四步,如图5-1所示。

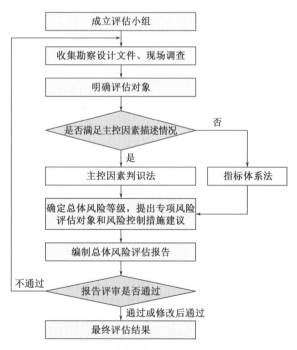

图5-1 隧道总体风险评估流程图

(1)评估前准备工作。成立评估小组,评估小组总人数应为单数,并应明确总体风险评估对象,依据要求收集待评隧道的所需评估资料。总体风险评估依据的资料主要包括项目的立项批复文件、环境评估报告、地质勘察报告、水文和气象数据、设计阶段的风险评估报告(如有)、施工图设计文件、以往的工程案例和相关的事故案例(参考资料)等。

(2)判识隧道是否符合主控因素法开展条件。将收集的待评隧道资料与主控因素判识表进行比较,若隧道工程满足主控因素的描述情况,即可直接确定其施工安全总体风险等级为重大风险(Ⅳ级)或较大风险(Ⅲ级),不同主控因素确定的隧道总体风险等级不同时,以等级高者为准;若不满足主控因素的描述情况,则可利用指标体系法确定隧道施工安全总体风险等级。需注意的是,若评估人员在完成主控因素判识的基础上欲了解待评隧道总体风险详情,可进一步开展总体风险指标体系法评估,获取待评隧道总体风险各指标评估分值。

(3)对待评估隧道开展总体风险评估,并编制总体风险评估报告。基于(2)中得到的判识结果,对待评估隧道开展总体风险评估;当指标体系法与主控因素法评估所得总体风险等级不一致时,取等级高者作为隧道总体风险等级。评估完成后,应根据《公路水运工程施工安全风险评估指南 第1部分:总体要求》(JT/T 1375.1—2022)中8.2.1的要求编制总体风险评估报告。

(4)开展总体评估报告评审工作。应依据JT/T 1375.1—2022中8.3的要求,组织专家进行评审。总体风险评估报告应由建设单位组织评审,评审应邀请设计、监理(如有)等单位代表和专家参加,专家及专家组长应符合JT/T 1375.1—2022中5.2.2的要求。评审完毕后,评估小组应根据评审意见对总体风险评估报告进行修改或重新评估,并形成最终报告。

相较于2011年版指南中仅采用单一指标体系法开展总体风险评估工作,2024年版指南虽在总体风险评估流程中仅增加了主控因素判识法,但实际上使总体风险评估工作得到了极大简化。主控因素判识法作为"筛选器",可显著降低指标体系法的使用频率。由于地下岩土工程的复杂性,多数公路隧道工程均需开展专项风险评估。对于经主控因素判识法评估施工安全总体风险未达到Ⅳ级或Ⅲ级风险的隧道,因指标间的相互影响和叠加,也可能导致其具有较高的施工风险,即不排除采用指标体系法得到的评估结果为Ⅲ级以上的可能。因此,总体风险评估是主控因素判识法和指标体系法二者的有效组合。引入的主控因素判识法,使评估过程简便快捷、重点突出,形成的主控因素清单可为专项风险评估和风险控制提供直接参考。

当公路隧道工程采取双洞或多洞布置时,为使总体风险评估结果更加准确可靠,应分别按单洞进行总体风险评估,并取风险等级高者作为该隧道工程最终总体风险等级。

完成总体风险评估后,应明确的内容包括总体风险等级、主控因素清单(如有)、风险控制措施和专项风险评估对象的建议等。对于总体风险评估等级为重大风险(Ⅳ级)、较大风险(Ⅲ级)的隧道工程宜开展专项风险评估。

## 5.2 主控因素判识法

### 5.2.1 钻爆法主控因素判识

钻爆法施工的隧道工程主控因素判识,主要考虑隧道结构类型与区域环境、辅助坑道、隧道长度、隧道开挖跨度、洞口地质特征、围岩条件、预测瓦斯涌出量、预测涌水量、隧道最大埋深、岩溶发育程度等10个因素。

(1)隧道结构类型与区域环境。从隧址区所处环境角度分析,下穿海湾或海峡、河流湖泊、重要水源保护地等水域的水下隧道及下穿重要建(构)筑物的隧道施工条件更为苛刻,施工工艺复杂、难度较大,施工安全风险高;从隧道结构角度分析,相较于分离式隧道,连拱隧道和小净距隧道通常具有覆盖层厚度薄、围岩力学性质差、自稳能力弱、开挖扰动频繁、应力调整快、施工工序多、施工技术要求高等特点,隧道中夹岩墙附近的二次衬砌和仰拱可能出现开裂、变形和破坏,风险较大。

(2)辅助坑道。辅助坑道是隧道施工中用于辅助运输、通风、应急救援和增加工作面的通道,一般为竖井或斜井。竖井深度越大,通风和温度控制、垂直运输安全等风险问题越突出;斜井往往面临施工难度和成本较高、较长的运输路径导致效率低下等问题。总体上,与正洞开挖段相比,竖井和斜井等辅助坑道施工过程风险大,发生风险事件的概率及造成的后果更为严重。

(3)隧道长度。隧道越长,施工遭遇不良地质的可能性越高,随着隧道掘进长度的增加,作业人员工作环境越来越差,导致发生风险事件的可能性越大。

(4)隧道开挖跨度。隧道开挖跨度直接影响隧道的稳定性,开挖跨度越大,开挖持续作业时间越长,支护结构越难以快速封闭成环,结构受力越不利,安全稳定性问题越突出。

(5)洞口地质特征。洞口地质特征对隧道进出洞施工安全影响较大,当洞口位于滑坡体或积体上时,岩土体抗滑能力弱,极易发生洞口失稳。

(6)围岩条件。围岩等级越高,表示围岩稳定性越差,隧道工程的风险随之增加。隧道长度越长,遇到的不稳定围岩区段累计长度越多,工程的施工难度和安全风险也越高。

(7)预测瓦斯涌出量。预测的瓦斯涌出量越大,隧道施工中的爆炸和人员中毒风险越高。

(8)预测涌水量。预测的涌水量越大,隧道施工中的涌水风险和排水难度越高。

(9)隧道最大埋深。隧道的最大埋深越大,地应力越大,施工难度和施工成本越高。

(10)岩溶发育程度。岩溶发育程度越高,隧道施工中面临的涌水突泥灾害风险越大。

钻爆法隧道工程总体风险的主控因素见表5-1,根据该表比对施工隧道的主控因素,进而确定总体风险等级。

主控因素判识表(钻爆法) 表5-1

| 评估指标 | | 总体风险等级 | | 说明 |
|---|---|---|---|---|
| 主控因素 | 因素描述 | 重大风险（Ⅳ级） | 较大风险（Ⅲ级） | |
| 隧道结构类型与区域环境 | 海底隧道,下穿河流湖泊、重要水源保护地及重要建(构)筑物的隧道 | √ | | 重要建(构)筑物主要指水利设施、高压电线塔、需重点保护的建筑物、古文物等。<br>下穿重要建(构)筑物的隧道是指隧道与重要建(构)筑物的垂直距离小于4倍隧道开挖跨度且水平距离小于3倍隧道开挖跨度;此外,连拱隧道、小净距隧道指Ⅳ级以上围岩长度比超过50%的情形 |
| | 连拱隧道,小净距隧道 | | √ | |
| 辅助坑道 | 辅助坑道为竖井 | √ | | |
| | 辅助坑道为斜井 | | √ | |
| 隧道长度 | 隧道长度大于或等于6000m | √ | | 隧道长度主要考虑单洞最大长度。按《公路隧道设计规范 第一册 土建工程》(JTG 3370.1—2018)条文1.0.4规定,隧道长度大于3000m的隧道定义为特长隧道,长度1000~3000m的隧道定义为长隧道。<br>另一方面,交通运输部发布的《交通运输行业发展统计公报》显示,截至2023年底,全国公路隧道共有27297处,其中包括特长隧道2050处、长隧道7552处,特长及长隧道占比达35.2%。2015—2023年特长隧道相关数据见表5-2。2015—2023年,无论是当年特长隧道的平均长度,还是一年内增加的特长隧道平均长度,均高于或略低于4500m,而特长隧道的下界限为3000m。<br>为满足当前及未来公路隧道工程的发展需要,将特长隧道的风险等级判定为较大风险(Ⅲ级),将长度大于6000m的特长隧道的风险等级判定为重大风险(Ⅳ级) |
| | 隧道长度为3000~6000m | | √ | |
| 隧道开挖跨度 | 隧道开挖跨度大于或等于18m | √ | | 《公路隧道施工技术规范》(JTG/T 3660—2020)条文3.0.11、《铁路隧道设计规范》(TB 10003—2016)条文1.0.6对开挖跨度的分类见表5-3,参考公路隧道跨度分类,将大跨度隧道判定为重大风险(Ⅳ级),将中等跨度隧道判定为较大风险(Ⅲ级) |
| | 隧道开挖跨度为14~18m | | √ | |
| 洞口地质特征 | 洞口位于滑坡体或堆积体上 | √ | | 当隧道洞口位于滑坡体或堆积体上时,岩土体抗滑能力弱,极易发生失稳 |

续上表

| 评估指标 | | 总体风险等级 | | 说明 |
| --- | --- | --- | --- | --- |
| 主控因素 | 因素描述 | 重大风险（Ⅳ级） | 较大风险（Ⅲ级） | |
| 围岩条件 | Ⅴ级围岩累计长度大于或等于1000m的长、特长隧道；Ⅴ级围岩累计长度大于或等于500m的中隧道；Ⅴ级围岩累计长度大于或等于400m的短隧道 | √ | | 鉴于公路隧道施工技术日趋成熟，Ⅳ级围岩不纳入主控因素，仅考虑隧道Ⅴ级围岩累计长度及特殊地质段连续长度或类型。其中，Ⅴ级围岩累计长度在不同长度规模的隧道中划分有所区别 |
| | Ⅴ级围岩累计长度为600~1000m的长、特长隧道；Ⅴ级围岩累计长度为400~500m的中隧道；Ⅴ级围岩累计长度为300~400m的短隧道 | | √ | |
| | Ⅵ级围岩、断层破碎带、膨胀土、富水软岩段连续长度大于或等于100m，富水砂层 | √ | | |
| | Ⅵ级围岩、断层破碎带、膨胀土、富水软岩段连续长度为50~100m，冻土 | | √ | |
| 预测瓦斯涌出量 | 预测瓦斯涌出量大于或等于3m³/min | √ | | 《公路瓦斯隧道设计与施工技术规范》（JTG/T 3374—2020）条文3.2.1及3.2.2明确指出：隧道绝对瓦斯涌出量3.0m³/min以上为高瓦斯工区，绝对瓦斯涌出量在1.0~3.0m³/min之间为低瓦斯工区。将高瓦斯工区判定为重大风险（Ⅳ级），并适当提高低瓦斯工区下限至2m³/min作为较大风险（Ⅲ级）的判定标准 |
| | 预测瓦斯涌出量为2~3m³/min | | √ | |
| 预测涌水量 | 预测涌水量大于或等于20000m³/d | √ | | |
| | 预测涌水量为10000~20000m³/d | | √ | |
| 隧道最大埋深 | 隧道最大埋深大于或等于1200m | √ | | 《公路隧道施工技术规范》（JTG/T 3660—2020）条文16.7.3指出，埋深700m以上的隧道可能发生强烈岩爆，风险较大；同时，高地应力还会导致围岩大变形。结合隧道建设的"深、长、大"发展趋势，以800m、1200m为界限判定较大风险（Ⅲ级）、重大风险（Ⅳ级） |
| | 隧道最大埋深为800~1200m | | √ | |

续上表

| 评估指标 | | 总体风险等级 | | 说明 |
| --- | --- | --- | --- | --- |
| 主控因素 | 因素描述 | 重大风险（Ⅳ级） | 较大风险（Ⅲ级） | |
| 岩溶发育程度 | 岩溶极发育，且存在宽度大于或等于2/3隧道开挖跨度的岩溶洞穴、地下暗河等 | √ | | 岩溶越发育，溶洞规模越大，储存的岩溶水越多，引发涌水突泥、坍塌、变形等风险事件的可能性越大。参考广西地方标准《岩溶区公路隧道技术规范》(DB 45/T 2125—2020）条文 5.2.2 对大型、中小型溶洞的分类，溶洞洞径小于隧道开挖半径为中小型溶洞，溶洞洞径大于或等于隧道开挖半径为大型溶洞。此处适当调整溶洞洞径与隧道开挖跨度的比例关系，并结合岩溶发育程度的定性描述共同判定较大风险（Ⅲ级）、重大风险（Ⅳ级） |
| | 岩溶发育，且存在宽度大于或等于1/3隧道开挖跨度的岩溶洞穴等 | | √ | |

**2015—2023 年特长隧道数量和总长度**　　　　　　　　　　　　　表 5-2

| 年份(年) | 特长隧道数量(条) | 特长隧道总长度($10^4$ m) | 特长隧道平均长度(m) | 新增特长隧道平均长度(m) |
| --- | --- | --- | --- | --- |
| 2015 | 744 | 329.98 | 4435 | — |
| 2016 | 815 | 362.27 | 4445 | 4548 |
| 2017 | 902 | 401.32 | 4449 | 4489 |
| 2018 | 1058 | 470.66 | 4449 | 4445 |
| 2019 | 1175 | 521.75 | 4440 | 4367 |
| 2020 | 1394 | 623.55 | 4473 | 4648 |
| 2021 | 1599 | 717.08 | 4485 | 4562 |
| 2022 | 1752 | 795.11 | 4538 | 5100 |
| 2023 | 2050 | 924.07 | 4508 | 4328 |

**隧道跨度分类**　　　　　　　　　　　　　　　　　　　　　　　表 5-3

| 隧道分类 | 大跨度隧道 | 中等跨度隧道 | 一般跨度隧道 | 小跨度隧道 | 规范 |
| --- | --- | --- | --- | --- | --- |
| 隧道跨度（宽度）$B$(m) | $B \geq 18$ | $18 > B \geq 14$ | $14 > B \geq 9$ | $B < 9$ | 《公路隧道施工技术规范》(JTG/T 3660—2020) |
| | $B > 14$ | $14 \geq B > 12$ | $12 \geq B > 8.5$ | $8.5 \geq B > 5$ | 《铁路隧道设计规范》(TB 10003—2016) |

## 5.2.2 盾构法主控因素判识

盾构法施工的隧道工程主控因素判识,主要考虑隧道长度、掘进断面直径、附属工程、隧道主体邻近建(构)筑物、隧道穿越水体、不良地质段长度、岩溶发育程度等7个因素。

(1)隧道长度。盾构法隧道施工主要依靠盾构机进行掘进,隧道越长,盾构机使用时间越长,对盾构机系统稳定性及各项控制措施的有效性提出的要求越高。同时,隧道越长,越容易导致盾尾刷及主轴承密封击穿或刀盘刀具磨蚀损坏,增加盾构隧道施工风险。

(2)掘进断面直径。掘进断面直径指盾构隧道开挖断面最外侧直径,掘进断面直径越大,开挖范围内地层变异性越大,对掌子面稳定性存在较大影响,并同时影响盾构机受力状况及盾构隧道圆度,增加盾构隧道施工风险。

(3)附属工程。盾构隧道附属工程一般包括始发井、接收井和联络通道。若这些附属工程位于富水砂层或富水地区,盾构始发、接收或破除管片施工联络通道时极易导致突水风险;若附属工程周边存在重要建(构)筑物,由于空间限制无法有效加固时,则在施工过程中极易导致建(构)筑物受损。

(4)隧道主体邻近建(构)筑物。盾构隧道多位于城区,其施工风险与附近建(构)筑物的距离及建(构)筑物的分布范围密切相关。

(5)隧道穿越水体。盾构隧道常穿越江河湖海等水体,其主体结构通常需承受较大水土压力,施工过程中保持掌子面稳定需克服高水压、顶底压力差及水土压力差等难题。伴随着大埋深、高水压及复杂断面盾构隧道建设需求的不断增加,超高水压对盾构机三大密封系统(盾尾密封、主轴承密封及铰接密封系统)的有效性和稳定性提出了更高要求。此外,在水下高水压条件下,进仓作业通常伴随较高风险。

(6)不良地质段长度。对于均质的黏土地层或软岩地层,盾构机的适应性较好,但对不良地质,如软硬不均地层、富水砂层、深厚淤泥层、饱和粉细砂层、卵石、漂石、孤石层、断层破碎带等,盾构机的适应性较差,存在较高施工风险。

(7)岩溶发育程度。当盾构隧道穿越岩溶发育区时,往往存在安全隐患,岩溶越发育,则因岩溶而形成的地下空洞体积越大或储存的岩溶水越多,引发风险事件的可能性越大。

盾构法隧道工程总体风险的主控因素见表5-4,根据该表比对施工隧道的主控因素,进而确定总体风险等级。

**主控因素判识表(盾构法)** 表5-4

| 评估指标 | | 总体风险等级 | | 说明 |
| --- | --- | --- | --- | --- |
| 主控因素 | 因素描述 | 重大风险(Ⅳ级) | 较大风险(Ⅲ级) | |
| 隧道长度 | 隧道长度大于或等于6000m | √ | | 隧道长度为两个工作井之间的设计长度。取值依据参考表5-1钻爆法中关于隧道长度的说明 |
| | 隧道长度为3000~6000m | | √ | |

续上表

| 主控因素 | 评估指标 | | 总体风险等级 | | 说明 |
|---|---|---|---|---|---|
| | 因素描述 | | 重大风险（Ⅳ级） | 较大风险（Ⅲ级） | |
| 掘进断面直径 | 掘进断面直径大于或等于18m | | √ | | 掘进断面直径指盾构隧道开挖断面最外侧直径。目前中国大陆已成功建设了多条掘进断面直径为14~16m的盾构隧道，并积累了较多工程经验，而目前已建设的盾构隧道，最大掘进断面直径已接近18m，如山东省济南市黄岗路穿黄隧道(17.50m)与香港屯门隧道(17.60m)。虽然国产18m级盾构装备正处于积极研发阶段，但整体而言，国内掘进断面直径超过16m的盾构隧道仍较为少见。为满足当前及未来公路盾构隧道工程的发展需要，将主控因素中掘进断面直径大于或等于18m判识为重大风险(Ⅳ级)，掘进断面直径16~18m判识为较大风险(Ⅲ级) |
| | 掘进断面直径为16~18m | | | √ | |
| 附属工程 | 联络通道、始发或者到达端头位于富水砂层或建（构）筑物下无法直接加固 | | √ | | 附属工程一般包括始发井、接收井和联络通道。若这些附属工程位于富水砂层或富水地区，盾构始发、接收或破除管片施工联络通道时易导致突水风险；若附属工程周边存在重要建（构）筑物，由于空间限制无法有效加固时，则施工过程中极易导致建（构）筑物受损，因此主控因素判识中将工程位于富水砂层或周建（构）筑物无法有效加固，判识为重大风险(Ⅳ级)；富水地层相较富水砂层发生突水风险的可能性小，判识为较大风险(Ⅲ级)。<br>盾构隧道多位于城市及周边，其附属工程施工影响范围内不可避免会存在重要建（构）筑物，参考《城市轨道交通地下工程建设风险管理规范》(GB 50652—2011)条文说明7.3.4及9.3.1中盾构法隧道周边影响分区，在开挖线以外1倍覆土厚度加0.5倍洞径范围内需采取处置措施，因此这种情况判识为较大风险(Ⅲ级) |
| | 联络通道、始发或者到达端头位于富水地层或开挖线以外1倍覆土厚度加0.5倍洞径范围内存在重要建（构）筑物 | | | √ | |

续上表

| 主控因素 | 评估指标 | | 总体风险等级 | | 说明 |
|---|---|---|---|---|---|
| | 因素描述 | | 重大风险（Ⅳ级） | 较大风险（Ⅲ级） | |
| 隧道主体邻近建(构)筑物 | 隧道正上方或者开挖线以外0.5倍洞径范围内存在密集或高敏感性建(构)筑物，且涉及隧道长度大于或等于600m | | √ | | 高敏感性建(构)筑物包括地下供排水管、天然气管线、军用通信光缆以及重点保护的建筑物等。参考《城市轨道交通地下工程建设风险管理规范》(GB 50652—2011)条文说明7.3.4及9.3.1中盾构法隧道周边影响分区，考虑到公路盾构隧道掘进断面较大，将0.5倍洞径范围内定义为保护范围，在1倍土厚度加0.5倍洞径内采取处置措施，以此范围进行等级划分 |
| | 开挖线以外0.5倍洞径~1倍覆土厚度加0.5倍洞径范围内存在密集或高敏感性建(构)筑物，且涉及隧道长度大于或等于600m | | | √ | |
| 隧道穿越水体 | 常水位下隧道长度大于或等于1500m，或水压大于或等于0.6MPa | | √ | | 无特殊说明时，水压均指开挖线最低处水压。穿越江河等水体的隧道常采用盾构法进行施工，水下施工一旦出现突水风险事件，无法采取补救措施，损失较大，尤其是常水位下的水压对盾构法施工阶段的安全影响较大。<br>随着盾构隧道长度增大，盾尾刷失效和主轴承密封击穿风险会提高。根据施工案例统计，目前已完工或正在建设的水下盾构隧道长度基本小于1500m，且工作总长度小于600m时，盾尾刷失效及主轴承击穿可能性较低，因此将常水位下隧道长度大于或等于1500m的隧道的风险等级判识为重大风险(Ⅳ级)，600~1500m的隧道的风险等级判识为较大风险(Ⅲ级)；目前在建的水下盾构隧道，其最大水压已接近0.6MPa，而当最大水压超过0.45MPa时，盾构机盾尾密封系统压力大、失效后风险高，且进仓作业风险高，因此将水压大于或等于0.6MPa判识为重大风险(Ⅳ级)，水压为0.45~0.6MPa判识为较大风险(Ⅲ级) |
| | 常水位下隧道长度为600~1500m，或水压为0.45~0.6MPa | | | √ | |

续上表

| 评估指标 | | 总体风险等级 | | 说明 |
|---|---|---|---|---|
| 主控因素 | 因素描述 | 重大风险（Ⅳ级） | 较大风险（Ⅲ级） | |
| 不良地质段长度 | 不良地质段长度大于或等于600m | √ | | 不良地质是指软硬不均地层（硬岩单轴抗压强度大于60MPa）、富水砂层、深厚淤泥层、饱和粉细砂层、卵石、漂石、孤石层、断层破碎带等。盾构机对于均质的黏土地层或软岩地层的适应性较好，但对不良地质适应性较差，施工风险较高，故在总体风险评估阶段，需依据不良地质段长度对施工风险进行定量评判。长度取值参考表5-1钻爆法中关于围岩条件的说明，考虑目前公路盾构隧道长度较短，因此不良地质段大于或等于600m判识为重大风险（Ⅳ级），400~600m判识为较大风险（Ⅲ级） |
| | 不良地质段长度为400~600m | | √ | |
| 岩溶发育程度 | 岩溶极发育，且存在宽度大于或等于2/3洞径的岩溶洞穴、地下暗河等 | √ | | 取值依据参考表5-1钻爆法中关于岩溶发育程度的说明 |
| | 岩溶发育，且存在宽度大于或等于1/3洞径的岩溶洞穴等 | | √ | |

## 5.3 指标体系法

### 5.3.1 钻爆法评估指标体系

连拱隧道、小净距隧道、海底隧道与下穿河流湖泊、重要水源保护地及重要建（构）筑物等隧道总体风险的确定，已包含在主控因素判识法中，指标体系法仅针对常见的分离式隧道。隧道建设规模、地质条件、环境海拔、隧道埋深和洞口特征等因素被纳入钻爆法施工隧道指标体系评估表，见表5-5。

值得注意的是，指标体系评估表增加了年均降雨量和资料完整性两项修正指标，针对年均降雨量指标，降雨不仅冲刷侵蚀洞口边仰坡，地表排水、截水设施不完善还会导致雨水渗入地下，软化岩土体并减小其有效应力，大幅度降低岩土体抗剪强度，易造成洞口失稳，洞口施工难度增大，因此，年均降雨量仅用于修正洞口特征指标；资料完整性指标主要用于考虑地质调查不全面、分析方法不合理等导致的评估误差，资料越完整，表明获取的信息越多，对应的岩土计算参数选取依据越充分。

## 第5章 总体风险评估

**指标体系评估表（钻爆法）** 表 5-5

| 项别 | 评估指标 | 分级 | 分值(分) | 说明 |
|---|---|---|---|---|
| 建设规模 $B_{db}$ | 隧道长度 $B_{db-1}$ | $1000m \leq B_{db-1} < 3000m$ | 7 | 根据设计文件确定。<br>按《公路隧道设计规范 第一册 土建工程》(JTG 3370.1—2018)条文1.0.4中的长、中和短隧道分类标准，划分为1000~3000m、500~1000m和<500m三个级别 |
| | | $500m \leq B_{db-1} < 1000m$ | 4 | |
| | | $B_{db-1} < 500m$ | 1 | |
| | 隧道开挖跨度 $B_{db-2}$ | $9m \leq B_{db-2} < 14m$ | 4 | 根据设计文件确定。<br>隧道主线主要考虑正洞开挖跨度，按《公路隧道施工技术规范》(JTG/T 3660—2020)条文3.0.11中的一般跨度隧道和小跨度隧道分类标准，划分为9~14m和<9m两个级别 |
| | | $B_{db-2} < 9m$ | 1 | |
| 地质条件 $G_{db}$ | 围岩条件 $G_{db-1}$ | Ⅴ级围岩累计长度 $400m \leq G_{db-1} < 600m$ 的长、特长隧道<br>Ⅴ级围岩累计长度 $200m \leq G_{db-1} < 400m$ 的中隧道<br>Ⅴ级围岩累计长度 $100m \leq G_{db-1} < 300m$ 的短隧道<br>Ⅵ级围岩、断层破碎带、膨胀土、富水软岩段连续长度 $30m \leq G_{db-1} < 50m$ | 7 | 根据地质勘察资料、设计文件确定。<br>考虑隧道Ⅴ级围岩累计长度及特殊地质段连续长度 |
| | | Ⅴ级围岩累计长度 $G_{db-1} < 400m$ 的长、特长隧道<br>Ⅴ级围岩累计长度 $G_{db-1} < 200m$ 的中隧道<br>Ⅴ级围岩累计长度 $G_{db-1} < 100m$ 的短隧道<br>Ⅵ级围岩、断层破碎带、膨胀土、富水软岩段连续长度 $G_{db-1} < 30m$ | 1 | |
| | 预测瓦斯涌出量 $G_{db-2}$ | $1m^3/min \leq G_{db-2} < 2m^3/min$ | 6 | 根据地质勘察资料、设计文件确定。<br>在《公路瓦斯隧道设计与施工技术规范》(JTG/T 3374—2020)条文3.2.2中明确，低、微瓦斯工区的绝对瓦斯涌出量分界值为$1m^3/min$，结合主控因素判识表(表5-1)分级，此处划分为$1~2m^3/min$、$0.5~1m^3/min$、$<0.5m^3/min$三个级别 |
| | | $0.5m^3/min \leq G_{db-2} < 1m^3/min$ | 2 | |
| | | $0m^3/min < G_{db-2} < 0.5m^3/min$ | 1 | |
| | 预测涌水量 $G_{db-3}$ | $5000m^3/d \leq G_{db-3} < 10000m^3/d$ | 12 | 根据地质勘察资料、设计文件确定 |
| | | $2000m^3/d \leq G_{db-3} < 5000m^3/d$ | 6 | |
| | | $G_{db-3} < 2000m^3/d$ | 1 | |
| | 岩溶发育程度 $G_{db-4}$ | 岩溶发育 | 12 | 根据地质勘察资料确定。<br>只考虑对岩溶发育程度的定性描述，划分为岩溶发育、岩溶较发育和岩溶不发育三个级别 |
| | | 岩溶较发育 | 6 | |
| | | 岩溶不发育 | 0 | |

续上表

| 项别 | 评估指标 | 分级 | 分值(分) | 说明 |
|---|---|---|---|---|
| 环境海拔 $H_{db}$ | | $H_{db} \geq 3500\text{m}$ | 7 | 根据地质勘察资料、设计文件确定。<br>根据不同环境海拔氧气含量和各地区海拔，将隧道施工海拔划分为 $\geq 3500\text{m}$、$3000 \sim 3500\text{m}$、$2000 \sim 3000\text{m}$、$<2000\text{m}$ 四个级别 |
| | | $3000\text{m} \leq H_{db} < 3500\text{m}$ | 4 | |
| | | $2000\text{m} \leq H_{db} < 3000\text{m}$ | 1 | |
| | | $H_{db} < 2000\text{m}$ | 0 | |
| 隧道埋深 $S_{db}$ | | $400\text{m} \leq S_{db} < 800\text{m}$(高地应力) | 12 | 根据地质勘察资料、设计文件确定。<br>在主控因素判识法中主要考虑高埋深、高地应力对岩爆、大变形的影响，而埋深很浅时，拱部与地面之间距离小，施工易造成坍塌，因此将隧道埋深划分为 $400 \sim 800\text{m}$、$50 \sim 400\text{m}$、$<50\text{m}$ 三个级别，其中 $400 \sim 800\text{m}$(高地应力)与小于 $50\text{m}$ 的赋分值较大 |
| | | $400\text{m} \leq S_{db} < 800\text{m}$(非高地应力) | 1 | |
| | | $50\text{m} \leq S_{db} < 400\text{m}$ | 1 | |
| | | $S_{db} < 50\text{m}$ | 12 | |
| 洞口特征 $C_{db}$ | 洞口地质特征 $C_{db-1}$ | 洞口岩层松散、破碎，存在失稳可能 | 7 | 根据地质勘察资料、设计文件并结合现场调查确定。<br>洞口特征主要考虑隧道洞口岩土体的抗滑能力。松散破碎等可能失稳的岩层、地形陡峭且容易产生坍塌和落石的岩层、比较稳定的边仰坡，三者抗滑能力依次增加，施工风险依次减弱，考虑比较稳定的边仰坡有足够的抗滑能力，赋分值为 0 分 |
| | | 洞口位于地形陡峭、容易产生崩塌或落石的位置 | 4 | |
| | | 洞口边仰坡较稳定 | 0 | |
| | 洞口偏压角度 $C_{db-2}$ | $C_{db-2} \geq 25°$ | 7 | 根据设计文件确定。<br>洞口偏压角度是指隧道轴线与隧道入口处边坡面倾向间的夹角(锐角)，如图 5-2 所示。<br>多数隧道进洞时存在偏压，偏压角度过大可能导致洞口因受力不均发生失稳、塌方，2024 年版指南将洞口偏压角度分为 $\geq 25°$ 和 $<25°$ 两个等级 |
| | | $C_{db-2} < 25°$ | 1 | |
| 年均降雨量 $W_{db}$ | | $W_{db} \geq 2000\text{mm}$ | 1.20 | 根据气象资料确定(近 5 年降雨量平均值)。<br>依据《中国统计年鉴》，2018—2022 年主要城市(地区)年均降雨量如图 5-3 所示，多数地区年均降雨量在 2000mm 以内，因此，将年均降雨量划分为 $\geq 2000\text{mm}$、$1500 \sim 2000\text{mm}$、$800 \sim 1500\text{mm}$、$<800\text{mm}$ 四个级别。降雨量越大，对洞口稳定性影响越大，最高修正系数为 1.20 |
| | | $1500\text{mm} \leq W_{db} < 2000\text{mm}$ | 1.10 | |
| | | $800\text{mm} \leq W_{db} < 1500\text{mm}$ | 1.05 | |
| | | $W_{db} < 800\text{mm}$ | 1.00 | |
| 资料完整性 $D$ | | 地质、水文资料不完整，岩土计算参数选取依据欠充分 | 1.20 | 地形地貌、地层岩性、地质构造、水文地质条件调查分析清楚，地质、水文资料完整，岩土体计算参数选取充分的取小值，否则应取大值，最大值可取 1.20 |
| | | 地质、水文资料基本完整，岩土计算参数选取依据较充分 | 1.10 | |
| | | 地质、水文资料完整，岩土计算参数选取依据充分 | 1.00 | |

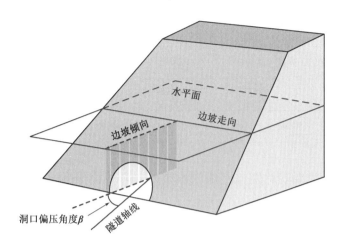

图 5-2 隧道洞口偏压角度示意图

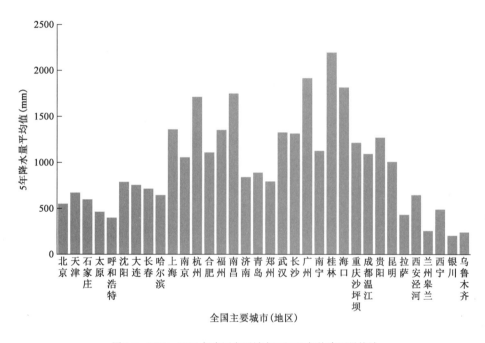

图 5-3 2018—2022 年全国主要城市(地区)年均降雨量统计

## 5.3.2 盾构法评估指标体系

盾构法施工的隧道总体风险评估指标体系在主控因素判识法的基础上,增加盾构机选型、资料完整性等两个指标,其中盾构机选型指标根据盾构机选型与评估结果确定分值,资料完整性指标为修正指标,主要用于考虑地质调查不全面、分析方法不合理等导致的评估误差,资料越完整,表明获取的信息越多,对应的岩土计算参数选取依据越充分。盾构法施工隧道具体指标体系见表5-6,其分级划分依据及分值与钻爆法类似,此处不再赘述。

指标体系评估表(盾构法) 表5-6

| 项别 | 评估指标 | 分级 | 分值(分) | 说明 |
|---|---|---|---|---|
| 建设规模 $B_{sh}$ | 隧道长度 $B_{sh-1}$ | $1000m \leq B_{sh-1} < 3000m$ | 7 | 根据设计文件确定。按《公路隧道设计规范 第一册 土建工程》(JTG 3370.1—2018)条文1.0.4中的长、中和短隧道分类标准,划分为1000~3000m、500~1000m和<500m三个级别 |
| | | $500m \leq B_{sh-1} < 1000m$ | 4 | |
| | | $B_{sh-1} < 500m$ | 1 | |
| | 掘进断面直径 $B_{sh-2}$ | $14m \leq B_{sh-2} < 16m$ | 7 | 根据设计文件确定。依据《公路隧道施工技术规范》(JTG/T 3660—2020)、《铁路隧道设计规范》(TB 10003—2016)中隧道跨度分类规定,考虑到公路隧道工程实际情况,结合公路的车道数,对掘进断面直径进行划分,9~14m对应单层双车道,14~16m对应单层三车道,同时考虑今后随着地下空间的发展,可能会出现诸如服务隧道或地下联络线等隧道类型,在断面直径分级中保留了掘进断面直径小于9m的情况 |
| | | $9m \leq B_{sh-2} < 14m$ | 4 | |
| | | $B_{sh-2} < 9m$ | 1 | |
| 地质条件 $G_{sh}$ | 不良地质段长度 $G_{sh-1}$ | $100m \leq G_{sh-1} < 400m$ | 10 | 不良地质包括软硬不均地层(硬岩单轴抗压强度大于60MPa)、富水砂层、深厚淤泥层、饱和粉细砂层、卵石、漂石、孤石层、断层破碎带、岩溶等;两种以上不良地质叠加可适当提高指标分值,取修正系数1.1~1.5,但该指标最高分值不超过15.0 |
| | | $0m < G_{sh-1} < 100m$ | 5 | |
| | | 无不良地质 | 0 | |
| | 有害气体 $G_{sh-2}$ | 隧道洞身穿越含有害气体地层 | 6 | 根据地质勘察资料、设计文件确定。盾构施工中常遭遇的有害气体主要包括可燃气体(如甲烷等)、硫化氢、一氧化碳及氮氧化物等。在总体风险评估阶段,上述有害气体在隧道周边的赋存状态、危害程度等难以定量判断,故采用定性取值方法 |
| | | 隧道洞身附近存在有害气体地层 | 2 | |
| | | 隧道施工区域不存在有害气体地层 | 0 | |
| | 最大水压 $G_{sh-3}$ | $0.30MPa \leq G_{sh-3} < 0.45MPa$ | 4 | 最大水压指开挖线最低处水压,根据地质勘察资料、设计文件等确定。在水下盾构隧道施工过程中,当最大水压小于0.3MPa时,施工风险较低且有较多成功案例;同时,在上述压力条件下开展带压进仓作业,技术成熟且工作时间受限较小,故可将0.3MPa作为本指标分级临界值 |
| | | $G_{sh-3} < 0.30MPa$ | 1 | |
| | 岩溶发育程度 $G_{sh-4}$ | 岩溶发育 | 12 | 根据地质勘察资料确定 |
| | | 岩溶较发育 | 6 | |
| | | 岩溶不发育 | 0 | |

续上表

| 项别 | 评估指标 | 分级 | 分值(分) | 说明 |
|---|---|---|---|---|
| 环境条件 $E_{sh}$ | 隧道主体附近建(构)筑物情况 $E_{sh-1}$ | 开挖线以外1倍覆土厚度加0.5倍洞径范围内存在建(构)筑物,且涉及盾构长度小于600m | 10 | 建(构)筑物敏感度极高或建筑物较多时取修正系数1.2,一般取1.0 |
| | | 开挖线以外1倍覆土厚度加0.5～1倍洞径范围内存在建(构)筑物 | 4 | |
| | | 开挖线以外1倍覆土厚度加1～2倍洞径范围内存在建(构)筑物 | 1 | |
| | 联络通道、始发或接收端头工程环境情况 $E_{sh-2}$ | 位于富水砂层 | 7 | 根据工程数量可对指标分值进行修正,修正系数为1.1～2.0 |
| | | 位于富水地层或周边有重要建(构)筑物 | 4 | |
| | | 位于非富水地层 | 0 | |
| | 隧道穿越水体长度 $E_{sh-3}$ | 常水位下隧道长度为300～600m | 9 | 根据地质勘察资料、设计文件确定 |
| | | 常水位下隧道长度为100～300m | 4 | |
| | | 常水位下隧道长度小于100m | 1 | |
| | 主隧道范围内障碍物情况 $E_{sh-4}$ | 明确存在的 | 10 | 障碍物为除孤石、漂石外的人工遗留物,如桩基、沉船等,根据地质勘察资料确定 |
| | | 可能存在的 | 4 | |
| | | 明确不存在的 | 0 | |
| 盾构机选型 $S_{sh}$ | | 适应性和可靠性一般 | 5 | 根据盾构机选型与评估结果确定。盾构法隧道施工风险主要取决于盾构机选型的适应性和可靠性,并与盾构机驾驶员的操作经验密切相关。因2024年版指南为技术性标准,应较少考虑管理及人为操作因素,故在总体风险评估过程中,选取盾构机选型作为评估指标 |
| | | 适应性和可靠性好 | 0 | |
| 资料完整性 $D$ | | 地质、水文资料不完整,岩土计算参数选取依据欠充分 | 1.20 | 对地形地貌、地层岩性、地质构造、水文地质条件调查分析清楚,岩土计算参数选取依据充分的取小值,否则取大值 |
| | | 地质、水文资料基本完整,岩土计算参数选取依据较充分 | 1.10 | |
| | | 地质、水文资料完整,岩土计算参数选取依据充分 | 1.00 | |

### 5.3.3 总体风险分值计算

钻爆法总体风险评估指标体系法的计算以风险叠加的加和运算为主要,同时,考虑资料完整性对地质条件准确判别的影响及降雨对洞口特征的劣化影响,以局部乘法体现两者作用。因此，钻爆法隧道施工安全总体风险分值 $R_{db}$ 的计算公式为：

$$R_{db} = (B_{db-1} + B_{db-2}) + D \times (G_{db-1} + G_{db-2} + G_{db-3} + G_{db-4}) + H_{db} + S_{db} + W_{db} \times (C_{db-1} + C_{db-2})$$
(5-1)

式中：　　　　$R_{db}$——钻爆法隧道施工安全总体风险评估分值；

$B_{db-1}$——隧道长度赋分值；

$B_{db-2}$——隧道开挖跨度赋分值；

$D$——资料完整性对隧道地质条件的修正系数；

$G_{db-1}$——围岩条件赋分值；

$G_{db-2}$——预测瓦斯涌出量赋分值；

$G_{db-3}$——预测涌水量赋分值；

$G_{db-4}$——岩溶发育程度赋分值；

$H_{db}$——环境海拔赋分值；

$S_{db}$——隧道埋深赋分值；

$W_{db}$——年均降雨量对隧道洞口特征的修正系数；

$C_{db-1}$——洞口地质特征赋分值；

$C_{db-2}$——洞口偏压角度赋分值；

$W_{db} \times (C_{db-1} + C_{db-2})$——取隧道进口、出口计算结果的较大值。

以上各参数取值见表5-5。

盾构法总体风险评估指标体系法的计算原则为同一项别下的二级指标评估分值相加，资料完整性对地质条件、环境条件进行修正，因此，盾构法隧道施工安全总体风险分值 $R_{sh}$ 的计算公式为：

$$R_{sh} = (B_{sh-1} + B_{sh-2}) + D \times (G_{sh-1} + G_{sh-2} + G_{sh-3} + G_{sh-4} + E_{sh-1} + E_{sh-2} + E_{sh-3} + E_{sh-4}) + S_{sh}$$
(5-2)

式中：$R_{sh}$——盾构法隧道施工安全总体风险评估分值；

$B_{sh-1}$——隧道长度赋分值；

$B_{sh-2}$——掘进断面直径赋分值；

$D$——资料完整性对隧道地质条件及环境条件的修正系数；

$G_{sh-1}$——不良地质段长度赋分值；

$G_{sh-2}$——有害气体赋分值；

$G_{sh-3}$——最大水压赋分值；

$G_{sh-4}$——岩溶发育程度赋分值；

$E_{sh-1}$——隧道主体附近建（构）筑物情况赋分值；

$E_{sh-2}$——联络通道、始发或接收端头工程环境情况赋分值；

$E_{sh-3}$——隧道穿越水体长度赋分值；

$E_{sh-4}$——主隧道范围内障碍物情况赋分值；

$S_{sh}$——盾构机选型赋分值。

以上各参数取值见表5-6。

### 5.3.4 总体风险等级划分

计算钻爆法总体风险分值$R_{db}$后，对照表5-7即可确定钻爆法隧道工程的施工安全总体风险等级。钻爆法隧道工程总体风险等级划分的分值区间界限由试算求得，以搜集的100座左右钻爆法施工隧道案例资料为依据，按2024年版指南规定的指标体系法进行总体风险评估，分别得到其总体风险分值$R_{db}$；将总体风险分值计算结果导入MATLAB程序进行分布拟合，并依据以下标准确定各风险等级分值区间：低风险（Ⅰ级，累积概率为0%~10%）、一般风险（Ⅱ级，累积概率为10%~60%）、较大风险（Ⅲ级，累积概率为60%~90%）及重大风险（Ⅳ级，累积概率为90%~100%），如图5-4所示。

施工安全总体风险等级（钻爆法） 表5-7

| 风险等级 | 钻爆法评估分值$R_{db}$ |
| --- | --- |
| 重大风险（Ⅳ级） | $R_{db} \geqslant 50$ |
| 较大风险（Ⅲ级） | $40 \leqslant R_{db} < 50$ |
| 一般风险（Ⅱ级） | $25 \leqslant R_{db} < 40$ |
| 低风险（Ⅰ级） | $R_{db} < 25$ |

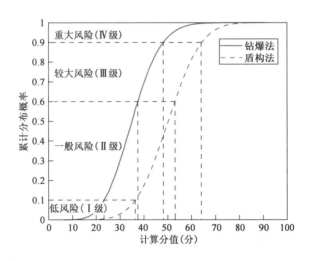

图5-4 总体风险等级划分示意图

对于盾构法隧道施工，计算得到总体风险分值$R_{sh}$后，对照表5-8即可确定盾构法隧道工程的施工安全总体风险等级。盾构法隧道工程总体风险等级划分方法与钻爆法基本一致，此处不再赘述。

施工安全总体风险等级(盾构法) 表5-8

| 风险等级 | 盾构法评估分值 $R_{sh}$ |
|---|---|
| 重大风险(Ⅳ级) | $R_{sh} \geq 60$ |
| 较大风险(Ⅲ级) | $50 \leq R_{sh} < 60$ |
| 一般风险(Ⅱ级) | $35 \leq R_{sh} < 50$ |
| 低风险(Ⅰ级) | $R_{sh} < 35$ |

## 5.4 风险控制

总体风险评估应根据评估结果,提出主要风险控制措施建议,重点提出风险控制总体思路,以及安全管理力量投入、资源(财、物)配置、施工单位选择的建议,见表5-9。

总体风险接受准则与控制措施 表5-9

| 风险等级 | 接受准则 | 控制措施 |
|---|---|---|
| 等级Ⅰ(低风险) | 可忽略 | 维持日常安全生产管理工作,不需采取附加的风险防控措施 |
| 等级Ⅱ(一般风险) | 可接受 | 需采取风险防控措施:加强安全管理力量,严格开展日常安全生产管理工作 |
| 等级Ⅲ(较大风险) | 不期望 | 应采取措施降低风险:采取加大安全管理力量投入、强化安全资源配置、选择有经验及自控能力强的施工单位、增加工程保险投保等措施 |
| 等级Ⅳ(重大风险) | 不可接受 | 应采取一整套的措施降低风险:采取优化工程设计方案或设计阶段的施工指导方案、高度重视项目的后续组织实施,加大安全管理力度和资金投入、强化安全资源配置、选择有经验及自控能力强的施工单位、增加工程保险投保等措施 |

## 5.5 本章小结

本章首先叙述了公路隧道施工总体风险评估流程,并讲解了两种用于评估隧道施工总体风险的评估方法——主控因素判识法与指标体系法,明确了两者的使用方法。

(1)对于主控因素判识法,详细介绍了钻爆法和盾构法施工隧道的主控因素选取依据与取值要求,其中,钻爆法总体风险评估主控因素包括隧道结构类型与区域环境、辅助坑道、隧道长度、隧道开挖跨度、洞口地质特征、围岩条件、预测瓦斯涌出量、预测涌水量、隧道最大埋深和岩溶发育程度等;盾构法总体风险评估主控因素包括隧道长度、掘进断面直径、附属工程、隧道主体邻近建(构)筑物、隧道穿越水体、不良地质段长度和岩溶发育程度等。

(2)对于指标体系法,详细介绍了钻爆法和盾构法施工隧道指标体系中的指标选取与取值要求,以及风险等级的划分方法。其中,钻爆法总体风险评估指标体系包括建设规模、地质条件、环境海拔、隧道埋深、洞口特征、年均降雨量和资料完整性等;盾构法总体风险评估指标体系包括建设规模、地质条件、环境条件、盾构机选型和资料完整性等。

(3)针对不同的风险等级,提出了风险控制措施建议,为项目安全管理力量的投入、资源(包括资金和物资)的配置等提供支撑,为保障隧道施工安全奠定基础。

# 第6章

# 施工前专项风险评估

施工前专项风险评估的评估对象是总体风险评估等级为重大风险（Ⅳ级）、较大风险（Ⅲ级）的隧道工程，分部分项工程开工前，应完成施工前专项风险评估，旨在明确隧道施工过程中会发生何种风险事件、产生何种风险后果等问题，是一个具体的、针对性强的评估过程。隧道工程施工具有作业活动重复、作业环境不断变化的特点，时间、工序和区段空间的交替变化给专项风险评估带来了较大挑战；相同的施工作业活动，不同施工区段导致的风险事件可能存在较大差异，因此，专项风险评估宜结合地质情况按隧道施工区段划分评估单元开展评估。施工前专项风险评估结论及重大作业活动清单应作为专项施工方案的专篇，在此基础上细化改进施工安全风险监测与控制措施。

## 6.1 评估流程

隧道工程施工前专项风险评估流程包括以下四个步骤，如图6-1所示：

（1）风险辨识与风险分析。成立评估小组，定性识别和分析施工中可能发生的风险事件类型、致险因素以及可能造成的后果。

（2）风险估测。根据（1）中辨别分析出的风险事件与常见的重大风险源，定性或定量评估各风险事件的风险等级，为风险控制提供参考。

（3）风险控制。根据评估结果，制定相应对策与措施，将风险降低至可接受水平，对于较大风险（Ⅲ级）和重大风险（Ⅳ级）的风险源，应在实施风险控制措施、完成典型施工或首件施工后开展风险控制预期效果评价。

（4）风险评估报告编制与评审。评估完成后，应根据JT/T 1375.1—2022中8.2.2的要求编制施工前专项风险评估报告，并依据JT/T 1375.1—2022中8.3的要求，由施工单位组织专家进行评审，评估小组根据评审意见对评估（价）报告（表）进行修改，并形成最终报告，若评审不通过则需要重新进行风险辨识与风险分析等系列工作。

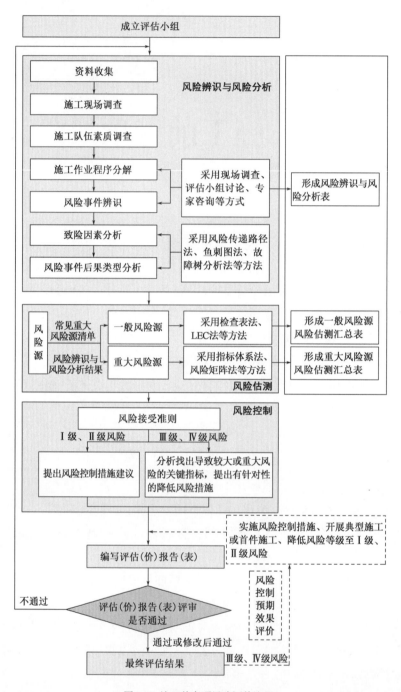

图 6-1 施工前专项风险评估流程

在风险估测中,对于运用一般知识与经验即可防范的一般风险源,通常采用定性或半定量方法分析其等级;对于坍塌、岩爆等重大风险源,各致险因素间关联性较高,引发的后果严重程度可能较大,其风险等级难以确定,需从风险事件的可能性和后果严重程度两方面进行定量分析,并借助风险矩阵确定最终等级,见表6-1。

**重大风险源风险等级标准** 表6-1

| 可能性等级 | | 后果严重程度等级 | | | | |
|---|---|---|---|---|---|---|
| | | 小 | 一般 | 较大 | 重大 | 特大 |
| | | 1 | 2 | 3 | 4 | 5 |
| 很可能 | 5 | 较大风险(Ⅲ) | 较大风险(Ⅲ) | 重大风险(Ⅳ) | 重大风险(Ⅳ) | 重大风险(Ⅳ) |
| 可能 | 4 | 一般风险(Ⅱ) | 较大风险(Ⅲ) | 较大风险(Ⅲ) | 重大风险(Ⅳ) | 重大风险(Ⅳ) |
| 偶然 | 3 | 一般风险(Ⅱ) | 一般风险(Ⅱ) | 较大风险(Ⅲ) | 较大风险(Ⅲ) | 重大风险(Ⅳ) |
| 可能性很小 | 2 | 低风险(Ⅰ) | 一般风险(Ⅱ) | 一般风险(Ⅱ) | 较大风险(Ⅲ) | 较大风险(Ⅲ) |
| 几乎不可能 | 1 | 低风险(Ⅰ) | 低风险(Ⅰ) | 一般风险(Ⅱ) | 一般风险(Ⅱ) | 较大风险(Ⅲ) |

区分一般风险源与重大风险源是风险估测过程中的难点之一。若在风险估测阶段先将所有风险源视为一般风险源,利用一般风险源的估测方法筛选出风险较高者作为重大风险源,虽然逻辑和流程看似合理,但实际存在两个问题:一是很难通过简单的方法估测出重大风险源等级;二是在后续的重大风险源估测时,会再次对该风险源进行估测,造成重复评估,增加评估工作量。因此,在隧道工程专项风险评估中将洞口失稳、坍塌、涌水突泥、大变形、瓦斯爆炸、岩爆以及掌子面失稳、建(构)筑物受损、突水等直接作为典型的重大风险事件(风险源),在实际评估过程中,除给定的重大风险源外,可根据风险辨识与风险分析结果,将影响因素复杂、风险等级难以确定的风险源补充为重大风险源。

需要进一步说明的是,采用相应方法估测并确定一般风险源与重大风险源的风险等级时,一般风险源的估测结果可能为Ⅲ级或Ⅳ级,重大风险源的估测结果可能为Ⅰ级或Ⅱ级,即"一般"和"重大"概念不等同于风险等级划分,从具体估测对象角度考虑,重大风险源风险等级偏向于描述施工区段的风险高低,而一般风险源风险等级更多的是对施工区段中的具体作业活动风险进行描述。因此,对于专项风险评估对象(隧道施工区段),同时进行重大风险源和一般风险源两种类型的风险估测,是从施工区段到施工作业活动的全面风险估测,可满足隧道工程施工各类风险事件的评估要求(风险估测流程详见6.3节)。

## 6.2 风险辨识与风险分析

### 6.2.1 钻爆法

风险辨识与风险分析包括5个步骤:工程资料的收集整理、施工现场地质水文条件和环境条件的调查(或补充勘察)、施工队伍素质和管理制度调查、施工作业程序分解和风险事件辨识、致险因素及风险事件后果类型分析,如图6-2所示。

1)资料整理与调查

风险辨识与风险分析需收集、整理和调查的内容见表6-2。

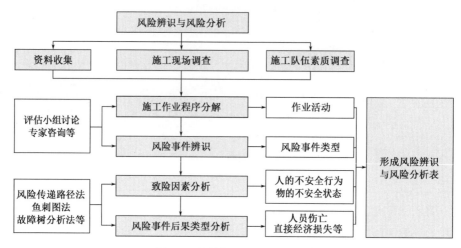

图 6-2 风险辨识与风险分析流程

**资料整理与调查** 表 6-2

| 步骤 | 内容 |
|---|---|
| 工程资料的收集整理 | ①工程可行性研究报告、环境影响评价报告、地质勘察报告、设计风险评估报告(如有)、初步设计文件、施工图设计文件、施工组织设计文件、总体风险评估报告(如有)及水利、环保等部门作出的与工程建设安全相关的文件 |
| | ②工程区域内环境条件,包括建筑物、构筑物、埋藏物、管道、缆线、民防设施、铁路、公路、外电架空线路、饮用水源、养殖区、生态保护区等可能造成事故的环境要素 |
| | ③工程区域内地质、水文、气象等灾害事故资料 |
| | ④同类工程事故资料 |
| | ⑤超前地质预报等其他与风险辨识对象相关的资料 |
| | ⑥开展施工过程专项风险评估时,除①~⑤的资料外,还应收集重要设计变更资料、施工记录文件、监控量测资料、质量检测报告等 |
| | ⑦开展风险控制预期效果评价时,除①~⑤的资料外,还应收集典型施工或首件施工情况、风险控制措施落实情况等 |
| 施工现场地质水文条件和环境条件调查 | ①工程地质条件 |
| | ②气候水文条件 |
| | ③周边环境条件 |
| | ④施工过程专项风险评估阶段的现场调查,应包括围岩变形破坏迹象、补充地质勘察结果(如有)、现场开挖揭露地质情况的差异、周边环境的变化情况等 |
| 施工队伍素质和管理制度调查 | ①企业近五年业绩、近三年信用等级、同类工程经验和施工事故及处理情况 |
| | ②施工队伍素质,施工队伍的专业化作业能力、施工装备和技术水平 |
| | ③项目各种管理制度是否齐全,是否适用和具有针对性 |
| | ④专职安全管理人员配置情况 |
| | ⑤开展施工过程专项风险评估时的调查除①~④外,还应调查人员队伍变化情况、施工装备进出场情况、管理制度落实情况等 |

JT/T 1375.1—2022 6.2.2
JT/T 1375.3—2024 6.2.2
JT/T 1375.1—2022 6.2.3
JT/T 1375.3—2024 6.2.3
JT/T 1375.1—2022 6.2.4

2)施工作业程序分解和风险事件辨识

施工作业程序分解可依据《公路工程质量检验评定标准 第一册 土建工程》(JTG F80/1—2017)中的划分标准、施工图设计及施工组织设计等文件,通过现场调查、评估小组讨论、专家咨询等方式,将隧道工程按照单位工程、分部工程、分项工程、工序(单位)作业的层次进行分解。钻爆法隧道工程施工作业程序分解示例见表6-3。

钻爆法施工作业程序分解示例　　　　表6-3

| 分部工程 | 分项工程 | 工序(单位)作业 |
|---|---|---|
| 洞口工程 | 洞口开挖及支护 | 挖掘作业 |
| | | 爆破作业 |
| | | 超前支护 |
| | | 支护钢拱架 |
| | | 喷射混凝土 |
| | | 危石清除 |
| | | 锚杆、锚索布设 |
| | | 主(被)动网施工 |
| | | 抗滑桩施工 |
| | | 微型桩施工 |
| | | 注浆 |
| | | 混凝土框格施工 |
| | | 截、排水沟施工 |
| | | 边坡绿化 |
| 洞身/仰拱开挖 | 钻爆作业 | 人工钻孔/凿岩台车钻孔 |
| | | 爆破器材运输 |
| | | 装药、连网与起爆 |
| | | 通风 |
| | | 排险 |
| | 洞内运输 | 装渣 |
| | | 无轨运输/有轨运输 |
| | 辅助作业 | 隧道外的爆破器材运输与储存 |
| | | 隧道抽、排水 |
| | | 照明安装 |

续上表

| 分部工程 | 分项工程 | 工序(单位)作业 |
|---|---|---|
| 洞身衬砌 | 初期支护 | 掌子面围岩初喷混凝土 |
| | | 超前支护 |
| | | 锚杆布设 |
| | | 铺设钢筋网 |
| | | 立拱架 |
| | | 喷射混凝土 |
| | 二次衬砌 | 铺设防水层 |
| | | 绑扎二次衬砌钢筋 |
| | | 浇筑二次衬砌混凝土 |
| | | 浇筑仰拱混凝土 |
| 隧道路面 | 基层与面层 | (沥青)混凝土浇筑 |
| | | 养生 |
| 交通工程 | 交通安全设施 | 标志安装 |
| | | 施划标线 |
| | 机电设施 | 机电安装 |

风险事件辨识的目的是辨识各种作业活动中可能发生的典型风险事件类型。公路隧道钻爆法施工各环节可能出现的典型风险事件类型见表6-4,包括洞口失稳、坍塌、涌水突泥、大变形、瓦斯爆炸(燃烧)、岩爆、冒顶片帮、有毒有害气体、火药爆炸、火灾、触电、起重伤害、机械伤害、车辆伤害、物体打击和高处坠落等。

公路隧道工程钻爆法施工典型风险事件类型　　　表6-4

| 主要作业内容 | 洞口失稳 | 坍塌 | 涌水突泥 | 大变形 | 瓦斯爆炸(燃烧) | 岩爆 | 冒顶片帮 | 有毒有害气体 | 火药爆炸 | 火灾 | 触电 | 起重伤害 | 机械伤害 | 车辆伤害 | 物体打击 | 高处坠落 | 其他 |
|---|---|---|---|---|---|---|---|---|---|---|---|---|---|---|---|---|---|
| 一、临时工程 | | | | | | | | | | | | | | | | | |
| 1.场地平整 | | | | | | | | | | | | | | | | | |
| 便道施工及危险点处理 | | | | | | | | | | ★ | | ★ | ★ | | ★ | | |
| 2.施工场地布置 | | | | | | | | | | | | | | | | | |
| a.临时建筑 | | | | | | | | | | ★ | ★ | | ★ | | ★ | ★ | |
| b.混凝土拌和场 | | | | | | | | | | ★ | ★ | ★ | ★ | | ★ | | |
| c.钢拱架、锚杆等加工场 | | | | | | | | | | ★ | ★ | ★ | ★ | | | | |
| d.弃渣场 | | | | | | | | | | | | | ★ | ★ | | | |

续上表

| 主要作业内容 | 洞口失稳 | 坍塌 | 涌水突泥 | 大变形 | 瓦斯爆炸(燃烧) | 岩爆 | 冒顶片帮 | 有毒有害气体 | 火药爆炸 | 火灾 | 触电 | 起重伤害 | 机械伤害 | 车辆伤害 | 物体打击 | 高处坠落 | 其他 |
|---|---|---|---|---|---|---|---|---|---|---|---|---|---|---|---|---|---|
| e.重型机具进场 | | | | | | | | | | | | ★ | | ★ | ★ | | |
| f.火工用品临时存放设施 | | | | | | | | | ★ | ★ | | | | | | | |
| **二、洞口工程** | | | | | | | | | | | | | | | | | |
| **1. 边仰坡开挖及防护** | | | | | | | | | | | | | | | | | |
| a.地表清除(清表) | | | | | | | | | | | | | ★ | ★ | ★ | ★ | |
| b.坡面开挖 | ★ | ★ | | ★ | | | | | | | | | ★ | ★ | ★ | ★ | |
| c.弃土运输 | | | | | | | | | | | | | ★ | ★ | ★ | | |
| d.打设锚杆 | | | | | | | | | | | | | ★ | | ★ | ★ | |
| e.喷射混凝土 | | | | | | | | | | | ★ | | ★ | | | ★ | |
| f.截水沟开挖 | | | | | | | | | | | | | ★ | | ★ | ★ | |
| **2. 洞口施工** | | | | | | | | | | | | | | | | | |
| a.洞口测量 | | | | | | | | | | | | | | | | ★ | |
| b.洞口管棚或小导管施工 | | | | | | | | | | | ★ | | ★ | | ★ | | |
| c.注浆 | | | | | | | | | | | ★ | | ★ | | ★ | | |
| d.洞口开挖(爆破或机械开挖) | ★ | ★ | ★ | ★ | | ★ | | ★ | | | | | ★ | | | | |
| e.架设钢拱架 | ★ | ★ | | ★ | | | | | | | ★ | | ★ | | ★ | ★ | |
| f.锚喷支护 | ★ | ★ | | ★ | | | | | | | ★ | | ★ | | ★ | ★ | |
| g.明洞工程 | ★ | | | | | | | | | | ★ | | ★ | | ★ | ★ | |
| **三、洞身开挖** | | | | | | | | | | | | | | | | | |
| **1. 隧道开挖** | | | | | | | | | | | | | | | | | |
| a.中心线及高程测量 | | | | | | | | | | | | | | | ★ | | |
| b.布孔 | | | | | | | | | | | | | | | | ★ | |
| c.钻孔 | | | ★ | | | ★ | ★ | | ★ | | | | ★ | | ★ | ★ | |
| d.装药及结线 | | | | | | ★ | ★ | | | | | | ★ | | ★ | ★ | |
| e.起爆 | | ★ | ★ | ★ | | ★ | ★ | | ★ | | | | | | ★ | | |
| f.通风 | | | | | | | | ★ | | | ★ | | | | | | |

续上表

| 主要作业内容 | 洞口失稳 | 坍塌 | 涌水突泥 | 大变形 | 瓦斯爆炸(燃烧) | 岩爆 | 冒顶片帮 | 有毒有害气体 | 火药爆炸 | 火灾 | 触电 | 起重伤害 | 机械伤害 | 车辆伤害 | 物体打击 | 高处坠落 | 其他 |
|---|---|---|---|---|---|---|---|---|---|---|---|---|---|---|---|---|---|
| g.盲炮检查和危石清理(找顶) | ★ | ★ | ★ | ★ | ★ | ★ | ★ | | | | | | ★ | | ★ | | |
| h.出渣 | ★ | ★ | ★ | ★ | ★ | ★ | ★ | | | | | | ★ | ★ | ★ | | |
| **2. 初期支护** | | | | | | | | | | | | | | | | | |
| a.超前支护 | ★ | ★ | ★ | ★ | ★ | ★ | ★ | | | | ★ | | ★ | | ★ | ★ | |
| b.初喷 | | ★ | ★ | ★ | ★ | | ★ | | | | ★ | | ★ | | ★ | | |
| c.立钢拱架 | | ★ | ★ | ★ | ★ | | ★ | | | | ★ | | | | ★ | ★ | |
| d.钢筋网铺设 | | ★ | ★ | ★ | ★ | | ★ | | | | ★ | | | | ★ | | |
| e.打锚杆 | | ★ | ★ | ★ | ★ | | ★ | | | | ★ | | ★ | | ★ | ★ | |
| f.喷射混凝土 | | ★ | ★ | ★ | ★ | | | | | | ★ | | | | ★ | | |
| **3. 仰拱施工** | | | | | | | | | | | | | | | | | |
| a.仰拱开挖 | | ★ | ★ | ★ | | | | | | | | | ★ | ★ | | | |
| b.仰拱钢拱架施工 | | | ★ | ★ | ★ | | ★ | | | | ★ | | ★ | | | | |
| c.绑扎钢筋 | | | ★ | ★ | ★ | | | | | | ★ | | | | | | |
| d.混凝土浇筑 | | | | | | | | | | | ★ | | ★ | | | | |
| **4. 监控量测** | | | | | | | | | | | | | | | | | |
| 监测仪器安装及监控量测 | | | | | | | | | | | | | | | ★ | ★ | |
| **四、二次衬砌** | | | | | | | | | | | | | | | | | |
| **1. 防水层工程** | | | | | | | | | | | | | | | | | |
| a.搭设施工台车 | | | | | | | | | | ★ | ★ | ★ | | | ★ | ★ | |
| b.初支表面处理 | | | | | | | | | | | ★ | | ★ | | ★ | ★ | |
| c.土工布铺设 | | | | | | | | | ★ | ★ | | | | | | ★ | |
| d.防水板铺设 | | | | | | | | | ★ | ★ | | | | | | ★ | |
| e.排水管安装 | | | | | | | | | | | ★ | | | | ★ | ★ | |
| **2. 二次衬砌工程** | | | | | | | | | | | | | | | | | |
| a.钢筋绑扎 | | | | | | | | | | ★ | | | ★ | | ★ | ★ | |
| b.模板架设 | | | | | | | | | | | | | ★ | | | ★ | |
| c.混凝土浇筑 | | | | | | | | | | ★ | | | ★ | ★ | | ★ | |
| d.混凝土养生 | | | | | | | | | | | | | ★ | | | | |
| e.拆模 | | | | | | | | | | ★ | | | ★ | | ★ | ★ | |

续上表

| 主要作业内容 | 洞口失稳 | 坍塌 | 涌水突泥 | 大变形 | 瓦斯爆炸(燃烧) | 岩爆 | 冒顶片帮 | 有毒有害气体 | 火药爆炸 | 火灾 | 触电 | 起重伤害 | 机械伤害 | 车辆伤害 | 物体打击 | 高处坠落 | 其他 |
|---|---|---|---|---|---|---|---|---|---|---|---|---|---|---|---|---|---|
| 五、其他工程 | | | | | | | | | | | | | | | | | |
| 1. 管沟施工 | | | | | | | | | | | | ★ | ★ | ★ | | ★ | |
| 管沟混凝土工程 | | | | | | | | | | | | ★ | ★ | ★ | | ★ | |
| 2. 路面工程 | | | | | | | | | | | | | | | | | |
| 沥青或混凝土路面摊铺 | | | | | | | | | | ★ | | | ★ | ★ | | | |
| 3. 交通工程 | | | | | | | | | | | | | | | | | |
| a. 机电工程 | | | | | | | | | | ★ | | | ★ | | | ★ | |
| b. 安全设施 | | | | | | | | | | | | ★ | ★ | ★ | | ★ | |
| 4. 其他作业施工 | | | | | | | | | | | | | | | | | |
| a. 隧道动火作业 | | | | | ★ | | | | ★ | ★ | | | ★ | | | | |
| b. 停复工 | | | | | ★ | | | | | | | | | | | | |
| c. 火药、雷管等爆破器材运输 | | | | | | | | | ★ | ★ | | | | | | | |

3) 致险因素及风险事件后果类型分析

致险因素可从物的不安全状态(如地质条件、施工方案、施工环境、施工机械、自然灾害等)与人的不安全行为(如施工操作、作业管理等)方面展开分析。

JT/T 1375.1—2022 6.2.6

风险事件后果类型可从人员伤亡和直接经济损失等方面分析,其中,可能受到风险事件伤害的人员类型包括作业人员自身、同一作业场所其他作业人员、作业场所周围其他人员。

各作业活动的致险因素和风险事件后果类型分析通过评估小组讨论会的形式实施,宜采用风险传递路径法、鱼刺图法、故障树分析法等安全系统工程方法进行分析,见表6-5。

JT/T 1375.1—2022 6.2.7

**致险因素和风险事件后果类型常用分析方法** 表6-5

| 常用方法 | 实施步骤 |
|---|---|
| 风险传递路径法 | ①确定系统内部各风险源;<br>②建立风险源之间的关系,明确各风险源的上级风险源与下级风险源;<br>③以各风险源之间的影响关系作为风险传递路径 |
| 鱼刺图法 | ①确定分析对象,明确待分析的风险事件;<br>②召开评估小组讨论会,采用原因穷举法,分析导致问题或事故(风险事件)的原因;<br>③整理并标记主要原因;<br>④进行主要原因的实际核查、验证,逐个排除与事故无关的因素,确定最终原因 |

续上表

| 常用方法 | 实施步骤 |
|---|---|
| 故障树分析法 | ①将系统最不希望发生的事件作为系统故障树的顶事件;<br>②准确定义故障的事件与状态,即系统工作状态和基本单元故障状态间的逻辑联系;<br>③考虑故障树假设条件,合理确定边界条件;<br>④自上向下建立故障树 |

完成以上分析流程后,将风险辨识与风险分析结果填入表6-6。

风险辨识与风险分析表示例  表6-6

| 作业活动 | 风险事件类型 | 致险因素 | | 风险事件后果类型 | | | |
|---|---|---|---|---|---|---|---|
| | | 物的不安全状态 | 人的不安全行为 | 受伤害人员类型 | 人员伤亡 | 直接经济损失 | …… |
| 作业活动1 | | | | | | | |
| 作业活动2 | | | | | | | |
| …… | | | | | | | |
| 作业活动N | | | | | | | |

## 6.2.2 盾构法

盾构法风险辨识与风险分析步骤与钻爆法基本一致,施工作业程序分解和风险事件辨识的具体内容有所区别,见表6-7。

盾构法施工作业程序分解示例  表6-7

| 分部工程 | 分项工程 | 工序(单位)作业 |
|---|---|---|
| 管片预制 | 管片模具 | 模具清理 |
| | | 模具拼装 |
| | 管片钢筋 | 钢筋加工 |
| | | 钢筋笼制作 |
| | | 钢筋笼吊装 |
| | 管片混凝土 | 混凝土浇筑 |
| | | 混凝土收面 |
| | 管片养生 | 管片蒸养 |
| | | 管片水养 |
| | | 自然养生 |
| | 管片储存 | 管片脱模 |
| | | 管片吊装 |
| | | 管片转运 |
| | 管片运输 | 运输 |
| | | 吊装 |

续上表

| 分部工程 | 分项工程 | 工序(单位)作业 |
|---|---|---|
| 盾构机运输及安拆 | 盾构机运输 | 水上及陆地运输 |
| | 盾构机安拆 | 盾构机安装及拆除 |
| | | 盾构机调试 |
| 盾构掘进与管片拼装 | 配套设施及布局 | 泥水站安装调试 |
| | | 管路安装 |
| | | 泥浆制备与泥水分离 |
| | | 弃渣及弃浆 |
| | 盾构掘进 | 盾构机始发 |
| | | 盾构机转接 |
| | | 盾构常规掘进 |
| | | 盾构特殊段掘进 |
| | | 进仓作业 |
| | | 盾构机到达 |
| | 管片拼装 | 管片垂直/水平运输 |
| | | 管片安装 |
| | | 止水条粘贴 |
| | 壁后注浆 | 同步注浆 |
| | | 二次注浆 |
| 内部结构施工 | 现浇混凝土结构 | 钢筋绑扎、焊接 |
| | | 模板安装固定(模板台车) |
| | | 混凝土搅拌及运输 |
| | | 混凝土浇筑及养生 |
| | 预制构件 | 运输 |
| | | 拼装 |
| 联络通道 | 联络通道开挖及初期支护 | 管片钻孔 |
| | | 安全防护门安装 |
| | | 联络通道开挖 |
| | | 联络通道支护 |
| | 联络通道二次衬砌 | 二次衬砌钢筋绑扎 |
| | | 二次衬砌模板安装 |
| | | 混凝土浇筑及养生 |
| 其他工程 | 路面工程 | 沥青或水泥混凝土路面摊铺 |
| | 交通工程 | 机电工程 |
| | | 安全设施 |

公路隧道盾构法施工各环节可能出现的典型风险事件类型见表6-8,包括掌子面失稳、建(构)筑物受损、突水、盾尾密封击穿、主轴承密封击穿、保压舱失压、刀具刀盘磨损、卡盾、盾体变形、地面塌陷、结构损坏、爆炸、火灾、触电、起重伤害、机械伤害、车辆伤害、物体打击和高处坠落等。

公路隧道工程盾构法施工典型风险事件类型　　　　表6-8

| 主要作业内容 | 掌子面失稳 | 建(构)筑物受损 | 突水 | 盾尾密封击穿 | 主轴承密封击穿 | 保压舱失压 | 刀具刀盘磨损 | 卡盾 | 盾体变形 | 地面塌陷 | 结构损坏 | 爆炸 | 火灾 | 触电 | 起重伤害 | 机械伤害 | 车辆伤害 | 物体打击 | 高处坠落 | 其他 |
|---|---|---|---|---|---|---|---|---|---|---|---|---|---|---|---|---|---|---|---|---|
| 一、管片预制 | | | | | | | | | | | | | | | | | | | | |
| 1. 管片模具 | | | | | | | | | | | | | | | | | | | | |
| a. 模具清理 | | | | | | | | | | | | | | | | ★ | | ★ | | |
| b. 模具拼装 | | | | | | | | | | | | | | | ★ | ★ | | ★ | | |
| 2. 管片钢筋 | | | | | | | | | | | | | | | | | | | | |
| a. 钢筋加工 | | | | | | | | | | | | | | | | ★ | | | | |
| b. 钢筋笼制作 | | | | | | | | | | | | | | ★ | ★ | | | ★ | | |
| c. 钢筋笼吊装 | | | | | | | | | | | | | | | ★ | ★ | | ★ | | |
| 3. 管片混凝土 | | | | | | | | | | | | | | | | | | | | |
| a. 混凝土浇筑 | | | | | | | | | | | | | | | ★ | ★ | ★ | | | |
| b. 混凝土收面 | | | | | | | | | | | | | | | | | | ★ | | |
| 4. 管片存储 | | | | | | | | | | | | | | | | | | | | |
| a. 管片脱模 | | | | | | | | | | | | | | | ★ | | | ★ | | |
| b. 管片吊装 | | | | | | | | | | | | | | | ★ | | | ★ | | |
| c. 管片转运 | | | | | | | | | | | | | | | | | ★ | ★ | | |
| 5. 管片运输 | | | | | | | | | | | | | | | | | | | | |
| a. 运输 | | | | | | | | | | | | | | | | | ★ | ★ | | |
| b. 吊装 | | | | | | | | | | | | | | | ★ | | | | ★ | |
| 二、盾构机运输及安拆 | | | | | | | | | | | | | | | | | | | | |
| 1. 盾构机运输 | | | | | | | | | | | | | | | | | | | | |
| 水上及陆地运输 | | | | | | | | | | | | | | | ★ | ★ | ★ | | | |
| 2. 盾构机安拆 | | | | | | | | | | | | | | | | | | | | |
| a. 盾构机安装及拆除 | | | | | | | | | | | ★ | | | | ★ | ★ | ★ | ★ | | |
| b. 盾构机调试 | | | | | | | | | | | | | | | ★ | ★ | | ★ | ★ | |
| 三、盾构掘进与管片拼装 | | | | | | | | | | | | | | | | | | | | |
| 1. 配套设施及布局 | | | | | | | | | | | | | | | | | | | | |
| a. 泥水站安装与调试 | | | | | | | | | | | | | | | ★ | ★ | | ★ | | |

续上表

| 主要作业内容 | 掌子面失稳 | 建(构)筑物受损 | 突水 | 盾尾密封击穿 | 主轴承密封击穿 | 保压失压 | 刀具刀盘磨损 | 卡盾 | 盾体变形 | 地面塌陷 | 结构损坏 | 爆炸 | 火灾 | 触电 | 起重伤害 | 机械伤害 | 车辆伤害 | 物体打击 | 高处坠落 | 其他 |
|---|---|---|---|---|---|---|---|---|---|---|---|---|---|---|---|---|---|---|---|---|
| b.管路安装 | | | | | | | | | | | | | | | ★ | ★ | | ★ | ★ | |
| c.泥浆制备与泥水分离 | | | | | | | | | | ★ | | | | | | | | ★ | | |
| d.弃渣及弃浆 | | | | | | | | | | | | | | | ★ | ★ | | ★ | | |
| **2.盾构掘进** | | | | | | | | | | | | | | | | | | | | |
| a.盾构机始发 | ★ | ★ | ★ | | | ★ | ★ | ★ | ★ | | ★ | | | ★ | ★ | ★ | ★ | ★ | ★ | |
| b.盾构机转接 | | | | | | | | | | | ★ | ★ | | ★ | ★ | ★ | ★ | ★ | ★ | |
| c.盾构常规掘进 | ★ | ★ | ★ | ★ | ★ | ★ | ★ | ★ | ★ | ★ | ★ | | | ★ | ★ | ★ | ★ | ★ | ★ | |
| d.穿越既有建(构)筑物 | ★ | ★ | | | | ★ | | | | ★ | ★ | ★ | | | | | | | | |
| e.穿越不良地层 | ★ | ★ | ★ | ★ | ★ | ★ | ★ | ★ | ★ | ★ | ★ | | | | | | | | | |
| f.穿越障碍物 | ★ | | ★ | | | ★ | ★ | ★ | ★ | ★ | | | | | | | | | | |
| g.穿越浅覆土地层 | ★ | ★ | ★ | | | | | | | ★ | ★ | | | | | | | | | |
| h.穿越水体(江、河、湖、海等) | ★ | | ★ | ★ | ★ | ★ | | | ★ | ★ | ★ | | | | | | | | | |
| i.穿越堤岸 | ★ | ★ | ★ | | | | ★ | ★ | ★ | ★ | ★ | | | | | | | | | |
| j.穿越河道深槽段 | ★ | | ★ | ★ | ★ | ★ | ★ | ★ | ★ | ★ | | | | | | | | | | |
| k.进仓作业 | ★ | | ★ | | ★ | | ★ | | | ★ | ★ | ★ | ★ | | | ★ | ★ | | ★ | |
| l.盾构机到达 | ★ | ★ | ★ | | | ★ | ★ | | ★ | ★ | | | | ★ | ★ | ★ | ★ | ★ | ★ | |
| **3.管片拼装** | | | | | | | | | | | | | | | | | | | | |
| a.管片垂直/水平运输 | | | | | | | | | | | | | | | ★ | ★ | | ★ | | |
| b.管片安装 | | | | | | | | | | | | | | | | ★ | | ★ | ★ | |
| **4.壁后注浆** | | | | | | | | | | | | | | | | | | | | |
| a.同步注浆 | | | ★ | | | | | | | ★ | | | | ★ | | | | | | |
| b.二次注浆 | | | ★ | | | | | | | ★ | | | | ★ | | | | | | |
| **四、内部结构施工** | | | | | | | | | | | | | | | | | | | | |
| **1.现浇混凝土结构** | | | | | | | | | | | | | | | | | | | | |
| a.钢筋绑扎、焊接 | | | | | | | | | | | | | ★ | ★ | | | | ★ | | |
| b.模板安装固定(模板台车) | | | | | | | | | | | | | ★ | | | ★ | | ★ | ★ | |

续上表

| 主要作业内容 | 掌子面失稳 | 建(构)筑物受损 | 突水 | 盾尾密封击穿 | 主轴承密封击穿 | 保压舱失压 | 刀具刀盘磨损 | 卡盾 | 盾体变形 | 地面塌陷 | 结构损坏 | 爆炸 | 火灾 | 触电 | 起重伤害 | 机械伤害 | 车辆伤害 | 物体打击 | 高处坠落 | 其他 |
|---|---|---|---|---|---|---|---|---|---|---|---|---|---|---|---|---|---|---|---|---|
| c.混凝土搅拌及运输 | | | | | | | | | | | | | | ★ | | ★ | ★ | | | |
| d.混凝土浇筑及养生 | | | | | | | | | | | | | | ★ | | ★ | | | ★ | |
| 2.预制构件 | | | | | | | | | | | | | | | | | | | | |
| a.运输 | | | | | | | | | | | | | | | | | ★ | ★ | | |
| b.拼装 | | | | | | | | | | | | | | | ★ | ★ | | ★ | ★ | |
| 五、联络通道 | | | | | | | | | | | | | | | | | | | | |
| 1.联络通道开挖及初期支护 | | | | | | | | | | | | | | | | | | | | |
| a.管片钻孔 | | ★ | ★ | | | | | | | | ★ | ★ | | | | | | | | |
| b.安全防护门安装 | | | | | | | | | | | | | | | | | | | ★ | |
| c.联络通道开挖 | ★ | ★ | ★ | | | | | | | | ★ | ★ | | | | | | | ★ | |
| d.联络通道支护 | ★ | ★ | ★ | | | | | | | | ★ | ★ | | | | | | | ★ | |
| 2.联络通道二次衬砌 | | | | | | | | | | | | | | | | | | | | |
| a.二次衬砌钢筋绑扎 | | | | | | | | | | | | | | ★ | | ★ | | ★ | ★ | |
| b.二次衬砌模板安装 | | | | | | | | | | | | | | ★ | | ★ | | ★ | ★ | |
| c.混凝土浇筑及养生 | | | | | | | | | | | | | | ★ | | ★ | | | ★ | |
| 六、其他工程 | | | | | | | | | | | | | | | | | | | | |
| 1.路面工程 | | | | | | | | | | | | | | | | | | | | |
| 沥青或水泥混凝土路面摊铺 | | | | | | | | | | | | | | ★ | | ★ | ★ | | | |
| 2.交通工程 | | | | | | | | | | | | | | | | | | | | |
| a.机电工程 | | | | | | | | | | | | | | ★ | | ★ | | | ★ | |
| b.安全设施 | | | | | | | | | | | | | | | | ★ | | | ★ | |

## 6.3 风险估测

风险估测流程如图6-3所示,包括一般风险源风险估测和重大风险源风险估测。估测方法应综合考虑风险事件发生的可能性及后果严重程度,结合施工组织设计、风险事件特点等因素确定。一般风险源通常采用定性或半定量的方法进行估测,重大风险源需分别从风险事件可能性和后果严重程度两个方面进行估测,并利用风险矩阵法确定风险源等级,整个估测过程采用定量和定性相结合的方式。

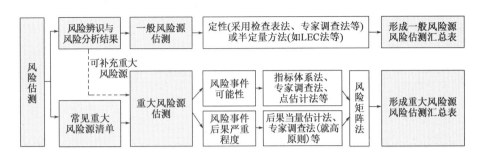

图 6-3　风险估测流程

对于重大风险源,施工前风险事件可能性分析可采用指标体系法、专家调查法或点估计法等;风险事件后果严重程度分析宜采用后果当量估计法或专家调查法(就高原则)。

### 6.3.1　钻爆法

#### 6.3.1.1　一般风险源风险估测

一般风险源可采用常识性安全管理措施进行防范,不需对其精确量化,可采用定性(如检查表法、专家调查法等)或半定量方法(如 LEC 法等)对其进行风险估测,也可自行设计简单的风险高低判定标准。检查表法是把检查对象加以分解,将大系统分割成若干子系统,以提问或打分的形式,对检查项目列表逐项检查以估测其风险的方法;专家调查法是专家依据自身的工程知识和经验,在现场调查的基础上,对工程施工安全风险作出评估的方法;LEC 法是根据作业人员在具有潜在危险性环境中作业,采用与作业风险密切相关的三种因素数值乘积估测风险的方法。

一般风险源估测情况汇总时以风险描述方式记录即可,见表 6-9。

一般风险源风险估测汇总表示例　　　　　表 6-9

| 一般风险源 | 风险描述 | 理由 |
| --- | --- | --- |
| 一般风险源 1 |  |  |
| …… |  |  |
| 一般风险源 $N$ |  |  |

#### 6.3.1.2　重大风险源风险估测——风险事件可能性

在钻爆法隧道施工专项风险评估阶段进行风险事件可能性估测时,与总体风险评估类似,应考虑隧道类型和资料完整性,并将其作为可能性评估分值的修正系数,见表 6-10,隧道类型评估指标中,分离式隧道、小净距隧道和连拱隧道的修正系数由1.00递增至1.10,资料完整性评估指标中按照地质与水文资料的完整程度、岩土计算参数选取依据的充分性,修正系数由1.00递增至1.20。

**隧道类型、资料完整性对风险事件可能性评估分值的修正系数**　　　　表6-10

| 评估指标 | 分类 | 修正系数 | 说明 |
|---|---|---|---|
| 隧道类型 $D_1$ | 连拱隧道 | 1.10 | 适用于钻爆法隧道施工。根据设计文件确定。多洞隧道可根据其间距,分别参照连拱隧道和小净距隧道确定修正系数 |
| | 小净距隧道 | 1.05 | |
| | 分离式隧道 | 1.00 | |
| 资料完整性 $D_2$ | 地质、水文资料不完整,岩土计算参数选取依据欠充分 | 1.20 | 适用于钻爆法和盾构法隧道施工。对地形地貌、地层岩性、地质构造、水文地质条件调查分析清楚,岩土计算参数选取依据充分的取小值;否则取大值 |
| | 地质、水文资料基本完整,岩土计算参数选取依据较充分 | 1.10 | |
| | 地质、水文资料完整,岩土计算参数选取依据充分 | 1.00 | |

钻爆法隧道施工常见的重大风险源包括洞口失稳、坍塌、涌水突泥、大变形、瓦斯爆炸、岩爆等,2024年版指南推荐使用指标体系法估测其风险事件可能性,6类重大风险源对应的风险事件可能性评估指标体系分别见表6-11、表6-13、表6-15、表6-17、表6-19和表6-21,钻爆法隧道工程可根据实际工程条件选取重大风险源,或补充其他重大风险源并参照建立相应的可能性评估指标体系。

1)洞口失稳

隧道洞口段围岩埋藏深度较浅、岩土体软弱,同时该区段地质构造复杂,通常存在地形偏压,且易受滑坡、崩塌等边坡变形破坏的威胁。因此,在评估洞口失稳风险时,需综合考虑洞口段围岩的力学特性以及坡体水文地质条件的双重影响,以保障洞口施工安全。

钻爆法隧道施工前洞口失稳风险事件可能性估测,应按隧道主线洞口的工程条件确定评估区段,其评估指标体系从建设规模、地形特征、地质条件、气象条件等四个方面建立,见表6-11。建设规模包括隧道开挖跨度指标,地形特征包括洞口浅埋段长度、洞口偏压角度等指标,地质条件包括围岩级别、坡体结构等指标,气象条件包括年均降雨量与施工季节指标。

**隧道施工前洞口失稳风险事件可能性评估指标体系**　　　　表6-11

| 项别 | 评估指标 | 分级 | 分值范围(分) | 说明 |
|---|---|---|---|---|
| 建设规模 $X_{db1-1}$ | 隧道开挖跨度 $X_{db1-11}$ | $X_{db1-11} \geq 18m$ | 12 | 隧道主线主要考虑正洞开挖跨度,根据设计文件确定,分值按隧道跨度线性内插取值。参考《公路隧道施工技术规范》(JTG/T 3660—2020),将开挖跨度划分为小跨度(<9m)、一般跨度(9~14m)、中等跨度(14~18m)、大跨度(≥18m) |
| | | $14m \leq X_{db1-11} < 18m$ | 6~12 | |
| | | $9m \leq X_{db1-11} < 14m$ | 3~6 | |
| | | $X_{db1-11} < 9m$ | 0~3 | |

续上表

| 项别 | 评估指标 | 分级 | 分值范围(分) | 说明 |
|---|---|---|---|---|
| 地形特征 $X_{db1-2}$ | 洞口浅埋段长度 $X_{db1-21}$ | $X_{db1-21} \geq 50m$ | 7 | 根据地质勘察资料、设计文件确定,分值按洞口浅埋段长度线性内插取值。<br>浅埋段是决定洞口处稳定性的重要因素,该段岩体质量通常相对较差,且易受降雨影响。洞口浅埋段长度越大,则该段施工时间越长,发生失稳的风险增加 |
| | | $30m \leq X_{db1-21} < 50m$ | 4~7 | |
| | | $10m \leq X_{db1-21} < 30m$ | 1~4 | |
| | | $X_{db1-21} < 10m$ | 0~1 | |
| | 洞口偏压角度 $X_{db1-22}$ | $X_{db1-22} \geq 25°$ | 1.5 | 根据地质勘察资料、设计文件确定。洞口偏压角度是指隧道轴线与隧道入口处边坡面倾向间的夹角(锐角)(图5-2) |
| | | $X_{db1-22} < 25°$ | 1.0 | |
| 地质条件 $X_{db1-3}$ | 围岩级别 $X_{db1-31}$ | Ⅵ级 | 2.0 | 根据设计文件确定。<br>参考《工程岩体分级标准》(GB/T 50218—2014),围岩质量越低,自稳能力越差,对施工作业条件要求也越高 |
| | | Ⅴ级 | 1.5 | |
| | | Ⅳ级 | 1.1 | |
| | | Ⅰ、Ⅱ、Ⅲ级 | 1.0 | |
| | 坡体结构 $X_{db1-32}$ | 存在古滑坡体 | 2.0 | 根据地质勘察资料、设计文件及现场勘察确定。<br>坡体结构直接影响边仰坡稳定性,顺向坡指岩层倾向与边坡倾向夹角为0°~30°;斜交坡指岩层倾向与边坡倾向夹角为30°~60°;横交坡指岩层倾向与边坡倾向夹角为60°~90° |
| | | 顺向坡(边坡坡角大于岩层倾角,同时岩层倾角大于15°) | 1.5 | |
| | | 斜交坡 | 1.1 | |
| | | 横交坡 | 1.0 | |
| 气象条件 $X_{db1-4}$ | 年均降雨量与施工季节 $X_{db1-41}$ | $X_{db1-41} \geq 2000mm$ 或雨季施工,施工周期中可能出现暴雨 | 1.3 | 根据隧道所在区域的年均降雨量确定。如没有过去5年的年均降雨量资料,可用当地的年降雨量数据代替5年的年均降雨量。宜避免雨季施工,若在雨季施工,降雨量越大,持续时间越长,发生风险事件的可能性越大 |
| | | $1500mm \leq X_{db1-41} < 2000mm$ 或雨季施工,施工周期中可能出现大雨 | 1.2 | |
| | | $800mm \leq X_{db1-41} < 1500mm$ 或雨季施工,施工周期中可能出现中雨 | 1.1 | |
| | | $X_{db1-41} < 800mm$ 或旱季施工 | 1.0 | |

洞口失稳风险评估涉及对洞口和附近浅埋段稳定性的综合考量,首先,将隧道开挖跨度和洞口浅埋段长度分值作为基础分数,其中,洞口浅埋段长度分值利用洞口偏压角度修正,以反映地形偏压对洞口浅埋段的影响,进一步,以围岩级别和坡体结构两个关键的地质条件指标修正上述分值;此外,鉴于洞口施工受降雨影响显著,将年均降雨量与施工季节、隧道类型和资料完整性均作为总修正系数,以此得到被评估施工区段发生洞口失稳风险事件的可能性分值,即按式(6-1)计算:

$$P_{db1} = D_1 \times D_2 \times [(X_{db1-11} + X_{db1-21} \times X_{db1-22}) \times (X_{db1-31} + X_{db1-32} - 1) \times X_{db1-41}] \quad (6-1)$$

式中:$P_{db1}$——洞口失稳风险事件可能性评估分值;

$D_1$——隧道类型修正系数；

$D_2$——资料完整性修正系数；

$X_{db1-11}$——隧道开挖跨度赋分值；

$X_{db1-21}$——洞口浅埋段长度赋分值；

$X_{db1-22}$——洞口偏压角度赋分值；

$X_{db1-31}$——围岩级别赋分值；

$X_{db1-32}$——坡体结构赋分值；

$X_{db1-41}$——年均降雨量与施工季节赋分值。

计算得出 $P_{db1}$ 后，根据 $P_{db1}$ 值对照表6-12确定钻爆法施工隧道发生洞口失稳风险事件的可能性等级。

隧道施工前洞口失稳风险事件可能性等级　　　表6-12

| 计算分值(分) | 可能性等级描述 | 等级 |
|---|---|---|
| $P_{db1} \geq 24$ | 很可能 | 5 |
| $14 \leq P_{db1} < 24$ | 可能 | 4 |
| $9 \leq P_{db1} < 14$ | 偶然 | 3 |
| $6 \leq P_{db1} < 9$ | 可能性很小 | 2 |
| $P_{db1} < 6$ | 几乎不可能 | 1 |

2）坍塌

隧道坍塌是指隧道开挖后由于岩土体物理与力学条件、应力集中及重力作用等因素引发的围岩突发性失稳，经常发生于不良地质条件下，如软弱破碎围岩、断层破碎带、结构面发育区域、不整合接触面和膨胀岩(土)第四系松散岩层等。此外，隧道浅埋段围岩条件通常较差，节理裂隙发育，岩体风化严重，加之上覆岩层受地形、地表水、地下水、风化、冻融等自然侵蚀影响明显，围岩极易失稳。

基于以上分析，钻爆法隧道施工前坍塌风险事件可能性估测，应按隧道围岩等级确定评估区段，其评估指标体系从建设规模、地形特征、地质条件等三个方面建立，见表6-13。建设规模包括隧道开挖跨度指标，地形特征包括浅埋层厚度与覆跨比、浅埋隧道偏压角度等指标，地质条件包括围岩级别、断层破碎带宽度、优势结构面倾角等指标。

隧道施工前坍塌风险事件可能性评估指标体系　　　表6-13

| 项别 | 评估指标 | 分级 | 分值范围(分) | 说明 |
|---|---|---|---|---|
| 建设规模 $X_{db2-1}$ | 隧道开挖跨度 $X_{db2-11}$ | $X_{db2-11} \geq 18m$ | 12 | 隧道主线主要考虑正洞开挖跨度，根据设计文件确定，分值按隧道开挖跨度线性内插取值 |
| | | $14m \leq X_{db2-11} < 18m$ | 6~12 | |
| | | $9m \leq X_{db2-11} < 14m$ | 3~6 | |
| | | $X_{db2-11} < 9m$ | 0~3 | |

续上表

| 项别 | 评估指标 | 分级 | 分值范围(分) | 说明 |
|---|---|---|---|---|
| 地形特征 $X_{db2-2}$ | 浅埋层厚度与覆跨比 $X_{db2-21}$ | 厚度小于10m | 12 | 根据地质勘察资料、设计文件确定。当浅埋层厚度小于10m时,不考虑覆跨比;当浅埋层厚度大于60m时,分值为0;其他情况按覆跨比线性内插取值。<br>浅埋层厚度与覆跨比对隧道施工安全具有较大影响。根据以往施工经验,浅埋层厚度越大,或覆跨比越大,隧道发生坍塌风险事件的可能性越小 |
| | | 覆跨比为0~2 | 12~6 | |
| | | 覆跨比为2~4 | 6~3 | |
| | | 覆跨比等于或大于4 | 3~0 | |
| | 浅埋隧道偏压角度 $X_{db2-22}$ | $X_{db2-22} \geq 25°$ | 1.5 | 根据地质勘察资料、设计文件确定。<br>浅埋隧道偏压角度是指隧道浅埋段横剖面与地面交线的倾角,如图6-4所示 |
| | | $X_{db2-22} < 25°$ | 1.0 | |
| 地质条件 $X_{db2-3}$ | 围岩级别 $X_{db2-31}$ | Ⅵ级 | 12 | 根据设计文件确定。<br>评估过程中,对于同一施工区段内围岩级别不一的情况,应取低值 |
| | | Ⅴ级 | 8 | |
| | | Ⅳ级 | 5 | |
| | | Ⅲ级 | 2 | |
| | | Ⅰ、Ⅱ级 | 0 | |
| | 断层破碎带宽度 $X_{db2-32}$ | $X_{db2-32} \geq 50m$ | 12 | 根据地质勘察资料、设计文件确定。<br>参考《工程岩体分级标准》(GB/T 50218—2014),断层破碎带内岩体一般较破碎,围岩等级低,且易成为地表水、地下水流动的天然通道,是导致坍塌的主要因素之一。根据断层破碎带的宽度分类,宽度越大,断层破碎带内岩体的破碎程度可能更高,相应的施工周期越长,隧道坍塌风险随之增加 |
| | | $20m \leq X_{db2-32} < 50m$ | 6 | |
| | | $0m < X_{db2-32} < 20m$ | 3 | |
| | | 不存在断层破碎带 | 0 | |
| | 优势结构面倾角 $X_{db2-33}$ | $0° \leq X_{db2-33} < 25°$ | 1.3 | 根据地质勘察资料、设计文件确定。<br>优势结构面的概念源自岩体结构控制理论,该理论阐述了岩体的非均质性,岩体被节理面、断层面、劈理面及软弱层等多种结构面切割。优势结构面是在这些结构面中依据一定的指标筛选出对区域稳定性具有控制作用的结构面,指标主要考虑隧道顶板岩层倾角,若隧道顶板岩层倾角近水平,则易发生坍塌。当存在不利结构面组合时,取大值 |
| | | $25° \leq X_{db2-33} < 55°$ | 1.2 | |
| | | $55° \leq X_{db2-33} < 70°$ | 1.1 | |
| | | $70° \leq X_{db2-33} < 90°$ | 1.0 | |

坍塌风险评估主要考虑隧道主体掘进区段的稳定性,将隧道开挖跨度、浅埋层厚度与覆跨比、围岩级别和断层破碎带宽度等分值作为基础分数,其中,浅埋层厚度与覆跨比分值利用浅埋隧道偏压角度修正,围岩级别分值利用优势结构面倾角修正。在此基础上,将上述分值乘以隧道类型与资料完整性修正系数,得到被评估施工区段发生坍塌风险事件的可能性分值,即按式(6-2)计算:

$$P_{db2} = D_1 \times D_2 \times (X_{db2-11} + X_{db2-21} \times X_{db2-22} + X_{db2-31} \times X_{db2-33} + X_{db2-32}) \tag{6-2}$$

式中:$P_{db2}$——坍塌风险事件可能性评估分值;

$D_1$——隧道类型修正系数;

$D_2$——资料完整性修正系数;

$X_{db2-11}$——隧道开挖跨度赋分值;

$X_{db2-21}$——浅埋层厚度与覆跨比赋分值;

$X_{db2-22}$——浅埋隧道偏压角度赋分值;

$X_{db2-31}$——围岩级别赋分值;

$X_{db2-32}$——断层破碎带宽度赋分值;

$X_{db2-33}$——优势结构面倾角赋分值。

浅埋隧道偏压角度与洞口偏压角度不同,前者针对隧道浅埋段,强调上覆地形对浅埋段的影响;后者针对隧道洞口,反映洞口与地形的空间关系。

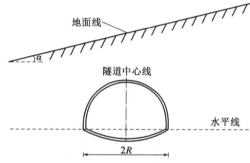

图 6-4　浅埋隧道偏压角度示意图

计算得出 $P_{db2}$ 后,根据 $P_{db2}$ 值对照表 6-14 确定钻爆法施工隧道发生坍塌风险事件的可能性等级。

隧道施工前坍塌风险事件可能性等级　　表 6-14

| 计算分值(分) | 可能性等级描述 | 等级 |
| --- | --- | --- |
| $P_{db2} \geq 26$ | 很可能 | 5 |
| $18 \leq P_{db2} < 26$ | 可能 | 4 |
| $13 \leq P_{db2} < 18$ | 偶然 | 3 |
| $8 \leq P_{db2} < 13$ | 可能性很小 | 2 |
| $P_{db2} < 8$ | 几乎不可能 | 1 |

3)涌水突泥

隧道涌水突泥是指开挖过程中水和(或)土石混合物短时间涌流的一种人工诱发灾害,涉及复杂的地质和水文因素。首先,地下水直接影响岩体饱和度,大量地下水会显著增加隧道涌水突泥的风险;其次,地表水渗入地下可能引发难以预测的水文变化,增加隧道涌水突泥灾害的发生概率;再次,岩溶地质也是需要重点关注的因素,岩溶区域增加了地下水系统的复杂度,提高了隧道施工不确定性;最后,不同类型围岩渗透性存在差异,裂隙或破碎带可能显著增加岩体的透水性,进一步影响涌水突泥灾害的发生和演变过程。

基于以上分析,钻爆法隧道施工前涌水突泥风险事件的可能性估测,应将根据地形地貌、水文地质、工程地质条件划分的隧道工程水文地质单元作为评估区段,从地质条件、水文地质条件和环境条件等三个方面建立评估指标体系,见表6-15。地质条件包括围岩级别、断层破碎带宽度、岩溶发育程度等指标,水文地质条件包括预测涌水量指标,环境条件包括地表水体情况指标。

隧道施工前涌水突泥风险事件可能性评估指标体系　　　　表6-15

| 项别 | 评估指标 | 分级 | 分值范围(分) | 说明 |
|---|---|---|---|---|
| 地质条件 $X_{db3-1}$ | 围岩级别 $X_{db3-11}$ | VI级 | 6 | 根据设计文件确定。<br>围岩级别越低,岩体内部越容易产生贯通裂隙和渗流通道 |
| | | V级 | 4 | |
| | | IV级 | 2 | |
| | | I、II、III级 | 0 | |
| | 断层破碎带宽度 $X_{db3-12}$ | $X_{db3-12} \geq 50m$ | 8 | 根据地质勘察资料、设计文件及现场条件确定,以隧道工程水文地质单元内的最大断层破碎带宽度计算。<br>断层破碎带内岩体通常较破碎,是地表水和地下水流动的天然通道 |
| | | $20m \leq X_{db3-12} < 50m$ | 4 | |
| | | $0m < X_{db3-12} < 20m$ | 2 | |
| | | 不存在断层破碎带 | 0 | |
| | 岩溶发育程度 $X_{db3-13}$ | 岩溶极发育 | 12 | 根据地质勘察资料、设计文件及现场条件确定。<br>岩溶发育程度越高,相应地,岩溶通道越密集,储存的岩溶水量可能越大 |
| | | 岩溶发育 | 8 | |
| | | 岩溶较发育 | 4 | |
| | | 岩溶不发育 | 0 | |
| 水文地质条件 $X_{db3-2}$ | 预测涌水量 $X_{db3-21}$ | $X_{db3-21} \geq 10000m^3/d$ | 2.0 | 根据地质勘察资料及设计文件确定。<br>本指标综合考虑了全国的涌水量差异,各地区可根据地下水、气候等实际情况调整指标取值 |
| | | $5000m^3/d \leq X_{db3-21} < 10000m^3/d$ | 1.5 | |
| | | $2000m^3/d \leq X_{db3-21} < 5000m^3/d$ | 1.2 | |
| | | $X_{db3-21} < 2000m^3/d$ | 1.0 | |
| 环境条件 $X_{db3-3}$ | 地表水体情况 $X_{db3-31}$ | 隧址地表存在湖泊、河流、水库等水体,且与隧道存在水力联系 | 12 | 综合降雨量、地形地貌、水文地质条件等因素,判定地表水体与隧道之间的水力联系 |
| | | 隧址地表存在湖泊、河流、水库等水体,与隧道水力联系较弱 | 5 | |
| | | 隧址地表不存在湖泊、河流、水库等水体 | 0 | |

涌水突泥风险评估基于对涌水量和涌水通道的分析,首先,将围岩级别、断层破碎带宽度和岩溶发育程度等地质条件加和作为基础分数,然后,根据预测涌水量对该分值进行修正,并乘以隧道类型与资料完整性修正系数。此外,考虑到可能的补充水体,将最终修正后的分数与地表水体情况分值相加,得到被评估施工区段发生涌水突泥的可能性分值,即按式(6-3)计算:

$$P_{db3} = D_1 \times D_2 \times (X_{db3-11} + X_{db3-12} + X_{db3-13}) \times X_{db3-21} + X_{db3-31} \quad (6-3)$$

式中:$P_{db3}$——涌水突泥风险事件可能性评估分值;

$D_1$——隧道类型修正系数；

$D_2$——资料完整性修正系数；

$X_{db3-11}$——围岩级别赋分值；

$X_{db3-12}$——断层破碎带宽度赋分值；

$X_{db3-13}$——岩溶发育程度赋分值；

$X_{db3-21}$——预测涌水量赋分值；

$X_{db3-31}$——地表水体情况赋分值，地表水体情况通常较明确，因此无须利用资料完整性等对其修正。

计算得出 $P_{db3}$ 后，根据 $P_{db3}$ 值对照表6-16确定钻爆法施工隧道发生涌水突泥风险事件的可能性等级。

隧道施工前涌水突泥风险事件可能性等级　　　　表6-16

| 计算分值(分) | 可能性等级描述 | 等级 |
|---|---|---|
| $P_{db3} \geq 23$ | 很可能 | 5 |
| $13 \leq P_{db3} < 23$ | 可能 | 4 |
| $9 \leq P_{db3} < 13$ | 偶然 | 3 |
| $5 \leq P_{db3} < 9$ | 可能性很小 | 2 |
| $P_{db3} < 5$ | 几乎不可能 | 1 |

4）大变形

大变形是隧道施工过程中，隧道结构或周围岩体发生明显的位移、变形或破坏现象。大变形的诱发因素众多，常发生于高应力且围岩较差的岩体中，在地质构造复杂、地形条件多变区域风险尤为突出。隧道施工前大变形风险事件可能性指标体系的建立，应综合分析施工前可获取的信息，以提高其评估的准确性。

对于钻爆法隧道施工前大变形风险事件的可能性估测，应按隧道围岩等级确定评估区段，其评估指标体系从建设规模、地形特征、地质条件等三个方面建立，见表6-17。建设规模包括隧道开挖跨度指标，地形特征包括浅埋层厚度与覆跨比、浅埋隧道偏压角度等指标，地质条件包括围岩级别、断层破碎带宽度、特殊岩土体(膨胀土、冻土、富水软岩等)连续长度、隧道埋深等指标。

隧道施工前大变形风险事件可能性评估指标体系　　　　表6-17

| 项别 | 评估指标 | 分级 | 分值范围(分) | 说明 |
|---|---|---|---|---|
| 建设规模 $X_{db4-1}$ | 隧道开挖跨度 $X_{db4-11}$ | $X_{db4-11} \geq 18m$ | 12 | 隧道主线主要考虑正洞开挖跨度，根据设计文件确定。分值按隧道开挖跨度线性内插取值 |
| | | $14m \leq X_{db4-11} < 18m$ | 6~12 | |
| | | $9m \leq X_{db4-11} < 14m$ | 3~6 | |
| | | $X_{db4-11} < 9m$ | 0~3 | |

续上表

| 项别 | 评估指标 | 分级 | 分值范围(分) | 说明 |
|---|---|---|---|---|
| 地形特征 $X_{db4-2}$ | 浅埋层厚度与覆跨比 $X_{db4-21}$ | 厚度小于10m | 12 | 根据地质勘察资料、设计文件确定。当浅埋层厚度小于10m时,不考虑覆跨比;当浅埋层厚度大于60m时,分值为0;其他情况按覆跨比线性内插取值 |
| | | 覆跨比为0~2 | 12~6 | |
| | | 覆跨比为2~4 | 6~3 | |
| | | 覆跨比等于或大于4 | 3~0 | |
| | 浅埋隧道偏压角度 $X_{db4-22}$ | $X_{db4-22} \geq 25°$ | 1.5 | 根据地质勘察资料、设计文件确定。地形因素造成的偏压对隧道浅埋段影响较大,洞身一侧压力过大,极易导致隧道大变形(图6-4) |
| | | $X_{db4-22} < 25°$ | 1.0 | |
| 地质条件 $X_{db4-3}$ | 围岩级别 $X_{db4-31}$ | VI级 | 12 | 根据设计文件确定 |
| | | V级 | 8 | |
| | | IV级 | 5 | |
| | | III级 | 2 | |
| | | I、II级 | 0 | |
| | 断层破碎带宽度 $X_{db4-32}$ | $X_{db4-32} \geq 50m$ | 8 | 根据地质勘察资料、设计文件确定 |
| | | $20m \leq X_{db4-32} < 50m$ | 4 | |
| | | $0m < X_{db4-32} < 20m$ | 2 | |
| | | 不存在断层破碎带 | 0 | |
| | 特殊岩土体(膨胀土、冻土、富水软岩等)连续长度 $X_{db4-33}$ | $X_{db4-33} \geq 100m$ | 12 | 根据地质勘察资料、设计文件确定。特殊岩土体连续长度小于10m时,分值为0,其他情况按连续长度线性内插取值。特殊岩土体是具有特殊物质成分、结构和工程特性的岩土的统称,与我国地理差异和气候条件紧密相关,主要包括膨胀土、冻土、富水软岩等,其性质变化较大 |
| | | $50m \leq X_{db4-33} < 100m$ | 6~12 | |
| | | $10m \leq X_{db4-33} < 50m$ | 1~6 | |
| | 隧道埋深 $X_{db4-34}$ | $X_{db4-34} \geq 1200m$ | 2.0 | 根据地质勘察资料、设计文件确定。如存在高地应力,取大值。隧道埋深越大,通常应力越高,隧道发生大变形风险事件的可能性越大 |
| | | $800m \leq X_{db4-34} < 1200m$ | 1.6 | |
| | | $400m \leq X_{db4-34} < 800m$ | 1.2 | |
| | | $X_{db4-34} < 400m$ | 1.0 | |

在大变形风险事件的可能性评估中,与坍塌风险评估相比,引入了特殊岩土体和隧道埋深两个重要指标,特殊岩土体如膨胀土、冻土、富水软岩等自身变形特征复杂,增大了施工难度,而隧道埋深是考量地应力大小的重要参数,对隧道结构稳定性具有直接影响。将隧道开挖跨度、浅埋层厚度与覆跨比、围岩级别、断层破碎带宽度、特殊岩土体(膨胀土、冻土、富水软岩

等)连续长度分值作为基础分数,其中,浅埋层厚度与覆跨比分值利用浅埋隧道偏压角度修正,围岩级别、断层破碎带宽度、特殊岩土体连续长度三者的分值利用隧道埋深修正,再将结果乘以隧道类型与资料完整性修正系数,得到被评估施工区段发生大变形风险事件的可能性分值,即按式(6-4)计算:

$$P_{db4} = D_1 \times D_2 \times [X_{db4-11} + X_{db4-21} \times X_{db4-22} + (X_{db4-31} + X_{db4-32} + X_{db4-33}) \times X_{db4-34}] \quad (6-4)$$

式中:$P_{db4}$——大变形风险事件可能性评估分值;

$D_1$——隧道类型修正系数;

$D_2$——资料完整性修正系数;

$X_{db4-11}$——隧道开挖跨度赋分值;

$X_{db4-21}$——浅埋层厚度与覆跨比赋分值;

$X_{db4-22}$——浅埋隧道偏压角度赋分值;

$X_{db4-31}$——围岩级别赋分值;

$X_{db4-32}$——断层破碎带宽度赋分值;

$X_{db4-33}$——特殊岩土体连续长度赋分值;

$X_{db4-34}$——隧道埋深赋分值。

计算得出 $P_{db4}$ 后,根据 $P_{db4}$ 值对照表6-18确定钻爆法施工隧道发生大变形风险事件的可能性等级。

**隧道施工前大变形风险事件可能性等级** 表6-18

| 计算分值(分) | 可能性等级描述 | 等级 |
| --- | --- | --- |
| $P_{db4} \geq 30$ | 很可能 | 5 |
| $20 \leq P_{db4} < 30$ | 可能 | 4 |
| $14 \leq P_{db4} < 20$ | 偶然 | 3 |
| $9 \leq P_{db4} < 14$ | 可能性很小 | 2 |
| $P_{db4} < 9$ | 几乎不可能 | 1 |

5)瓦斯爆炸

瓦斯爆炸是隧道施工过程中,积聚的瓦斯气体达到一定浓度并在明火等条件下引发的爆炸事件,严重威胁施工人员生命安全。瓦斯的来源和分布特性受地质条件控制,其中,含瓦斯地层的厚度及其与隧道的距离从根本上决定了瓦斯爆炸的可能性,同时,隧道内瓦斯涌出量、开挖扰动前的瓦斯压力也对爆炸风险具有直接影响。

钻爆法隧道施工前瓦斯爆炸风险事件可能性估测,应将隧道穿越含瓦斯地层的区段作为评估区段,其评估指标从地质条件和瓦斯因素两方面建立,见表6-19。地质条件包括含瓦斯地层(煤矿采空区)厚度、隧道距含瓦斯地层(煤矿采空区)距离等指标,瓦斯因素包括预测瓦斯涌出量、预测瓦斯压力等指标。

隧道施工前瓦斯爆炸风险事件可能性评估指标体系　　　　表6-19

| 项别 | 评估指标 | 分级 | 分值范围(分) | 说明 |
|---|---|---|---|---|
| 地质条件 $X_{db5-1}$ | 含瓦斯地层（煤矿采空区）厚度 $X_{db5-11}$ | $X_{db5-11} \geq 10m$ | 12 | 含瓦斯地层（煤矿采空区）厚度影响其内部瓦斯的蕴藏量,含瓦斯地层（煤矿采空区）厚度小于0.5m时,分值为1,其他分值可按厚度线性内插取值 |
| | | $5m \leq X_{db5-11} < 10m$ | 8~12 | |
| | | $2m \leq X_{db5-11} < 5m$ | 4~8 | |
| | | $X_{db5-11} < 2m$ | 1~4 | |
| | 隧道距含瓦斯地层（煤矿采空区）距离 $X_{db5-12}$ | $0m \leq X_{db5-12} < 20m$ | 1.0 | 隧道距周边含瓦斯地层（煤矿采空区）最小直线距离。距离越近,越易受瓦斯侵扰 |
| | | $20m \leq X_{db5-12} < 80m$ | 0.8 | |
| | | $80m \leq X_{db5-12} < 150m$ | 0.4 | |
| | | $X_{db5-12} \geq 150m$ | 0 | |
| 瓦斯因素 $X_{db5-2}$ | 预测瓦斯涌出量 $X_{db5-21}$ | $X_{db5-21} \geq 3m^3/min$ | 12 | 可按预测瓦斯涌出量线性内插取值。参考《公路瓦斯隧道设计与施工技术规范》（JTG/T 3374—2020）,将瓦斯涌出量划分为≥$3m^3/min$、$1 \sim 3m^3/min$ 和 $<1m^3/min$,分别对应高瓦斯、低瓦斯和微瓦斯地层或工区 |
| | | $1m^3/min \leq X_{db5-21} < 3m^3/min$ | 2~12 | |
| | | $0m^3/min \leq X_{db5-21} < 1m^3/min$ | 0~2 | |
| | 预测瓦斯压力 $X_{db5-22}$ | $X_{db5-22} \geq 0.74MPa$ | 1.5 | 隧道开挖扰动前的瓦斯压力。参考《公路瓦斯隧道设计与施工技术规范》（JTG/T 3374—2020）,将瓦斯压力划分为≥0.74MPa、0.20~0.74MPa 和 <0.20MPa,分别对应煤（岩）与瓦斯突出、高瓦斯、低瓦斯地层 |
| | | $0.20MPa \leq X_{db5-22} < 0.74MPa$ | 1.2 | |
| | | $X_{db5-22} < 0.20MPa$ | 1.0 | |

瓦斯爆炸风险评估主要依据瓦斯的赋存情况和预测的瓦斯涌出情况,将含瓦斯地层（煤矿采空区）厚度和预测瓦斯涌出量分值作为基础分数,其中,含瓦斯地层（煤矿采空区）厚度分值利用隧道距含瓦斯地层（煤矿采空区）距离修正,预测瓦斯涌出量分值利用预测瓦斯压力修正。最后,将修正后的结果乘以隧道类型与资料完整性修正系数,得到被评估施工区段发生瓦斯爆炸风险事件的可能性分值,即按式(6-5)计算:

$$P_{db5} = D_1 \times D_2 \times (X_{db5-11} \times X_{db5-12} + X_{db5-21} \times X_{db5-22}) \tag{6-5}$$

式中:$P_{db5}$——瓦斯爆炸风险事件可能性评估分值;

$D_1$——隧道类型修正系数;

$D_2$——资料完整性修正系数;

$X_{db5-11}$——含瓦斯地层（煤矿采空区）厚度赋分值;

$X_{db5-12}$——隧道距含瓦斯地层（煤矿采空区）距离赋分值;

$X_{db5-21}$——预测瓦斯涌出量赋分值;

$X_{db5-22}$——预测瓦斯压力赋分值。

计算得出$P_{db5}$后,根据$P_{db5}$值对照表6-20确定钻爆法施工隧道发生瓦斯爆炸风险事件的可能性等级。

**隧道施工前瓦斯爆炸风险事件可能性等级**　　表6-20

| 计算分值(分) | 可能性等级描述 | 等级 |
|---|---|---|
| $P_{db5} \geq 23$ | 很可能 | 5 |
| $18 \leq P_{db5} < 23$ | 可能 | 4 |
| $13 \leq P_{db5} < 18$ | 偶然 | 3 |
| $4 \leq P_{db5} < 13$ | 可能性很小 | 2 |
| $P_{db5} < 4$ | 几乎不可能 | 1 |

6)岩爆

目前,关于岩爆发生的机理尚未达成统一共识,现有的岩爆判据需测量多项岩石物理力学性质,操作较为烦琐,然而,业界普遍认同岩爆易发生于高应力状态下的硬脆性岩体中。随着我国公路隧道建设埋深的不断增大,隧址区常赋存高地应力,岩爆问题日益凸显。岩爆的诱发因素众多,除埋深外,主要包括地层岩性、地质构造、结构面及开挖施工因素等。因此,对于隧道施工前岩爆风险事件可能性指标体系的建立,在满足科学性的前提下,应充分考虑施工前易获取的信息。

结合岩爆发生机理,施工前岩爆风险事件的可能性估测,应以岩质较好的Ⅰ、Ⅱ、Ⅲ级围岩作为评估区段,其评估指标体系从地质条件和岩体因素两方面建立,见表6-21。地质条件包括隧道埋深等指标,岩体因素包括岩石质量指标(RQD)、岩石单轴抗压强度等指标。

**隧道施工前岩爆风险事件可能性评估指标体系**　　表6-21

| 项别 | 评估指标 | 分级 | 分值范围(分) | 说明 |
|---|---|---|---|---|
| 地质条件 $X_{db6-1}$ | 隧道埋深 $X_{db6-11}$ | $X_{db6-11} \geq 1200m$ | 2.0 | 根据地质勘察资料、设计文件确定。高地应力是发生岩爆的必要条件,多数隧道施工前未开展地应力测量工作,因而缺少地应力信息,为方便评估操作,选取隧道埋深作为地应力的替代指标 |
| | | $800m \leq X_{db6-11} < 1200m$ | 1.6 | |
| | | $X_{db6-11} < 800m$ | 1.0 | |
| 岩体因素 $X_{db6-2}$ | 岩石质量指标(RQD) $X_{db6-21}$ | $X_{db6-21} \geq 80\%$ | 1.5 | 根据地质勘察资料、设计文件确定。岩石质量指标RQD是指长度在10cm(含10cm)以上的岩芯累计长度占钻孔长度的百分比。岩体完整性程度越高,岩爆越易发生 |
| | | $70\% \leq X_{db6-21} < 80\%$ | 1.3 | |
| | | $60\% \leq X_{db6-21} < 70\%$ | 1.1 | |
| | | $X_{db6-21} < 60\%$ | 1.0 | |
| | 岩石单轴抗压强度 $X_{db6-22}$ | $X_{db6-22} \geq 250MPa$ | 12 | 根据地质勘察资料、设计文件确定。其他分值可按单轴抗压强度线性内插取值。岩爆通常发生于硬脆性岩石,该类岩具有较高的单轴抗压强度和储能能力,在破坏前以弹性变形为主,塑性变形较小 |
| | | $150MPa \leq X_{db6-22} < 250MPa$ | 8~12 | |
| | | $100MPa \leq X_{db6-22} < 150MPa$ | 4~8 | |
| | | $X_{db6-22} < 100MPa$ | 0~4 | |

岩爆风险评估主要考虑地应力与岩体强度,将岩石单轴抗压强度分值作为基础分数,并利用隧道埋深和岩石质量指标(RQD)对其分值进行修正。最后,将结果乘以隧道类型与资料完整性修正系数,得到被评估施工区段发生岩爆风险事件的可能性分值,即按式(6-6)计算:

$$P_{db6} = D_1 \times D_2 \times (X_{db6-11} \times X_{db6-21} \times X_{db6-22}) \tag{6-6}$$

式中：$P_{db6}$——岩爆风险事件可能性评估分值；

$D_1$——隧道类型修正系数；

$D_2$——资料完整性修正系数；

$X_{db6-11}$——隧道埋深赋分值；

$X_{db6-21}$——岩石质量指标（RQD）赋分值；

$X_{db6-22}$——岩石单轴抗压强度赋分值。

计算得出 $P_{db6}$ 后，根据 $P_{db6}$ 值对照表 6-22 确定钻爆法施工隧道发生岩爆风险事件的可能性等级。

**隧道施工前岩爆风险事件可能性等级** 表 6-22

| 计算分值（分） | 可能性等级描述 | 等级 |
|---|---|---|
| $P_{db6} \geq 22$ | 很可能 | 5 |
| $15 \leq P_{db6} < 22$ | 可能 | 4 |
| $10 \leq P_{db6} < 15$ | 偶然 | 3 |
| $6 \leq P_{db6} < 10$ | 可能性很小 | 2 |
| $P_{db6} < 6$ | 几乎不可能 | 1 |

#### 6.3.1.3 重大风险源风险估测——风险事件后果严重程度

重大风险源风险估测除上述对风险事件可能性的估测外，还需对风险事件后果严重程度进行估测。当主要考虑人员伤亡和直接经济损失时，应采用专家调查法（就高原则）确定风险事件后果严重程度等级；当多种后果同时产生时，宜采用后果当量估计法，综合考虑人员伤亡、直接经济损失、社会影响、环境影响、工期延误等。

1）专家调查法（就高原则）

风险事件后果严重程度分为 5 级，采用就高原则确定时主要考虑人员伤亡和直接经济损失，等级划分标准见表 6-23 和表 6-24。

**人员伤亡程度等级标准** 表 6-23

| 等级 | 定性描述 | 死亡人数 ND（人） | 重伤人数 NSI（人） |
|---|---|---|---|
| 1 | 小 | — | $1 \leq NSI < 5$ |
| 2 | 一般 | $1 \leq ND < 3$ | $5 \leq NSI < 10$ |
| 3 | 较大 | $3 \leq ND < 10$ | $10 \leq NSI < 50$ |
| 4 | 重大 | $10 \leq ND < 30$ | $50 \leq NSI < 100$ |
| 5 | 特大 | $ND \geq 30$ | $NSI \geq 100$ |

**直接经济损失程度等级标准**　　　表 6-24

| 等级 | 定性描述 | 经济损失 Z(万元) | 经济损失占项目建安费的比例 $p_r$(%) |
|---|---|---|---|
| 1 | 小 | Z < 100 | $p_r$ < 1 |
| 2 | 一般 | 100 ≤ Z < 1000 | 1 ≤ $p_r$ < 2 |
| 3 | 较大 | 1000 ≤ Z < 5000 | 2 ≤ $p_r$ < 5 |
| 4 | 重大 | 5000 ≤ Z < 10000 | 5 ≤ $p_r$ < 10 |
| 5 | 特大 | Z ≥ 10000 | $p_r$ ≥ 10 |

注：直接经济损失程度等级划分可依据经济损失或经济损失占项目建安费的比例进行分级；对于工程造价较低的公路隧道工程，宜采用"经济损失占项目建安费的比例"这一相对指标进行判定。

【案例】某一工程造价相对较低的项目在隧道 A 区段施工时可能发生坍塌风险事件，预测重伤人数为 8 人，无人死亡，经济损失占项目建安费的比例约 3%。

根据人员伤亡程度等级标准和直接经济损失程度等级标准，以死亡人数指标定性描述该风险事件为小事件，风险事件后果严重程度等级定义为 1 级；以重伤人数指标定性描述该风险事件为一般事件，风险事件后果严重程度等级定义为 2 级；以直接经济损失指标定性描述该风险事件为较大事件，风险事件后果严重程度等级定义为 3 级。综合死亡人数、重伤人数和直接经济损失，采用就高原则，该坍塌风险事件后果严重程度等级为 3 级。

2）后果当量估计法

当多种后果同时产生时，宜采用后果当量估计法确定风险事件后果严重程度等级，综合考虑人员伤亡、直接经济损失、社会影响、环境影响、工期延误等。后果当量估计法按式(6-7)计算风险事件后果当量 DC 值，并根据表 6-25 确定风险事件后果严重程度等级。

$$DC = \left(C_{R1} + \frac{C_{R2}}{3} + \frac{C_{R3}}{60}\right) + \frac{C_Z}{400} + C_S + C_H + C_G \quad (6-7)$$

式中：　　DC——风险事件后果当量值；

$C_{R1}$、$C_{R2}$、$C_{R3}$——分别为死亡人数、重伤人数、轻伤人数；

$C_Z$——直接经济损失，万元，不包括人员伤亡所支出的费用；

$C_S$——社会影响，取值见表 6-26；

$C_H$——环境影响，取值见表 6-27；

$C_G$——工期延误，取值见表 6-28。

**风险事件后果严重程度等级**　　　表 6-25

| 后果当量 DC | DC ≥ 45 | 15 ≤ DC < 45 | 5 ≤ DC < 15 | 1 ≤ DC < 5 | DC < 1 |
|---|---|---|---|---|---|
| 后果等级描述 | 特大 | 重大 | 较大 | 一般 | 小 |
| 后果严重程度等级 | 5 | 4 | 3 | 2 | 1 |

## 社会影响当量取值表

表 6-26

| 后果等级 | 5 | 4 | 3 | 2 | 1 |
|---|---|---|---|---|---|
| 社会影响 | 绝大部分群众有意见、反应强烈，可能引发大规模群体性事件，媒体高度关注 | 大部分群众有意见、反应较强烈，可能引发小规模群体性事件，媒体一般关注 | 小部分群众有意见、反应较强烈，可能引发矛盾冲突 | 绝大部分群众理解支持，但极少数人有意见，矛盾易化解 | 群众均无意见 |
| $C_S$ 取值 | 10 | 3 | 1 | 1/3 | 0 |

## 环境影响当量取值表

表 6-27

| 后果等级 | 5 | 4 | 3 | 2 | 1 |
|---|---|---|---|---|---|
| 自然环境影响 | 涉及范围很大，对周边生态环境产生严重污染或破坏 | 涉及范围较大，对周边生态环境产生较重污染或破坏 | 涉及范围较小，对邻近区域生态环境产生轻度污染或破坏 | 涉及范围很小，对施工区域生态环境产生很小的污染或破坏 | 施工区域生态环境基本不受影响 |
| 社会环境影响 | 对重要建（构）筑物、水库、民房等影响严重 | 对重要建（构）筑物、水库、民房等影响较大 | 对重要建（构）筑物、水库、民房等影响较小 | 对重要建（构）筑物、水库、民房等影响很小 | 对重要建（构）筑物、水库、民房等无影响 |
| $C_H$ 取值 | 10 | 3 | 1 | 1/3 | 0 |

## 工期延误当量取值表

表 6-28

| 后果等级 | | 5 | 4 | 3 | 2 | 1 |
|---|---|---|---|---|---|---|
| 延误时间（月） | 非控制工期工程 | ≥24 | 9~24 | 3~9 | 1~3 | <1 |
| | 控制工期工程 | ≥8 | 3~8 | 1~3 | 0.33~1 | <0.33 |
| $C_G$ 取值 | | 8 | 3~8 | 1~3 | 0.33~1 | <0.33 |

【案例】接前述案例的补充信息：该隧道 A 区段施工时可能发生的坍塌风险事件中，预计重伤人数为 8 人，轻伤人数为 15 人，无人死亡；直接经济损失预计为 150 万元。该施工隧道周围大部分群众可能有意见、反应较强烈，从而引发小规模群体性事件，媒体一般关注。此外，由于该隧道周边存在化工企业，可能受较大影响，对周边生态环境产生较重污染或破坏。预计坍塌风险事件发生后，控制工期工程将延误 2 个月左右。

根据案例信息，式(6-7)中 $C_{R1}$、$C_{R2}$、$C_{R3}$ 分别取 0、8、15；$C_Z$ 为 150；由于施工隧道周围大部分群众有意见、反应较强烈，可能引发小规模群体性事件，媒体一般关注，$C_S$ 取 3；同时，由于该隧道涉及范围较大，周边生态环境产生较重污染或破坏，且对重要建（构）筑物、水库、民房等影响较大，因此 $C_H$ 取 3；控制工期工程延误 2 个月，因此 $C_G$ 取 2。将各项取值代入式(6-7)，计算得出 DC 为 11.29,根据表 6-25 可知,该风险事件后果严重程度等级为 3 级。

得到风险事件的可能性和后果严重程度等级后,采用风险矩阵法确定重大风险源风险等级(重大风险源风险等级标准见表 6-1),并按表 6-29 汇总重大风险源。此外,应将风险等级在施工形象进度图中标识,形成施工安全风险分布图。

重大风险源风险估测汇总表　　　　　　　　　　表 6-29

| 重大风险源 | 施工区段 | 风险事件可能性等级 | 风险事件后果 | | | | | 后果当量 | 风险事件后果严重程度等级 | 风险等级 |
|---|---|---|---|---|---|---|---|---|---|---|
| | | | 人员伤亡(人数) | 直接经济损失(万元) | 社会影响($C_S$值) | 环境影响($C_H$值) | 工期延误($C_G$值) | | | |
| 重大风险源 1 | | | | | | | | | | |
| …… | | | | | | | | | | |
| 重大风险源 $N$ | | | | | | | | | | |

## 6.3.2　盾构法

### 6.3.2.1　一般风险源风险估测

对于盾构法施工一般风险源风险估测,除关注地质、水文等条件外,还需考虑复杂机械系统与人员的协同配合,综合分析施工时可能面临的各类一般风险源,确保隧道工程施工安全、高效推进,其风险估测要求与钻爆法一致。

### 6.3.2.2　重大风险源风险估测

盾构法重大风险源风险估测过程与钻爆法类似,其中,风险事件后果严重程度估测方法、标准与钻爆法相同,本节仅介绍盾构法风险事件可能性估测的相关内容。

盾构法隧道施工常见的重大风险源包括掌子面失稳、建(构)筑物受损、突水等,相应的风险事件可能性评估指标体系见表 6-30 ~ 表 6-32,可根据实际工程条件选取重大风险源,或补充其他重大风险源。

1)掌子面失稳

对于盾构法隧道施工前掌子面失稳风险事件可能性估测,应对重点施工工序(如始发、到达、联络通道施工、盾尾刷更换、进仓作业、盾构机安装及拆除等)及特殊施工阶段[如穿越或近接重要建(构)筑物、穿越不良地质段等]分别进行评估,其指标体系从隧道建设规模、地质与环境条件、设备选型等三个方面建立,见表 6-30。建设规模包括掘进断面直径指标,地质与环境条件包括覆土厚度(以洞径倍数表示)、不良地质段长度、邻近/穿越地层水体情况、地下管线情况等指标,设备选型包括盾构机选型指标。

**隧道施工前掌子面失稳风险事件可能性评估指标体系**　　　　表 6-30

| 项别 | 评估指标 | 分级 | 分值范围(分) | 说明 |
|---|---|---|---|---|
| 建设规模 $X_{sh1-1}$ | 掘进断面直径 $X_{sh1-11}$ | $X_{sh1-11} \geq 18m$ | 10 | 根据设计文件确定,掘进断面直径小于9m时,分值取1分 |
| | | $16m \leq X_{sh1-11} < 18m$ | 7~10 | |
| | | $14m \leq X_{sh1-11} < 16m$ | 4~7 | |
| | | $X_{sh1-11} < 14m$ | 1~4 | |
| 地质与环境条件 $X_{sh1-2}$ | 覆土厚度(以洞径倍数表示) $X_{sh1-21}$ | $X_{sh1-21} < 0.5$ | 10 | 根据地质勘察资料、设计文件及现场勘察确定,覆土厚度大于或等于3倍洞径时,分值取1分。<br>覆土厚度(洞径倍数)越大,掌子面失稳风险越小。根据《地铁设计规范》(GB 50157—2013)与上海市地方标准《城市轨道交通设计规范》(DG/TJ 08-109—2017),盾构隧道的最小覆土厚度宜为掘进断面直径的1.0倍(记为1.0D,D为掘进断面直径),然而,在实际工程实施中,特别是在城区,盾构隧道的建设常受限于地下空间环境,难以达到规范推荐的1.0D覆土厚度,地铁盾构隧道中覆土厚度通常为0.5D |
| | | $0.5 \leq X_{sh1-21} < 1.0$ | 10~7 | |
| | | $1.0 \leq X_{sh1-21} < 2.0$ | 7~4 | |
| | | $X_{sh1-21} \geq 2.0$ | 4~1 | |
| | 不良地质段长度 $X_{sh1-22}$ | $X_{sh1-22} \geq 600m$ | 10 | 根据地质勘察资料、设计文件及现场勘察确定。两种及以上不良地质叠加可适当提高分值,取修正系数1.1~1.5,但分值最大不超过15分。在盾构始发到到达阶段,存在不良地质时不按长度考虑,分值均取10分。<br>不良地质包括软硬不均地层(硬岩单轴抗压强度大于60MPa)、富水砂层、深厚淤泥层、饱和粉细砂层、卵石、漂石、孤石层、断层破碎带、岩溶等 |
| | | $100m \leq X_{sh1-22} < 600m$ | 7~10 | |
| | | $0m < X_{sh1-22} < 100m$ | 4~7 | |
| | | 无不良地质 | 0 | |
| | 邻近/穿越地层水体情况 $X_{sh1-23}$ | 存在承压水、河道水位变化等不利水文条件 | 5 | 根据地质勘察资料、设计文件及现场勘察确定。<br>地下水是造成盾构隧道掌子面失稳的重要因素,邻近存在地表水系或者承压水等不利水文条件均会增加掌子面失稳概率 |
| | | 存在不间断水源补充 | 2 | |
| | | 不存在不利水文条件 | 0 | |
| | 地下管线情况 $X_{sh1-24}$ | 管线全断面位于富水砂层或粉细砂层 | 7 | 根据地质勘察资料、设计文件及现场勘察确定。管线位于隧道正上方取修正系数1.0,管线位于隧道侧面取修正系数0.8。<br>盾构隧道多位于城区,周边遍布地下管线,尤其当地下管线位于富水砂层或粉细砂层时,该类地层是良好的导水路径,一旦与盾构隧道的工作面形成水力联系,极易形成失压,导致工作面失稳;另一方面,其他地层由于管线的相互连通存在一定程度的流水窜通现象,若管线底部与隧道顶部距离较近,将导致工作面压力难以维持,增大击穿失稳的风险 |
| | | 管线部分断面位于富水砂层或粉细砂层 | 4 | |
| | | 管线位于其他地层 | 1 | |

续上表

| 项别 | 评估指标 | 分级 | 分值范围(分) | 说明 |
|---|---|---|---|---|
| 设备选型 $X_{sh1-3}$ | 盾构机选型 $X_{sh1-31}$ | 适应性和可靠性较差 | 3 | 根据盾构机选型与评估结果确定 |
| | | 适应性和可靠性一般 | 2 | |
| | | 适应性和可靠性较好 | 1 | |

2)建(构)筑物受损

盾构法隧道施工前建(构)筑物受损风险事件可能性估测,应对重点施工工序(如始发、到达、联络通道施工、盾尾刷更换、进仓作业、盾构机安装及拆除等)及特殊施工阶段[如穿越或近接重要建(构)筑物、穿越不良地质段等]分别进行评估,其指标体系从建设规模、隧道线性、地质与环境条件及设备选型等四个方面建立,见表6-31。建设规模包括掘进断面直径和覆土厚度(以洞径倍数表示)等指标,隧道线性包括路线最小转弯半径(以洞径倍数表示)指标,地质与环境条件包括建(构)筑物重要性及敏感性、隧道主体与建(构)筑物距离(以洞径倍数表示)、建(构)筑物保护或加固方案适应性和建(构)筑物周边不良地质等指标,设备选型包括盾构机选型指标。

隧道施工前建(构)筑物受损风险事件可能性评估指标体系　　　　表6-31

| 项别 | 评估指标 | 分级 | 分值范围(分) | 说明 |
|---|---|---|---|---|
| 建设规模 $X_{sh2-1}$ | 掘进断面直径 $X_{sh2-11}$ | $X_{sh2-11} \geq 18m$ | 10 | 根据设计文件确定,掘进断面直径小于9m时,分值取1分 |
| | | $16m \leq X_{sh2-11} < 18m$ | 7~10 | |
| | | $14m \leq X_{sh2-11} < 16m$ | 4~7 | |
| | | $X_{sh2-11} < 14m$ | 1~4 | |
| | 覆土厚度(以洞径倍数表示) $X_{sh2-12}$ | $X_{sh2-12} < 0.5$ | 2 | 根据设计文件确定 |
| | | $0.5 \leq X_{sh2-12} < 1.0$ | 1 | |
| 隧道线性 $X_{sh2-2}$ | 路线最小转弯半径(以洞径倍数表示) $X_{sh2-21}$ | $X_{sh2-21} < 40$ | 5 | 根据设计文件确定,最小转弯半径大于或等于100倍洞径时,分值取1分。<br>路线最小转弯半径过小,可能会对盾尾造成过度挤压,导致盾尾密封失效。此外,较小的转弯半径也可能引起较大的超挖,从而使地层变形范围扩大,对周边建(构)筑物产生不利影响。参考《盾构法隧道施工及验收规范》(GB 50446—2017)中对隧道平面曲线的要求,以及《地铁设计规范》(GB 50157—2013)和上海市地方标准《城市轨道交通设计规范》(DG/TJ 08-109—2017)的相关规定,将40D和80D作为分级控制指标 |
| | | $40 \leq X_{sh2-21} < 80$ | 5~3 | |
| | | $X_{sh2-21} \geq 80$ | 3~1 | |

续上表

| 项别 | 评估指标 | 分级 | 分值范围(分) | 说明 |
|---|---|---|---|---|
| 地质与环境条件 $X_{sh2-3}$ | 建(构)筑物重要性及敏感性 $X_{sh2-31}$ | 较高 | 7 | 建筑物的重要性及敏感性根据其基础类型、用途、功能和受保护程度确定;管线的重要性及敏感性根据接头类型和是否存在压力确定 |
| | | 一般 | 4 | |
| | | 较低 | 1 | |
| | 隧道主体与建(构)筑物距离(以洞径倍数表示) $X_{sh2-32}$ | $X_{sh2-32}<0.5$ | 12 | 根据设计文件确定,距离大于或等于3倍洞径时,分值取1分 |
| | | $0.5 \leq X_{sh2-32} < 1.0$ | 12~8 | |
| | | $1.0 \leq X_{sh2-32} < 2.0$ | 8~4 | |
| | | $X_{sh2-32} \geq 2.0$ | 4~1 | |
| | 建(构)筑物保护或加固方案适应性 $X_{sh2-33}$ | 较差 | 5 | 根据施工方案确定 |
| | | 一般 | 3 | |
| | | 较好 | 1 | |
| | 建(构)筑物周边不良地质 $X_{sh2-34}$ | 存在不良地质大于或等于2处 | 10 | 根据地质勘察资料、设计文件及现场勘察确定。不良地质包括软硬不均地层(硬岩单轴抗压强度大于60MPa)、富水砂层、深厚淤泥层、饱和粉细砂层、卵石、漂石、孤石层、断层破碎带、岩溶等。邻近盾构隧道的建(构)筑物自身若处于不良地质层时,其受损可能性较大 |
| | | 存在不良地质1处 | 5 | |
| | | 邻近段无不良地质 | 0 | |
| 设备选型 $X_{sh2-4}$ | 盾构机选型 $X_{sh2-41}$ | 适应性和可靠性较差 | 3 | 根据盾构机选型与评估结果确定 |
| | | 适应性和可靠性一般 | 2 | |
| | | 适应性和可靠性较好 | 1 | |

3)突水

盾构法隧道施工前突水风险事件可能性估测,应对重点施工工序(如始发、到达、联络通道施工、盾尾刷更换、进仓作业、盾构机安装及拆除等)及特殊施工阶段[如穿越或近接重要建(构)筑物、穿越不良地质段等]分别进行评估,其指标体系从建设规模、隧道线性、地质与环境条件及设备选型等四个方面建立,见表6-32。建设规模包括隧道长度和掘进断面直径两项指标,隧道线性包括路线最小转弯半径(以洞径倍数表示)指标,地质与环境条件包括覆土厚度(以洞径倍数表示)、不良地质段长度、邻近/穿越地层水体情况、地下管线情况等指标,设备选型包括盾构机选型指标。

**隧道施工前突水风险事件可能性评估指标体系**　　表 6-32

| 项别 | 评估指标 | 分级 | 分值范围(分) | 说明 |
|---|---|---|---|---|
| 建设规模 $X_{sh3-1}$ | 隧道长度 $X_{sh3-11}$ | $X_{sh3-11} \geq 6000m$ | 5 | 根据设计文件确定 |
| | | $3000m \leq X_{sh3-11} < 6000m$ | 3～5 | |
| | | $1000m \leq X_{sh3-11} < 3000m$ | 2 | |
| | | $X_{sh3-11} < 1000m$ | 1 | |
| | 掘进断面直径 $X_{sh3-12}$ | $X_{sh3-12} \geq 18m$ | 5 | 根据设计文件确定 |
| | | $16m \leq X_{sh3-12} < 18m$ | 3～5 | |
| | | $14m \leq X_{sh3-12} < 16m$ | 2 | |
| | | $X_{sh3-12} < 14m$ | 1 | |
| 隧道线性 $X_{sh3-2}$ | 路线最小转弯半径（以洞径倍数表示）$X_{sh3-21}$ | $X_{sh3-21} < 40$ | 5 | 根据设计文件确定。最小转弯半径大于或等于100倍洞径时，分值取1分 |
| | | $40 \leq X_{sh3-21} < 80$ | 5～3 | |
| | | $X_{sh3-21} \geq 80$ | 3～1 | |
| 地质与环境条件 $X_{sh3-3}$ | 覆土厚度（以洞径倍数表示）$X_{sh3-31}$ | $X_{sh3-31} < 0.5$ | 5 | 根据地质勘察资料、设计文件及现场勘察确定 |
| | | $0.5 \leq X_{sh3-31} < 1.0$ | 5～3 | |
| | | $1.0 \leq X_{sh3-31} < 2.0$ | 2 | |
| | | $X_{sh3-31} \geq 2.0$ | 1 | |
| | 不良地质段长度 $X_{sh3-32}$ | $X_{sh3-32} \geq 600m$ | 10 | 根据地质勘察资料、设计文件及现场勘察确定。不良地质包括软硬不均地层（硬岩单轴抗压强度大于60MPa）、富水砂层、深厚淤泥层、饱和粉细砂层、卵石、漂石、孤石层、断层破碎带、岩溶等。在盾构始发或到达阶段，存在不良地质时不按长度考虑，分值均取10分 |
| | | $100m \leq X_{sh3-32} < 600m$ | 7～10 | |
| | | $0m < X_{sh3-32} < 100m$ | 4～7 | |
| | | 无不良地质 | 0 | |
| | 邻近/穿越地层水体情况 $X_{sh3-33}$ | 存在承压水、河道水位变化等不利水文条件 | 12 | 根据地质勘察资料、设计文件及现场勘察确定。最大水压为0.45MPa时取修正系数1.5，为0.1MPa时取修正系数1.0，其余系数线性内插取值，最大分值不超过12分 |
| | | 存在不间断水源补充 | 8 | |
| | | 不存在不利水文条件 | 0 | |
| | 地下管线情况 $X_{sh3-34}$ | 管线全断面位于富水砂层或粉细砂层 | 10 | 根据地质勘察资料、设计文件及现场勘察确定。管线位于隧道正上方时取修正系数1.0，管线位于隧道侧面时取修正系数0.8 |
| | | 管线部分断面位于富水砂层或粉细砂层 | 7 | |
| | | 管线位于其他地层 | 4 | |
| 设备选型 $X_{sh3-4}$ | 盾构机选型 $X_{sh3-41}$ | 适应性和可靠性较差 | 3 | 根据盾构机选型与评估结果确定 |
| | | 适应性和可靠性一般 | 2 | |
| | | 适应性和可靠性较好 | 1 | |

盾构法风险事件可能性评估分值采用各指标求和的形式,如式(6-8)所示,其中,对于表6-10中的修正指标,仅采用资料完整性指标 $D_2$。

$$P_{\mathrm{sh}k} = D_2 \times \sum X_{\mathrm{sh}k\text{-}ij} \tag{6-8}$$

式中：$P_{\mathrm{sh}k}$——盾构法施工隧道风险事件可能性评估分值,$k$ 为风险事件编号,$k=1$、2、3 分别代表掌子面失稳、建(构)筑物受损、突水风险事件;

　　　$D_2$——资料完整性修正系数;

　　　$X_{\mathrm{sh}k\text{-}ij}$——评估指标的分值,$i=1,2,\cdots,m$;$j=1,2,\cdots,n$,$m$ 为项别的数量,$n$ 为对应第 $i$ 个项别包括的评估指标数量。

计算得出 $P_{\mathrm{sh}k}$ 后,根据 $P_{\mathrm{sh}k}$ 值对照表6-33确定盾构法施工隧道发生各风险事件的可能性等级。

隧道施工前风险事件可能性等级　　　　表6-33

| 计算分值(分) | 可能性等级描述 | 等级 |
|---|---|---|
| $P_{\mathrm{sh}k} \geqslant 40$ | 很可能 | 5 |
| $32 \leqslant P_{\mathrm{sh}k} < 40$ | 可能 | 4 |
| $27 \leqslant P_{\mathrm{sh}k} < 32$ | 偶然 | 3 |
| $18 \leqslant P_{\mathrm{sh}k} < 27$ | 可能性很小 | 2 |
| $P_{\mathrm{sh}k} < 18$ | 几乎不可能 | 1 |

## 6.4　风险控制

### 6.4.1　风险控制流程与接受准则

完成专项风险评估后,需根据评估结果制定明确的风险接受准则,并在此基础上提出具体的风险控制措施建议,最大限度降低风险的潜在影响,风险控制流程如图6-5所示。

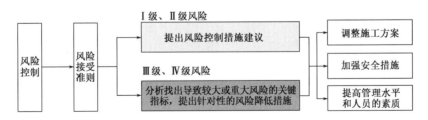

图6-5　专项风险评估风险控制流程

专项风险接受准则与控制措施见表6-34,对于重大风险源,还应根据不同的风险等级提出分级控制措施,确定层级责任和责任人,实施现场管理和监控预警。

**专项风险接受准则与控制措施**  表 6-34

| 风险等级 | 接受准则 | 控制措施 | 分级控制措施 | | | |
|---|---|---|---|---|---|---|
| 等级Ⅰ<br>(低风险) | 可忽略 | 不需要采取特别的风险防控措施 | 日常管理 | — | — | — |
| 等级Ⅱ<br>(一般风险) | 可接受 | 需要采取风险防控措施,严格日常安全生产管理,加强现场巡视 | 日常管理 | 监控预警 | 专项整治 | — |
| 等级Ⅲ<br>(较大风险) | 不期望 | 应采取措施降低风险,将风险至少降低到可接受的程度 | 日常管理 | 监控预警 | 多方面专项整治 | 应急预案、应急准备 |
| 等级Ⅳ<br>(重大风险) | 不可接受 | 应暂停开工或施工;同时采取措施,综合考虑风险成本、工期及规避效果等,按照最优原则,将风险至少降低到可接受的程度,并加强监测和应急准备 | 日常管理 | 监控预警 | 暂停开工或施工、全面整治 | 应急预案、应急准备 |

针对作业活动或施工区段,应提出系统全面、重点突出的风险控制措施建议,为现场安全管理、专项施工方案编制和完善、安全技术交底、应急处置提供依据。风险等级为Ⅲ级(较大风险)及以上时,应分析找出导致较大或重大风险的关键指标,提出有针对性的措施以降低风险。在施工前和施工过程中(施工过程专项风险评估见第 7 章)宜采取的风险控制措施包括调整施工方案、加强安全措施、提高管理水平和人员的素质等,见表 6-35。

**风险控制措施**  表 6-35

| 措施 | 内容 |
|---|---|
| ①调整施工方案 | a)合理调整施工顺序。对施工工序从时间顺序和空间次序上进行合理安排或调整,降低施工安全风险。<br>b)改进施工工艺。从专用设备、施工方法、工艺参数上改进,预防和减少施工事故发生 |
| ②加强安全措施 | a)加强现场安全管理措施。包括监测预警,对不安全场所进行安全隔离或加固防护、设立警告标志、人工警戒或专人指挥等。<br>b)加强安全替代措施。对人工直接操作有较大风险的,宜用机械或其他方式替代人工操作。<br>c)加强应急救援措施。制定应急预案和做好应急准备,明确关键岗位应急职责、危险作业应急处置措施 |
| ③提高管理水平和人员的素质 | a)提高管理水平。强化安全管理目标管理,重点是强化安全管理人员、安全管理制度、安全资金投入和现场安全防护措施落实,同时,对重大风险源安排人员巡逻检查。<br>b)提高人员素质。主要是进行经常性的安全教育和培训,强化安全意识和观念,提高安全操作技能;对特种作业人员进行专门培训,使其做到持证上岗;施工人员身体健康状况应符合上岗要求;施工前做好安全技术交底 |

2024 年版指南给出了钻爆法和盾构法隧道施工各重大风险源的控制措施建议,详见 6.4.2 节与 6.4.3 节,相关措施主要针对等级为Ⅱ级、Ⅲ级与Ⅳ级风险,具体落实时需根据工程实际情况进行调整。

### 6.4.2 钻爆法

1)洞口失稳

按照专项风险评估确定的风险等级,隧道洞口失稳风险事件可从前期调查、开挖作业、支护作业、监控量测、洞门类型和人员培训等方面分别制定具体风险控制措施,参照表 6-36。

**隧道洞口失稳风险事件控制措施** 表 6-36

| 控制措施 | | 重大风险(Ⅳ级) | 较大风险(Ⅲ级) | 一般风险(Ⅱ级) |
|---|---|---|---|---|
| (1)前期调查 | ①资料收集 | 收集洞口周边地质资料以及工程施工记录、事故记录与自然灾害记录等 | | 根据需要,收集洞口周边地质资料以及工程施工记录、事故记录与自然灾害记录等 |
| | ②现场观测 | 对洞口地形地貌、滑坡体和崩塌体进行观测 | | 论证是否需要进行观测 |
| | ③断层破碎带 | 采用地面调查法与超前地质预报相结合方式,对洞口附近是否存在断层破碎带及其状态进行确定 | | |
| | ④周围结构物 | 测量周围结构物与隧道的空间关系,研究其互相影响程度的大小 | | |
| (2)开挖作业 | ①滑塌表土、灌木、危石清理 | 清理洞口上方及侧方可能滑塌的表土、灌木和山坡危石等 | | |
| | ②地表加固 | 通过地表加固改良洞口周边环境 | 对于不良地质段讨论确定控制措施 | |
| | ③截、排水系统 | 洞口截、排水系统宜在进洞施工前完成,并与路基排水顺接,截、排系统排水不宜冲刷路基坡面、桥台锥体、农田屋舍,土质截水沟、排水沟宜随挖随砌 | | |
| | ④开挖方法 | 根据地质条件、施工条件选择适当开挖方法 | 不良地质条件下讨论改变施工方法 | |
| (3)支护作业 | ①超前支护 | 根据地质条件,选择小导管注浆、管棚加固等超前支护 | | |
| | ②锚杆、锚索与抗滑桩加固 | 根据地质条件,采用加固效果好、便于施工的方式布设锚杆、锚索和抗滑桩 | | |
| | ③喷射混凝土 | 开挖后及时喷射混凝土 | | |
| | | 对开挖面喷射混凝土 | 对于不良地质段讨论确定控制措施 | |
| | | 对开挖面进行初次喷射混凝土,之后挂钢筋网并二次喷射混凝土 | 对于不良地质段讨论确定控制措施 | |
| | ④钢拱架支护 | 缩小钢拱架间距,增大钢拱架断面尺寸;使用适合围岩条件的垫块、垫板;讨论钢拱架形式是否合适 | 不良地质段宜缩小钢拱架间距;不良地质段宜增大钢拱架断面尺寸;不良地质段宜使用适合围岩条件的垫块、垫板;不良地质段讨论钢拱架形式是否合适 | |
| | ⑤绿化防护 | 根据实际情况,对隧道洞口进行绿化防护 | | |

续上表

| 控制措施 | | 重大风险(Ⅳ级) | 较大风险(Ⅲ级) | 一般风险(Ⅱ级) |
|---|---|---|---|---|
| (4)监控量测 | | 根据地质条件和施工情况对隧道边、仰坡变形、洞内变形和地表沉降等进行监测 | | |
| | | 提高监控量测频率 | 不良地质段提高监控量测频率 | |
| (5)洞门类型 | | 可采用翼墙式洞门,翼墙和端墙共同作用,抵抗山体水平推力 | 可采用端墙式洞门支护洞口仰坡,保持仰坡稳定,并将仰坡水流汇集排出 | |
| (6)人员培训 | | 针对以下内容进行相关培训:<br>洞口失稳事故的危险性;<br>防止事故发生的对策及注意事项;<br>检查方法(检查内容及时间);<br>发生险情时的应急措施 | | |

2)坍塌

按照专项风险评估确定的风险等级,隧道坍塌风险事件可从前期调查、开挖作业、支护作业、监控量测、二次衬砌和人员培训等方面分别制定具体风险控制措施,参照表6-37。

隧道坍塌风险事件控制措施　　表6-37

| 控制措施 | | 重大风险(Ⅳ级) | 较大风险(Ⅲ级) | 一般风险(Ⅱ级) |
|---|---|---|---|---|
| (1)前期调查 | ①资料收集 | 收集相关地质资料及周边工程施工记录、事故记录与自然灾害记录等 | | 根据需要,收集相关地质资料及周边工程施工记录、事故记录与自然灾害记录等 |
| | ②洞口段 | 对滑坡体、崩塌体等进行观测 | | 论证是否需要进行观测 |
| | ③断层破碎带 | 接近断层破碎带时,采用两种以上超前地质预报方法(包括钻探方法与物探方法等)进行确认 | | |
| | ④浅埋段 | 进行地表沉降、拱顶下沉、周边收敛等观测 | | |
| (2)开挖作业 | ①开挖方式 | 根据地质条件、施工条件选择适当的开挖方式,并根据情况进行超前支护 | 不良地质条件下讨论改变施工方法及超前支护方案 | |
| | ②危石 | 宜分段仔细检查爆破段并清除危石;<br>钻孔作业前后、爆破后、出渣过程等,仔细检查并清除危石;<br>地震后重新检查并清除危石 | | |

续上表

| 控制措施 | | 重大风险（Ⅳ级） | 较大风险（Ⅲ级） | 一般风险（Ⅱ级） |
|---|---|---|---|---|
| (3)支护作业 | ①超前支护 | 根据地质条件,选择小导管注浆、管棚加固等超前支护 | | |
| | ②喷射混凝土 | 开挖后及时喷射混凝土 | | |
| | | 根据情况对掌子面喷射混凝土 | 对于不良地质段讨论确定控制措施 | |
| | | 根据情况二次喷射混凝土 | 对于不良地质段讨论确定控制措施 | |
| | | 首先进行初次喷射混凝土,打设锚杆、挂钢筋网等工序后二次喷射混凝土 | 对于不良地质段讨论确定控制措施 | |
| | ③锚杆 | 根据地质条件,采用固结性好且便于施工的方式打设锚杆;施工后,进行锚杆拉拔试验确认锚杆拉拔力 | | |
| | ④钢拱架支护 | 缩小钢拱架间距,增大钢拱架断面尺寸;使用适合围岩条件的垫块、垫板;讨论钢拱架形式是否合适 | 不良地质段宜缩小钢拱架间距;不良地质段宜增大钢拱架断面尺寸;不良地质段宜使用适合围岩条件的垫块、垫板;不良地质段讨论钢拱架形式是否合适 | |
| (4)监控量测 | | 根据地质条件和施工情况进行适当的监控量测 | | |
| | | 提高监控量测频率 | 不良地质段提高监控量测频率 | |
| | | 根据监控量测结果,当出现初期支护变形异常等情况时,及时预警并采取有效的加固措施 | | |
| (5)二次衬砌 | | 讨论是否需要采用仰拱进行断面闭合及尽早浇筑衬砌等问题;根据情况,可考虑是否采用临时性仰拱 | 不良地质段对是否闭合及尽早衬砌进行讨论;对是否采用临时仰拱进行讨论 | |
| (6)人员培训 | | 针对以下内容进行相关培训:坍塌事故的危险性;防止事故发生的对策及注意事项;检查方法(检查内容及时间);发生险情时的应急措施 | | |

3)涌水突泥

按照专项风险评估确定的风险等级,隧道涌水突泥风险事件可从前期资料收集、施工计划、开挖作业、警报装置、应急措施和人员培训等方面分别制定具体风险控制措施,参照表6-38。

## 隧道涌水突泥风险事件控制措施

表 6-38

| 控制措施 | | 重大风险(Ⅳ级) | 较大风险(Ⅲ级) | 一般风险(Ⅱ级) |
|---|---|---|---|---|
| (1)前期资料收集 | | 收集项目周围已完工和在建隧道工程出现涌水突泥情况的资料 | | 根据需要,对周围隧道工程出现涌水突泥情况的资料进行收集 |
| (2)施工计划 | | 在前期调查的基础上,选择适合地质条件的辅助施工方法,如钻排水孔、设置集水坑、降低地下水位、止水施工等 | | 必要时选择适当的辅助施工方法 |
| (3)开挖作业 | ①水平钻孔 | 采取长距离钻孔,进行涌水突泥调查及排水作业,可以根据需要改变开挖方式 | 进行短距离钻孔 | |
| | ②集水坑 | 采用水平钻孔进行排水,钻进有困难、钻孔排水不畅,宜设置集水坑 | 讨论是否设置集水坑 | |
| | ③止水施工法 | 排水困难时,使用帷幕注浆进行止水作业 | 根据需要,部分地段进行帷幕注浆止水 | 根据需要,讨论是否进行帷幕注浆止水 |
| | ④测量管理 | 根据掌子面的观察结果,采用钻探与超前地质预报相结合的方法,确定掌子面前方及周边的不良地质情况;测量洞内的涌水量、地下水位、水质变化等 | | 根据需要,测量洞内的涌水量、地下水位、水质变化等情况 |
| | | 采用洞外现有水井或设置观测井的方式,测量地下水位及水质情况 | | 根据需要,采用调查现有水井或观测井的方法测量地下水位及水质情况 |
| | | 连续调查掌子面的地质变化并进行图示 | 根据需要,连续调查掌子面的地层变化并进行图示 | |
| | ⑤信息沟通机制 | 明确测量结果的联络及报告机制 | | |
| | ⑥记录及保存 | 记录、整理施工中各项测量结果,根据数据预测涌水突泥的可能性 | | |
| (4)警报装置 | | 宜设置发生紧急情况时可发出警报的装置;<br>发出警报的标准、警报的种类、警报后的应急行动等宜提前确定,并通知到相关人员;<br>确定警报装置检修及维护的标准 | | |
| (5)应急措施 | ①应急器械 | 宜将在紧急情况下使用的器械设置在必要的位置上,并将其位置及使用方法通知相关人员 | | |
| | ②排水设备 | 根据预测涌水量、隧道断面积、隧道长度、坡度等因素,设置有充分排水能力的排水设备,排水设备抽水能力及数量较设计宜有所富余 | | |
| | ③抽排设备用电管理 | 部分长距离、高埋深隧道宜设置抽排设备专用高压线路,设置双回路,以免大流量涌水地段停电造成隧道被淹 | | |
| | ④避难训练 | 进行紧急情况下的避险训练 | | |
| | ⑤救护训练 | 进行紧急情况下的人员救护训练 | | |

续上表

| 控制措施 | 重大风险(Ⅳ级) | 较大风险(Ⅲ级) | 一般风险(Ⅱ级) |
|---|---|---|---|
| (6)人员培训 | 针对以下内容进行相关培训：<br>涌水突泥事故的危险性；<br>防止事故发生的对策及注意事项；<br>检查方法(检查内容及时间)；<br>发生紧急情况时的对策，如不宜冒险进洞、严格控制进洞人员、配备安全吹哨人，明确救援方案，把应急救援放在首位等 | | |

4)大变形

按照专项风险评估确定的风险等级，隧道围岩大变形风险事件可从前期调查、开挖技术、防排水、超前支护、初期支护、监控量测、二次衬砌、应急措施和人员培训等方面分别制定具体风险控制措施，参照表6-39。

JT/T 1375.3—2024 附录E.4

**隧道围岩大变形风险事件控制措施**　　　　　　　　　　　　　　　　　　表6-39

| 控制措施 | | 重大风险(Ⅳ级) | 较大风险(Ⅲ级) | 一般风险(Ⅱ级) |
|---|---|---|---|---|
| (1)前期资料收集 | | 收集相关地质资料及周边工程施工记录、事故记录与自然灾害记录等 | | 根据需要，收集相关地质资料及周边工程施工记录、事故记录与自然灾害记录等 |
| (2)开挖技术 | ①开挖方式 | 根据隧道当前施工段地层岩性及变形情况，制定合理有效的开挖作业方式 | 对于不良地质段讨论改变开挖方式 | |
| | ②控制方法 | 开挖后立即采取措施控制围岩及初期支护变形 | 在不良地质条件或围岩变形较大时，开挖后立即采取措施控制围岩及初期支护变形 | |
| | ③预留变形量 | 按设计要求预留变形量，预留变形量根据监控量测信息进行调整 | | |
| (3)防排水 | ①防水 | 按设计要求施作防水混凝土、防水隔离层、施工缝、变形缝、诱导缝防水 | | |
| | | 加强施工中水文地质和围岩变形分析 | 对于不良地质段讨论确定控制措施 | |
| | | 覆盖层较薄和渗透强的地层、地表水及时处理 | | |
| | | 隧道开挖后及时喷射混凝土封闭岩面，并控制施工用水 | 膨胀岩、土层、围岩松软地段开挖后及时喷射混凝土封闭岩面，并控制施工用水 | |
| | ②排水 | 根据实际情况制定合理的排水方案，确保排水措施满足隧道防排水要求 | | |
| (4)超前支护 | | 围岩自稳条件差的地段宜进行超前支护、预加固处理，使其符合设计要求 | | |

续上表

| 控制措施 | | 重大风险(Ⅳ级) | 较大风险(Ⅲ级) | 一般风险(Ⅱ级) |
|---|---|---|---|---|
| (5)初期支护 | ①钢拱架支护 | 缩小钢拱架间距,增大钢拱架断面尺寸;<br>使用适合围岩条件的垫块、垫板;<br>讨论钢拱架形式是否合适;<br>钢架支撑宜采用可缩性结构 | 不良地质段宜缩小钢拱架间距;<br>不良地质段宜增大钢拱架断面尺寸;<br>不良地质段宜使用适合围岩条件的垫块、垫板;<br>不良地质段讨论钢拱架形式是否合适 | |
| | ②锚杆 | 根据地质条件,采用固结性好且便于施工的方式打设锚杆;施工后,进行锚杆拉拔试验确认锚杆拉拔力 | | |
| | ③喷射混凝土 | 开挖后及时喷射混凝土 | | |
| | | 根据围岩条件二次喷射混凝土 | 对于不良地质段讨论确定控制措施 | |
| | | 根据围岩条件采用钢筋网、喷射混凝土进行加固,必要时采用钢纤维混凝土 | 对于不良地质段讨论确定控制措施 | |
| | ④锁脚锚杆 | 围岩为软岩时,必要时采用锁脚锚杆防止底鼓发生 | 对于不良地质段讨论确定控制措施 | |
| (6)监控量测 | | 施工过程中宜监测围岩净空断面、围岩压力、拱顶下沉、周边收敛、底鼓、围岩内部位移、支护结构变形等情况,并依据监测结果及时调整支护参数和预留变形量,发现变形异常时及时处理 | | 根据施工实际情况选择必要监测项目,并根据监测结果调整支护参数和预留变形量,发现变形异常及时处理 |
| | | 提高监控量测频率 | 不良地质段提高监控量测频率 | |
| | | 增加超前地质预报探测深度;<br>提高超前地质预报探测频率 | 遇不良地质条件时宜加强超前地质预报 | |
| (7)二次衬砌 | | 仰拱、二次衬砌施工宜符合设计和规范要求 | | |
| | | 初期支护稳定后,仰拱、二次衬砌及时施作,封闭成环 | 不良地质段宜对是否闭合及尽早衬砌进行讨论 | |
| (8)应急措施 | | 制定围岩变形较大、支护破坏时的应急措施;<br>制定方案确保紧急情况下人员的安全撤离;<br>制定事故发生后的救援方案 | | |
| (9)人员培训 | | 针对以下内容进行相关培训:<br>大变形事故的危险性;<br>防止事故发生的对策及注意事项;<br>检查方法(检查内容及时间);<br>发生险情时的应急措施 | | |

5）瓦斯爆炸

按照专项风险评估确定的风险等级，隧道瓦斯爆炸风险事件，可从前期资料收集、施工中调查、瓦斯检测、通风、警报装置、临时用电与照明、火源管理、应急措施和人员培训等方面分别制定具体风险控制措施，参照表6-40。

隧道瓦斯爆炸风险事件控制措施　　　　　表6-40

| 控制措施 | | 重大风险（Ⅳ级） | 较大风险（Ⅲ级） | 一般风险（Ⅱ级） |
|---|---|---|---|---|
| （1）前期资料收集 | | 根据地质资料调查周边瓦斯存在情况；搜集周边已完工或在建隧道工程瓦斯涌出状况、瓦斯爆炸事故、应对瓦斯的对策措施等资料。如隧道周边存在煤矿、采空区，详细收集煤矿开采有关资料如煤层分布、采空区分布等 | | 根据需要，搜集周边已完工或在建隧道工程中有关瓦斯的资料 |
| （2）施工中调查 | | 根据掌子面的观察结果，采用钻探与超前地质预报相结合的方法，对瓦斯的涌出量、瓦斯压力等进行调查，以及本质安全型机械设备的配置情况 | 根据掌子面观察结果，讨论确定是否进行钻探或超前地质预报 | |
| （3）瓦斯检测 | ①检测设备 | 同时使用便携式和固定式检测器 | | 使用便携式检测器 |
| | | 制定检测器的检查、标定要求 | | |
| | ②检测方法 | 在掌子面拱顶、隧道中部、模板台车、电气设备等附近，确定检测瓦斯浓度的位置，指定检测员进行检测 | | |
| | | 在瓦斯容易积聚的场所，设置固定式检测器，实时进行检测 | | 施工开始后，如有需要进行测定 |
| | | 在作业开始前、爆破前后、地震后、低气压等情况下，使用便携式检测器进行测定 | | 在当天作业开始前进行测定 |
| | | 除瓦斯浓度外，氧气浓度、气压、洞内温度、风速等也需测定 | | |
| | ③信息沟通机制 | 明确测量结果的联络及报告机制 | | |
| | ④记录及保存 | 记录并整理施工中的各种检测结果，分析洞内瓦斯情况的变化趋势 | | |
| （4）通风 | ①设备、方式 | 选定适合隧道断面、长度的通风方式；<br>在可能涌出瓦斯的施工区域，设置能充分稀释涌出瓦斯的通风设备；<br>宜采用双风机、双电源的方式进行通风 | | |
| | ②通风竖井 | 通风设备不能将瓦斯浓度控制在爆炸极限范围内时，宜设置通风竖井 | 对通风竖井的设置进行专家论证、审查 | |

续上表

| 控制措施 | | 重大风险(Ⅳ级) | 较大风险(Ⅲ级) | 一般风险(Ⅱ级) |
|---|---|---|---|---|
| (5)警报装置 | | 设置能监测瓦斯异常情况,并迅速通知附近作业人员的声光自动警报装置 | 讨论警报装置的种类、功能,采用在出现异常时能迅速向隧道内施工人员发出警报的装置 | |
| | | 制定警报的标准、拉响警报时的行动要求,并向相关人员公告 | | |
| | | 制定警报装置的检查、维护标准 | | |
| | | 安排检查员在每天作业前对警报装置进行检查 | | |
| (6)临时用电与照明 | | 参照其他机械的防爆要求,包括防爆等级 | | |
| (7)火源管理 | ①用火管理 | 制定隧道内用火标准,并向相关人员公告 | | |
| | | 在洞口标示香烟、火柴、打火机、普通灯、闪光灯相机等可能产生火源的物品,向相关人员公告,不宜将上述物品带入隧道内。另外,还宜实施进洞前随身物品检查等具体措施 | 不宜带入火源,并应进行标示。如有必要需经审批后动火 | |
| | | 在隧道内,将动火作业变更为不用火的方法,或将动火作业转移到洞外作业;着火用具由作业主管进行保管;动火前对周围气体浓度进行测定并确保安全;用火过程中,配监火人,由监火人进行气体浓度的测定;制定包含以上要求的动火作业管理规定,并贯彻落实 | 在隧道内进行动火作业时,提前申请;在作业前、作业中进行气体浓度测定,以确保安全 | 在隧道内用火时,提前申请,并采取必要的措施 |
| | ②机电设备防爆 | 在可燃性气体浓度可能达到爆炸极限范围场合使用的机电设备具有防爆性能;制定防爆设备维护、检查的标准,以维持防爆性能 | 在机电设备附近测定瓦斯浓度,并根据需要采用具有防爆性能的设备 | |
| | | 使用耐火电缆 | 讨论使用耐火电缆 | 根据需要讨论是否使用耐火电缆 |
| | ③电气设备绝缘 | 为防止放电、电火花的发生,检查电气设备的绝缘情况 | | |
| | ④爆破 | 爆破作业,采用三级以上煤矿许用炸药,严格执行"一炮三检"制度 | 根据情况讨论采用何种炸药,严格执行"一炮三检"制度 | |
| | ⑤其他 | 穿戴防静电的劳动用品,采取防静电、接地等措施 | | 在特殊情况下采用 |

续上表

| 控制措施 | | 重大风险(Ⅳ级) | 较大风险(Ⅲ级) | 一般风险(Ⅱ级) |
|---|---|---|---|---|
| (8)应急措施 | ①应急工具 | 在必要的场所设置应急处理用具,向相关人员公示设置场所和使用方法 | | |
| | ②应急演练 | 模拟紧急事件,实施应急避难演练 | | |
| (9)人员培训 | | 针对以下内容进行相关培训:<br>瓦斯的性质;<br>瓦斯爆炸的危害;<br>瓦斯的检测;<br>通风;<br>火源管理;<br>应急处置措施 | | |

6)岩爆

按照专项风险评估确定的风险等级,隧道岩爆风险事件可从前期资料收集、施工计划、开挖作业、警报装置、应急措施和人员培训等方面分别制定风险控制措施,参照表6-41。

**隧道岩爆风险事件控制措施** 表6-41

| 控制措施 | | 重大风险(Ⅳ级) | 较大风险(Ⅲ级) | 一般风险(Ⅱ级) |
|---|---|---|---|---|
| (1)前期资料收集 | | 收集项目周围已完工和在建隧道工程出现岩爆的资料及地质勘察报告资料 | | 根据需要,对周围隧道工程出现岩爆情况的资料进行收集 |
| (2)施工计划 | | 在前期调查的基础上,确定今后施工过程中易发生岩爆的里程及部位,对于易发生岩爆的地段,优化工程布置和开挖方式 | | 必要时,选择适当优化调整方法 |
| (3)开挖作业 | ①水平钻孔 | 采用短进尺、多循环的施工方式,以及先导洞后扩挖二次推进的掘进方式 | 进行长距离钻孔掘进 | |
| | ②爆破控制 | 松动爆破、微差起爆,严格控制最大单段药量,降低药量和减少爆破频率,提高光爆效果,减少应力集中 | 根据需要,进行爆破频率、药量等控制 | |
| | ③应力释放 | 采用应力释放孔或在孔中实施小药量爆破等方式进行应力释放 | 讨论是否打设应力释放孔 | |
| | ④围岩洒水 | 在掌子面(工作面)和洞壁经常喷洒冷水 | 根据需要,适当喷洒冷水 | |

续上表

| 控制措施 | | 重大风险(Ⅳ级) | 较大风险(Ⅲ级) | 一般风险(Ⅱ级) |
|---|---|---|---|---|
| (3)开挖作业 | ⑤围岩支护 | 爆破后及时在拱部及侧壁喷射混凝土,采取双层锚喷网加锚杆等联合支护措施,并紧跟着开展二次衬砌工作 | 根据需要,进行喷射混凝土支护、锚杆支护等 | |
| | ⑥测量管理 | 表象观测,利用人的视觉与听觉直观感受作业区域异常现象,做到"一听响声、二看位置、三看方向",找出岩爆发生的前兆,如边帮开裂、脱落或出现异常响声等,做到及时发现险情及时处理 | 根据需要,观测作业区域边帮开裂、脱落和异常响声等情况 | |
| | | 仪器监测可结合现场实际利用收敛、锚杆测力计、多点位移计等监测仪器进行监测 | 根据需要,监测作业区域围岩的应力、位移等情况 | |
| | ⑦信息沟通机制 | 明确测量结果的联络及报告机制 | | |
| | ⑧记录及保存 | 记录并整理施工中各项测量结果,根据测量结果判定岩爆的危险度 | | |
| (4)警报装置 | | 宜设置发生紧急情况时可发出警报的装置;<br>提前确定发出警报的标准、警报的种类、警报后的应急行动等,并通知到相关人员;<br>确定警报装置检修及维护的标准 | | |
| (5)应急措施 | ①应急器械 | 宜将在紧急情况下使用的器械设置在必要的位置上,并将其位置及使用方法通知相关人员 | | |
| | ②避难训练 | 进行紧急情况下的避险训练 | | |
| | ③救护训练 | 进行紧急情况下的人员救护训练 | | |
| (6)人员培训 | | 针对以下内容进行相关培训:<br>岩爆的危险性;<br>防止岩爆发生的措施及注意事项;<br>检查方法(检查内容及时间);<br>发生紧急情况时的对策 | | |

### 6.4.3 盾构法

1)掌子面失稳

按照专项风险评估确定的风险等级,盾构法隧道掌子面失稳风险事件可从前期调查、掘进前、掘进中、监控量测和人员培训等方面分别制定风险控制措施,参照表6-42。

**隧道掌子面失稳风险事件控制措施** 表 6-42

| 控制措施 | | 重大风险(Ⅳ级) | 较大风险(Ⅲ级) | 一般风险(Ⅱ级) |
|---|---|---|---|---|
| (1)前期调查 | ①资料收集 | 全面收集和掌握工程所在区域场地的工程地质、水文地质和周边环境情况 | | 根据需要,收集工程所在区域场地的工程地质、水文地质和周边环境情况 |
| | ②不良地质调查 | 调查隧道沿线范围内不良地质分布情况 | | |
| | ③水源及地下管线调查 | 调查隧道沿线范围内是否存在承压水、河道水位变化、不间断水源补给及隧道周边地下管线所处地层情况 | | 根据需要,调查隧道沿线范围内是否存在承压水、河道水位变化、不间断水源补给及隧道周边地下管线所处地层情况 |
| (2)掘进前 | ①盾构机选型 | 根据地质及水文情况,选取适宜的盾构机系统,确保主轴承密封质量及密封油脂质量,选择合理的刀盘刀具 | | |
| | ②地层加固方案及其专项方案 | 根据不良地质及附近水源情况,采取适宜的地层加固方案及专项方案 | | 可不采取措施 |
| | ③试验段 | 设置试验段进行试掘进,确定主要掘进参数 | | |
| (3)掘进中 | ①主要掘进参数 | 根据地质情况选择合适的掘进参数,如掘进速度、总推力、扭矩、刀盘转速、区域油压、同步注浆量、盾尾油脂压注量等,维持合理的土(泥水)仓压力,减小压力波动,加强泥浆管理、泥水循环流量、渣土改良参数和出土量监控,严控超挖 | | |
| | ②泥浆质量/渣土改良效果控制 | 泥水盾构采用与地层匹配的泥浆技术指标,土压盾构采用与地层匹配的渣土改良技术;加大测试频率,及时调整参数,保证掘进顺利进行 | | 正常参数匹配 |
| | ③盾构姿态控制 | 盾构姿态保持平稳,少纠偏、勤纠偏,避免出现较大偏差量;合理规划盾构机推进姿态,控制盾构机与线路轴线夹角;合理管片选型,避免过小盾尾间隙 | | |
| | ④同步注浆控制 | 根据超挖情况,合理选择注浆率、注浆量与超挖量匹配;注浆速度与推进速度相匹配,确保盾尾脱出区及时有效填充 | | |
| | ⑤二次补强注浆 | 穿越后通过管片的预留注浆孔进行二次补强注浆,补充同步注浆未填充部分和体积减少部分 | 根据监测情况确定控制措施 | |
| | ⑥控制出渣量 | 严格控制出渣量或者排浆速度,动态调整相关参数,避免过度超挖 | | |
| | ⑦开仓作业 | 宜选择在地层自稳性强、天然含水率小的地段进行常压开仓作业,有条件加固地层时尽量加固后实施;带压作业时,确保专业人员满足进仓工作需求,通过试验确定泥浆指标与压力控制标准,试验保压成功后方可允许带压作业,并加强过程控制 | | |
| | ⑧盾尾和主轴承密封质量控制 | 油脂使用量需符合厂家指导标准,保护好盾尾及主轴承密封质量;盾尾油脂压力、主轴承密封压力保持与同步注浆、水土压力相适应 | | |

续上表

| 控制措施 | 重大风险(Ⅳ级) | 较大风险(Ⅲ级) | 一般风险(Ⅱ级) |
|---|---|---|---|
| (4)监控量测 | 开展信息化施工,加强对盾构机姿态的测量和地面监控量测,及时反馈信息以调整盾构机掘进参数 | | |
| | 提高监控量测频率 | 对不良地质段提高监控量测频率 | |
| (5)人员培训 | 针对以下内容进行相关培训:<br>掌子面失稳事故的危险性;<br>防止事故发生的对策及注意事项;<br>地面巡视及警戒线范围;<br>检查方法(检查内容及时间);<br>监控方法;<br>发生险情时的应急措施 | | |

2)建(构)筑物受损

按照专项风险评估确定的风险等级,盾构法隧道建(构)筑物受损风险事件可从前期调查、穿越前、掘进中、监控量测、警报装置和人员培训等方面分别制定风险控制措施,参照表6-43。

隧道建(构)筑物受损风险事件控制措施　　　　　　　　表6-43

| 控制措施 | | 重大风险(Ⅳ级) | 较大风险(Ⅲ级) | 一般风险(Ⅱ级) |
|---|---|---|---|---|
| (1)前期调查 | ①资料收集 | 全面收集和掌握工程所在区域场地的工程地质、水文地质和周边环境情况 | | 根据需要,收集工程所在区域场地的工程地质、水文地质和周边环境情况 |
| | ②不良地质调查 | 调查隧道邻近建(构)筑物范围内不良地质分布情况 | | 根据需要,调查隧道邻近建(构)筑物范围内不良地质分布情况 |
| | ③现状调查 | 对邻近建(构)筑物全面调查(包括但不限于建筑物的基础类型、用途、功能、受保护程度;地下管线的接头类型及有无压力;与盾构隧道的空间位置关系),做好现状影像资料采集记录工作。根据现状调查结果确定邻近建(构)筑物的重要性及敏感性 | | |
| | ④现状评估 | 对邻近建(构)筑物进行现状检测及技术鉴定 | | |
| (2)穿越前 | ①保护或加固方案 | 对于抗变形能力较差的建(构)筑物,根据施工前评估结果可预先采取加固、托换或隔离措施等专项方案 | | 可不采取措施 |
| | ②盾构机选型 | 盾构机选型阶段考虑邻近建(构)筑物的影响 | | 可不考虑 |
| | ③设备调试 | 做好盾构机设备检查,排除各类故障,确保盾构机处于良好的运行状态,确保盾构机一次性连续穿越,避免在建(构)筑物下长时间停机 | | 可不考虑 |
| | ④试验段 | 设置试验段进行试掘进,确定主要掘进参数 | | 可不考虑 |

续上表

| 控制措施 | | 重大风险(Ⅳ级) | 较大风险(Ⅲ级) | 一般风险(Ⅱ级) |
|---|---|---|---|---|
| (3)掘进中 | ①主要掘进参数 | 根据地质情况选择合适的掘进参数,如掘进速度、总推力、扭矩、刀盘转速、区域油压、同步注浆量、盾尾油脂压注量等,维持合理土(泥水)仓压力,减小压力波动,加强泥浆管理、泥水循环流量、渣土改良参数和出土量监控,严控超挖 | | |
| | ②泥浆质量/渣土改良效果控制 | 泥水盾构采用与地层匹配的泥浆技术指标;土压盾构采用与地层匹配的渣土改良技术;加大测试频率,及时调整参数,保证掘进顺利进行 | | 正常参数匹配 |
| | ③盾构姿态控制 | 盾构姿态保持平稳,少纠偏、勤纠偏,避免出现较大偏差量;合理规划盾构机推进姿态,控制盾构机与线路轴线夹角;合理管片选型,避免过小盾尾间隙 | | |
| | ④同步注浆控制 | 根据超挖情况,合理选择注浆率,注浆量与超挖量匹配;注浆速度与推进速度相匹配,确保盾尾脱出区得到及时有效的填充 | | |
| | ⑤二次补强注浆 | 穿越后通过管片预留注浆孔进行二次补强注浆,补充同步注浆未填充部分和体积减少部分 | 根据监测情况确定 | |
| | ⑥盾尾和主轴承密封质量控制 | 油脂使用量符合厂家指导标准,保护好盾尾及主轴承密封质量;盾尾油脂压力、主轴承密封压力保持与同步注浆、水土压力相适应 | | |
| | ⑦管片拼装质量 | 确保管片拼装精度,防止出现椭圆形或错台,管片不宜有内外贯穿裂缝和宽度大于0.2mm的裂缝及混凝土剥落现象,确保管片防水密封质量 | | |
| | ⑧开仓作业 | 尽量避免在该段换刀,无法避免时尽量选择在地层自稳性强、天然含水率小的地段进行常压开仓作业,有条件加固地层时尽量加固后实施;带压作业时,确保专业人员满足进仓工作需求,通过试验确定泥浆指标与压力控制标准,试验保压成功后方可允许带压作业,并加强过程控制 | | |
| (4)监控量测 | | 开展信息化施工,加强对建(构)筑物的监控量测,及时掌握建(构)筑物变形情况,根据监测情况,调整盾构机掘进参数 | | |
| | | 提高监控量测频率 | 不良地质段提高监控量测频率 | |
| (5)警报装置 | | 根据使用功能建立相关方参加的警报与应急撤离机制 | | |
| (6)人员培训 | | 针对以下内容进行相关培训:<br>建(构)筑物受损事故的危险性;<br>防止事故发生的对策及注意事项;<br>地面巡视及警戒线范围;<br>检查方法(检查内容及时间);<br>监控方法;<br>发生险情时的应急措施 | | |

3)突水

按照专项风险评估确定的风险等级,盾构法隧道突水风险事件可从前期调查、掘进前、掘进中、监控量测、警报装置、应急措施和人员培训等方面分别制定风险控制措施,参照表6-44。

隧道突水风险事件控制措施　　　　　　　　　　　　　　　表6-44

| 控制措施 | | 重大风险（Ⅳ级） | 较大风险（Ⅲ级） | 一般风险（Ⅱ级） |
|---|---|---|---|---|
| （1）前期调查 | ①资料收集 | 全面收集和掌握工程所在区域场地的工程地质、水文地质、极端天气（暴雨、台风）和周边环境情况 | | 根据需要，收集工程所在区域场地的工程地质、水文地质、极端天气（暴雨、台风）和周边环境情况 |
| | ②不良地质调查 | 调查隧道沿线范围内不良地质分布情况 | | 根据需要，调查隧道沿线范围内不良地质分布情况 |
| | ③水源及地下管线调查 | 调查隧道沿线范围内是否存在承压水、河道水位变化、不间断水源补给及隧道（含联络通道及端头处）周边地下管线所处地层情况 | | 根据需要，调查隧道沿线范围内是否存在承压水、河道水位变化、不间断水源补给及隧道（含联络通道及端头处）周边地下管线所处地层情况 |
| （2）掘进前 | ①盾构机选型 | 根据工程地质及水文地质情况，选取适宜的盾构机系统，确保盾尾刷密封质量、主轴承密封质量及密封油脂质量 | | |
| | ②主要措施及其专项方案 | 根据地质水文条件和盾构机基本情况，可采取加固、冷冻、帷幕隔离、降水措施及盾尾密封更换、开仓作业等专项方案 | | 可不采取措施 |
| | ③辅助措施 | 严格控制始发端或接收端反力架/接收托架强度及加工质量 | | |
| | | 端头采用适合地层特点的加固措施、降水措施或采用钢套筒辅助始发接收 | | 端头采用袖阀管注浆加固 |
| | | 零环管片处增设刚性密封装置止水止砂 | 始发和接收段安装橡胶止水帘布 | |
| （3）掘进中 | ①主要掘进参数 | 根据地质情况选择合适的掘进参数，如掘进速度、总推力、扭矩、刀盘转速、区域油压、同步注浆量、盾尾油脂压注量等，维持合理土（泥水）仓压力、减小压力波动，加强泥浆管理、泥水循环流量、渣土改良参数和出土量监控，严控超挖 | | |
| | ②泥浆质量/渣土改良效果控制 | 泥水盾构采用与地层匹配的泥浆技术指标；土压盾构采用与地层匹配的渣土改良技术；加大测试频率，及时调整参数，保证掘进顺利进行 | | 正常参数匹配 |
| | ③盾尾和主轴承密封质量控制 | 油脂使用量符合厂家指导标准，保护好盾尾及主轴承密封质量；盾尾油脂压力、主轴承密封压力保持与同步注浆、水土压力相适应 | | |
| | ④同步注浆控制 | 根据超挖情况，合理选择注浆率，注浆量与超挖量匹配；注浆速度与推进速度相匹配，确保盾尾脱出区及时有效填充 | | |
| | ⑤二次补强注浆 | 穿越后通过管片预留注浆孔进行二次补强注浆，补充同步注浆未填充部分和体积减少部分 | 根据监测情况确定控制措施 | |
| | ⑥盾构姿态控制 | 盾构姿态保持平稳，少纠偏、勤纠偏，避免出现较大偏差量；合理规划盾构机推进姿态，控制盾构机与线路轴线夹角；合理管片选型，避免过小盾尾间隙 | | |
| | ⑦管片拼装质量 | 确保管片拼装精度，防止出现椭圆形或错台，管片不宜有内外贯穿裂缝和宽度大于0.2mm的裂缝及混凝土剥落现象，确保管片防水密封质量 | | |

续上表

| 控制措施 | | 重大风险(Ⅳ级) | 较大风险(Ⅲ级) | 一般风险(Ⅱ级) |
|---|---|---|---|---|
| (4)监控量测 | | 开展信息化施工,加强对盾构机姿态的测量和地面监控量测,及时反馈信息以调整盾构机掘进参数 | | |
| | | 提高监控量测频率 | 不良地质段提高监控量测频率 | |
| (5)警报装置 | | 建立相关方参加的警报与应急撤离机制 | | |
| (6)应急措施 | ①应急器械 | 在紧急情况下使用的器械设置在必要的位置上,并将其位置及使用方法通知相关人员 | | |
| | ②排水设备 | 根据预测涌水量、隧道断面积、隧道长度、坡度等因素,设置有充分排水能力的排水设备,排水设备抽水能力较设计抽水量宜有所富余 | | |
| | ③抽排设备用电管理 | 部分长距离、高埋深隧道宜设置抽排设备专用高压线路,有条件设置双回路,以免大流量涌水地段停电造成隧道被淹 | | |
| | ④避难训练 | 进行紧急情况下的避险训练 | | |
| | ⑤救护训练 | 进行紧急情况下的人员救护训练 | | |
| (7)人员培训 | | 培训围绕下列内容进行:<br>突水的危险性;<br>防止事故发生、控制险情扩大、次生灾害发生的措施及注意事项;<br>地面巡视及警戒线范围;<br>检查方法;<br>发生紧急情况时的对策 | | |

4)盾构机损伤(仅适用于施工过程风险事件)

按照专项风险评估确定的风险等级,盾构法隧道盾构机损伤风险事件可从前期调查、掘进前、掘进中、监控量测、警报装置和人员培训等方面分别制定风险控制措施,可参照表6-45。

盾构机损伤风险事件控制措施　　　　表6-45

| 控制措施 | | 重大风险(Ⅳ级) | 较大风险(Ⅲ级) | 一般风险(Ⅱ级) |
|---|---|---|---|---|
| (1)前期调查 | ①资料收集 | 全面收集和掌握工程所在区域场地的工程地质、水文地质和周边环境情况 | | 根据需要,收集工程所在区域场地的工程地质、水文地质和周边环境情况 |
| | ②不良地质调查 | 调查隧道沿线范围内不良地质分布情况 | | 根据需要,调查隧道沿线范围内不良地质分布情况 |
| | ③水源及地下管线调查 | 调查隧道沿线范围内是否存在承压水、河道水位变化、不间断水源补给及隧道周边地下管线所处地层情况 | | 根据需要,调查隧道沿线范围内是否存在承压水、河道水位变化、不间断水源补给及隧道周边地下管线所处地层情况 |

JT/T 1375.3—2024 附录E.10

续上表

| 控制措施 | | 重大风险(Ⅳ级) | 较大风险(Ⅲ级) | 一般风险(Ⅱ级) |
|---|---|---|---|---|
| (2)掘进前 | ①盾构机选型 | 根据工程地质及水文地质情况,选取适宜的盾构机系统,确保主轴承密封质量及密封油脂质量,选择合理的刀盘刀具 | | |
| | ②专项方案 | 制订刀具管理计划、盾尾密封管理计划、姿态管理等专项方案降低风险 | | 可不采取措施 |
| | ③试验段 | 设置试验段进行试掘进,确定主要掘进参数 | | |
| (3)掘进中 | ①主要掘进参数 | 根据地质情况选择合适的掘进参数,如掘进速度、总推力、扭矩、刀盘转速、区域油压、同步注浆量、盾尾油压压注量等,维持合理土(泥水)仓压力,减小压力波动,加强泥浆管理、泥水循环流量、渣土改良参数和出土量监控,严控超挖 | | |
| | ②泥浆质量/渣土改良效果控制 | 泥水盾构采用与地层匹配的泥浆技术指标;土压盾构采用与地层匹配的渣土改良技术;加大测试频率,及时调整参数,保证掘进顺利进行 | | 正常参数匹配 |
| | ③盾尾和主轴承密封质量控制 | 油脂使用量符合厂家指导标准,确保盾尾及主轴承密封质量;盾尾油脂压力、主轴承密封压力保持与同步注浆、水土压力相适应 | | |
| | ④同步注浆控制 | 根据超挖情况,合理选择注浆率,注浆量与超挖量匹配;注浆速度与推进速度相匹配,确保盾尾脱出区及时有效填充 | | |
| | ⑤二次补强注浆 | 穿越后通过管片预留注浆孔进行二次补强注浆,补充同步注浆未填充部分和体积减少部分 | 根据监测情况确定 | |
| | ⑥盾构姿态控制 | 盾构姿态保持平稳、少纠偏、勤纠偏,避免出现较大偏差量;合理规划盾构机推进姿态,控制盾构机与线路轴线夹角;合理管片选型,避免过小盾尾间隙 | | |
| | ⑦开仓作业 | 尽量选择在地层自稳性强、天然含水率小的地段进行常压开仓作业,有条件加固地层时尽量加固后实施;带压作业时,确保专业人员满足进仓工作需求,通过试验确定泥浆指标与压力控制标准,试验保压成功后方可允许带压作业,并加强过程控制 | | |
| (4)监控量测 | | 开展信息化施工,加强对盾构机姿态的测量、对刀具磨损量的检查、对盾尾密封及主轴承密封效果的检查和地面监控量测,及时反馈信息以调整盾构机掘进参数 | | |
| | | 提高监控量测频率 | 不良地质段提高监控量测频率 | |
| (5)警报装置 | | 建立相关方参加的警报与应急撤离机制 | | |
| (6)人员培训 | | 针对以下内容进行相关培训:<br>盾构机受损事故的危险性;<br>防止事故发生的对策及注意事项;<br>检查方法(检查内容及时间);<br>地面巡视及警戒线范围;<br>监控方法;<br>发生险情时的应急措施 | | |

## 6.5 风险控制预期效果评价

对于风险等级为较大风险(Ⅲ级)和重大风险(Ⅳ级)的风险源,应在实施风险控制措施、完成典型施工或首件施工后,开展风险控制预期效果评价,包括对风险控制措施落实情况的确认评价以及采取风险控制措施后预期风险的评价,风险控制预期效果评价流程如图 6-6 所示。

对风险控制措施落实情况的确认评价,宜通过对典型施工或首件施工的总结与分析,采用检查表法针对风险控制措施落实情况进行检查、确认,以确认风险控制措施是否得到完整实施,分析风险控制措施实施过程中的问题和不足,进一步完善风险控制措施。

采取风险控制措施后的预期风险评价宜采取专家评审方式,成立专家组,专家组成员不应少于 3 人,专家应具备高级及以上技术职称,并具有 10 年及以上公路隧道工程建设管理、施工、监理、勘察设计或风险评估等工作经历。专家组应根据典型施工或首件施工情况,针对风险控制措施落实情况,对采取措施后的风险事件可能性以及后果严重程度进行集体评定,在此基础上通过风险矩阵法,确定采取措施后预期风险的等级。

图 6-6 风险控制预期效果评价流程

## 6.6 本章小结

本章阐释了施工前专项风险评估的评估流程,包括风险辨识与风险分析、风险估测、风险控制与风险控制预期效果评价等步骤。

(1)风险辨识与风险分析阶段辨识隧道施工各作业活动中可能存在的风险事件类型,并分析各风险事件的致险因素与后果类型,进而形成风险辨识与风险分析表。

(2)风险估测包括一般风险源与重大风险源风险估测,除在 2024 年版指南中已明确的重大风险源,也可根据风险辨识与风险分析结果补充重大风险源。一般风险源以风险描述的方式汇总,无须准确量化;重大风险源需从风险事件可能性和后果严重程度两方面定量估测,并利用风险矩阵法确定其风险等级,进而形成重大风险源风险估测汇总表。

(3)结合专项风险评估结果,提出具体的风险控制措施建议,并在实施风险控制措施、完成典型施工或首件施工后,采用检查表法和风险矩阵法等方法开展风险控制预期效果评价。

# 第7章

# 施工过程专项风险评估

隧道施工是一个动态推进的过程。虽然在隧道工程开工前,已对其进行了有针对性的总体风险评估与施工前专项风险评估,初步掌握了隧道工程的风险等级与风险源分布情况,然而,评估所依赖的资料(隧道工程项目立项批复文件、环评报告、地质勘察报告、水文气象资料、设计风险评估报告(如有)、施工图设计文件、评估人员的现场调查资料等)仅来源于地质勘察阶段与设计阶段,在实际施工过程中地质条件或现场施工条件可能发生动态变化,限制了风险评估的准确性与可靠性。因此,有必要依据隧道施工过程中各因素的动态变化情况,对隧道工程展开施工过程专项风险评估工作,确保工程的安全与高效推进。

本章仅介绍重大风险源估测中基于指标体系法的风险事件可能性估测,其余内容见第6章。

## 7.1 评估流程

在隧道工程施工过程中,若出现了以下情况之一,应开展隧道工程施工过程专项风险评估:

(1)重大风险源存在遗漏。

(2)经项目建设、施工、监理单位或评估单位提出并论证出现了新的重大风险源。

(3)经项目建设、施工、监理单位或评估单位发现并提出原有的风险源发生了重大变化,如现场揭示的水文地质条件与事前预判的水文地质条件相差较大且趋于劣化、主要施工工艺发生实质性改变、发生对施工安全风险产生较大影响的设计变更、发生重大险情或生产安全事故等情况。

(4)有关法律、法规、标准提出了新的要求。

施工过程专项风险评估基本沿用施工前的框架,如图7-1所示,包括风险辨识与风险分析、风险估测、风险控制以及风险评估报告编制与评审等。虽然,隧道工程施工过程专项风险评估是以新增重大风险源、风险源发生重大变化等为依据的,但重大风险源对施工过程各环节均存在重大影响,因此,在施工过程中结合变化因素重新进行风险辨识与风险分析尤为重要。

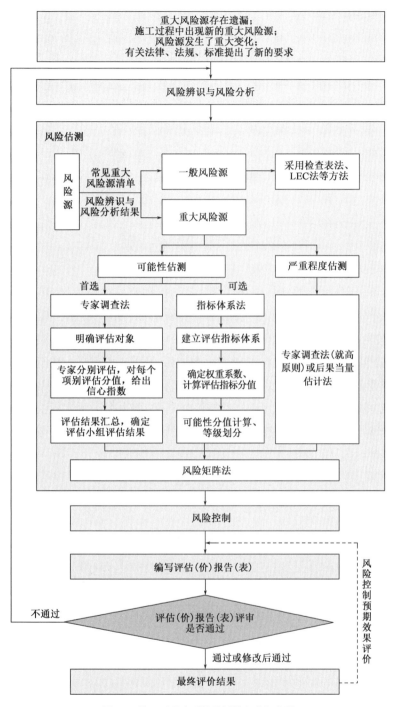

图 7-1 施工过程专项风险评估方法与流程

对于重大风险源的风险估测,施工前风险事件可能性评估只采用了静态指标或预测值等评估指标,显然不适用于施工过程风险评估,专家调查法是施工过程风险事件可能性估测的首选方法,指标体系法可作为施工过程风险事件可能性估测的可选方法。

2024年版指南针对施工过程专项风险评估,系统建立了施工过程中各风险事件的可能性评估指标体系,除包含基础的静态指标外,还增加了重要的现场揭露指标与施工指标;此外,与施工前指标体系法直接赋分不同,施工过程指标体系法采用百分制评分,并引入指标权重(指标权重的确定可采用重要性排序法等),不仅综合考虑了多种因素对风险估测的影响,还充分融入了不同专家的调查结果和经验判断,提高了评估结果的准确性。

对于施工区段特别复杂的隧道,施工过程重大风险源估测还应基于地质预报、监控量测结果,结合数值模拟等手段,采用层次分析法、未确知测度法等综合方法确定风险事件的可能性。

对于风险事件后果严重程度,仍采用施工前的评估方法,即专家调查法(就高原则)或后果当量估计法。

## 7.2 风险估测

施工过程风险事件可能性评估结合超前地质预报和监控量测数据,建立了风险事件可能性评估指标体系。其中钻爆法施工建立了洞口失稳、坍塌、涌水突泥、大变形、瓦斯爆炸、岩爆等6类风险事件可能性评估指标体系;盾构法施工建立了掌子面失稳、建(构)筑物受损、突水、盾构机损伤(包括盾尾密封击穿、主轴承密封击穿、保压舱失压、刀具刀盘磨损、卡盾、盾体变形)等4类风险事件可能性评估指标体系,较施工前增加了盾构机损伤风险事件。

在评估过程中,指标权重可采用重要性排序法确定,即根据工程实际情况对影响风险事件可能性的评估指标进行筛选,分析各指标的影响程度,并从高到低依次进行排序,按式(7-1)计算权重系数,也可按表7-1选取。

$$\gamma = \frac{2n - 2m + 1}{n^2} \tag{7-1}$$

式中:$\gamma$——权重系数;

$n$——评估指标项数;

$m$——重要性排序号,$m \leq n$。

**重要性排序法权重系数表**(按指标总数15项为例) 表7-1

| 指标数量 | 权重系数 γ 重要性排序 | | | | | | | | | | | | | | | 总权重 Σγ |
|---|---|---|---|---|---|---|---|---|---|---|---|---|---|---|---|---|
| | 第1项 | 第2项 | 第3项 | 第4项 | 第5项 | 第6项 | 第7项 | 第8项 | 第9项 | 第10项 | 第11项 | 第12项 | 第13项 | 第14项 | 第15项 | |
| 1项 | 1.00 | — | — | — | — | — | — | — | — | — | — | — | — | — | — | 1 |
| 2项 | 0.75 | 0.25 | — | — | — | — | — | — | — | — | — | — | — | — | — | 1 |
| 3项 | 0.56 | 0.33 | 0.11 | — | — | — | — | — | — | — | — | — | — | — | — | 1 |
| 4项 | 0.44 | 0.31 | 0.19 | 0.06 | — | — | — | — | — | — | — | — | — | — | — | 1 |
| 5项 | 0.36 | 0.28 | 0.20 | 0.12 | 0.04 | — | — | — | — | — | — | — | — | — | — | 1 |

续上表

| 指标数量 | 第1项 | 第2项 | 第3项 | 第4项 | 第5项 | 第6项 | 第7项 | 第8项 | 第9项 | 第10项 | 第11项 | 第12项 | 第13项 | 第14项 | 第15项 | 总权重 $\Sigma\gamma$ |
|---|---|---|---|---|---|---|---|---|---|---|---|---|---|---|---|---|
| 6项 | 0.31 | 0.25 | 0.19 | 0.14 | 0.08 | 0.03 | — | — | — | — | — | — | — | — | — | 1 |
| 7项 | 0.27 | 0.23 | 0.18 | 0.14 | 0.10 | 0.06 | 0.02 | — | — | — | — | — | — | — | — | 1 |
| 8项 | 0.23 | 0.20 | 0.17 | 0.14 | 0.11 | 0.08 | 0.05 | 0.02 | — | — | — | — | — | — | — | 1 |
| 9项 | 0.21 | 0.18 | 0.16 | 0.14 | 0.11 | 0.09 | 0.06 | 0.04 | 0.01 | — | — | — | — | — | — | 1 |
| 10项 | 0.19 | 0.17 | 0.15 | 0.13 | 0.11 | 0.09 | 0.07 | 0.05 | 0.03 | 0.01 | — | — | — | — | — | 1 |
| 11项 | 0.17 | 0.16 | 0.14 | 0.12 | 0.11 | 0.09 | 0.07 | 0.06 | 0.04 | 0.03 | 0.01 | — | — | — | — | 1 |
| 12项 | 0.16 | 0.15 | 0.14 | 0.12 | 0.10 | 0.09 | 0.08 | 0.06 | 0.05 | 0.03 | 0.02 | 0.01 | — | — | — | 1 |
| 13项 | 0.15 | 0.14 | 0.12 | 0.11 | 0.10 | 0.09 | 0.08 | 0.06 | 0.05 | 0.04 | 0.03 | 0.02 | 0.01 | — | — | 1 |
| 14项 | 0.14 | 0.13 | 0.12 | 0.11 | 0.10 | 0.09 | 0.08 | 0.07 | 0.06 | 0.05 | 0.04 | 0.03 | 0.02 | 0.01 | — | 1 |
| 15项 | 0.13 | 0.12 | 0.11 | 0.10 | 0.09 | 0.08 | 0.08 | 0.07 | 0.06 | 0.05 | 0.04 | 0.03 | 0.02 | 0.01 | 0.01 | 1 |

施工过程风险事件可能性估测按式(7-2)、式(7-3)计算：

$$P_{T} = \sum X_{T\text{-}ij} \tag{7-2}$$

$$X_{T\text{-}ij} = R_{ij}\gamma_{ij} \tag{7-3}$$

式中：$P_T$——风险事件可能性评估分值；

T——钻爆法或盾构法风险事件标识符；

$X_{T\text{-}ij}$——评估指标的分值，$i = 1,2,\cdots,m, j = 1,2,\cdots,n$，$m$ 为项别的数量，$n$ 为对应第 $i$ 个项别包括的评估指标数量；

$R_{ij}$——评估指标的基本分值；

$\gamma_{ij}$——评估指标的权重系数。

根据计算出的风险事件可能性评估分值，对照表7-2确定风险事件可能性等级。

隧道工程施工过程风险事件可能性等级　　　　表7-2

| 计算分值（分） | 可能性等级描述 | 可能性等级 |
|---|---|---|
| $P_T \geq 60$ | 很可能 | 5 |
| $45 \leq P_T < 60$ | 可能 | 4 |
| $30 \leq P_T < 45$ | 偶然 | 3 |
| $15 \leq P_T < 30$ | 可能性很小 | 2 |
| $P_T < 15$ | 几乎不可能 | 1 |

注：根据工程风险的具体情况，结合地区经验，可对表7-2的计算分值区间进行适当调整。

### 7.2.1　钻爆法

1）洞口失稳

施工过程洞口失稳风险事件可能性评估指标体系从隧道建设规模、地形特征、地质条件、气象条件和监控量测等5个方面建立,见表7-3。

与施工前相比,施工过程风险事件可能性评估指标体系有如下变化:

(1)修改评估指标:气象条件中"年均降雨量与施工季节"细化为"施工季节"。

(2)新增项别及评估指标:监控量测(相对变形值、监控量测方案合理性)。

**隧道施工过程洞口失稳风险事件可能性评估指标体系(钻爆法)** 表7-3

| 项别 | 评估指标 | 分级 | 基本分值 $R_{ij}$ 分值范围 | 取值 | 权重系数 $\gamma_{ij}$ | 评估分值 $X_{db7-ij}$ | 说明 |
|---|---|---|---|---|---|---|---|
| 建设规模 $X_{db7-1}$ | 隧道开挖跨度 $X_{db7-11}$ | $X_{db7-11} \geq 18m$ | $75 < R_{ij} \leq 100$ | $R_{11}$ | $\gamma_{11}$ | $X_{db7-11} = R_{11} \times \gamma_{11}$ | 隧道主线主要考虑正洞开挖跨度,根据设计文件确定。当隧道开挖跨度大于或等于22m时,基本分值取100分,其他情况按隧道开挖跨度线性内插取值 |
| | | $14m \leq X_{db7-11} < 18m$ | $50 < R_{ij} \leq 75$ | | | | |
| | | $9m \leq X_{db7-11} < 14m$ | $25 < R_{ij} \leq 50$ | | | | |
| | | $X_{db7-11} < 9m$ | $0 < R_{ij} \leq 25$ | | | | |
| 地形特征 $X_{db7-2}$ | 洞口浅埋段长度 $X_{db7-21}$ | $X_{db7-21} \geq 50m$ | $75 < R_{ij} \leq 100$ | $R_{21}$ | $\gamma_{21}$ | $X_{db7-21} = R_{21} \times \gamma_{21}$ | 根据地质勘察资料、设计文件及现场条件确定。当洞口浅埋段长度大于或等于60m时,基本分值取100分,其他情况按洞口浅埋段长度线性内插取值 |
| | | $30m \leq X_{db7-21} < 50m$ | $50 < R_{ij} \leq 75$ | | | | |
| | | $10m \leq X_{db7-21} < 30m$ | $25 < R_{ij} \leq 50$ | | | | |
| | | $X_{db7-21} < 10m$ | $0 < R_{ij} \leq 25$ | | | | |
| | 洞口偏压角度 $X_{db7-22}$ | $X_{db7-22} \geq 25°$ | $50 < R_{ij} \leq 100$ | $R_{22}$ | $\gamma_{22}$ | $X_{db7-22} = R_{22} \times \gamma_{22}$ | 根据地质勘察资料、设计文件及现场条件确定。当洞口偏压角度大于或等于45°时,基本分值取100分,其他情况按洞口偏压角度线性内插取值 |
| | | $X_{db7-22} < 25°$ | $0 < R_{ij} \leq 50$ | | | | |
| 地质条件 $X_{db7-3}$ | 围岩级别 $X_{db7-31}$ | Ⅵ级 | $R_{ij} = 100$ | $R_{31}$ | $\gamma_{31}$ | $X_{db7-31} = R_{31} \times \gamma_{31}$ | 根据设计文件及现场条件确定 |
| | | Ⅴ级 | $75 < R_{ij} \leq 100$ | | | | |
| | | Ⅳ级 | $50 < R_{ij} \leq 75$ | | | | |
| | | Ⅲ级 | $25 < R_{ij} \leq 50$ | | | | |
| | | Ⅰ、Ⅱ级 | $R_{ij} = 0$ | | | | |
| | 坡体结构 $X_{db7-32}$ | 存在古滑坡体 | $75 < R_{ij} \leq 100$ | $R_{32}$ | $\gamma_{32}$ | $X_{db7-32} = R_{32} \times \gamma_{32}$ | 根据地质勘察资料、设计文件及现场条件确定。顺向坡指岩层倾向与边坡倾向夹角为0°~30°;斜交坡指岩层倾向与边坡倾向夹角为30°~60°;横交坡指岩层倾向与边坡倾向夹角为60°~90° |
| | | 顺向坡(边坡坡角大于岩层倾角,同时岩层倾角大于15°) | $50 < R_{ij} \leq 75$ | | | | |
| | | 斜交坡 | $25 < R_{ij} \leq 50$ | | | | |
| | | 横交坡 | $0 < R_{ij} \leq 25$ | | | | |
| 气象条件 $X_{db7-4}$ | 施工季节 $X_{db7-41}$ | 雨季施工,施工周期中可能出现暴雨 | $75 < R_{ij} \leq 100$ | $R_{41}$ | $\gamma_{41}$ | $X_{db7-41} = R_{41} \times \gamma_{41}$ | 年均降雨量在施工过程评估中参考意义较小,故仅对施工季节降雨分级描述,降雨量越大,则洞口失稳风险越大。施工过程应尽量避免雨季施工,若在雨季施工,降雨量越大,持续时间越长,发生风险事件的可能性越大 |
| | | 雨季施工,施工周期中可能出现大雨 | $50 < R_{ij} \leq 75$ | | | | |
| | | 雨季施工,施工周期中可能出现中雨 | $25 < R_{ij} \leq 50$ | | | | |
| | | 旱季施工 | $R_{ij} = 0$ | | | | |

续上表

| 项别 | 评估指标 | 分级 | 基本分值 $R_{ij}$ 分值范围 | 取值 | 权重系数 $\gamma_{ij}$ | 评估分值 $X_{db7\text{-}ij}$ | 说明 |
|---|---|---|---|---|---|---|---|
| 监控量测 $X_{db7\text{-}5}$ | 相对变形值 ($u/B$) $X_{db7\text{-}51}$ | 大于或等于4% | $75 < R_{ij} \leq 100$ | $R_{51}$ | $\gamma_{51}$ | $X_{db7\text{-}51} = R_{51} \times \gamma_{51}$ | 相对变形值越大,风险越高。当相对变形值大于或等于5%时,基本分值取100分,其他情况按相对变形值线性内插取值。$u$ 为隧道最大变形位移(拱顶或边墙),$B$ 为隧道开挖跨度。评估时按照就高原则,选取评估区段内变形量最大的断面 |
|  |  | 3%～4% | $50 < R_{ij} \leq 75$ |  |  |  |  |
|  |  | 2%～3% | $25 < R_{ij} \leq 50$ |  |  |  |  |
|  |  | 1%～2% | $0 < R_{ij} \leq 25$ |  |  |  |  |
|  | 监控量测方案合理性 $X_{db7\text{-}52}$ | 量测频率很低、必测项目很不全面或无监测项目,信息反馈很差或无反馈 | $75 < R_{ij} \leq 100$ | $R_{52}$ | $\gamma_{52}$ | $X_{db7\text{-}52} = R_{52} \times \gamma_{52}$ | 根据现场监测情况确定。量测频率越低,必测项目越不全面,信息反馈越差,则取值越大 |
|  |  | 量测频率较低、有一定必测项目但不全面,信息反馈较差 | $50 < R_{ij} \leq 75$ |  |  |  |  |
|  |  | 量测频率一般、必测项目较全面、无选测项目,信息反馈一般 | $25 < R_{ij} \leq 50$ |  |  |  |  |
|  |  | 量测频率较合理、必测项目全面、有一定选测项目,信息反馈及时 | $0 < R_{ij} \leq 25$ |  |  |  |  |
|  |  | 量测频率合理、必测项目全面、选测项目合理,信息反馈很及时 | $R_{ij} = 0$ |  |  |  |  |

2）坍塌

施工过程坍塌风险事件可能性评估指标体系从隧道建设规模、地形特征、地质条件、水文地质条件、施工因素、超前预报与监控量测等6个方面建立,见表7-4。

与施工前相比,施工过程风险事件可能性评估指标体系有如下变化:

(1)新增评估指标:地质条件中"断层破碎带胶结程度"。

(2)新增项别及评估指标:水文地质条件(地下涌水情况)、施工因素(衬砌安全距离、仰拱安全距离)、超前预报与监控量测(超前地质预报、相对变形值、监控量测方案合理性)。

**隧道施工过程坍塌风险事件可能性评估指标体系**(钻爆法)  表7-4

| 项别 | 评估指标 | 分级 | 基本分值 $R_{ij}$ 分值范围 | 取值 | 权重系数 $\gamma_{ij}$ | 评估分值 $X_{db8\text{-}ij}$ | 说明 |
|---|---|---|---|---|---|---|---|
| 建设规模 $X_{db8\text{-}1}$ | 隧道开挖跨度 $X_{db8\text{-}11}$ | $X_{db8\text{-}11} \geq 18\text{m}$ | $75 < R_{ij} \leq 100$ | $R_{11}$ | $\gamma_{11}$ | $X_{db8\text{-}11} = R_{11} \times \gamma_{11}$ | 隧道主线主要考虑正洞开挖跨度,根据设计文件确定。当隧道开挖跨度大于或等于22m时,基本分值取100分,其他情况按隧道开挖跨度线性内插取值 |
|  |  | $14\text{m} \leq X_{db8\text{-}11} < 18\text{m}$ | $50 < R_{ij} \leq 75$ |  |  |  |  |
|  |  | $9\text{m} \leq X_{db8\text{-}11} < 14\text{m}$ | $25 < R_{ij} \leq 50$ |  |  |  |  |
|  |  | $X_{db8\text{-}11} < 9\text{m}$ | $0 < R_{ij} \leq 25$ |  |  |  |  |

续上表

| 项别 | 评估指标 | 分级 | 基本分值 $R_{ij}$ | | 权重系数 $\gamma_{ij}$ | 评估分值 $X_{db8-ij}$ | 说明 |
|---|---|---|---|---|---|---|---|
| | | | 分值范围 | 取值 | | | |
| 地形特征 $X_{db8-2}$ | 浅埋层厚度与覆跨比 $X_{db8-21}$ | 厚度小于10m | $75 < R_{ij} \leq 100$ | $R_{21}$ | $\gamma_{21}$ | $X_{db8-21} = R_{21} \times \gamma_{21}$ | 根据地质勘察资料、设计文件及现场条件确定。当浅埋层厚度小于10m时，不考虑覆跨比；当浅埋层厚度小于或等于8m时，基本分值取100分；其他情况按覆跨比线性内插取值 |
| | | 覆跨比为0~2 | $50 < R_{ij} \leq 75$ | | | | |
| | | 覆跨比为2~4 | $25 < R_{ij} \leq 50$ | | | | |
| | | 覆跨比大于或等于4 | $0 < R_{ij} \leq 25$ | | | | |
| | 浅埋隧道偏压角度 $X_{db8-22}$ | $X_{db8-22} \geq 25°$ | $50 < R_{ij} \leq 100$ | $R_{22}$ | $\gamma_{22}$ | $X_{db8-22} = R_{22} \times \gamma_{22}$ | 根据地质勘察资料、设计文件及现场条件确定。当浅埋隧道偏压角度大于或等于45°时，基本分值取100分，其他情况按浅埋隧道偏压角度线性内插取值 |
| | | $X_{db8-22} < 25°$ | $0 < R_{ij} \leq 50$ | | | | |
| 地质条件 $X_{db8-3}$ | 围岩级别 $X_{db8-31}$ | Ⅵ级 | $R_{ij} = 100$ | $R_{31}$ | $\gamma_{31}$ | $X_{db8-31} = R_{31} \times \gamma_{31}$ | 根据设计文件及现场条件确定 |
| | | Ⅴ级 | $50 < R_{ij} < 100$ | | | | |
| | | Ⅳ级 | $25 < R_{ij} \leq 50$ | | | | |
| | | Ⅲ级 | $0 < R_{ij} \leq 25$ | | | | |
| | | Ⅰ、Ⅱ级 | $R_{ij} = 0$ | | | | |
| | 断层破碎带宽度 $X_{db8-32}$ | $X_{db8-32} \geq 50m$ | $75 < R_{ij} \leq 100$ | $R_{32}$ | $\gamma_{32}$ | $X_{db8-32} = R_{32} \times \gamma_{32}$ | 根据地质勘察资料、设计文件及现场条件确定。当断层破碎带宽度大于或等于60m时，基本分值取100分，其他情况按断层破碎带宽度线性内插取值 |
| | | $20m < X_{db8-32} < 50m$ | $50 < R_{ij} \leq 75$ | | | | |
| | | $0m < X_{db8-32} < 20m$ | $25 < R_{ij} \leq 50$ | | | | |
| | | 不存在断层破碎带 | $R_{ij} = 0$ | | | | |
| | 断层破碎带胶结程度 $X_{db8-33}$ | 胶结程度极差 | $75 < R_{ij} \leq 100$ | $R_{33}$ | $\gamma_{33}$ | $X_{db8-33} = R_{33} \times \gamma_{33}$ | 根据地质勘察资料、设计文件及现场条件确定。断层破碎带胶结程度越差，取值越大，反之取值越小。断层破碎带的胶结程度是决定其力学特性的关键因素，将断层破碎带视为岩体碎裂结构，以其胶结程度作为划分依据，胶结程度越差或越松弛的断层破碎带，潜在的坍塌风险越大，表7-5给出了各分类的基本特征，作为评估参考 |
| | | 胶结程度差 | $50 < R_{ij} \leq 75$ | | | | |
| | | 胶结程度一般 | $25 < R_{ij} \leq 50$ | | | | |
| | | 胶结程度好 | $R_{ij} = 0$ | | | | |
| | 优势结构面倾角 $X_{db8-34}$ | $0° < X_{db8-34} \leq 25°$ | $75 < R_{ij} \leq 100$ | $R_{34}$ | $\gamma_{34}$ | $X_{db8-34} = R_{34} \times \gamma_{34}$ | 根据地质勘察资料、设计文件及现场条件确定。当优势结构面倾角小于或等于15°时，基本分值取100分，其他情况按优势结构面倾角线性内插取值。主要考虑岩层倾角与隧道顶板之间的关系。若隧道顶板岩层倾角近水平，则易发生坍塌 |
| | | $25° < X_{db8-34} \leq 55°$ | $50 < R_{ij} \leq 75$ | | | | |
| | | $55° < X_{db8-34} \leq 70°$ | $25 < R_{ij} \leq 50$ | | | | |
| | | $70° < X_{db8-34} \leq 90°$ | $R_{ij} = 0$ | | | | |

续上表

| 项别 | 评估指标 | 分级 | 基本分值 $R_{ij}$ | | 权重系数 $\gamma_{ij}$ | 评估分值 $X_{db8-ij}$ | 说明 |
|---|---|---|---|---|---|---|---|
| | | | 分值范围 | 取值 | | | |
| 水文地质条件 $X_{db8-4}$ | 地下涌水情况 $X_{db8-41}$ | 每10m长隧道涌水量大于或等于125L/min | $75 < R_{ij} \leq 100$ | $R_{41}$ | $\gamma_{41}$ | $X_{db8-41} = R_{41} \times \gamma_{41}$ | 根据现场情况确定。当每10m长隧道涌水量大于或等于150L/min时,基本分值取100分,其他情况按每10m长隧道涌水量线性内插取值。参考表7-6,每10m长隧道涌水量=隧道二次衬砌至掌子面总出水量÷掌子面距二次衬砌的距离×10 |
| | | 每10m长隧道涌水量为25~125L/min | $50 < R_{ij} \leq 75$ | | | | |
| | | 每10m长隧道涌水量为10~25L/min | $25 < R_{ij} \leq 50$ | | | | |
| | | 每10m长隧道涌水量小于10L/min | $0 < R_{ij} \leq 25$ | | | | |
| 施工因素 $X_{db8-5}$ | 衬砌安全距离 $X_{db8-51}$ | Ⅳ级围岩二次衬砌距掌子面距离110m以上,Ⅴ级围岩二次衬砌距掌子面距离90m以上,Ⅵ级围岩二次衬砌距掌子面距离70m以上 | $75 < R_{ij} \leq 100$ | $R_{51}$ | $\gamma_{51}$ | $X_{db8-51} = R_{51} \times \gamma_{51}$ | 根据实际施工情况确定。当Ⅳ级围岩二次衬砌距掌子面距离130m以上、Ⅴ级围岩二次衬砌距掌子面距离110m以上、Ⅵ级围岩二次衬砌距掌子面距离80m以上时,基本分值取100分,其他情况按隧道二次衬砌距掌子面的距离线性内插取值。指标分级参考《公路工程施工安全技术规范》(JTG F90—2015):Ⅳ级围岩二次衬砌距掌子面距离不得大于90m,Ⅴ级及以上围岩不得大于70m |
| | | Ⅳ级围岩二次衬砌距掌子面距离90~110m,Ⅴ级围岩二次衬砌距掌子面距离70~90m,Ⅵ级围岩二次衬砌距掌子面距离50~70m | $50 < R_{ij} \leq 75$ | | | | |
| | | Ⅳ级围岩二次衬砌距掌子面距离90m以下,Ⅴ级围岩二次衬砌距掌子面距离70m以下,Ⅵ级围岩二次衬砌距掌子面距离50m以下 | $R_{ij} = 0$ | | | | |
| | 仰拱安全距离 $X_{db8-52}$ | Ⅲ级围岩仰拱距掌子面距离100m以上,Ⅳ级围岩仰拱距掌子面距离60m以上,Ⅴ级围岩仰拱距掌子面距离50m以上,Ⅵ级围岩仰拱距掌子面距离40m以上 | $75 < R_{ij} \leq 100$ | $R_{52}$ | $\gamma_{52}$ | $X_{db8-52} = R_{52} \times \gamma_{52}$ | 根据实际施工情况确定。当Ⅲ级围岩仰拱距掌子面距离110m以上、Ⅳ级围岩仰拱距掌子面距离70m以上、Ⅴ级围岩仰拱距掌子面距离60m以上、Ⅵ级围岩仰拱距掌子面距离50m以上时,基本分值取100分,其他情况按仰拱掌子面距离线性内插取值。指标分级参考《公路工程施工安全技术规范》(JTG F90—2015):仰拱与掌子面的距离,Ⅲ级围岩不得超过90m,Ⅳ级围岩不得超过50m,Ⅴ级及以上围岩不得超过40m |
| | | Ⅲ级围岩仰拱距掌子面距离90~100m,Ⅳ级围岩仰拱距掌子面距离50~60m,Ⅴ级围岩仰拱距掌子面距离40~50m,Ⅵ级围岩仰拱距掌子面距离30~40m | $50 < R_{ij} \leq 75$ | | | | |
| | | Ⅲ级围岩仰拱距掌子面距离90m以下,Ⅳ级围岩仰拱距掌子面距离50m以下,Ⅴ级围岩仰拱距掌子面距离40m以下,Ⅵ级围岩仰拱距掌子面距离30m以下 | $R_{ij} = 0$ | | | | |

续上表

| 项别 | 评估指标 | 分级 | 基本分值 $R_{ij}$ | | 权重系数 $\gamma_{ij}$ | 评估分值 $X_{db8\text{-}ij}$ | 说明 |
|---|---|---|---|---|---|---|---|
| | | | 分值范围 | 取值 | | | |
| 超前预报与监控量测 $X_{db8\text{-}6}$ | 超前地质预报 $X_{db8\text{-}61}$ | 地震波场/电磁波场前兆信息变化强烈 | $75 < R_{ij} \leq 100$ | $R_{61}$ | $\gamma_{61}$ | $X_{db8\text{-}61} = R_{61} \times \gamma_{61}$ | 根据超前地质预报结果确定。超前地质预报中地震波场/电磁波场前兆信息变化越强烈，取值越大，反之取值越小。参考《公路工程质量检验评定标准 第一册 土建工程》(JTG F80/1—2017)及《铁路隧道超前地质预报技术规程》(Q/CR 9217—2015)，采用地质雷达、超前导坑、超前探孔等超前预报手段，提前探明隧道开挖工作面前方的工程地质和水文地质条件，为隧道开挖、支护等工作提供基础资料 |
| | | 地震波场/电磁波场前兆信息变化较强 | $50 < R_{ij} \leq 75$ | | | | |
| | | 地震波场/电磁波场前兆信息变化较小 | $0 < R_{ij} \leq 50$ | | | | |
| | 相对变形值 $(u/B)$ $X_{db8\text{-}62}$ | 大于或等于 4% | $75 < R_{ij} \leq 100$ | $R_{62}$ | $\gamma_{62}$ | $X_{db8\text{-}62} = R_{62} \times \gamma_{62}$ | 当相对变形值大于或等于 5% 时，基本分值取 100 分，其他情况按相对变形值线性内插取值。$u$ 为隧道最大变形位移(拱顶或边墙)，$B$ 为隧道开挖跨度。评估时按照就高原则，选取评估区段内变形最大的断面，相对变形值越大，则坍塌风险越高 |
| | | 3%~4% | $50 < R_{ij} \leq 75$ | | | | |
| | | 2%~3% | $25 < R_{ij} \leq 50$ | | | | |
| | | 1%~2% | $0 < R_{ij} \leq 25$ | | | | |
| | 监控量测方案合理性 $X_{db8\text{-}63}$ | 量测频率很低、必测项目很不全面或无监测项目，信息反馈很差或无反馈 | $75 < R_{ij} \leq 100$ | $R_{63}$ | $\gamma_{63}$ | $X_{db8\text{-}63} = R_{63} \times \gamma_{63}$ | 根据现场监测情况确定。量测频率越低，必测项目越不全面，信息反馈越差，则取值越大 |
| | | 量测频率较低、有一定必测项目但不全面，信息反馈较差 | $50 < R_{ij} \leq 75$ | | | | |
| | | 量测频率一般、必测项目较全面，无选测项目，信息反馈一般 | $25 < R_{ij} \leq 50$ | | | | |
| | | 量测频率较合理、必测项目全面，有一定选测项目，信息反馈及时 | $0 < R_{ij} \leq 25$ | | | | |
| | | 量测频率合理、必测项目全面，选测项目合理，信息反馈很及时 | $R_{ij} = 0$ | | | | |

断层破碎带胶结情况分类特征　　　　　表 7-5

| 结构类型 | 基本特征 |
|---|---|
| 严重松弛的胶结碎裂结构 | 结构严重松弛，岩体内发育较多的表生结构面，并且部分结构面充填次生泥 |
| 松弛的胶结碎裂结构 | 结构松弛明显，岩体完整性较差，岩体透水性较强，变形模量较低 |

续上表

| 结构类型 | 基本特征 |
| --- | --- |
| 有轻度松弛的胶结碎裂结构 | 受风化、应力场变化影响,虽有轻度松弛,但胶结的碎裂结构仍保持较紧密的结构,大部分岩体完整性较好,少量较差,岩体透水性弱,抗变形能力较强 |
| 紧密的胶结碎裂结构 | 结构面被后期的钙质充填胶结良好,岩块之间的胶结呈紧密状,岩体完整性为完整~较完整,岩体透水性弱,抗变形能力强 |

**地下涌水情况分级参考资料** 表 7-6

| 资料来源 | 地下水出水状态 | 状态名称与定量描述 | | |
| --- | --- | --- | --- | --- |
| | | 状态 1 | 状态 2 | 状态 3 |
| 《水工隧洞设计规范》(NB/T 10391—2020) | 10m 洞长水量 $Q$ [L/(min·10m)] 或压力水头 $H$(m) | 干燥到渗水、滴水, $Q≤25$ 或 $H≤10$ | 线状流水, $25<Q≤125$ 或 $10<H≤100$ | 涌水, $Q>125$ 或 $H>100$ |
| 《水利水电工程地质勘察规范(2022 年版)》(GB 50487—2008) | 10m 洞长水量 $Q$ [L/(min·10m)] 或压力水头 $H$(m) | 渗水到滴水, $Q≤25$ 或 $H≤10$ | 线状流水, $25<Q≤125$ 或 $10<H≤100$ | 涌水, $Q>125$ 或 $H>100$ |
| 原《铁路隧道设计规范》(TB 10003—2005) | 10m 洞长渗水量 $Q$ [L/(min·10m)] | 干燥或湿润, $Q<10$ | 偶有渗水, $10≤Q<25$ | 经常渗水, $25≤Q<125$ |
| 《铁路隧道设计规范(2024 年局部修订)》(TB 10003—2016) | 10m 洞长渗水量 $Q$ [L/(min·10m)] | 潮湿或点滴状出水, $Q≤25$ | 淋雨状或线流状出水, $25<Q≤125$ | 涌流状出水, $Q>125$ |
| 节理岩体地质力学分级(RMR 法) | 10m 洞长水量 $Q$ [L/(min·10m)] 或裂隙水压与最大主应力比值 $\zeta$ | 完全干燥到潮湿、湿, $Q<25$ 或 $\zeta<0.2$ | 滴水, $25≤Q<125$ 或 $0.2≤\zeta<0.5$ | 流水, $Q≥125$ 或 $\zeta≥0.5$ |
| 《工程岩体分级标准》(GB/T 50218—2014) | 水压 $p$(MPa), 或 10m 洞长水量 $Q$ [L/(min·10m)] | 潮湿或点滴状出水, $p≤0.1$ 或 $Q≤25$ | 淋雨状或线流状出水, $0.1<p≤0.5$ 或 $25<Q≤125$ | 涌流状出水, $p>0.5$ 或 $Q>125$ |

3)涌水突泥

施工过程涌水突泥风险事件可能性评估指标体系从隧道地质条件、水文地质条件、环境条件、施工因素、超前预报与监控量测等 5 个方面建立,见表 7-7。

与施工前相比,施工过程风险事件可能性评估指标体系有如下变化:

(1)修改评估指标:水文地质条件中"预测涌水量"细化为"地下涌水情况"。

(2)新增项别及评估指标:施工因素(防排水措施)、超前预报与监控量测(超前地质预报、监控量测方案合理性)。

**隧道施工过程涌水突泥风险事件可能性评估指标体系（钻爆法）**  表 7-7

| 项别 | 评估指标 | 分级 | 基本分值 $R_{ij}$ 分值范围 | 取值 | 权重系数 $\gamma_{ij}$ | 评估分值 $X_{db9\text{-}ij}$ | 说明 |
|---|---|---|---|---|---|---|---|
| 地质条件 $X_{db9\text{-}1}$ | 围岩级别 $X_{db9\text{-}11}$ | Ⅵ级 | $75 < R_{ij} \leq 100$ | $R_{11}$ | $\gamma_{11}$ | $X_{db9\text{-}11} = R_{11} \times \gamma_{11}$ | 根据设计文件及现场条件确定 |
| | | Ⅴ级 | $50 < R_{ij} \leq 75$ | | | | |
| | | Ⅳ级 | $25 < R_{ij} \leq 50$ | | | | |
| | | Ⅲ级 | $0 < R_{ij} \leq 25$ | | | | |
| | | Ⅰ、Ⅱ级 | $R_{ij} = 0$ | | | | |
| | 断层破碎带宽度 $X_{db9\text{-}12}$ | $X_{db9\text{-}12} \geq 50m$ | $75 < R_{ij} \leq 100$ | $R_{12}$ | $\gamma_{12}$ | $X_{db9\text{-}12} = R_{12} \times \gamma_{12}$ | 根据地质勘察资料、设计文件及现场条件确定。当断层破碎带宽度大于或等于60m时，基本分值取100分，其他情况按断层破碎带宽度线性内插取值 |
| | | $20m \leq X_{db9\text{-}12} < 50m$ | $50 < R_{ij} \leq 75$ | | | | |
| | | $0m < X_{db9\text{-}12} < 20m$ | $25 < R_{ij} \leq 50$ | | | | |
| | | 不存在断层破碎带 | $R_{ij} = 0$ | | | | |
| | 岩溶发育程度 $X_{db9\text{-}13}$ | 岩溶极发育 | $75 < R_{ij} \leq 100$ | $R_{13}$ | $\gamma_{13}$ | $X_{db9\text{-}13} = R_{13} \times \gamma_{13}$ | 根据地质勘察资料、设计文件及现场条件确定。岩溶越发育，宽大岩溶洞穴、地下暗河越多，则取值越大，反之取值越小 |
| | | 岩溶发育 | $50 < R_{ij} \leq 75$ | | | | |
| | | 岩溶较发育 | $25 < R_{ij} \leq 50$ | | | | |
| | | 岩溶不发育 | $R_{ij} = 0$ | | | | |
| 水文地质条件 $X_{db9\text{-}2}$ | 地下涌水情况 $X_{db9\text{-}21}$ | 每10m长隧道涌水量大于或等于125L/min | $75 < R_{ij} \leq 100$ | $R_{21}$ | $\gamma_{21}$ | $X_{db9\text{-}21} = R_{21} \times \gamma_{21}$ | 根据现场情况确定。当每10m长隧道涌水量大于或等于150L/min时，基本分值取100分，其他情况按每10m长隧道涌水量线性内插取值。每10m长隧道涌水量=隧道二次衬砌至掌子面总出水量÷掌子面距二次衬砌的距离×10 |
| | | 每10m长隧道涌水量为25~125L/min | $50 < R_{ij} \leq 75$ | | | | |
| | | 每10m长隧道涌水量为10~25L/min | $25 < R_{ij} \leq 50$ | | | | |
| | | 每10m长隧道涌水量小于10L/min | $0 < R_{ij} \leq 25$ | | | | |
| 环境条件 $X_{db9\text{-}3}$ | 地表水体情况 $X_{db9\text{-}31}$ | 隧址地表存在湖泊、河流、水库等水体，且与隧道存在水力联系 | $50 < R_{ij} \leq 100$ | $R_{31}$ | $\gamma_{31}$ | $X_{db9\text{-}31} = R_{31} \times \gamma_{31}$ | 综合降雨量、地形地貌、水文地质条件等因素，判定地表水体与隧道之间的水力联系。隧道周边存在湖泊、河流、水库等补给性水体越多，水力联系越强，则取值越大 |
| | | 隧址地表存在湖泊、河流、水库等水体，与隧道水力联系较弱 | $0 < R_{ij} \leq 50$ | | | | |
| | | 隧址地表不存在湖泊、河流、水库等水体 | $R_{ij} = 0$ | | | | |
| 施工因素 $X_{db9\text{-}4}$ | 防排水措施 $X_{db9\text{-}41}$ | 很差 | $75 < R_{ij} \leq 100$ | $R_{41}$ | $\gamma_{41}$ | $X_{db9\text{-}41} = R_{41} \times \gamma_{41}$ | 根据现场情况确定。防排水措施越差，涌水突泥风险越大，则取值越大，反之取值越小。根据《铁路隧道设计规范（2024年局部修订）》（TB 10003—2016）及《地下工程防水技术规范》（GB 50108—2008），隧道防排水设计须根据隧道所处环境、地下水敏感性、地层岩性等条件采取不同的处理策略 |
| | | 较差 | $50 < R_{ij} \leq 75$ | | | | |
| | | 一般 | $25 < R_{ij} \leq 50$ | | | | |
| | | 合理 | $R_{ij} = 0$ | | | | |

续上表

| 项别 | 评估指标 | 分级 | 基本分值 $R_{ij}$ | | 权重系数 $\gamma_{ij}$ | 评估分值 $X_{db9-ij}$ | 说明 |
|---|---|---|---|---|---|---|---|
| | | | 分值范围 | 取值 | | | |
| 超前预报与监控量测 $X_{db9-5}$ | 超前地质预报 $X_{db9-51}$ | 地震波场/电磁波场前兆信息变化强烈 | $75 < R_{ij} \leq 100$ | $R_{51}$ | $\gamma_{51}$ | $X_{db9-51} = R_{51} \times \gamma_{51}$ | 根据超前地质预报结果确定。超前地质预报中地震波场/电磁波场前兆信息变化越强烈,取值越大,反之取值越小 |
| | | 地震波场/电磁波场前兆信息变化较强 | $50 < R_{ij} \leq 75$ | | | | |
| | | 地震波场/电磁波场前兆信息变化较小 | $0 < R_{ij} \leq 50$ | | | | |
| | 监控量测方案合理性 $X_{db9-52}$ | 量测频率很低、必测项目很不全面或无监测项目,信息反馈很差或无反馈 | $75 < R_{ij} \leq 100$ | $R_{52}$ | $\gamma_{52}$ | $X_{db9-52} = R_{52} \times \gamma_{52}$ | 根据现场监测情况确定。量测频率越低,必测项目越不全面,信息反馈越差,则取值越大 |
| | | 量测频率较低、有一定必测项目但不全面,信息反馈较差 | $50 < R_{ij} \leq 75$ | | | | |
| | | 量测频率一般、必测项目较全面,无选测项目,信息反馈一般 | $25 < R_{ij} \leq 50$ | | | | |
| | | 量测频率较合理、必测项目全面,有一定选测项目,信息反馈及时 | $0 < R_{ij} \leq 25$ | | | | |
| | | 量测频率合理、必测项目全面,选测项目合理,信息反馈很及时 | $R_{ij} = 0$ | | | | |

4)大变形

施工过程大变形风险事件可能性评估指标体系从隧道建设规模、地形特征、地质条件、水文地质条件、施工因素、超前预报与监控量测等6个方面建立,见表7-8。

与施工前相比,施工过程风险事件可能性评估指标体系有如下变化:

(1)新增评估指标:地质条件中"断层破碎带胶结程度"和"采空区对工程的影响程度"。

(2)新增项别及评估指标:水文地质条件(地下涌水情况)、施工因素(衬砌安全距离、仰拱安全距离)、超前预报与监控量测(超前地质预报、相对变形值、监控量测方案合理性)。

**隧道施工过程大变形风险事件可能性评估指标体系(钻爆法)** 表7-8

| 项别 | 评估指标 | 分级 | 基本分值 $R_{ij}$ | | 权重系数 $\gamma_{ij}$ | 评估分值 $X_{db10-ij}$ | 说明 |
|---|---|---|---|---|---|---|---|
| | | | 分值范围 | 取值 | | | |
| 建设规模 $X_{db10-1}$ | 隧道开挖跨度 $X_{db10-11}$ | $X_{db10-11} \geq 18m$ | $75 < R_{ij} \leq 100$ | $R_{11}$ | $\gamma_{11}$ | $X_{db10-11} = R_{11} \times \gamma_{11}$ | 隧道主线主要考虑正洞开挖跨度,根据设计文件确定。隧道开挖跨度大于或等于22m时,基本分值取100分,其他分值可按隧道开挖跨度线性内插取值 |
| | | $14m \leq X_{db10-11} < 18m$ | $50 < R_{ij} \leq 75$ | | | | |
| | | $9m \leq X_{db10-11} < 14m$ | $25 < R_{ij} \leq 50$ | | | | |
| | | $X_{db10-11} < 9m$ | $0 < R_{ij} \leq 25$ | | | | |

续上表

| 项别 | 评估指标 | 分级 | 基本分值 $R_{ij}$ | | 权重系数 $\gamma_{ij}$ | 评估分值 $X_{\text{db10-}ij}$ | 说明 |
|---|---|---|---|---|---|---|---|
| | | | 分值范围 | 取值 | | | |
| 地形特征 $X_{\text{db10-2}}$ | 浅埋层厚度与覆跨比 $X_{\text{db10-21}}$ | 厚度小于 10m | $75 < R_{ij} \leqslant 100$ | $R_{21}$ | $\gamma_{21}$ | $X_{\text{db10-21}} = R_{21} \times \gamma_{21}$ | 根据地质勘察资料、设计文件及现场条件确定。当浅埋层厚度小于 10m 时，不考虑覆跨比；当浅埋层厚度小于或等于 8m 时，基本分值取 100 分；其他情况按覆跨比线性内插取值 |
| | | 覆跨比为 0~2 | $50 < R_{ij} \leqslant 75$ | | | | |
| | | 覆跨比为 2~4 | $25 < R_{ij} \leqslant 50$ | | | | |
| | | 覆跨比大于或等于 4 | $0 < R_{ij} \leqslant 25$ | | | | |
| | 浅埋隧道偏压角度 $X_{\text{db10-22}}$ | $X_{\text{db10-22}} \geqslant 25°$ | $50 < R_{ij} \leqslant 100$ | $R_{22}$ | $\gamma_{22}$ | $X_{\text{db10-22}} = R_{22} \times \gamma_{22}$ | 根据地质勘察资料、设计文件及现场条件确定。当浅埋隧道偏压角度大于或等于 45° 时，基本分值取 100 分，其他情况按浅埋隧道偏压角度线性内插取值。洞身一侧压力过大，极易导致隧道大变形 |
| | | $X_{\text{db10-22}} < 25°$ | $0 < R_{ij} \leqslant 50$ | | | | |
| 地质条件 $X_{\text{db10-3}}$ | 围岩级别 $X_{\text{db10-31}}$ | Ⅵ级 | $R_{ij} = 100$ | $R_{31}$ | $\gamma_{31}$ | $X_{\text{db10-31}} = R_{31} \times \gamma_{31}$ | 根据设计文件及现场条件确定。围岩级别越低，通常意味着变形模量越小，在相同应力条件下，发生大变形的风险增加 |
| | | Ⅴ级 | $50 < R_{ij} < 100$ | | | | |
| | | Ⅳ级 | $25 < R_{ij} \leqslant 50$ | | | | |
| | | Ⅲ级 | $0 < R_{ij} \leqslant 25$ | | | | |
| | | Ⅰ、Ⅱ级 | $R_{ij} = 0$ | | | | |
| | 断层破碎带宽度 $X_{\text{db10-32}}$ | $X_{\text{db10-32}} \geqslant 50\text{m}$ | $75 < R_{ij} \leqslant 100$ | $R_{32}$ | $\gamma_{32}$ | $X_{\text{db10-32}} = R_{32} \times \gamma_{32}$ | 根据地质勘察资料、设计文件及现场条件确定。当断层破碎带宽度大于或等于 60m 时，基本分值取 100 分，其他情况按断层破碎带宽度线性内插取值 |
| | | $20\text{m} \leqslant X_{\text{db10-32}} < 50\text{m}$ | $50 < R_{ij} \leqslant 75$ | | | | |
| | | $0\text{m} < X_{\text{db10-32}} < 20\text{m}$ | $25 < R_{ij} \leqslant 50$ | | | | |
| | | 不存在断层破碎带 | $R_{ij} = 0$ | | | | |
| | 断层破碎带胶结程度 $X_{\text{db10-33}}$ | 胶结程度极差 | $75 < R_{ij} \leqslant 100$ | $R_{33}$ | $\gamma_{33}$ | $X_{\text{db10-33}} = R_{33} \times \gamma_{33}$ | 根据地质勘察资料、设计文件及现场条件确定。断层破碎带胶结程度越差，取值越大，反之取值越小 |
| | | 胶结程度差 | $50 < R_{ij} \leqslant 75$ | | | | |
| | | 胶结程度一般 | $25 < R_{ij} \leqslant 50$ | | | | |
| | | 胶结程度好 | $R_{ij} = 0$ | | | | |
| | 特殊岩土体（膨胀土、冻土、富水软岩等）连续长度 $X_{\text{db10-34}}$ | $X_{\text{db10-34}} \geqslant 100\text{m}$ | $75 < R_{ij} \leqslant 100$ | $R_{34}$ | $\gamma_{34}$ | $X_{\text{db10-34}} = R_{34} \times \gamma_{34}$ | 根据地质勘察资料、设计文件及现场条件确定。当特殊岩土体连续长度大于或等于 120m 时，基本分值取 100 分，其他情况按隧道特殊岩土体连续长度线性内插取值 |
| | | $50\text{m} \leqslant X_{\text{db10-34}} < 100\text{m}$ | $50 < R_{ij} \leqslant 75$ | | | | |
| | | $10\text{m} \leqslant X_{\text{db10-34}} < 50\text{m}$ | $25 < R_{ij} \leqslant 50$ | | | | |
| | | $X_{\text{db10-34}} < 10\text{m}$ | $0 < R_{ij} \leqslant 25$ | | | | |
| | 隧道埋深 $X_{\text{db10-35}}$ | $X_{\text{db10-35}} \geqslant 1000\text{m}$ | $75 < R_{ij} \leqslant 100$ | $R_{35}$ | $\gamma_{35}$ | $X_{\text{db10-35}} = R_{35} \times \gamma_{35}$ | 根据地质勘察资料、设计文件确定。隧道埋深大于或等于 1200m 时基本分值取 100 分，其他分值按埋深线性内插取值 |
| | | $800\text{m} \leqslant X_{\text{db10-35}} < 1000\text{m}$ | $50 < R_{ij} \leqslant 75$ | | | | |
| | | $400\text{m} \leqslant X_{\text{db10-35}} < 800\text{m}$ | $25 < R_{ij} \leqslant 50$ | | | | |
| | | $X_{\text{db10-35}} < 400\text{m}$ | $0 < R_{ij} \leqslant 25$ | | | | |

续上表

| 项别 | 评估指标 | 分级 | 基本分值 $R_{ij}$ | | 权重系数 $\gamma_{ij}$ | 评估分值 $X_{db10\text{-}ij}$ | 说明 |
|---|---|---|---|---|---|---|---|
| | | | 分值范围 | 取值 | | | |
| 地质条件 $X_{db10\text{-}3}$ | 采空区对工程的影响程度 $X_{db10\text{-}36}$ | 采空区正在发生不连续变形,或现阶段相对稳定,但存在发生不连续变形的可能性大,对隧道工程影响程度大 | $R_{ij}=100$ | | | | 根据地质勘察资料、设计文件及现场条件确定。采空区对隧道大变形的影响复杂,不仅取决于采空区本身的规模和力学性质,还与采空区相对于隧道的方位以及两者之间的距离密切相关 |
| | | 采空区现阶段相对稳定,但存在发生不连续变形的可能性,对隧道工程影响程度中等 | $R_{ij}=50$ | | $R_{36}$ | $\gamma_{36}$ | $X_{db10\text{-}36}=R_{36}\times\gamma_{36}$ | |
| | | 发生不连续变形的可能性小,对隧道工程影响程度小 | $R_{ij}=25$ | | | | |
| | | 不存在采空区或采空区密实,对隧道工程无影响 | $R_{ij}=0$ | | | | |
| 水文地质条件 $X_{db10\text{-}4}$ | 地下涌水情况 $X_{db10\text{-}41}$ | 每10m长隧道涌水量大于或等于125L/min | $75<R_{ij}\leq100$ | | $R_{41}$ | $\gamma_{41}$ | $X_{db10\text{-}41}=R_{41}\times\gamma_{41}$ | 根据现场情况确定。当每10m长隧道涌水量大于或等于150L/min时,基本分值取100分,其他情况按每10m长隧道涌水量线性内插取值。每10m长隧道涌水量=隧道二次衬砌至掌子面总出水量÷掌子面距二次衬砌的距离×10 |
| | | 每10m长隧道涌水量为25~125L/min | $50<R_{ij}\leq75$ | | | | |
| | | 每10m长隧道涌水量为10~25L/min | $25<R_{ij}\leq50$ | | | | |
| | | 每10m长隧道涌水量小于10L/min | $0<R_{ij}\leq25$ | | | | |
| 施工因素 $X_{db10\text{-}5}$ | 衬砌安全距离 $X_{db10\text{-}51}$ | Ⅳ级围岩二次衬砌距掌子面距离110m以上,Ⅴ级围岩二次衬砌距掌子面距离90m以上,Ⅵ级围岩二次衬砌距掌子面距离70m以上 | $75<R_{ij}\leq100$ | | $R_{51}$ | $\gamma_{51}$ | $X_{db10\text{-}51}=R_{51}\times\gamma_{51}$ | 根据实际施工情况确定。当Ⅳ级围岩二次衬砌距掌子面距离130m以上、Ⅴ级围岩二次衬砌距掌子面距离110m以上、Ⅵ级围岩二次衬砌距掌子面距离80m以上时,基本分值取100分,其他情况按二次衬砌距掌子面的距离线性内插取值 |
| | | Ⅳ级围岩二次衬砌距掌子面距离90~110m,Ⅴ级围岩二次衬砌距掌子面距离70~90m,Ⅵ级围岩二次衬砌距掌子面距离50~70m | $50<R_{ij}\leq75$ | | | | |
| | | Ⅳ级围岩二次衬砌距掌子面距离90m以下,Ⅴ级围岩二次衬砌距掌子面距离70m以下,Ⅵ级围岩二次衬砌距掌子面距离50m以下 | $R_{ij}=0$ | | | | |

续上表

| 项别 | 评估指标 | 分级 | 基本分值 $R_{ij}$ | | 权重系数 $\gamma_{ij}$ | 评估分值 $X_{\text{db10-}ij}$ | 说明 |
|---|---|---|---|---|---|---|---|
| | | | 分值范围 | 取值 | | | |
| 施工因素 $X_{\text{db10-5}}$ | 仰拱安全距离 $X_{\text{db10-52}}$ | Ⅲ级围岩仰拱距掌子面距离100m以上，Ⅳ级围岩仰拱距掌子面距离60m以上，Ⅴ级围岩仰拱距掌子面距离50m以上，Ⅵ级围岩仰拱距掌子面距离40m以上 | $75 < R_{ij} \leq 100$ | $R_{52}$ | $\gamma_{52}$ | $X_{\text{db10-52}} = R_{52} \times \gamma_{52}$ | 根据实际施工情况确定。当Ⅲ级围岩仰拱距掌子面距离110m以上、Ⅳ级围岩仰拱距掌子面距离70m以上、Ⅴ级围岩仰拱距掌子面距离60m以上、Ⅵ级围岩仰拱距掌子面距离50m以上时，基本分值取100分，其他情况按仰拱距掌子面距离线性内插取值 |
| | | Ⅲ级围岩仰拱距掌子面距离90~100m，Ⅳ级围岩仰拱距掌子面距离50~60m，Ⅴ级围岩仰拱距掌子面距离40~50m，Ⅵ级围岩仰拱距掌子面距离30~40m | $50 < R_{ij} \leq 75$ | | | | |
| | | Ⅲ级围岩仰拱距掌子面距离90m以下，Ⅳ级围岩仰拱距掌子面距离50m以下，Ⅴ级围岩仰拱距掌子面距离40m以下，Ⅵ级围岩仰拱距掌子面距离30m以下 | $R_{ij} = 0$ | | | | |
| 超前预报与监控量测 $X_{\text{db10-6}}$ | 超前地质预报 $X_{\text{db10-61}}$ | 地震波场/电磁波场前兆信息变化强烈 | $75 < R_{ij} \leq 100$ | $R_{61}$ | $\gamma_{61}$ | $X_{\text{db10-61}} = R_{61} \times \gamma_{61}$ | 根据超前地质预报结果确定。超前地质预报中地震波场/电磁波场前兆信息变化越强烈，取值越大，反之取值越小 |
| | | 地震波场/电磁波场前兆信息变化较强 | $50 < R_{ij} \leq 75$ | | | | |
| | | 地震波场/电磁波场前兆信息变化较小 | $0 < R_{ij} \leq 50$ | | | | |
| | 相对变形值($u/B$) $X_{\text{db10-62}}$ | 大于或等于4% | $75 < R_{ij} \leq 100$ | $R_{62}$ | $\gamma_{62}$ | $X_{\text{db10-62}} = R_{62} \times \gamma_{62}$ | 当相对变形值大于或等于5%时，基本分值取100分，其他情况按相对变形值线性内插取值。$u$ 为隧道最大变形位移(拱顶或边墙)，$B$ 为隧道开挖跨度 |
| | | 3%~4% | $50 < R_{ij} \leq 75$ | | | | |
| | | 2%~3% | $25 < R_{ij} \leq 50$ | | | | |
| | | 1%~2% | $0 < R_{ij} \leq 25$ | | | | |
| | 监控量测方案合理性 $X_{\text{db10-63}}$ | 量测频率很低、必测项目很不全面或无监测项目，信息反馈很差或无反馈 | $75 < R_{ij} \leq 100$ | $R_{63}$ | $\gamma_{63}$ | $X_{\text{db10-63}} = R_{63} \times \gamma_{63}$ | 根据现场监测情况确定。量测频率越低、必测项目越不全面，信息反馈越差，则取值越大 |
| | | 量测频率较低、有一定必测项目但不全面，信息反馈较差 | $50 < R_{ij} \leq 75$ | | | | |
| | | 量测频率一般、必测项目较全面，无选测项目，信息反馈一般 | $25 < R_{ij} \leq 50$ | | | | |
| | | 量测频率较合理、必测项目全面，有一定选测项目，信息反馈及时 | $0 < R_{ij} \leq 25$ | | | | |
| | | 量测频率合理、必测项目全面，选测项目合理，信息反馈很及时 | $R_{ij} = 0$ | | | | |

# 第7章 施工过程专项风险评估

5）瓦斯爆炸

施工过程瓦斯爆炸风险事件可能性评估指标体系从隧道地质条件、瓦斯因素、施工因素、超前预报与监控量测、机电设备因素等5个方面建立，见表7-9。

与施工前相比，施工过程风险事件可能性评估指标体系有如下变化：

（1）修改评估指标：瓦斯因素中"预测瓦斯涌出量""预测瓦斯压力"修改为"开挖工作面瓦斯浓度"。

（2）新增项别及评估指标：施工因素（隧道通风量）、超前预报与监控量测（超前钻孔、监控量测方案合理性）、机电设备因素（电气设备防爆情况）。

**隧道施工过程瓦斯爆炸风险事件可能性评估指标体系**（钻爆法） 表7-9

| 项别 | 评估指标 | 分级 | 基本分值 $R_{ij}$ 分值范围 | 取值 | 权重系数 $\gamma_{ij}$ | 评估分值 $X_{db11-ij}$ | 说明 |
|---|---|---|---|---|---|---|---|
| 地质条件 $X_{db11-1}$ | 含瓦斯地层（煤矿采空区）厚度 $X_{db11-11}$ | $X_{db11-11} \geq 10m$ | $75 < R_{ij} \leq 100$ | $R_{11}$ | $\gamma_{11}$ | $X_{db11-11} = R_{11} \times \gamma_{11}$ | 含瓦斯地层（煤矿采空区）厚度大于或等于15m时，基本分值取100分，其他分值按厚度线性内插取值 |
| | | $5m \leq X_{db11-11} < 10m$ | $50 < R_{ij} \leq 75$ | | | | |
| | | $2m \leq X_{db11-11} < 5m$ | $25 < R_{ij} \leq 50$ | | | | |
| | | $X_{db11-11} < 2m$ | $0 < R_{ij} \leq 25$ | | | | |
| | 隧道距含瓦斯地层（煤矿采空区）距离 $X_{db11-12}$ | $0m \leq X_{db11-12} < 20m$ | $75 < R_{ij} \leq 100$ | $R_{12}$ | $\gamma_{12}$ | $X_{db11-12} = R_{12} \times \gamma_{12}$ | 隧道距含瓦斯地层（煤矿采空区）距离大于或等于200m时，基本分值取0分，其他分值按距离线性内插取值。隧道距含瓦斯地层（煤矿采空区）距离指最小直线距离 |
| | | $20m \leq X_{db11-12} < 80m$ | $50 < R_{ij} \leq 75$ | | | | |
| | | $80m \leq X_{db11-12} < 150m$ | $25 < R_{ij} \leq 50$ | | | | |
| | | $X_{db11-12} \geq 150m$ | $0 < R_{ij} \leq 25$ | | | | |
| 瓦斯因素 $X_{db11-2}$ | 开挖工作面瓦斯浓度 $X_{db11-21}$ | $X_{db11-21} \geq 1.0\%$ | $75 < R_{ij} \leq 100$ | $R_{21}$ | $\gamma_{21}$ | $X_{db11-21} = R_{21} \times \gamma_{21}$ | 由现场条件确定。开挖工作面瓦斯浓度大于或等于1.2%时，基本分值取100分，其他分值按瓦斯浓度线性内插取值。开挖工作面瓦斯浓度是决定能否进行施工的重要指标，其分级参考《公路瓦斯隧道设计与施工技术规范》（JTG/T 3374—2020），见表7-10。在瓦斯隧道施工时应随时检测作业范围内的瓦斯浓度，可利用掌子面附近20m内瓦斯浓度衡量 |
| | | $0.5\% \leq X_{db11-21} < 1.0\%$ | $50 < R_{ij} \leq 75$ | | | | |
| | | $0.25\% \leq X_{db11-21} < 0.5\%$ | $25 < R_{ij} \leq 50$ | | | | |
| | | $X_{db11-21} < 0.25\%$ | $0 < R_{ij} \leq 25$ | | | | |
| 施工因素 $X_{db11-3}$ | 隧道通风量 $X_{db11-31}$ | 实际通风量达到设计标准的60%~70% | $75 < R_{ij} \leq 100$ | $R_{31}$ | $\gamma_{31}$ | $X_{db11-31} = R_{31} \times \gamma_{31}$ | 隧道通风量按照实际通风量与设计通风量的比值确定分值，由现场条件确定。实际通风量低于设计标准50%时，基本分值取100分，其他分值按通风量线性内插取值。隧道通风可稀释隧道内瓦斯及有害气体，有效降低洞内瓦斯的浓度，隧道通风条件越好，对应的风险等级越低。可参照《公路隧道施工技术规范》（JTG/T 3660—2020），从通风方式、通风量、通风设备等三个方面全面评价通风系统的合理性 |
| | | 实际通风量达到设计标准的70%~80% | $50 < R_{ij} \leq 75$ | | | | |
| | | 实际通风量达到设计标准的80%~90% | $25 < R_{ij} \leq 50$ | | | | |
| | | 实际通风量达到设计标准的90%以上 | $0 < R_{ij} \leq 25$ | | | | |

续上表

| 项别 | 评估指标 | 分级 | 基本分值 $R_{ij}$ 分值范围 | 取值 | 权重系数 $\gamma_{ij}$ | 评估分值 $X_{db11-ij}$ | 说明 |
|---|---|---|---|---|---|---|---|
| 超前预报与监控量测 $X_{db11-4}$ | 超前钻孔 $X_{db11-41}$ | 煤岩动力现象显著 | $75 < R_{ij} \leq 100$ | $R_{41}$ | $\gamma_{41}$ | $X_{db11-41} = R_{41} \times \gamma_{41}$ | 煤岩动力现象主要指钻孔过程中出现的孔内声响、钻屑量大量增加等现象,钻孔中煤岩动力现象越显著,分值越高。评估时应根据超前钻孔反馈情况合理赋值 |
| | | 煤岩动力现象较显著 | $50 < R_{ij} \leq 75$ | | | | |
| | | 煤岩动力现象不显著 | $25 < R_{ij} \leq 50$ | | | | |
| | | 无煤岩动力现象 | $R_{ij} = 0$ | | | | |
| | 监控量测方案合理性 $X_{db11-42}$ | 量测频率很低、必测项目很不全面或无监测项目,信息反馈很差或无反馈 | $75 < R_{ij} \leq 100$ | $R_{42}$ | $\gamma_{42}$ | $X_{db11-42} = R_{42} \times \gamma_{42}$ | 根据现场监测情况确定。量测频率越低,必测项目越不全面,信息反馈越差,则取值越大 |
| | | 量测频率较低、有一定必测项目但不全面,信息反馈较差 | $50 < R_{ij} \leq 75$ | | | | |
| | | 量测频率一般、必测项目较全面,无选测项目,信息反馈一般 | $25 < R_{ij} \leq 50$ | | | | |
| | | 量测频率较合理、必测项目全面,有一定选测项目,信息反馈及时 | $0 < R_{ij} \leq 25$ | | | | |
| | | 量测频率合理、必测项目全面,选测项目合理,信息反馈很及时 | $R_{ij} = 0$ | | | | |
| 机电设备因素 $X_{db11-5}$ | 电气设备防爆情况 $X_{db11-51}$ | 未按规范采用防爆设备 | $0 < R_{ij} \leq 100$ | $R_{51}$ | $\gamma_{51}$ | $X_{db11-51} = R_{51} \times \gamma_{51}$ | 按照未采用防爆措施的设备占设备总数的比例,确定分值。参考《铁路瓦斯隧道技术规范》(TB 10120—2019),机电设备应符合防爆安全规定,见表7-11 |
| | | 按规范采用防爆设备 | $R_{ij} = 0$ | | | | |

**隧道内瓦斯浓度限值及超限处理措施**　　表7-10

| 序号 | 工区 | 地点 | 限值 | 超限处理措施 |
|---|---|---|---|---|
| 1 | 微瓦斯工区 | 任意处 | 0.25% | 查明原因,加强通风监测 |
| 2 | 低瓦斯工区 | 任意处 | 0.5% | 超限20m范围内立即停工,查明原因,加强通风监测 |
| 3 | 高瓦斯工区和煤(岩)与瓦斯突出工区 | 瓦斯易积聚处 | 1.0% | 超限附近20m停工,断电,撤出人员,进行处理,加强通风 |
| 4 | | 开挖工作面风流中 | 1.0% | 停止钻孔,超限处停工,撤出人员,切断电源,查明原因,加强通风等 |
| 5 | | 回风巷或工作面回风流中 | 1.0% | 停工,撤出人员,进行处理 |
| 6 | | 放炮地点附近20m风流中 | 1.0% | 严禁装药放炮 |
| 7 | | 煤层放炮后工作面风流中 | 1.0% | 继续通风,不得进入 |

续上表

| 序号 | 工区 | 地点 | 限值 | 超限处理措施 |
|---|---|---|---|---|
| 8 | 高瓦斯工区和煤(岩)与瓦斯突出工区 | 局扇及电气开关10m范围内 | 0.5% | 停机,通风,进行处理 |
| 9 | | 电动机及开关附近20m范围内 | 1.0% | 停止运转,撤出人员,切断电源,进行处理 |

**瓦斯工区电气设备防爆安全规定**　　　　表7-11

| 序号 | 内容 |
|---|---|
| 1 | 瓦斯工区使用的电测距仪及其他有电源的设备,应采用防爆型,当不得不使用非防爆型时,在仪器设备20m范围内瓦斯浓度必须小于1% |
| 2 | 安装后的机电设备,必须经过外观、防爆性能、操作性能的检查,合格后方可投入使用 |
| 3 | 机电设备应重点检查专用供电线路、专用变压器、专用开关、瓦斯浓度超限与供电的闭锁、局扇与供电的闭锁情况。供电线路应无明接头,无接头连接不紧密或散接头,有漏电保护装置,有接地装置,电缆悬挂整齐,防护装置齐全等 |
| 4 | 电动装渣、开挖等作业机械在操作中,防爆开关表面温度过高时应立即停止作业 |
| 5 | 蓄电池机车及矿灯的充电房应距洞口50m以外 |
| 6 | 瓦斯工区内使用的机电设备,在使用期间,除日常检查外,应按规定周期进行检查。评估时应综合考虑各方面情况,合理进行打分 |

6)岩爆

目前,预测岩爆可能性的指标主要依据多种岩爆判据,如Russenes判据、Hoek判据、岩石脆性系数、岩爆倾向性指数、强度应力比等。考虑到指标的科学性和易获取性,选取岩石脆性系数和强度应力比评估岩石强度及应力的影响,见表7-12。此外,鉴于结构面是控制岩爆发生及其烈度的重要因素,将结构面发育及结合程度纳入评估指标。

与施工前相比,施工过程风险事件可能性评估指标体系变化较大,原有的评估指标全部替换,具体修改如下:

(1)将地质条件与岩体因素两个项别合并为岩石强度及应力因素,"隧道埋深""岩石单轴抗压强度"修改为"岩石脆性系数"与"强度应力比"。

(2)岩体因素中"岩石质量指标(RQD)"细化为结构面因素中"结构面发育及结合程度"。

**隧道施工过程岩爆风险事件可能性评估指标体系(钻爆法)**　　　　表7-12

| 项别 | 评估指标 | 分级 | 基本分值 $R_{ij}$ | | 权重系数 $\gamma_{ij}$ | 评估分值 $X_{db12\text{-}ij}$ | 说明 |
|---|---|---|---|---|---|---|---|
| | | | 分值范围 | 取值 | | | |
| 岩石强度及应力因素 $X_{db12\text{-}1}$ | 岩石脆性系数 $X_{db12\text{-}11}$ | $X_{db12\text{-}11} \geq 18$ | $75 < R_{ij} \leq 100$ | $R_{11}$ | $\gamma_{11}$ | $X_{db12\text{-}11} = R_{11} \times \gamma_{11}$ | 当脆性系数大于或等于20时,基本分值取100分,其他分值可按该系数线性内插取值。岩石脆性系数为岩石单轴抗压强度与抗拉强度之比,是评价岩石脆性、判断岩爆倾向性以及岩爆烈度分级的常用指标 |
| | | $14 \leq X_{db12\text{-}11} < 18$ | $50 < R_{ij} \leq 75$ | | | | |
| | | $10 \leq X_{db12\text{-}11} < 14$ | $25 < R_{ij} \leq 50$ | | | | |
| | | $X_{db12\text{-}11} < 10$ | $R_{ij} = 0$ | | | | |

续上表

| 项别 | 评估指标 | 分级 | 基本分值 $R_{ij}$ | | 权重系数 $\gamma_{ij}$ | 评估分值 $X_{db12-ij}$ | 说明 |
|---|---|---|---|---|---|---|---|
| | | | 分值范围 | 取值 | | | |
| 岩石强度及应力因素 $X_{db12-1}$ | 强度应力比 $X_{db12-12}$ | $X_{db12-12} < 2.5$ | $75 < R_{ij} \leq 100$ | $R_{12}$ | $\gamma_{12}$ | $X_{db12-12} = R_{12} \times \gamma_{12}$ | 当强度应力比小于2.0时,基本分值取100分,其他分值可按强度应力比线性内插取值。强度应力比为岩石的单轴抗压强度与所在洞段原岩最大主应力之比,是判断岩爆倾向性、进行岩爆烈度分级的常用指标。参考《水力发电工程地质勘察规范》(GB 50287—2016)确定强度应力比分级,该值越小,发生岩爆的风险越高 |
| | | $2.5 \leq X_{db12-12} < 4$ | $50 < R_{ij} \leq 75$ | | | | |
| | | $4 \leq X_{db12-12} < 7$ | $25 < R_{ij} \leq 50$ | | | | |
| | | $X_{db12-12} \geq 7$ | $R_{ij} = 0$ | | | | |
| 结构面因素 $X_{db12-2}$ | 结构面发育及结合程度 $X_{db12-21}$ | 结构面组数1~2组、平均间距大于1.0m,结合好或结合一般 | $75 < R_{ij} \leq 100$ | $R_{21}$ | $\gamma_{21}$ | $X_{db12-21} = R_{21} \times \gamma_{21}$ | 根据现场调查情况确定,当岩体致密、结构面较少时,基本分值可取100分。岩体结构面对岩爆的发生及其烈度具有决定性影响,评估时主要考虑结构面发育程度、主要结构面的结合程度,其分级参考《公路隧道设计规范 第一册 土建工程》(JTG 3370.1—2018)等规范,对结构面组数、间距和结合程度的描述,见表7-13。平均间距指主要结构面间距的平均值;结构面结合程度只考虑主要结构面,结合程度可参照《工程岩体分级标准》(GB/T 50218—2014)表3.2.4确定,见表7-14。 |
| | | 结构面组数1~2组、平均间距大于1.0m,结合差;或结构面组数2~3组、平均间距0.4~1.0m,结合好或结合一般 | $50 < R_{ij} \leq 75$ | | | | |
| | | 结构面组数2~3组、平均间距0.4~1.0m,结合差;或结构面组数大于或等于3组、平均间距0.2~0.4m,结合好或结合一般 | $25 < R_{ij} \leq 50$ | | | | |
| | | 结构面组数大于或等于3组、平均间距0.2~0.4m,结合差;或结构面组数大于或等于3组、平均间距小于或等于0.2m,结合一般或结合差 | $R_{ij} = 0$ | | | | |

**结构面的定性分级**　　表7-13

| 类别 | | | 完整程度 | | | | |
|---|---|---|---|---|---|---|---|
| | | | 完整 | 较完整 | 较破碎 | 破碎 | 极破碎 |
| 《公路隧道设计规范 第一册 土建工程》(JTG 3370.1—2018) | 结构面发育程度 | 组数 | 1~2 | 1~2 | 2~3 | 2~3 | ≥3 | ≥3 |
| | | 平均间距(m) | >1 | >1 | 1~0.4 | 1~0.4 | 0.4~0.2 | 0.4~0.2 | ≤0.2 |
| | | 主要结构面结合程度 | 好或一般 | 差 | 好或一般 | 差 | 好或一般 | 差 | 一般或差 | 很差 |

续上表

| 类别 | | | 完整程度 | | | | | |
|---|---|---|---|---|---|---|---|---|
| | | | 完整 | 较完整 | 较破碎 | 破碎 | | 极破碎 |
| 《工程岩体分级标准》（GB/T 50218—2014） | 结构面发育程度 | 组数 | 1～2 | 1～2 | 2～3 | 2～3 | ≥3 | ≥3 | 无序 |
| | | 平均间距（m） | >1 | >1 | 1～0.4 | 1～0.4 | 0.4～0.2 | 0.4～0.2 | ≤0.2 | |
| | 主要结构面结合程度 | | 好或一般 | 好或一般 | 差 | 好或一般 | 差 | 一般或差 | 很差 |
| 《铁路隧道设计规范（2024年局部修订）》（TB 10003—2016） | 结构面发育程度 | 组数 | 1～2 | 1～2 | 2～3 | 2～3 | ≥3 | ≥3 | 无序 |
| | | 平均间距（m） | >1 | >1 | 1～0.4 | 1～0.4 | 0.4～0.2 | 0.4～0.2 | ≤0.2 | |
| | 主要结构面结合程度 | | 好或一般 | 差 | 好或一般 | 差 | 好或一般 | 一般或差 | 很差 |
| 《公路工程地质勘察规范》（JTG C20—2011） | 结构面发育程度 | 组数 | 1～2 | 1～2 | 2～3 | 2～3 | >3 | >3 | 无序 |
| | | 平均间距（m） | >1 | >1 | 1～0.4 | 1～0.4 | 0.4～0.2 | 0.4～0.2 | <0.2 | |
| | 主要结构面结合程度 | | 好或一般 | 差 | 好或一般 | 差 | 好或一般 | 一般或差 | 很差 |

**结构面结合程度的划分**　　表7-14

| 结合程度 | 结构面特征 |
|---|---|
| 结合好 | 张开度小于1mm，为硅质、铁质或钙质胶结，或结构面粗糙，无充填物；<br>张开度为1～3mm，为硅质或铁质胶结；<br>张开度大于3mm，结构面粗糙，为硅质胶结 |
| 结合一般 | 张开度小于1mm，结构面平直，钙泥质胶结或无充填物；<br>张开度为1～3mm，为钙质胶结；<br>张开度大于3mm，结构粗糙，为铁质或钙质胶结 |
| 结合差 | 张开度为1～3mm，结构面平直，为泥质胶结或钙泥质胶结；<br>张开度大于3mm，多为泥质或岩屑充填 |
| 结合很差 | 泥质充填或泥夹岩屑充填，充填物厚度大于起伏差 |

## 7.2.2 盾构法

1）掌子面失稳

施工过程掌子面失稳风险事件可能性评估指标体系从建设规模、地质与环境条件、设备选型和盾构机控制等4个方面建立，见表7-15。

与施工前相比，施工过程风险事件可能性评估指标体系新增项别与评估指标如下：

盾构机控制：超前注浆控制、主轴承密封质量、盾构机掘进姿态控制、盾构掘进参数、开仓作业压力、超挖控制、泥浆质量和渣土改良效果。

**隧道施工过程掌子面失稳风险事件可能性评估指标体系(盾构法)** 表 7-15

| 项别 | 评估指标 | 分级 | 基本分值 $R_{ij}$ 分值范围 | 基本分值 $R_{ij}$ 取值 | 权重系数 $\gamma_{ij}$ | 评估分值 $X_{sh4-ij}$ | 说明 |
|---|---|---|---|---|---|---|---|
| 建设规模 $X_{sh4-1}$ | 掘进断面直径 $X_{sh4-11}$ | $X_{sh4-11} \geq 18m$ | $75 < R_{ij} \leq 100$ | $R_{11}$ | $\gamma_{11}$ | $X_{sh4-11} = R_{11} \times \gamma_{11}$ | 根据设计文件确定。当掘进断面直径大于或等于20m时,基本分值取100分,其他情况按隧道掘进断面直径线性内插取值 |
| | | $16m \leq X_{sh4-11} < 18m$ | $50 < R_{ij} \leq 75$ | | | | |
| | | $14m \leq X_{sh4-11} < 16m$ | $25 < R_{ij} \leq 50$ | | | | |
| | | $X_{sh4-11} < 14m$ | $0 < R_{ij} \leq 25$ | | | | |
| 地质与环境条件 $X_{sh4-2}$ | 覆土厚度(以洞径倍数表示)$X_{sh4-21}$ | $X_{sh4-21} < 0.5$ | $75 < R_{ij} \leq 100$ | $R_{21}$ | $\gamma_{21}$ | $X_{sh4-21} = R_{21} \times \gamma_{21}$ | 根据地质勘察资料、设计文件及现场条件确定。当覆土厚度小于0.3倍洞径时,基本分值取100分,其他情况按覆土厚度线性内插取值 |
| | | $0.5 \leq X_{sh4-21} < 1.0$ | $50 < R_{ij} \leq 75$ | | | | |
| | | $1.0 \leq X_{sh4-21} < 2.0$ | $25 < R_{ij} \leq 50$ | | | | |
| | | $X_{sh4-21} \geq 2.0$ | $0 < R_{ij} \leq 25$ | | | | |
| | 不良地质段长度 $X_{sh4-22}$ | $X_{sh4-22} \geq 600m$ | $75 < R_{ij} \leq 100$ | $R_{22}$ | $\gamma_{22}$ | $X_{sh4-22} = R_{22} \times \gamma_{22}$ | 根据地质勘察资料、设计文件及现场条件确定。当不良地质段长度大于或等于800m时,基本分值取100分,其他情况按不良地质段长度线性内插取值。始发或到达阶段根据加固效果按25~50分取值 |
| | | $100m \leq X_{sh4-22} < 600m$ | $50 < R_{ij} \leq 75$ | | | | |
| | | $0m < X_{sh4-22} < 100m$ | $25 < R_{ij} \leq 50$ | | | | |
| | | 无不良地质 | $R_{ij} = 0$ | | | | |
| | 邻近/穿越地层水体情况 $X_{sh4-23}$ | 存在承压水、河道水位变化等不利水文条件 | $60 < R_{ij} \leq 100$ | $R_{23}$ | $\gamma_{23}$ | $X_{sh4-23} = R_{23} \times \gamma_{23}$ | 根据现场情况确定 |
| | | 存在不间断水源补充 | $30 < R_{ij} \leq 60$ | | | | |
| | | 不存在不利水文条件 | $R_{ij} = 0$ | | | | |
| | 地下管线情况 $X_{sh4-24}$ | 管线全断面位于富水砂层或粉细砂层 | $60 < R_{ij} \leq 100$ | $R_{24}$ | $\gamma_{24}$ | $X_{sh4-24} = R_{24} \times \gamma_{24}$ | 根据现场地质条件确定 |
| | | 管线部分断面位于富水砂层或粉细砂层 | $30 < R_{ij} \leq 60$ | | | | |
| | | 管线位于其他地层 | $0 < R_{ij} \leq 30$ | | | | |
| 设备选型 $X_{sh4-3}$ | 盾构机选型 $X_{sh4-31}$ | 适应性和可靠性较差 | $60 < R_{ij} \leq 100$ | $R_{31}$ | $\gamma_{31}$ | $X_{sh4-31} = R_{31} \times \gamma_{31}$ | 根据盾构机选型与评估结果确定 |
| | | 适应性和可靠性一般 | $30 < R_{ij} \leq 60$ | | | | |
| | | 适应性和可靠性较好 | $0 < R_{ij} \leq 30$ | | | | |
| 盾构机控制 $X_{sh4-4}$ | 超前注浆控制 $X_{sh4-41}$ | 较差 | $60 < R_{ij} \leq 100$ | $R_{41}$ | $\gamma_{41}$ | $X_{sh4-41} = R_{41} \times \gamma_{41}$ | 根据现场情况确定 |
| | | 一般 | $30 < R_{ij} \leq 60$ | | | | |
| | | 较好 | $0 < R_{ij} \leq 30$ | | | | |
| | 主轴承密封质量 $X_{sh4-42}$ | 较差 | $60 < R_{ij} \leq 100$ | $R_{42}$ | $\gamma_{42}$ | $X_{sh4-42} = R_{42} \times \gamma_{42}$ | 根据现场情况确定 |
| | | 一般 | $30 < R_{ij} \leq 60$ | | | | |
| | | 较好 | $0 < R_{ij} \leq 30$ | | | | |

续上表

| 项别 | 评估指标 | 分级 | 基本分值 $R_{ij}$ 分值范围 | 取值 | 权重系数 $\gamma_{ij}$ | 评估分值 $X_{sh4-ij}$ | 说明 |
|---|---|---|---|---|---|---|---|
| 盾构机控制 $X_{sh4-4}$ | 盾构机掘进姿态控制 $X_{sh4-43}$ | 较差 | $60 < R_{ij} \leq 100$ | $R_{43}$ | $\gamma_{43}$ | $X_{sh4-43} = R_{43} \times \gamma_{43}$ | 根据现场情况确定 |
| | | 一般 | $30 < R_{ij} \leq 60$ | | | | |
| | | 较好 | $0 < R_{ij} \leq 30$ | | | | |
| | 盾构掘进参数 $X_{sh4-44}$ | 不适合 | $60 < R_{ij} \leq 100$ | $R_{44}$ | $\gamma_{44}$ | $X_{sh4-44} = R_{44} \times \gamma_{44}$ | 根据现场情况确定 |
| | | 一般 | $30 < R_{ij} \leq 60$ | | | | |
| | | 适合 | $0 < R_{ij} \leq 30$ | | | | |
| | 开仓作业压力 $X_{sh4-45}$ | $X_{sh4-45} \geq 0.45 \text{MPa}$ | $75 < R_{ij} \leq 100$ | $R_{45}$ | $\gamma_{45}$ | $X_{sh4-45} = R_{45} \times \gamma_{45}$ | 根据现场情况确定。当开仓作业压力大于或等于0.6MPa时,基本分值取100分,其他情况按开仓作业压力线性内插取值。参照《盾构法开仓及气压作业技术规范》(CJJ 217—2014) |
| | | $0.35 \text{MPa} \leq X_{sh4-45} < 0.45 \text{MPa}$ | $50 < R_{ij} \leq 75$ | | | | |
| | | $0.10 \text{MPa} \leq X_{sh4-45} < 0.35 \text{MPa}$ | $25 < R_{ij} \leq 50$ | | | | |
| | | $X_{sh4-45} < 0.10 \text{MPa}$ | $0 < R_{ij} \leq 25$ | | | | |
| | 超挖控制 $X_{sh4-46}$ | 较差 | $60 < R_{ij} \leq 100$ | $R_{46}$ | $\gamma_{46}$ | $X_{sh4-46} = R_{46} \times \gamma_{46}$ | 根据现场情况确定 |
| | | 一般 | $30 < R_{ij} \leq 60$ | | | | |
| | | 较好 | $0 < R_{ij} \leq 30$ | | | | |
| | 泥浆质量 $X_{sh4-47}$ | 较差 | $60 < R_{ij} \leq 100$ | $R_{47}$ | $\gamma_{47}$ | $X_{sh4-47} = R_{47} \times \gamma_{47}$ | 根据现场情况确定。针对泥水平衡盾构机 |
| | | 一般 | $30 < R_{ij} \leq 60$ | | | | |
| | | 较好 | $0 < R_{ij} \leq 30$ | | | | |
| | 渣土改良效果 $X_{sh4-48}$ | 较差 | $60 < R_{ij} \leq 100$ | $R_{48}$ | $\gamma_{48}$ | $X_{sh4-48} = R_{48} \times \gamma_{48}$ | 根据现场情况确定。针对土压平衡盾构机 |
| | | 一般 | $30 < R_{ij} \leq 60$ | | | | |
| | | 较好 | $0 < R_{ij} \leq 30$ | | | | |

2)建(构)筑物受损

施工过程建(构)筑物受损风险事件可能性评估指标体系从建设规模、隧道线性、地质与环境条件、设备选型、盾构机控制和施工监测等6个方面建立,见表7-16。

与施工前相比,施工过程风险事件可能性评估指标体系新增项别与评估指标如下:

(1)盾构机控制:同步注浆控制、盾尾密封质量、盾构机掘进姿态控制、管片拼装质量、盾构掘进参数、开仓作业压力、超挖控制、泥浆质量和渣土改良效果。

(2)施工监测:建(构)筑物变形监测绝对值和速率、监控量测方案合理性。

**隧道施工过程建（构）筑物受损风险事件可能性评估指标体系（盾构法）**　　表 7-16

| 项别 | 评估指标 | 分级 | 基本分值 $R_{ij}$ 分值范围 | 取值 | 权重系数 $\gamma_{ij}$ | 评估分值 $X_{sh5\text{-}ij}$ | 说明 |
|---|---|---|---|---|---|---|---|
| 建设规模 $X_{sh5\text{-}1}$ | 掘进断面直径 $X_{sh5\text{-}11}$ | $X_{sh5\text{-}11} \geq 18m$ | $75 < R_{ij} \leq 100$ | $R_{11}$ | $\gamma_{11}$ | $X_{sh5\text{-}11} = R_{11} \times \gamma_{11}$ | 根据设计文件确定。当掘进断面直径大于或等于20m时，基本分值取100分，其他情况按掘进断面直径线性内插取值 |
| | | $16m \leq X_{sh5\text{-}11} < 18m$ | $50 < R_{ij} \leq 75$ | | | | |
| | | $14m \leq X_{sh5\text{-}11} < 16m$ | $25 < R_{ij} \leq 50$ | | | | |
| | | $X_{sh5\text{-}11} < 14m$ | $0 < R_{ij} \leq 25$ | | | | |
| | 覆土厚度（以洞径倍数表示）$X_{sh5\text{-}12}$ | $X_{sh5\text{-}12} < 0.5$ | $50 < R_{ij} \leq 100$ | $R_{12}$ | $\gamma_{12}$ | $X_{sh5\text{-}12} = R_{12} \times \gamma_{12}$ | 根据地质勘察资料、设计文件及现场条件确定。当覆土厚度小于0.3倍洞径，基本分值取100分，其他情况按覆土厚度线性内插取值 |
| | | $0.5 \leq X_{sh5\text{-}12} < 1.0$ | $0 < R_{ij} \leq 50$ | | | | |
| 隧道线性 $X_{sh5\text{-}2}$ | 路线最小转弯半径（以洞径倍数表示）$X_{sh5\text{-}21}$ | $X_{sh5\text{-}21} < 40$ | $60 < R_{ij} \leq 100$ | $R_{21}$ | $\gamma_{21}$ | $X_{sh5\text{-}21} = R_{21} \times \gamma_{21}$ | 根据设计文件确定。当转弯半径小于30倍洞径时，基本分值取100分，其他情况按转弯半径线性内插取值 |
| | | $40 \leq X_{sh5\text{-}21} < 80$ | $30 < R_{ij} \leq 60$ | | | | |
| | | $X_{sh5\text{-}21} \geq 80$ | $0 < R_{ij} \leq 30$ | | | | |
| 地质与环境条件 $X_{sh5\text{-}3}$ | 建（构）筑物重要性及敏感性 $X_{sh5\text{-}31}$ | 较高 | $75 < R_{ij} \leq 100$ | $R_{31}$ | $\gamma_{31}$ | $X_{sh5\text{-}31} = R_{31} \times \gamma_{31}$ | 根据现场情况确定 |
| | | 一般 | $50 < R_{ij} \leq 75$ | | | | |
| | | 较低 | $25 < R_{ij} \leq 50$ | | | | |
| | 隧道主体与建（构）筑物距离（以洞径倍数表示）$X_{sh5\text{-}32}$ | $X_{sh5\text{-}32} < 0.5$ | $75 < R_{ij} \leq 100$ | $R_{32}$ | $\gamma_{32}$ | $X_{sh5\text{-}32} = R_{32} \times \gamma_{32}$ | 根据现场情况确定。当距离小于0.3倍洞径时，基本分值取100分，其他情况按距离线性内插取值 |
| | | $0.5 \leq X_{sh5\text{-}32} < 1.0$ | $50 < R_{ij} \leq 75$ | | | | |
| | | $1.0 \leq X_{sh5\text{-}32} < 2.0$ | $25 < R_{ij} \leq 50$ | | | | |
| | | $X_{sh5\text{-}32} \geq 2.0$ | $0 < R_{ij} \leq 25$ | | | | |
| | 建（构）筑物保护或加固方案适应性 $X_{sh5\text{-}33}$ | 较差 | $60 < R_{ij} \leq 100$ | $R_{33}$ | $\gamma_{33}$ | $X_{sh5\text{-}33} = R_{33} \times \gamma_{33}$ | 根据施工方案确定 |
| | | 一般 | $30 < R_{ij} \leq 60$ | | | | |
| | | 较好 | $0 < R_{ij} \leq 30$ | | | | |
| | 不良地质 $X_{sh5\text{-}34}$ | 邻近段存在不良地质大于或等于2处 | $60 < R_{ij} \leq 100$ | $R_{34}$ | $\gamma_{34}$ | $X_{sh5\text{-}34} = R_{34} \times \gamma_{34}$ | 根据现场地质条件确定 |
| | | 邻近段存在不良地质1处 | $30 < R_{ij} \leq 60$ | | | | |
| | | 邻近段无不良地质 | $R_{ij} = 0$ | | | | |
| 设备选型 $X_{sh5\text{-}4}$ | 盾构机选型 $X_{sh5\text{-}41}$ | 适应性和可靠性较差 | $60 < R_{ij} \leq 100$ | $R_{41}$ | $\gamma_{41}$ | $X_{sh5\text{-}41} = R_{41} \times \gamma_{41}$ | 根据盾构机选型与评估结果确定 |
| | | 适应性和可靠性一般 | $30 < R_{ij} \leq 60$ | | | | |
| | | 适应性和可靠性较好 | $0 < R_{ij} \leq 30$ | | | | |

续上表

| 项别 | 评估指标 | 分级 | 基本分值 $R_{ij}$ | | 权重系数 $\gamma_{ij}$ | 评估分值 $X_{sh5\text{-}ij}$ | 说明 |
|---|---|---|---|---|---|---|---|
| | | | 分值范围 | 取值 | | | |
| 盾构机控制 $X_{sh5\text{-}5}$ | 同步注浆控制 $X_{sh5\text{-}51}$ | 较差 | $60 < R_{ij} \leq 100$ | $R_{51}$ | $\gamma_{51}$ | $X_{sh5\text{-}51} = R_{51} \times \gamma_{51}$ | 根据现场情况确定 |
| | | 一般 | $30 < R_{ij} \leq 60$ | | | | |
| | | 较好 | $0 < R_{ij} \leq 30$ | | | | |
| | 盾尾密封质量 $X_{sh5\text{-}52}$ | 较差 | $60 < R_{ij} \leq 100$ | $R_{52}$ | $\gamma_{52}$ | $X_{sh5\text{-}52} = R_{52} \times \gamma_{52}$ | 根据现场情况确定 |
| | | 一般 | $30 < R_{ij} \leq 60$ | | | | |
| | | 较好 | $0 < R_{ij} \leq 30$ | | | | |
| | 盾构机掘进姿态控制 $X_{sh5\text{-}53}$ | 较差 | $60 < R_{ij} \leq 100$ | $R_{53}$ | $\gamma_{53}$ | $X_{sh5\text{-}53} = R_{53} \times \gamma_{53}$ | 根据现场情况确定 |
| | | 一般 | $30 < R_{ij} \leq 60$ | | | | |
| | | 较好 | $0 < R_{ij} \leq 30$ | | | | |
| | 管片拼装质量 $X_{sh5\text{-}54}$ | 较差 | $60 < R_{ij} \leq 100$ | $R_{54}$ | $\gamma_{54}$ | $X_{sh5\text{-}54} = R_{54} \times \gamma_{54}$ | 根据现场情况确定 |
| | | 一般 | $30 < R_{ij} \leq 60$ | | | | |
| | | 较好 | $0 < R_{ij} \leq 30$ | | | | |
| | 盾构掘进参数 $X_{sh5\text{-}55}$ | 不适合 | $60 < R_{ij} \leq 100$ | $R_{55}$ | $\gamma_{55}$ | $X_{sh5\text{-}55} = R_{55} \times \gamma_{55}$ | 根据现场情况确定 |
| | | 一般 | $30 < R_{ij} \leq 60$ | | | | |
| | | 适合 | $0 < R_{ij} \leq 30$ | | | | |
| | 开仓作业压力 $X_{sh5\text{-}56}$ | $X_{sh5\text{-}56} \geq 0.45\text{MPa}$ | $75 < R_{ij} \leq 100$ | $R_{56}$ | $\gamma_{56}$ | $X_{sh5\text{-}56} = R_{56} \times \gamma_{56}$ | 根据现场情况确定。当开仓作业压力大于或等于 0.6MPa 时，基本分值取 100 分，其他情况按开仓作业压力线性内插取值 |
| | | $0.35\text{MPa} \leq X_{sh5\text{-}56} < 0.45\text{MPa}$ | $50 < R_{ij} \leq 75$ | | | | |
| | | $0.10\text{MPa} \leq X_{sh5\text{-}56} < 0.35\text{MPa}$ | $25 < R_{ij} \leq 50$ | | | | |
| | | $X_{sh5\text{-}56} < 0.10\text{MPa}$ | $0 < R_{ij} \leq 25$ | | | | |
| | 超挖控制 $X_{sh5\text{-}57}$ | 较差 | $60 < R_{ij} \leq 100$ | $R_{57}$ | $\gamma_{57}$ | $X_{sh5\text{-}57} = R_{57} \times \gamma_{57}$ | 根据现场情况确定 |
| | | 一般 | $30 < R_{ij} \leq 60$ | | | | |
| | | 较好 | $0 < R_{ij} \leq 30$ | | | | |
| | 泥浆质量 $X_{sh5\text{-}58}$ | 较差 | $60 < R_{ij} \leq 100$ | $R_{58}$ | $\gamma_{58}$ | $X_{sh5\text{-}58} = R_{58} \times \gamma_{58}$ | 根据现场情况确定。针对泥水平衡盾构机 |
| | | 一般 | $30 < R_{ij} \leq 60$ | | | | |
| | | 较好 | $0 < R_{ij} \leq 30$ | | | | |
| | 渣土改良效果 $X_{sh5\text{-}59}$ | 较差 | $60 < R_{ij} \leq 100$ | $R_{59}$ | $\gamma_{59}$ | $X_{sh5\text{-}59} = R_{59} \times \gamma_{59}$ | 根据现场情况确定。针对土压平衡盾构机 |
| | | 一般 | $30 < R_{ij} \leq 60$ | | | | |
| | | 较好 | $0 < R_{ij} \leq 30$ | | | | |

续上表

| 项别 | 评估指标 | 分级 | 基本分值 $R_{ij}$ 分值范围 | 取值 | 权重系数 $\gamma_{ij}$ | 评估分值 $X_{sh5-ij}$ | 说明 |
|---|---|---|---|---|---|---|---|
| 施工监测 $X_{sh5-6}$ | 建(构)筑物变形监测绝对值和速率 $X_{sh5-61}$ | 变形监测绝对值和速率双控指标均达到控制值 | $60 < R_{ij} \leq 100$ | $R_{61}$ | $\gamma_{61}$ | $X_{sh5-61} = R_{61} \times \gamma_{61}$ | 建(构)筑物变形监测控制值根据国家现行标准及产权单位要求确定。参考《城市轨道交通工程监测技术规范》(GB 50911—2013)中的相关规定,以变形绝对值和速率接近控制值的程度分级 |
| | | 变形监测绝对值和速率双控指标均达到控制值的85%,或双控指标之一达到控制值 | $30 < R_{ij} \leq 60$ | | | | |
| | | 变形监测绝对值和速率双控指标均达到控制值的70%,或双控指标之一达到控制值的85% | $0 < R_{ij} \leq 30$ | | | | |
| | 监控量测方案合理性 $X_{sh5-62}$ | 量测频率很低、必测项目很不全面或无监测项目,信息反馈很差或无反馈 | $75 < R_{ij} \leq 100$ | $R_{62}$ | $\gamma_{62}$ | $X_{sh5-62} = R_{62} \times \gamma_{62}$ | 根据现场监测情况确定。量测频率越低,必测项目越不全面,信息反馈越差,则取值越大 |
| | | 量测频率较低、有一定必测项目但不全面,信息反馈较差 | $50 < R_{ij} \leq 75$ | | | | |
| | | 量测频率一般、必测项目较全面,无选测项目,信息反馈一般 | $25 < R_{ij} \leq 50$ | | | | |
| | | 量测频率较合理、必测项目全面,有一定选测项目,信息反馈及时 | $0 < R_{ij} \leq 25$ | | | | |
| | | 量测频率合理、必测项目全面,选测项目合理,信息反馈很及时 | $R_{ij} = 0$ | | | | |

3) 突水

施工过程突水风险事件可能性评估指标体系从建设规模、隧道线性、地质与环境条件、设备选型、辅助措施和盾构机控制等6个方面建立,见表7-17。在盾构法施工隧道始发或接收阶段,突水风险的可能性最大,因此,施工过程中的新增指标主要与始发和接收的措施相关。

与施工前相比,施工过程风险事件可能性评估指标体系新增项别与评估指标如下:

(1) 辅助措施:反力架或接收托架强度及加工质量、端头加固效果、洞门密封质量。

(2) 盾构机控制:始发/到达掘进参数控制、始发/到达精度控制、始发/到达时掘进压力偏差、同步注浆控制、盾尾密封质量、超挖控制、泥浆质量和渣土改良效果。

**隧道施工过程突水风险事件可能性评估指标体系（盾构法）** 表 7-17

| 项别 | 评估指标 | 分级 | 基本分值 $R_{ij}$ 分值范围 | 取值 | 权重系数 $\gamma_{ij}$ | 评估分值 $X_{sh6\text{-}ij}$ | 说明 |
|---|---|---|---|---|---|---|---|
| 建设规模 $X_{sh6\text{-}1}$ | 隧道长度 $X_{sh6\text{-}11}$ | $X_{sh6\text{-}11} \geqslant 6000\text{m}$ | $75 < R_{ij} \leqslant 100$ | $R_{11}$ | $\gamma_{11}$ | $X_{sh6\text{-}11} = R_{11} \times \gamma_{11}$ | 根据设计文件确定。当隧道长度大于或等于10km时，基本分值取100分，其他情况按隧道长度线性内插取值 |
| | | $3000\text{m} \leqslant X_{sh6\text{-}11} < 6000\text{m}$ | $50 < R_{ij} \leqslant 75$ | | | | |
| | | $1000\text{m} \leqslant X_{sh6\text{-}11} < 3000\text{m}$ | $25 < R_{ij} \leqslant 50$ | | | | |
| | | $X_{sh6\text{-}11} < 1000\text{m}$ | $0 < R_{ij} \leqslant 25$ | | | | |
| | 掘进断面直径 $X_{sh6\text{-}12}$ | $X_{sh6\text{-}12} \geqslant 18\text{m}$ | $75 < R_{ij} \leqslant 100$ | $R_{12}$ | $\gamma_{12}$ | $X_{sh6\text{-}12} = R_{12} \times \gamma_{12}$ | 根据设计文件确定。当掘进断面直径大于或等于20m时，基本分值取100分，其他情况按掘进断面直径线性内插取值 |
| | | $16\text{m} \leqslant X_{sh6\text{-}12} < 18\text{m}$ | $50 < R_{ij} \leqslant 75$ | | | | |
| | | $14\text{m} \leqslant X_{sh6\text{-}12} < 16\text{m}$ | $25 < R_{ij} \leqslant 50$ | | | | |
| | | $X_{sh6\text{-}12} < 14\text{m}$ | $0 < R_{ij} \leqslant 25$ | | | | |
| 隧道线性 $X_{sh6\text{-}2}$ | 路线最小转弯半径（以洞径倍数表示） $X_{sh6\text{-}21}$ | $X_{sh6\text{-}21} < 40$ | $60 < R_{ij} \leqslant 100$ | $R_{21}$ | $\gamma_{21}$ | $X_{sh6\text{-}21} = R_{21} \times \gamma_{21}$ | 根据设计文件确定。当转弯半径小于30倍洞径时，基本分值取100分，其他情况按转弯半径线性内插取值 |
| | | $40 \leqslant X_{sh6\text{-}21} < 80$ | $30 < R_{ij} \leqslant 60$ | | | | |
| | | $X_{sh6\text{-}21} \geqslant 80$ | $0 < R_{ij} \leqslant 30$ | | | | |
| 地质与环境条件 $X_{sh6\text{-}3}$ | 覆土厚度（以洞径倍数表示） $X_{sh6\text{-}31}$ | $X_{sh6\text{-}31} < 0.5$ | $75 < R_{ij} \leqslant 100$ | $R_{31}$ | $\gamma_{31}$ | $X_{sh6\text{-}31} = R_{31} \times \gamma_{31}$ | 根据现场情况确定。当覆土厚度小于3m时，基本分值取100分，其他情况按覆土厚度线性内插取值 |
| | | $0.5 \leqslant X_{sh6\text{-}31} < 1.0$ | $50 < R_{ij} \leqslant 75$ | | | | |
| | | $1.0 \leqslant X_{sh6\text{-}31} < 2.0$ | $25 < R_{ij} \leqslant 50$ | | | | |
| | | $X_{sh6\text{-}31} \geqslant 2.0$ | $0 < R_{ij} \leqslant 25$ | | | | |
| | 不良地质段长度 $X_{sh6\text{-}32}$ | $X_{sh6\text{-}32} \geqslant 600\text{m}$ | $75 < R_{ij} \leqslant 100$ | $R_{32}$ | $\gamma_{32}$ | $X_{sh6\text{-}32} = R_{32} \times \gamma_{32}$ | 根据现场地质条件确定。当不良地质段长度大于或等于800m时，基本分值取100分，其他情况按不良地质段长度线性内插取值。始发/到达阶段根据加固效果按25~50分取值 |
| | | $100\text{m} \leqslant X_{sh6\text{-}32} < 600\text{m}$ | $50 < R_{ij} \leqslant 75$ | | | | |
| | | $0\text{m} < X_{sh6\text{-}32} < 100\text{m}$ | $25 < R_{ij} \leqslant 50$ | | | | |
| | | 无不良地质 | $R_{ij} = 0$ | | | | |
| | 邻近/穿越地层水体情况 $X_{sh6\text{-}33}$ | 存在承压水、河道水位变化等不利水文条件 | $60 < R_{ij} \leqslant 100$ | $R_{33}$ | $\gamma_{33}$ | $X_{sh6\text{-}33} = R_{33} \times \gamma_{33}$ | 根据现场地质条件确定 |
| | | 存在不间断水源补充 | $30 < R_{ij} \leqslant 60$ | | | | |
| | | 不存在不利水文条件 | $R_{ij} = 0$ | | | | |
| | 地下管线情况 $X_{sh6\text{-}34}$ | 管线全断面位于富水砂层或粉细砂层 | $60 < R_{ij} \leqslant 100$ | $R_{34}$ | $\gamma_{34}$ | $X_{sh6\text{-}34} = R_{34} \times \gamma_{34}$ | 根据现场地质条件确定 |
| | | 管线部分断面位于富水砂层或粉细砂层 | $30 < R_{ij} \leqslant 60$ | | | | |
| | | 管线位于其他地层 | $0 < R_{ij} \leqslant 30$ | | | | |
| 设备选型 $X_{sh6\text{-}4}$ | 盾构机选型 $X_{sh6\text{-}41}$ | 适应性和可靠性较差 | $60 < R_{ij} \leqslant 100$ | $R_{41}$ | $\gamma_{41}$ | $X_{sh6\text{-}41} = R_{41} \times \gamma_{41}$ | 根据盾构机选型与评估结果确定 |
| | | 适应性和可靠性一般 | $30 < R_{ij} \leqslant 60$ | | | | |
| | | 适应性和可靠性较好 | $0 < R_{ij} \leqslant 30$ | | | | |

续上表

| 项别 | 评估指标 | 分级 | 基本分值 $R_{ij}$ | | 权重系数 $\gamma_{ij}$ | 评估分值 $X_{sh6-ij}$ | 说明 |
|---|---|---|---|---|---|---|---|
| | | | 分值范围 | 取值 | | | |
| 辅助措施 $X_{sh6-5}$ | 反力架或接收托架强度及加工质量 $X_{sh6-51}$ | 较差 | $60 < R_{ij} \leq 100$ | $R_{51}$ | $\gamma_{51}$ | $X_{sh6-51} = R_{51} \times \gamma_{51}$ | 根据现场情况确定 |
| | | 一般 | $30 < R_{ij} \leq 60$ | | | | |
| | | 较好 | $0 < R_{ij} \leq 30$ | | | | |
| | 端头加固效果 $X_{sh6-52}$ | 较差 | $60 < R_{ij} \leq 100$ | $R_{52}$ | $\gamma_{52}$ | $X_{sh6-52} = R_{52} \times \gamma_{52}$ | 根据现场情况确定 |
| | | 一般 | $30 < R_{ij} \leq 60$ | | | | |
| | | 较好 | $0 < R_{ij} \leq 30$ | | | | |
| | 洞门密封质量 $X_{sh6-53}$ | 较差 | $60 < R_{ij} \leq 100$ | $R_{53}$ | $\gamma_{53}$ | $X_{sh6-53} = R_{53} \times \gamma_{53}$ | 根据现场情况确定 |
| | | 一般 | $30 < R_{ij} \leq 60$ | | | | |
| | | 较好 | $0 < R_{ij} \leq 30$ | | | | |
| 盾构机控制 $X_{sh6-6}$ | 始发/到达掘进参数控制 $X_{sh6-61}$ | 较差 | $60 < R_{ij} \leq 100$ | $R_{61}$ | $\gamma_{61}$ | $X_{sh6-61} = R_{61} \times \gamma_{61}$ | 根据现场情况确定 |
| | | 一般 | $30 < R_{ij} \leq 60$ | | | | |
| | | 较好 | $0 < R_{ij} \leq 30$ | | | | |
| | 始发/到达精度控制 $X_{sh6-62}$ | 较差 | $60 < R_{ij} \leq 100$ | $R_{62}$ | $\gamma_{62}$ | $X_{sh6-62} = R_{62} \times \gamma_{62}$ | 根据现场情况确定 |
| | | 一般 | $30 < R_{ij} \leq 60$ | | | | |
| | | 较好 | $0 < R_{ij} \leq 30$ | | | | |
| | 始发/到达时掘进压力偏差 $X_{sh6-63}$ | 超过允许范围 | $60 < R_{ij} \leq 100$ | $R_{63}$ | $\gamma_{63}$ | $X_{sh6-63} = R_{63} \times \gamma_{63}$ | 根据现场情况确定 |
| | | 较大但尚可接受 | $30 < R_{ij} \leq 60$ | | | | |
| | | 较小 | $0 < R_{ij} \leq 30$ | | | | |
| | 同步注浆控制 $X_{sh6-64}$ | 较差 | $60 < R_{ij} \leq 100$ | $R_{64}$ | $\gamma_{64}$ | $X_{sh6-64} = R_{64} \times \gamma_{64}$ | 根据现场情况确定 |
| | | 一般 | $30 < R_{ij} \leq 60$ | | | | |
| | | 较好 | $0 < R_{ij} \leq 30$ | | | | |
| | 盾尾密封质量 $X_{sh6-65}$ | 较差 | $60 < R_{ij} \leq 100$ | $R_{65}$ | $\gamma_{65}$ | $X_{sh6-65} = R_{65} \times \gamma_{65}$ | 根据现场情况确定 |
| | | 一般 | $30 < R_{ij} \leq 60$ | | | | |
| | | 较好 | $0 < R_{ij} \leq 30$ | | | | |
| | 超挖控制 $X_{sh6-66}$ | 较差 | $60 < R_{ij} \leq 100$ | $R_{66}$ | $\gamma_{66}$ | $X_{sh6-66} = R_{66} \times \gamma_{66}$ | 根据现场情况确定 |
| | | 一般 | $30 < R_{ij} \leq 60$ | | | | |
| | | 较好 | $0 < R_{ij} \leq 30$ | | | | |
| | 泥浆质量 $X_{sh6-67}$ | 较差 | $60 < R_{ij} \leq 100$ | $R_{67}$ | $\gamma_{67}$ | $X_{sh6-67} = R_{67} \times \gamma_{67}$ | 根据现场情况确定。针对泥水平衡盾构机 |
| | | 一般 | $30 < R_{ij} \leq 60$ | | | | |
| | | 较好 | $0 < R_{ij} \leq 30$ | | | | |
| | 渣土改良效果 $X_{sh6-68}$ | 较差 | $60 < R_{ij} \leq 100$ | $R_{68}$ | $\gamma_{68}$ | $X_{sh6-68} = R_{68} \times \gamma_{68}$ | 根据现场情况确定。针对土压平衡盾构机 |
| | | 一般 | $30 < R_{ij} \leq 60$ | | | | |
| | | 较好 | $0 < R_{ij} \leq 30$ | | | | |

### 4）盾构机损伤

施工过程盾构机损伤风险事件可能性评估指标体系从建设规模、隧道线性、地质与环境条件、设备选型、盾构机控制和质量控制等6个方面建立，见表7-18。盾构机损伤是盾构法隧道施工中最常见的风险事件，与盾构机系统和控制密切相关，因此并未列入施工前风险事件中。目前，公路隧道多采用泥水盾构机，根据调研结果进一步将盾构机损伤细分为盾尾密封击穿、主轴承密封击穿、保压舱失压、刀具刀盘磨损、卡盾和盾体变形等6种。考虑到上述损伤类型存在多个共有影响指标，故将6种损伤指标统一归纳于表7-18的评估体系中，并在说明栏备注了适用性。

**隧道施工过程盾构机损伤风险事件可能性评估指标体系**（盾构法） 表7-18

| 项别 | 评估指标 | 分级 | 基本分值 $R_{ij}$ 分值范围 | 取值 | 权重系数 $\gamma_{ij}$ | 评估分值 $X_{\text{sh7-}ij}$ | 说明 |
|---|---|---|---|---|---|---|---|
| 建设规模 $X_{\text{sh7-1}}$ | 隧道长度 $X_{\text{sh7-11}}$ | $X_{\text{sh7-11}} \geq 6000\text{m}$ | $75 < R_{ij} \leq 100$ | $R_{11}$ | $\gamma_{11}$ | $X_{\text{sh7-11}} = R_{11} \times \gamma_{11}$ | 针对盾尾密封击穿、主轴承密封击穿、刀具刀盘磨损。根据设计文件确定。当隧道长度大于或等于10km时，基本分值取100分，其他情况按隧道长度线性内插取值 |
| | | $3000\text{m} \leq X_{\text{sh7-11}} < 6000\text{m}$ | $50 < R_{ij} \leq 75$ | | | | |
| | | $1000\text{m} \leq X_{\text{sh7-11}} < 3000\text{m}$ | $25 < R_{ij} \leq 50$ | | | | |
| | | $X_{\text{sh7-11}} < 1000\text{m}$ | $0 < R_{ij} \leq 25$ | | | | |
| | 掘进断面直径 $X_{\text{sh7-12}}$ | $X_{\text{sh7-12}} \geq 18\text{m}$ | $75 < R_{ij} \leq 100$ | $R_{12}$ | $\gamma_{12}$ | $X_{\text{sh7-12}} = R_{12} \times \gamma_{12}$ | 针对保压舱失压、刀具刀盘磨损。根据设计文件确定。当掘进断面直径大于或等于20m时，基本分值取100分，其他情况按隧道掘进断面直径线性内插取值 |
| | | $16\text{m} \leq X_{\text{sh7-12}} < 18\text{m}$ | $50 < R_{ij} \leq 75$ | | | | |
| | | $14\text{m} \leq X_{\text{sh7-12}} < 16\text{m}$ | $25 < R_{ij} \leq 50$ | | | | |
| | | $X_{\text{sh7-12}} < 14\text{m}$ | $0 < R_{ij} \leq 25$ | | | | |
| 隧道线性 $X_{\text{sh7-2}}$ | 路线最小转弯半径（以洞径倍数表示） $X_{\text{sh7-21}}$ | $X_{\text{sh7-21}} < 40$ | $60 < R_{ij} \leq 100$ | $R_{21}$ | $\gamma_{21}$ | $X_{\text{sh7-21}} = R_{21} \times \gamma_{21}$ | 针对盾尾密封击穿、刀具刀盘磨损。根据设计文件确定。当转弯半径小于30倍洞径时，基本分值取100分，其他情况按转弯半径线性内插取值 |
| | | $40 \leq X_{\text{sh7-21}} < 80$ | $30 < R_{ij} \leq 60$ | | | | |
| | | $X_{\text{sh7-21}} \geq 80$ | $0 < R_{ij} \leq 30$ | | | | |
| 地质与环境条件 $X_{\text{sh7-3}}$ | 覆土厚度（以洞径倍数表示） $X_{\text{sh7-31}}$ | $X_{\text{sh7-31}} \geq 2.0$ | $75 < R_{ij} \leq 100$ | $R_{31}$ | $\gamma_{31}$ | $X_{\text{sh7-31}} = R_{31} \times \gamma_{31}$ | 针对盾尾密封击穿、主轴承密封击穿。根据地质勘察资料、设计文件及现场条件确定。当覆土厚度大于3倍洞径时，基本分值取100分，其他情况按覆土厚度线性内插取值。随着隧道埋深增加，水土压力增大，盾尾和主轴承密封击穿风险增高，因此覆土厚度越大，分值越高 |
| | | $1.0 \leq X_{\text{sh7-31}} < 2.0$ | $50 < R_{ij} \leq 75$ | | | | |
| | | $0.5 \leq X_{\text{sh7-31}} < 1.0$ | $25 < R_{ij} \leq 50$ | | | | |
| | | $X_{\text{sh7-31}} < 0.5$ | $0 < R_{ij} \leq 25$ | | | | |

续上表

| 项别 | 评估指标 | 分级 | 基本分值 $R_{ij}$ | | 权重系数 $\gamma_{ij}$ | 评估分值 $X_{sh7-ij}$ | 说明 |
|---|---|---|---|---|---|---|---|
| | | | 分值范围 | 取值 | | | |
| 地质与环境条件 $X_{sh7-3}$ | 覆土厚度（以洞径倍数表示）$X_{sh7-32}$ | $X_{sh7-32} < 0.5$ | $75 < R_{ij} \leq 100$ | $R_{32}$ | $\gamma_{32}$ | $X_{sh7-32} = R_{32} \times \gamma_{32}$ | 针对保压舱失压。根据地质勘察资料、设计文件及现场条件确定。当覆土厚度小于0.3倍洞径时，基本分值取100分，其他情况按覆土厚度线性内插取值。覆土越浅，保压舱压力越难控制，易击穿地表造成失压 |
| | | $0.5 \leq X_{sh7-32} < 1.0$ | $50 < R_{ij} \leq 75$ | | | | |
| | | $1.0 \leq X_{sh7-32} < 2.0$ | $25 < R_{ij} \leq 50$ | | | | |
| | | $X_{sh7-32} \geq 2.0$ | $0 < R_{ij} \leq 25$ | | | | |
| | 不良地质段长度 $X_{sh7-33}$ | $X_{sh7-33} \geq 600m$ | $75 < R_{ij} \leq 100$ | $R_{33}$ | $\gamma_{33}$ | $X_{sh7-33} = R_{33} \times \gamma_{33}$ | 针对盾尾密封击穿和主轴承密封击穿。不良地质仅考虑富水砂层、饱和粉细砂层，其余不良地质若富水也可考虑。针对保压舱失压、刀具刀盘磨损和卡盾。不良地质仅考虑软硬不均地层、卵石漂孤石层、断层破碎带和岩溶。根据现场地质条件确定。当不良地质段长度大于或等于800m时，基本分值取100分，其他情况按不良地质段长度线性内插取值。始发/到达阶段根据加固效果按25~50分取值 |
| | | $100m \leq X_{sh7-33} < 600m$ | $50 < R_{ij} \leq 75$ | | | | |
| | | $0m < X_{sh7-33} < 100m$ | $25 < R_{ij} \leq 50$ | | | | |
| | | 无不良地质 | $R_{ij} = 0$ | | | | |
| | 硬岩段长度 $X_{sh7-34}$ | $X_{sh7-34} \geq 500m$ | $75 < R_{ij} \leq 100$ | $R_{34}$ | $\gamma_{34}$ | $X_{sh7-34} = R_{34} \times \gamma_{34}$ | 针对盾尾密封击穿、刀具刀盘磨损。根据现场地质条件确定。当硬岩段长度大于或等于600m时，基本分值取100分，其他情况按硬岩段长度线性内插取值，始发/到达阶段按25分取值 |
| | | $100m \leq X_{sh7-34} < 500m$ | $50 < R_{ij} \leq 75$ | | | | |
| | | $0m < X_{sh7-34} < 100m$ | $25 < R_{ij} \leq 50$ | | | | |
| | | 无硬岩 | $R_{ij} = 0$ | | | | |
| | 主隧道范围内障碍物情况 $X_{sh7-35}$ | 明确存在的 | $60 < R_{ij} \leq 100$ | $R_{35}$ | $\gamma_{35}$ | $X_{sh7-35} = R_{35} \times \gamma_{35}$ | 针对刀具刀盘磨损、卡盾。根据现场地质条件确定 |
| | | 可能存在的 | $30 < R_{ij} \leq 60$ | | | | |
| | | 明确不存在的 | $R_{ij} = 0$ | | | | |
| | 邻近/穿越地层水体情况 $X_{sh7-36}$ | 存在承压水、河道水位变化等不利水文条件 | $60 < R_{ij} \leq 100$ | $R_{36}$ | $\gamma_{36}$ | $X_{sh7-36} = R_{36} \times \gamma_{36}$ | 针对盾尾密封击穿、主轴承密封击穿、保压舱失压。根据现场地质条件确定 |
| | | 存在不间断水源补充 | $30 < R_{ij} \leq 60$ | | | | |
| | | 不存在不利水文条件 | $R_{ij} = 0$ | | | | |
| | 地下管线情况 $X_{sh7-37}$ | 管线全断面位于富水砂层或粉细砂层 | $60 < R_{ij} \leq 100$ | $R_{37}$ | $\gamma_{37}$ | $X_{sh7-37} = R_{37} \times \gamma_{37}$ | 针对盾尾密封击穿、主轴承密封击穿、保压舱失压。根据现场地质条件确定 |
| | | 管线部分断面位于富水砂层或粉细砂层 | $30 < R_{ij} \leq 60$ | | | | |
| | | 管线位于其他地层 | $0 < R_{ij} \leq 30$ | | | | |

续上表

| 项别 | 评估指标 | 分级 | 基本分值 $R_{ij}$ | | 权重系数 $\gamma_{ij}$ | 评估分值 $X_{sh7\text{-}ij}$ | 说明 |
|---|---|---|---|---|---|---|---|
| | | | 分值范围 | 取值 | | | |
| 设备选型 $X_{sh7\text{-}4}$ | 盾尾刷选型 $X_{sh7\text{-}41}$ | 不合适 | $60 < R_{ij} \leq 100$ | $R_{41}$ | $\gamma_{41}$ | $X_{sh7\text{-}41} = R_{41} \times \gamma_{41}$ | 针对盾尾密封击穿。根据施工方案确定 |
| | | 一般 | $30 < R_{ij} \leq 60$ | | | | |
| | | 合适 | $0 < R_{ij} \leq 30$ | | | | |
| | 刀具刀盘选型 $X_{sh7\text{-}42}$ | 不合适 | $60 < R_{ij} \leq 100$ | $R_{42}$ | $\gamma_{42}$ | $X_{sh7\text{-}42} = R_{42} \times \gamma_{42}$ | 针对刀具刀盘磨损。根据施工方案确定 |
| | | 一般 | $30 < R_{ij} \leq 60$ | | | | |
| | | 合适 | $0 < R_{ij} \leq 30$ | | | | |
| 盾构机控制 $X_{sh7\text{-}5}$ | 盾构机掘进姿态控制 $X_{sh7\text{-}51}$ | 较差 | $60 < R_{ij} \leq 100$ | $R_{51}$ | $\gamma_{51}$ | $X_{sh7\text{-}51} = R_{51} \times \gamma_{51}$ | 针对盾尾密封击穿、主轴承密封击穿、刀具刀盘磨损、盾体变形。根据现场情况确定 |
| | | 一般 | $30 < R_{ij} \leq 60$ | | | | |
| | | 较好 | $0 < R_{ij} \leq 30$ | | | | |
| | 盾构掘进参数 $X_{sh7\text{-}52}$ | 不适合 | $60 < R_{ij} \leq 100$ | $R_{52}$ | $\gamma_{52}$ | $X_{sh7\text{-}52} = R_{52} \times \gamma_{52}$ | 针对盾尾密封击穿、主轴承密封击穿、刀具刀盘磨损。根据现场情况确定 |
| | | 一般 | $30 < R_{ij} \leq 60$ | | | | |
| | | 适合 | $0 < R_{ij} \leq 30$ | | | | |
| | 同步注浆控制 $X_{sh7\text{-}53}$ | 较差 | $60 < R_{ij} \leq 100$ | $R_{53}$ | $\gamma_{53}$ | $X_{sh7\text{-}53} = R_{53} \times \gamma_{53}$ | 针对保压舱失压、刀具刀盘磨损、卡盾。根据现场情况确定 |
| | | 一般 | $30 < R_{ij} \leq 60$ | | | | |
| | | 较好 | $0 < R_{ij} \leq 30$ | | | | |
| | 保压舱压力设置 $X_{sh7\text{-}54}$ | 较差 | $60 < R_{ij} \leq 100$ | $R_{54}$ | $\gamma_{54}$ | $X_{sh7\text{-}54} = R_{54} \times \gamma_{54}$ | 针对保压舱失压。根据现场情况确定 |
| | | 一般 | $30 < R_{ij} \leq 60$ | | | | |
| | | 较好 | $0 < R_{ij} \leq 30$ | | | | |
| | 各腔室油脂压力合理性 $X_{sh7\text{-}55}$ | 较差 | $60 < R_{ij} \leq 100$ | $R_{55}$ | $\gamma_{55}$ | $X_{sh7\text{-}55} = R_{55} \times \gamma_{55}$ | 针对盾尾密封击穿、主轴承密封击穿。根据现场情况确定 |
| | | 一般 | $30 < R_{ij} \leq 60$ | | | | |
| | | 较好 | $0 < R_{ij} \leq 30$ | | | | |
| 质量控制 $X_{sh7\text{-}6}$ | 盾尾刷安装质量 $X_{sh7\text{-}61}$ | 较差 | $60 < R_{ij} \leq 100$ | $R_{61}$ | $\gamma_{61}$ | $X_{sh7\text{-}61} = R_{61} \times \gamma_{61}$ | 针对盾尾密封击穿。根据现场情况确定 |
| | | 一般 | $30 < R_{ij} \leq 60$ | | | | |
| | | 较好 | $0 < R_{ij} \leq 30$ | | | | |
| | 初涂油脂质量 $X_{sh7\text{-}62}$ | 较差 | $60 < R_{ij} \leq 100$ | $R_{62}$ | $\gamma_{62}$ | $X_{sh7\text{-}62} = R_{62} \times \gamma_{62}$ | 针对盾尾密封击穿。根据现场情况确定 |
| | | 一般 | $30 < R_{ij} \leq 60$ | | | | |
| | | 较好 | $0 < R_{ij} \leq 30$ | | | | |
| | 油脂质量 $X_{sh7\text{-}63}$ | 较差 | $60 < R_{ij} \leq 100$ | $R_{63}$ | $\gamma_{63}$ | $X_{sh7\text{-}63} = R_{63} \times \gamma_{63}$ | 针对盾尾密封击穿、主轴承密封击穿。根据现场情况确定 |
| | | 一般 | $30 < R_{ij} \leq 60$ | | | | |
| | | 较好 | $0 < R_{ij} \leq 30$ | | | | |
| | 泥膜质量 $X_{sh7\text{-}64}$ | 较差 | $60 < R_{ij} \leq 100$ | $R_{64}$ | $\gamma_{64}$ | $X_{sh7\text{-}64} = R_{64} \times \gamma_{64}$ | 针对保压舱失压。根据现场情况确定 |
| | | 一般 | $30 < R_{ij} \leq 60$ | | | | |
| | | 较好 | $0 < R_{ij} \leq 30$ | | | | |

续上表

| 项别 | 评估指标 | 分级 | 基本分值 $R_{ij}$ 分值范围 | 取值 | 权重系数 $\gamma_{ij}$ | 评估分值 $X_{\text{sh7-}ij}$ | 说明 |
|---|---|---|---|---|---|---|---|
| 质量控制 $X_{\text{sh7-6}}$ | 盾构机系统性能 $X_{\text{sh7-65}}$ | 不稳定 | $60 < R_{ij} \leq 100$ | $R_{65}$ | $\gamma_{65}$ | $X_{\text{sh7-65}} = R_{65} \times \gamma_{65}$ | 针对保压舱失压。根据现场情况确定 |
| | | 一般 | $30 < R_{ij} \leq 60$ | | | | |
| | | 较稳定 | $0 < R_{ij} \leq 30$ | | | | |
| | 泥浆质量 $X_{\text{sh7-66}}$ | 较差 | $60 < R_{ij} \leq 100$ | $R_{66}$ | $\gamma_{66}$ | $X_{\text{sh7-66}} = R_{66} \times \gamma_{66}$ | 针对泥水平衡盾构机保压舱失压。根据现场情况确定 |
| | | 一般 | $30 < R_{ij} \leq 60$ | | | | |
| | | 较好 | $0 < R_{ij} \leq 30$ | | | | |
| | 渣土改良效果 $X_{\text{sh7-67}}$ | 较差 | $60 < R_{ij} \leq 100$ | $R_{67}$ | $\gamma_{67}$ | $X_{\text{sh7-67}} = R_{67} \times \gamma_{67}$ | 针对土压平衡盾构机保压舱失压。根据现场情况确定 |
| | | 一般 | $30 < R_{ij} \leq 60$ | | | | |
| | | 较好 | $0 < R_{ij} \leq 30$ | | | | |

## 7.3 本章小结

本章首先叙述了公路隧道施工过程专项风险评估流程,随后介绍了施工过程中公路隧道风险估测方法,重点介绍了风险事件可能性估测方法。

(1)当重大风险源存在遗漏,或经项目建设、施工、监理单位或评估单位提出并论证出现了新的重大风险源、发现并提出原有风险源发生了重大变化,及有关法律、法规、标准提出了新的要求时,应开展施工过程专项风险评估工作。对于施工区段较为简单的隧道,可采用专家调查法或指标体系法开展风险事件可能性估测;对于施工区段特别复杂的隧道,可采用层次分析法、未确知测度法等综合方法开展风险事件可能性评估。对于风险事件后果严重程度估测,可采用专家调查法(就高原则)或后果当量估计法。

(2)针对钻爆法施工的公路隧道,建立了施工过程洞口失稳、坍塌、涌水突泥、大变形、瓦斯爆炸、岩爆等6类风险事件可能性评估指标体系;针对盾构法施工的隧道,建立了施工过程掌子面失稳、建(构)筑物受损、突水、盾构机损伤(包括盾尾密封击穿、主轴承密封击穿、保压舱失压、刀具刀盘磨损、卡盾、盾体变形)等4类风险事件可能性评估指标体系。

# 第8章 典型施工安全风险评估案例

## 8.1 钻爆法隧道施工安全风险评估案例

### 8.1.1 浙江某隧道

1）隧道概况

浙江某隧道（简称"A 隧道"）是一座连拱隧道，采用钻爆法施工，隧道开挖断面净宽为 15.82m，桩号区间为 K6+589～K7+122，全长 533m，洞门设计为半明洞式。A 隧道围岩主要为微～中风化的晶屑泥灰岩、强～中风化的晶屑泥灰岩，其分级情况详见表 8-1。

A 隧道围岩分级情况 表 8-1

| 隧道名称 | 长度（m） | 各级围岩长度(m) | | |
|---|---|---|---|---|
| | | Ⅲ级 | Ⅳ级 | Ⅴ级 |
| A 隧道 | 533 | 153 | 100 | 280 |

隧址区属于侵蚀剥蚀低丘陵地貌，山体植被茂密，地形高差变化较大，进洞口山体坡度约 40°～50°，出洞口山体坡度约 30°～40°，中线地面高程为 25.3～121.4m，相对高差约为 96m，隧道最大埋深约为 95.3m。隧址区断裂构造发育，主要包括北～北东、北东、北西以及东西向等四组方向断裂。其中，北～北东和北东向断裂最为发育，为该区域主要控制性断裂构造。A 隧道地质剖面图如图 8-1 所示。

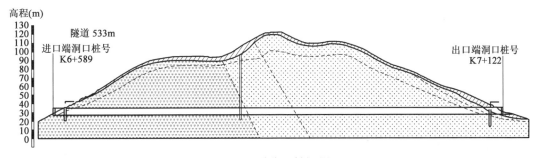

图 8-1 A 隧道地质剖面图

2）总体风险评估

根据隧道工程施工安全总体风险评估流程（图5-1）的要求，A隧道应首先采用主控因素判识法进行总体风险评估，其评估步骤如下。

（1）主控因素判识。

根据钻爆法隧道工程施工总体风险评估的主控因素评估指标，A隧道宜从隧道结构类型与区域环境、辅助坑道、隧道长度、隧道开挖跨度、洞口地质特征、围岩条件、预测瓦斯涌出量、预测涌水量、隧道最大埋深和岩溶发育程度等10个主控因素，综合判定隧道的总体风险等级，判识结果见表8-2。

A隧道主控因素判识结果　　　　　　　　　表8-2

| 主控因素 | 评估指标 | 总体风险等级 | | 判识依据 |
|---|---|---|---|---|
| | 因素描述 | 重大风险（Ⅳ级） | 较大风险（Ⅲ级） | |
| 隧道结构类型与区域环境 | 海底隧道，下穿河流湖泊、重要水源保护地及重要建（构）筑物的隧道 | | | A隧道为连拱隧道，Ⅳ级以上围岩长度占比超过50%，非海底隧道，不下穿河流湖泊、重要水源保护地及重要建（构）筑物 |
| | 连拱隧道，小净距隧道 | | √ | |
| 辅助坑道 | 辅助坑道为竖井 | | | A隧道无竖井、无斜井 |
| | 辅助坑道为斜井 | | | |
| 隧道长度 | 隧道长度大于或等于6000m | | | A隧道长度为533m |
| | 隧道长度为3000~6000m | | | |
| 隧道开挖跨度 | 隧道开挖跨度大于或等于18m | | | A隧道开挖净宽为15.82m |
| | 隧道开挖跨度为14~18m | | √ | |
| 洞口地质特征 | 洞口位于滑坡体或堆积体上 | | | A隧道洞口未位于滑坡体或堆积体上 |
| 围岩条件 | Ⅴ级围岩累计长度大于或等于1000m的长、特长隧道；Ⅴ级围岩累计长度大于或等于500m的中隧道；Ⅴ级围岩累计长度大于或等于400m的短隧道 | | | A隧道长度为533m，属于中隧道，根据地质剖面图，Ⅴ级围岩的累计长度为280m |
| | Ⅴ级围岩累计长度为600~1000m的长、特长隧道；Ⅴ级围岩累计长度为400~500m的中隧道；Ⅴ级围岩累计长度为300~400m的短隧道 | | | |
| | Ⅵ级围岩、断层破碎带、膨胀土、富水软岩段连续长度大于或等于100m，富水砂层 | | | |
| | Ⅵ级围岩、断层破碎带、膨胀土、富水软岩段连续长度为50~100m，冻土 | | | |
| 预测瓦斯涌出量 | 预测瓦斯涌出量大于或等于3m³/min | | | 无相关信息 |
| | 预测瓦斯涌出量为2~3m³/min | | | |
| 预测涌水量 | 预测涌水量大于或等于20000m³/d | | | 由设计资料可知，A隧道预测最大涌水量为5000m³/d |
| | 预测涌水量为10000~20000m³/d | | | |

续上表

| 评估指标 | | 总体风险等级 | | 判识依据 |
|---|---|---|---|---|
| 主控因素 | 因素描述 | 重大风险（Ⅳ级） | 较大风险（Ⅲ级） | |
| 隧道最大埋深 | 隧道最大埋深大于或等于1200m | | | A隧道最大埋深约95.3m |
| | 隧道最大埋深为800~1200m | | | |
| 岩溶发育程度 | 岩溶极发育，且存在宽度大于或等于2/3隧道开挖跨度的岩溶洞穴、地下暗河等 | | | 无相关信息 |
| | 岩溶发育，且存在宽度大于或等于1/3隧道开挖跨度的岩溶洞穴等 | | | |

（2）风险等级。

根据2024年版指南5.1.3的要求，双洞和多洞隧道宜分别按单洞进行总体风险评估，并取风险等级高者作为隧道总体风险等级，A隧道为连拱隧道，不满足5.1.3的要求。

根据2024年版指南5.2.3的要求，不同主控因素确定的隧道总体风险等级不同时，以等级高值为准。根据A隧道的隧道结构类型与区域环境、隧道开挖跨度可确定其总体风险等级为较大风险（Ⅲ级），见表8-3。

**A隧道总体风险评估结果**　　　　表8-3

| 隧道名称 | 布置形式 | 主控因素判识结果汇总 | | 指标体系法 | 风险等级 |
|---|---|---|---|---|---|
| | | 主控因素 | 判识结果 | | |
| A隧道 | 连拱隧道 | 隧道结构类型与区域环境（连拱隧道） | Ⅲ级 | — | 较大风险（Ⅲ级） |
| | | 隧道开挖跨度（15.82m） | Ⅲ级 | | |

通过主控因素判识法已确定A隧道的总体风险等级，无须再采用指标体系法开展总体风险评估。根据2024年版指南5.1.5的要求，总体风险评估等级为重大风险（Ⅳ级）、较大风险（Ⅲ级）的隧道工程宜开展专项风险评估，因此A隧道需要进行专项风险评估。

3）施工前专项风险评估

施工前专项风险评估应依照图6-1的流程顺序进行，开展风险辨识与风险分析、风险估测、风险控制以及风险控制预期效果评价等，本案例仅叙述风险估测阶段的重大风险源估测内容。

钻爆法隧道施工常见的重大风险源包括洞口失稳、坍塌、涌水突泥、大变形、瓦斯爆炸、岩爆等。结合A隧道总体风险评估的主控因素，其专项风险评估中重大风险源风险估测应主要围绕洞口失稳、坍塌、涌水突泥、大变形、岩爆5项展开。此外，根据A隧道实际工程条件，无其他需要补充的重大风险源。

在对A隧道进行重大风险源风险估测时，应根据隧道类型和地质、水文等相关资料完整性，按照表6-10规定的修正系数（$D_1$、$D_2$）对风险事件可能性评估分值进行修正。A隧道为连拱隧道，地质、水文资料基本完整，岩土计算参数选取依据较充分。因此，修正系数取值为

$D_1 = 1.10, D_2 = 1.10$。

(1) 洞口失稳。

钻爆法隧道施工前,对于洞口失稳风险事件的可能性,需对进、出口区段分别进行评估,以进口段为例,A 隧道进口段施工前洞口失稳风险事件可能性评估指标体系及评估结果见表 8-4。

A 隧道进口段施工前洞口失稳风险事件可能性评估指标体系及评估结果 表8-4

| 项别 | 评估指标 | 分级 | 分值范围(分) | 取值依据及评分值 |
|---|---|---|---|---|
| 建设规模 $X_{db1-1}$ | 隧道开挖跨度 $X_{db1-11}$ | $X_{db1-11} \geq 18m$ | 12 | A 隧道开挖净宽为 15.82m,根据插值计算,**分值取 8.7 分** |
| | | $14m \leq X_{db1-11} < 18m$ | 6~12 | |
| | | $9m \leq X_{db1-11} < 14m$ | 3~6 | |
| | | $X_{db1-11} < 9m$ | 0~3 | |
| 地形特征 $X_{db1-2}$ | 洞口浅埋段长度 $X_{db1-21}$ | $X_{db1-21} \geq 50m$ | 7 | A 隧道进口段桩号为 K6+589~K6+650 段,全长 61m,进口浅埋段长度大于 50m,**分值取 7 分** |
| | | $30m \leq X_{db1-21} < 50m$ | 4~7 | |
| | | $10m \leq X_{db1-21} < 30m$ | 1~4 | |
| | | $X_{db1-21} < 10m$ | 0~1 | |
| | 洞口偏压角度 $X_{db1-22}$ | $X_{db1-22} \geq 25°$ | 1.5 | A 隧道洞口无偏压,$X_{db1-22} < 25°$,**分值取 1.0 分** |
| | | $X_{db1-22} < 25°$ | 1.0 | |
| 地质条件 $X_{db1-3}$ | 围岩级别 $X_{db1-31}$ | Ⅵ级 | 2.0 | A 隧道洞口段围岩级别均为 V 级,**分值取 1.5 分** |
| | | V级 | 1.5 | |
| | | Ⅳ级 | 1.1 | |
| | | Ⅰ、Ⅱ、Ⅲ级 | 1.0 | |
| | 坡体结构 $X_{db1-32}$ | 存在古滑坡体 | 2.0 | A 隧道洞口坡体结构为横交坡,**分值取 1.0 分** |
| | | 顺向坡(边坡坡角大于岩层倾角,同时岩层倾角大于 15°) | 1.5 | |
| | | 斜交坡 | 1.1 | |
| | | 横交坡 | 1.0 | |
| 气象条件 $X_{db1-4}$ | 年均降雨量与施工季节 $X_{db1-41}$ | 年均降雨量≥2000mm 或雨季施工,施工周期中可能出现暴雨 | 1.3 | 根据气象资料,A 隧道所在区域的年均降雨量为 1358mm,**分值取 1.1 分** |
| | | 1500mm≤年均降雨量<2000mm 或雨季施工,施工周期中可能出现大雨 | 1.2 | |
| | | 800mm≤年均降雨量<1500mm 或雨季施工,施工周期中可能出现中雨 | 1.1 | |
| | | 年均降雨量<800mm 或旱季施工 | 1.0 | |

钻爆法隧道施工前洞口失稳风险事件可能性分值 $P_{db1}$ 按下式计算:

$$P_{db1} = D_1 \times D_2 \times [(X_{db1-11} + X_{db1-21} \times X_{db1-22}) \times (X_{db1-31} + X_{db1-32} - 1) \times X_{db1-41}] \quad (8-1)$$

式中:$D_1$——隧道类型修正系数;

$D_2$——资料完整性修正系数。

计算得出 A 隧道施工前洞口失稳风险可能性分值 $P_{db1}$ 后,根据表 6-12 确定其可能性等级。A 隧道进、出口洞口失稳可能性等级均为 5 级,见表 8-5。

**A 隧道各区段施工前洞口失稳风险事件可能性分值及等级** 表 8-5

| 洞口段 | 隧道类型修正系数 $D_1$ | 资料完整性修正系数 $D_2$ | 隧道开挖跨度 $X_{db1-11}$ | 洞口浅埋段长度 $X_{db1-21}$ | 洞口偏压角度 $X_{db1-22}$ | 围岩级别 $X_{db1-31}$ | 坡体结构 $X_{db1-32}$ | 年均降雨量与施工季节 $X_{db1-41}$ | $P_{db1}$ | 可能性等级 |
|---|---|---|---|---|---|---|---|---|---|---|
| K6+589~K6+650(进口段) | 1.10 | 1.10 | 8.7 | 7 | 1.0 | 1.5 | 1.0 | 1.1 | 31.35 | 5 |
| K7+050~K7+122(出口段) | 1.10 | 1.10 | 8.7 | 6 | 1.0 | 1.5 | 1.1 | 1.1 | 31.31 | 5 |

A 隧道施工前洞口失稳风险事件的后果严重程度等级采用后果当量估计法确定,参考表 6-23、表 6-24、表 6-26~表 6-28,综合考虑人员伤亡、直接经济损失、社会影响、环境影响、工期延误等,具体取值见表 8-6,按式(6-7)计算风险事件后果当量 $DC$ 值,并根据表 6-25 确定风险事件的后果严重程度等级。

**A 隧道施工前洞口失稳风险事件后果及严重程度等级** 表 8-6

| 风险事件后果 | | | | | 后果当量 | 后果严重程度等级 |
|---|---|---|---|---|---|---|
| 人员伤亡(死亡/重伤/轻伤人数) | 直接经济损失(万元) | 社会影响 $C_S$ 值 | 环境影响 $C_H$ 值 | 工期延误控制工期 $C_G$ 值 | | |
| 3/0/0 | 100 | 1/3 | 1/3 | 1 | 4.92 | 2 |

根据 A 隧道施工前洞口失稳风险事件发生的可能性和后果严重程度等级,采用风险矩阵法,借助表 6-1(重大风险源风险等级标准)确定其风险等级,并依据表 6-29(重大风险源风险估测汇总表)的格式,整理风险估测结果,见表 8-7。

**A 隧道各区段施工前洞口失稳风险估测结果** 表 8-7

| 重大风险源 | 施工区段 | 风险事件可能性等级 | 风险事件后果 | | | | | 后果当量 | 风险事件后果严重程度等级 | 风险等级 |
|---|---|---|---|---|---|---|---|---|---|---|
| | | | 人员伤亡(死亡/重伤/轻伤人数) | 直接经济损失(万元) | 社会影响 $C_S$ 值 | 环境影响 $C_H$ 值 | 工期延误 $C_G$ 值 | | | |
| 洞口失稳 | K6+589~K6+650 | **5** | 3/0/0 | 40 | 1/3 | 1/3 | 1 | 4.92 | **2** | 较大风险(Ⅲ) |
| | K7+050~K7+122 | **5** | 3/0/0 | 40 | 1/3 | 1/3 | 1 | 4.92 | **2** | 较大风险(Ⅲ) |

(2) 坍塌。

钻爆法隧道施工前坍塌风险事件的可能性，按隧道围岩等级确定评估区段，A 隧道施工前坍塌风险事件可能性评估指标体系及评估结果见表 8-8。

A 隧道施工前坍塌风险事件可能性评估指标体系及评估结果  表 8-8

| 项别 | 评估指标 | 分级 | 分值范围（分） | 取值依据及评分值 |
|---|---|---|---|---|
| 建设规模 $X_{db2-1}$ | 隧道开挖跨度 $X_{db2-11}$ | $X_{db2-11} \geq 18m$ | 12 | A 隧道开挖净宽为 15.82m，根据插值计算，**分值取 8.7 分** |
| | | $14m \leq X_{db2-11} < 18m$ | 6~12 | |
| | | $9m \leq X_{db2-11} < 14m$ | 3~6 | |
| | | $X_{db2-11} < 9m$ | 0~3 | |
| 地形特征 $X_{db2-2}$ | 浅埋层厚度与覆跨比 $X_{db2-21}$ | 厚度小于 10m | 12 | A 隧道覆盖厚度呈连续变化，除进口段和出口段，其他区段平均厚度均大于 60m，**分值取 0 分** |
| | | 覆跨比为 0~2 | 12~6 | |
| | | 覆跨比为 2~4 | 6~3 | |
| | | 覆跨比等于或大于 4 | 3~0 | |
| | 浅埋隧道偏压角度 $X_{db2-22}$ | $X_{db2-22} \geq 25°$ | 1.5 | A 隧道浅埋段无偏压，$X_{db2-22} < 25°$，**分值取 1.0 分** |
| | | $X_{db2-22} < 25°$ | 1.0 | |
| 地质条件 $X_{db2-3}$ | 围岩级别 $X_{db2-31}$ | Ⅵ级 | 12 | 根据设计文件确定各区段围岩等级，K6+650~K6+700 区段为Ⅳ级；K6+700~K6+808 区段为Ⅲ级；K6+808~K6+915 区段为Ⅴ级；K6+915~K7+000 区段为Ⅲ级；K7+000~K7+050 区段为Ⅳ级 |
| | | Ⅴ级 | 8 | |
| | | Ⅳ级 | 5 | |
| | | Ⅲ级 | 2 | |
| | | Ⅰ、Ⅱ级 | 0 | |
| | 断层破碎带宽度 $X_{db2-32}$ | $X_{db2-32} \geq 50m$ | 12 | 综合工程地质调绘、物探和钻探成果，隧址区未见活动性断裂，**分值取 0 分** |
| | | $20m \leq X_{db2-32} < 50m$ | 6 | |
| | | $0m < X_{db2-32} < 20m$ | 3 | |
| | | 不存在断层破碎带 | 0 | |
| | 优势结构面倾角 $X_{db2-33}$ | $0° \leq X_{db2-33} < 25°$ | 1.3 | A 隧道区域无明显优势结构面，少数区域节理倾角大于 70°，**分值取 1.0 分** |
| | | $25° \leq X_{db2-33} < 55°$ | 1.2 | |
| | | $55° \leq X_{db2-33} < 70°$ | 1.1 | |
| | | $70° \leq X_{db2-33} < 90°$ | 1.0 | |

钻爆法隧道施工前坍塌风险事件可能性分值按下式计算：

$$P_{db2} = D_1 \times D_2 \times (X_{db2-11} + X_{db2-21} \times X_{db2-22} + X_{db2-31} \times X_{db2-33} + X_{db2-32}) \qquad (8-2)$$

计算得出 A 隧道施工前各区段坍塌风险可能性分值 $P_{db2}$ 后，根据表 6-14 确定其可能性等级，计算结果见表 8-9。

**A 隧道各区段施工前坍塌风险事件可能性分值及等级** 表 8-9

| 施工区段 | 隧道类型修正系数 $D_1$ | 资料完整性修正系数 $D_2$ | 隧道开挖厚度跨度 $X_{db2-11}$ | 浅埋层厚度与覆跨比 $X_{db2-21}$ | 浅埋隧道偏压角度 $X_{db2-22}$ | 围岩级别 $X_{db2-31}$ | 断层破碎带宽度 $X_{db2-32}$ | 优势结构面倾角 $X_{db2-33}$ | $P_{db2}$ | 可能性等级 |
|---|---|---|---|---|---|---|---|---|---|---|
| K6+650~K6+700 | 1.10 | 1.10 | 8.7 | 0 | 1.0 | 5 | 0 | 1.0 | 16.58 | 3 |
| K6+700~K6+808 | 1.10 | 1.10 | 8.7 | 0 | 1.0 | 2 | 0 | 1.0 | 12.95 | 2 |
| K6+808~K6+915 | 1.10 | 1.10 | 8.7 | 0 | 1.0 | 8 | 0 | 1.0 | 20.21 | 4 |
| K6+915~K7+000 | 1.10 | 1.10 | 8.7 | 0 | 1.0 | 2 | 0 | 1.0 | 12.95 | 2 |
| K7+000~K7+050 | 1.10 | 1.10 | 8.7 | 0 | 1.0 | 5 | 0 | 1.0 | 16.58 | 3 |

A 隧道施工前坍塌、涌水突泥、大变形、岩爆等风险事件的后果严重程度等级采用后果当量估计法确定,且均按表 8-10 取值。

**A 隧道各区段施工前坍塌风险事件后果及严重程度等级** 表 8-10

| 风险事件后果 | | | | | 后果当量 | 后果严重程度等级 |
|---|---|---|---|---|---|---|
| 人员伤亡(死亡/重伤/轻伤人数) | 直接经济损失(万元) | 社会影响 $C_S$ 值 | 环境影响 $C_H$ 值 | 工期延误控制工期 $C_G$ 值 | | |
| 7/0/0 | 100 | 1/3 | 1/3 | 1 | 8.92 | 3 |

A 隧道各区段施工前坍塌风险估测结果见表 8-11。

**A 隧道各区段施工前坍塌风险估测结果** 表 8-11

| 重大风险源 | 施工区段 | 风险事件可能性等级 | 风险事件后果 | | | | | 后果当量 | 风险事件后果严重程度等级 | 风险等级 |
|---|---|---|---|---|---|---|---|---|---|---|
| | | | 人员伤亡(死亡/重伤/轻伤人数) | 直接经济损失(万元) | 社会影响 $C_S$ 值 | 环境影响 $C_H$ 值 | 工期延误 $C_G$ 值 | | | |
| 坍塌 | K6+650~K6+700 | <u>3</u> | 7/0/0 | 100 | 1/3 | 1/3 | 1 | 8.92 | <u>3</u> | 较大风险(Ⅲ) |
| | K6+700~K6+808 | <u>2</u> | 7/0/0 | 100 | 1/3 | 1/3 | 1 | 8.92 | <u>3</u> | 一般风险(Ⅱ) |
| | K6+808~K6+915 | <u>4</u> | 7/0/0 | 100 | 1/3 | 1/3 | 1 | 8.92 | <u>3</u> | 较大风险(Ⅲ) |
| | K6+915~K7+000 | <u>2</u> | 7/0/0 | 100 | 1/3 | 1/3 | 1 | 8.92 | <u>3</u> | 一般风险(Ⅱ) |
| | K7+000~K7+050 | <u>3</u> | 7/0/0 | 100 | 1/3 | 1/3 | 1 | 8.92 | <u>3</u> | 较大风险(Ⅲ) |

(3)涌水突泥。

钻爆法隧道施工前涌水突泥风险事件的可能性,根据地形地貌、水文地质、工程地质条件,将 A 隧道划分为 K6+650~K6+915 和 K6+915~K7+050 两个评估区段,其施工前涌水突泥风险事件可能性评估指标体系及评估结果见表 8-12。

A 隧道施工前涌水突泥风险事件可能性评估指标体系及评估结果　　表 8-12

| 项别 | 评估指标 | 分级 | 分值范围(分) | 取值依据及评分值 |
|---|---|---|---|---|
| 地质条件 $X_{db3-1}$ | 围岩级别 $X_{db3-11}$ | Ⅵ级 | 6 | 根据 A 隧道设计文件,分别按区段内最低质量的围岩确定等级,K6+650~K6+915 区段为 V 级,**分值取 4 分**;K6+915~K7+050 区段为Ⅳ级,**分值取 2 分** |
| | | V 级 | 4 | |
| | | Ⅳ级 | 2 | |
| | | Ⅰ、Ⅱ、Ⅲ级 | 0 | |
| | 断层破碎带宽度 $X_{db3-12}$ | $X_{db3-12} \geq 50m$ | 8 | 综合工程地质调绘、物探和钻探成果,两区段均未见活动性断裂,**分值取 0 分** |
| | | $20m \leq X_{db3-12} < 50m$ | 4 | |
| | | $0m < X_{db3-12} < 20m$ | 2 | |
| | | 不存在断层破碎带 | 0 | |
| | 岩溶发育程度 $X_{db3-13}$ | 岩溶极发育 | 12 | 根据地质勘察资料,两区段岩溶不发育,**分值取 0 分** |
| | | 岩溶发育 | 8 | |
| | | 岩溶较发育 | 4 | |
| | | 岩溶不发育 | 0 | |
| 水文地质条件 $X_{db3-2}$ | 预测涌水量 $X_{db3-21}$ | $X_{db3-21} \geq 10000m^3/d$ | 2.0 | 由设计资料可知,A 隧道 K6+650~K6+915 区段预测最大涌水量为 3900$m^3/d$,**分值取 1.2 分**;K6+915~K7+050 区段预测最大涌水量为 1100$m^3/d$,**分值取 1.0 分** |
| | | $5000m^3/d \leq X_{db3-21} < 10000m^3/d$ | 1.5 | |
| | | $2000m^3/d \leq X_{db3-21} < 5000m^3/d$ | 1.2 | |
| | | $X_{db3-21} < 2000m^3/d$ | 1.0 | |
| 环境条件 $X_{db3-3}$ | 地表水体情况 $X_{db3-31}$ | 隧址地表存在湖泊、河流、水库等水体,且与隧道存在水力联系 | 12 | 隧址地表无水体,**分值取 0 分** |
| | | 隧址地表存在湖泊、河流、水库等水体,与隧道水力联系较弱 | 5 | |
| | | 隧址地表不存在湖泊、河流、水库等水体 | 0 | |

钻爆法隧道施工前涌水突泥风险事件可能性分值按下式计算:

$$P_{db3} = D_1 \times D_2 \times (X_{db3-11} + X_{db3-12} + X_{db3-13}) \times X_{db3-21} + X_{db3-31} \quad (8-3)$$

计算得出 A 隧道施工前涌水突泥风险可能性分值 $P_{db3}$ 后,根据表 6-16 确定其可能性等级,计算结果见表 8-13。

**A 隧道各区段施工前涌水突泥风险事件可能性分值及等级**　　表 8-13

| 施工区段 | 隧道类型修正系数 $D_1$ | 资料完整性修正系数 $D_2$ | 围岩级别 $X_{db3-11}$ | 断层破碎带宽度 $X_{db3-12}$ | 岩溶发育程度 $X_{db3-13}$ | 预测涌水量 $X_{db3-21}$ | 地表水体情况 $X_{db3-31}$ | $P_{db3}$ | 可能性等级 |
|---|---|---|---|---|---|---|---|---|---|
| K6+650~K6+915 | 1.10 | 1.10 | 4 | 0 | 0 | 1.2 | 0 | 5.81 | 2 |
| K6+915~K7+050 | 1.10 | 1.10 | 2 | 0 | 0 | 1.0 | 0 | 2.42 | 1 |

A 隧道各区段施工前涌水突泥风险估测结果见表 8-14。

**A 隧道各区段施工前涌水突泥风险估测结果**　　表 8-14

| 重大风险源 | 施工区段 | 风险事件可能性等级 | 风险事件后果 ||||| 后果当量 | 风险事件后果严重程度等级 | 风险等级 |
|---|---|---|---|---|---|---|---|---|---|---|
| | | | 人员伤亡（死亡/重伤/轻伤人数） | 直接经济损失（万元） | 社会影响 $C_S$ 值 | 环境影响 $C_H$ 值 | 工期延误 $C_G$ 值 | | | |
| | K6+650~K6+915 | **2** | 7/0/0 | 100 | 1/3 | 1/3 | 1 | 8.92 | **3** | 一般风险（Ⅱ） |
| | K6+915~K7+050 | **1** | 7/0/0 | 100 | 1/3 | 1/3 | 1 | 8.92 | **3** | 一般风险（Ⅱ） |

（4）大变形。

钻爆法隧道施工前大变形风险事件的可能性，按隧道围岩等级确定评估区段，A 隧道施工前大变形风险事件可能性评估指标体系及评估结果见表 8-15。

**A 隧道施工前大变形风险事件可能性评估指标体系及评估结果**　　表 8-15

| 项别 | 评估指标 | 分级 | 分值范围（分） | 取值依据及评分值 |
|---|---|---|---|---|
| 建设规模 $X_{db4-1}$ | 隧道开挖跨度 $X_{db4-11}$ | $X_{db4-11} \geq 18m$ | 12 | A 隧道开挖净宽为 15.82m。根据插值计算，**分值取 8.7 分** |
| | | $14m \leq X_{db4-11} < 18m$ | 6~12 | |
| | | $9m \leq X_{db4-11} < 14m$ | 3~6 | |
| | | $X_{db4-11} < 9m$ | 0~3 | |
| 地形特征 $X_{db4-2}$ | 浅埋层厚度与覆跨比 $X_{db4-21}$ | 厚度小于 10m | 12 | A 隧道覆盖厚度呈连续变化，除进口段和出口段，其他区段平均厚度均大于 60m，**分值取 0 分** |
| | | 覆跨比为 0~2 | 12~6 | |
| | | 覆跨比为 2~4 | 6~3 | |
| | | 覆跨比等于或大于 4 | 3~0 | |
| | 浅埋隧道偏压角度 $X_{db4-22}$ | $X_{db4-22} \geq 25°$ | 1.5 | A 隧道浅埋段无偏压，$X_{db4-22}<25°$，**分值取 1.0 分** |
| | | $X_{db4-22} < 25°$ | 1.0 | |
| 地质条件 $X_{db4-3}$ | 围岩级别 $X_{db4-31}$ | Ⅵ级 | 12 | 根据设计文件确定各区段围岩等级，K6+650~K6+700 区段为Ⅳ级；K6+700~K6+808 区段为Ⅲ级；K6+808~K6+915 区段为Ⅴ级；K6+915~K7+000 区段为Ⅲ级；K7+000~K7+050 区段为Ⅳ级 |
| | | Ⅴ级 | 8 | |
| | | Ⅳ级 | 5 | |
| | | Ⅲ级 | 2 | |
| | | Ⅰ、Ⅱ级 | 0 | |

续上表

| 项别 | 评估指标 | 分级 | 分值范围（分） | 取值依据及评分值 |
|---|---|---|---|---|
| 地质条件 $X_{db4-3}$ | 断层破碎带宽度 $X_{db4-32}$ | $X_{db4-32} \geq 50m$ | 8 | 综合工程地质调绘、物探和钻探成果，隧址区未见活动性断裂，分值取0分 |
| | | $20m \leq X_{db4-32} < 50m$ | 4 | |
| | | $0m < X_{db4-32} < 20m$ | 2 | |
| | | 不存在断层破碎带 | 0 | |
| | 特殊岩土体（膨胀土、冻土、富水软岩等）连续长度 $X_{db4-33}$ | $X_{db4-33} \geq 100m$ | 12 | A隧道各区段无特殊岩土体，分值取0分 |
| | | $50m \leq X_{db4-33} < 100m$ | 6~12 | |
| | | $10m \leq X_{db4-33} < 50m$ | 1~6 | |
| | 隧道埋深 $X_{db4-34}$ | $X_{db4-34} \geq 1200m$ | 2.0 | A隧道各区段埋深均小于400m，分值取1.0分 |
| | | $800m \leq X_{db4-34} < 1200m$ | 1.6 | |
| | | $400m \leq X_{db4-34} < 800m$ | 1.2 | |
| | | $X_{db4-34} < 400m$ | 1.0 | |

钻爆法隧道施工前大变形风险事件可能性分值按下式计算：

$$P_{db4} = D_1 \times D_2 \times [X_{db4-11} + X_{db4-21} \times X_{db4-22} + (X_{db4-31} + X_{db4-32} + X_{db4-33}) \times X_{db4-34}] \quad (8-4)$$

计算得出A隧道施工前大变形风险可能性分值 $P_{db4}$ 后，根据表6-18确定其可能性等级，计算结果见表8-16。

A隧道各区段施工前大变形风险事件可能性分值及等级　　　表8-16

| 施工区段 | 隧道类型修正系数 $D_1$ | 资料完整性修正系数 $D_2$ | 隧道开挖跨度 $X_{db4-11}$ | 浅埋层厚度与覆跨比 $X_{db4-21}$ | 浅埋隧道偏压角度 $X_{db4-22}$ | 围岩级别 $X_{db4-31}$ | 断层破碎带宽度 $X_{db4-32}$ | 特殊岩土体连续长度 $X_{db4-33}$ | 隧道埋深 $X_{db4-34}$ | $P_{db4}$ | 可能性等级 |
|---|---|---|---|---|---|---|---|---|---|---|---|
| K6+650~K6+700 | 1.10 | 1.10 | 8.7 | 0 | 1.0 | 5 | 0 | 0 | 1.0 | 16.58 | 3 |
| K6+700~K6+808 | 1.10 | 1.10 | 8.7 | 0 | 1.0 | 2 | 0 | 0 | 1.0 | 12.95 | 2 |
| K6+808~K6+915 | 1.10 | 1.10 | 8.7 | 0 | 1.0 | 8 | 0 | 0 | 1.0 | 20.21 | 4 |
| K6+915~K7+000 | 1.10 | 1.10 | 8.7 | 0 | 1.0 | 2 | 0 | 0 | 1.0 | 12.95 | 2 |
| K7+000~K7+050 | 1.10 | 1.10 | 8.7 | 0 | 1.0 | 5 | 0 | 0 | 1.0 | 16.58 | 3 |

A 隧道各区段施工前大变形风险估测结果见表 8-17。

**A 隧道各区段施工前大变形风险估测结果**　　表 8-17

| 重大风险源 | 施工区段 | 风险事件可能性等级 | 风险事件后果 ||||| 后果当量 | 风险事件后果严重程度等级 | 风险等级 |
||||人员伤亡（死亡/重伤/轻伤人数）|直接经济损失（万元）|社会影响 $C_S$ 值|环境影响 $C_H$ 值|工期延误 $C_G$ 值||||
| --- | --- | --- | --- | --- | --- | --- | --- | --- | --- | --- |
| 大变形 | K6+650~K6+700 | <u>3</u> | 7/0/0 | 100 | 1/3 | 1/3 | 1 | 8.92 | <u>3</u> | 较大风险（Ⅲ） |
| | K6+700~K6+808 | <u>2</u> | 7/0/0 | 100 | 1/3 | 1/3 | 1 | 8.92 | <u>3</u> | 一般风险（Ⅱ） |
| | K6+808~K6+915 | <u>4</u> | 7/0/0 | 100 | 1/3 | 1/3 | 1 | 8.92 | <u>3</u> | 较大风险（Ⅲ） |
| | K6+915~K7+000 | <u>2</u> | 7/0/0 | 100 | 1/3 | 1/3 | 1 | 8.92 | <u>3</u> | 一般风险（Ⅱ） |
| | K7+000~K7+050 | <u>3</u> | 7/0/0 | 100 | 1/3 | 1/3 | 1 | 8.92 | <u>3</u> | 较大风险（Ⅲ） |

（5）岩爆。

钻爆法隧道施工前岩爆风险事件的可能性，以Ⅰ、Ⅱ、Ⅲ级围岩作为评估区段，A 隧道存在两个区段为Ⅲ级围岩（K6+700~K6+808 和 K6+915~K7+000），其可能性评估指标体系及评估结果见表 8-18。

**A 隧道施工前岩爆风险事件可能性评估指标体系及评估结果**　　表 8-18

| 项别 | 评估指标 | 分级 | 分值范围（分） | 取值依据及评分值 |
| --- | --- | --- | --- | --- |
| 地质条件 $X_{db6\text{-}1}$ | 隧道埋深 $X_{db6\text{-}11}$ | $X_{db6\text{-}11} \geq 1200\text{m}$ | 2.0 | 两区段隧道埋深均小于 800m，<u>分值取 1.0 分</u> |
| | | $800\text{m} \leq X_{db6\text{-}11} < 1200\text{m}$ | 1.6 | |
| | | $X_{db6\text{-}11} < 800\text{m}$ | 1.0 | |
| 岩体因素 $X_{db6\text{-}2}$ | 岩石质量指标（RQD）$X_{db6\text{-}21}$ | $X_{db6\text{-}21} \geq 80\%$ | 1.5 | 根据地质勘察资料、设计文件，估算两区段岩体的 RQD 均小于 60%，<u>分值取 1.0 分</u> |
| | | $70\% \leq X_{db6\text{-}21} < 80\%$ | 1.3 | |
| | | $60\% \leq X_{db6\text{-}21} < 70\%$ | 1.1 | |
| | | $X_{db6\text{-}21} < 60\%$ | 1.0 | |
| | 岩石单轴抗压强度 $X_{db6\text{-}22}$ | $X_{db6\text{-}22} \geq 250\text{MPa}$ | 12 | 两区段岩石单轴抗压强度约 60MPa，<u>分值取 2.4 分</u> |
| | | $150\text{MPa} \leq X_{db6\text{-}22} < 250\text{MPa}$ | 8~12 | |
| | | $100\text{MPa} \leq X_{db6\text{-}22} < 150\text{MPa}$ | 4~8 | |
| | | $X_{db6\text{-}22} < 100\text{MPa}$ | 0~4 | |

钻爆法隧道施工前岩爆风险事件可能性分值按下式计算：

$$P_{db6} = D_1 \times D_2 \times (X_{db6\text{-}11} \times X_{db6\text{-}21} \times X_{db6\text{-}22}) \tag{8-5}$$

计算得出 A 隧道施工前岩爆风险可能性分值 $P_{db6}$ 后,根据表 6-22 确定其可能性等级,计算结果见表 8-19。

A 隧道各区段施工前岩爆风险事件可能性分值及等级  表 8-19

| 施工区段 | 隧道类型修正系数 $D_1$ | 资料完整性修正系数 $D_2$ | 隧道埋深 $X_{db6-11}$ | 岩石质量指标（RQD）$X_{db6-21}$ | 岩石单轴抗压强度 $X_{db6-22}$ | $P_{db6}$ | 可能性等级 |
|---|---|---|---|---|---|---|---|
| K6+700~K6+808 | 1.10 | 1.10 | 1.0 | 1.0 | 2.4 | 2.9 | 1 |
| K6+915~K7+000 | 1.10 | 1.10 | 1.0 | 1.0 | 2.4 | 2.9 | 1 |

A 隧道施工前 K6+700~K6+808 和 K6+915~K7+000 区段岩爆风险估测结果见表 8-20。

A 隧道各区段施工前岩爆风险估测结果  表 8-20

| 重大风险源 | 施工区段 | 风险事件可能性等级 | 风险事件后果 | | | | | 后果当量 | 风险事件后果严重程度等级 | 风险等级 |
| | | | 人员伤亡（死亡/重伤/轻伤人数） | 直接经济损失（万元） | 社会影响 $C_S$ 值 | 环境影响 $C_H$ 值 | 工期延误 $C_G$ 值 | | | |
|---|---|---|---|---|---|---|---|---|---|---|
| 岩爆 | K6+700~K6+808 | <u>1</u> | 7/0/0 | 100 | 1/3 | 1/3 | 1 | 8.92 | <u>3</u> | 一般风险（Ⅱ） |
| | K6+915~K7+000 | <u>1</u> | 7/0/0 | 100 | 1/3 | 1/3 | 1 | 8.92 | <u>3</u> | 一般风险（Ⅱ） |

(6)小结

综上,A 隧道施工前各类重大风险源风险等级汇总见表 8-21。

A 隧道施工前各类重大风险源风险等级汇总  表 8-21

| 施工区段 | 洞口失稳 | 坍塌 | 涌水突泥 | 大变形 | 岩爆 |
|---|---|---|---|---|---|
| K6+589~K6+650 | 较大风险(Ⅲ) | — | | | |
| K6+650~K6+700 | — | 较大风险(Ⅲ) | | 较大风险(Ⅲ) | |
| K6+700~K6+808 | — | 一般风险(Ⅱ) | 一般风险(Ⅱ) | 一般风险(Ⅱ) | 一般风险(Ⅱ) |
| K6+808~K6+915 | — | 较大风险(Ⅲ) | | 较大风险(Ⅲ) | |
| K6+915~K7+000 | — | 一般风险(Ⅱ) | 一般风险(Ⅱ) | 一般风险(Ⅱ) | 一般风险(Ⅱ) |
| K7+000~K7+050 | — | 较大风险(Ⅲ) | | 较大风险(Ⅲ) | |
| K7+050~K7+122 | 较大风险(Ⅲ) | | | | |

## 8.1.2 云南某隧道

1)隧道概况

云南某隧道(简称"B 隧道")是一座分离式隧道,隧道开挖净宽为 12.75m,左、右两幅隧道的中心距离约为 45~50m。隧道右幅起止点里程桩号为 K1+684~K12+720,长 11036m;隧道左幅起止点里程桩号为 ZK1+730~ZK12+713,长 10983m。隧道最大埋深约为 1067m,

所在路段纵坡为+1.9%,其中Ⅴ级围岩累计长度为3780m、Ⅳ级围岩累计长度为13540m、Ⅲ级围岩累计长度为4699m,其地质剖面图(局部)如图8-2所示。

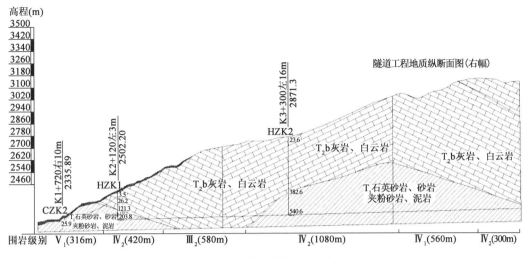

图8-2　B隧道地质剖面图(局部)

B隧道路线区南北向构造体系与东西向构造体系复合,其中,东西向构造在隧址区主要发育为逆断层,形成叠瓦式断裂构造。复杂的应力场加剧了岩石破碎程度,断裂破碎带宽度为50~100m,断裂规模较大。断裂两侧主要由碳酸盐岩组成,节理裂隙及岩溶均较发育,为地下水的运移提供了良好的条件。断裂破碎带地表存在较多的泉点出露,因而地下水的运移明显受构造控制。

2)总体风险评估

根据隧道工程施工安全总体风险评估流程(图5-1)的要求,B隧道应首先采用主控因素判识法进行总体风险评估,其评估步骤如下。

(1)主控因素判识。

根据钻爆法隧道工程施工总体风险评估的主控因素评估指标,B隧道宜从隧道结构类型与区域环境、辅助坑道、隧道长度、隧道开挖跨度、洞口地质特征、围岩条件、预测瓦斯涌出量、预测涌水量、隧道最大埋深、岩溶发育程度等10个主控因素,综合判定出隧道的总体风险等级,判识结果见表8-22。

B隧道主控因素判识结果　　　　　　　　　表8-22

| 评估指标 | | 总体风险等级 | | 判识依据 |
|---|---|---|---|---|
| 主控因素 | 因素描述 | 重大风险(Ⅳ级) | 较大风险(Ⅲ级) | |
| 隧道结构类型与区域环境 | 海底隧道,下穿河流湖泊、重要水源保护地及重要建(构)筑物的隧道 | | | B隧道为分离式隧道,非海底隧道,不下穿河流湖泊、重要水源保护地及重要建(构)筑物 |
| | 连拱隧道,小净距隧道 | | | |

续上表

| 主控因素 | 评估指标 | | 总体风险等级 | | 判识依据 |
| --- | --- | --- | --- | --- | --- |
| | 因素描述 | | 重大风险（Ⅳ级） | 较大风险（Ⅲ级） | |
| 辅助坑道 | 辅助坑道为竖井 | | | | 根据辅助施工及运营通风的需求,经综合分析,B隧道设置两座斜井 |
| | 辅助坑道为斜井 | | | √ | |
| 隧道长度 | 隧道长度大于或等于6000m | | √ | | B隧道左线长10983m,右线长11036m |
| | 隧道长度为3000~6000m | | | | |
| 隧道开挖跨度 | 隧道开挖跨度大于或等于18m | | | | B隧道开挖净宽12.75m,小于14m |
| | 隧道开挖跨度为14~18m | | | | |
| 洞口地质特征 | 洞口位于滑坡体或堆积体上 | | | | B隧道洞口未位于滑坡体或堆积体上 |
| 围岩条件 | Ⅴ级围岩累计长度大于或等于1000m的长、特长隧道;Ⅴ级围岩累计长度大于或等于500m的中隧道;Ⅴ级围岩累计长度大于或等于400m的短隧道 | | √ | | B隧道为特长隧道,右线长11036m,其中Ⅴ级围岩累计长度为1900m;隧道左线长10983m,其中Ⅴ级围岩累计长度为1880m。Ⅴ级围岩累计长度均大于或等于1000m |
| | Ⅴ级围岩累计长度为600~1000m的长、特长隧道;Ⅴ级围岩累计长度为400~500m的中隧道;Ⅴ级围岩累计长度为300~400m的短隧道 | | | | |
| | Ⅵ级围岩、断层破碎带、膨胀土、富水软岩段连续长度大于或等于100m,富水砂层 | | | | |
| | Ⅵ级围岩、断层破碎带、膨胀土、富水软岩段连续长度50~100m,冻土 | | | | |
| 预测瓦斯涌出量 | 预测瓦斯涌出量大于或等于3m³/min | | | | 无相关信息 |
| | 预测瓦斯涌出量为2~3m³/min | | | | |
| 预测涌水量 | 预测涌水量大于或等于20000m³/d | | √ | | 由设计资料可知,B隧道预测最大涌水量为34153m³/d |
| | 预测涌水量10000~20000m³/d | | | | |
| 隧道最大埋深 | 隧道最大埋深大于或等于1200m | | | | B隧道最大埋深约1067m |
| | 隧道最大埋深为800~1200m | | | √ | |
| 岩溶发育程度 | 岩溶极发育,且存在宽度大于或等于2/3隧道开挖跨度的岩溶洞穴、地下暗河等 | | | | 隧址区岩溶较发育,但溶洞宽度均小于3m,出口有少量泥炭土分布,但对隧道影响较小 |
| | 岩溶发育,且存在宽度大于或等于1/3隧道开挖跨度的岩溶洞穴等 | | | | |

（2）风险等级。

根据2024年版指南5.1.3的要求,双洞和多洞隧道宜分别按单洞进行总体风险评估,并取风险等级高者作为隧道总体风险等级。B隧道为分离式隧道,左幅和右幅均需评估。

根据2024年版指南5.2.3的要求,不同主控因素确定的隧道总体风险等级不同时,以等级高值为准。根据B隧道的隧道长度、围岩条件、预测涌水量等主控因素,可确定其总体风险等级为重大风险(Ⅳ级),见表8-23。

**B隧道总体风险评估结果** 表8-23

| 隧道名称 | 布置形式 | | 主控因素判识结果汇总 | | 指标体系法 | 风险等级 |
|---|---|---|---|---|---|---|
| | | | 主控因素 | 判识结果 | | |
| B隧道 | 分离式隧道 | 右幅 | 辅助坑道(斜井) | Ⅲ级 | — | 重大风险(Ⅳ级) |
| | | | 隧道长度(11036m) | Ⅳ级 | | |
| | | | 围岩条件(Ⅴ级围岩1900m) | Ⅳ级 | | |
| | | | 预测涌水量(34153m³/d) | Ⅳ级 | | |
| | | | 隧道最大埋深(1067m) | Ⅲ级 | | |
| | | 左幅 | 辅助坑道(斜井) | Ⅲ级 | — | |
| | | | 隧道长度(10983m) | Ⅳ级 | | |
| | | | 围岩条件(Ⅴ级围岩1880m) | Ⅳ级 | | |
| | | | 预测涌水量(34153m³/d) | Ⅳ级 | | |
| | | | 隧道最大埋深(1067m) | Ⅲ级 | | |

通过主控因素判识法已确定B隧道的总体风险等级,无须再采用指标体系法开展评估。根据2024年版指南5.1.5的要求,总体风险评估等级为重大风险(Ⅳ级)、较大风险(Ⅲ级)的隧道工程宜开展专项风险评估,因此B隧道需要进行专项风险评估。

3)施工前专项风险评估

施工前专项风险评估应依照图6-1的流程顺序进行,开展风险辨识与风险分析、风险估测、风险控制以及风险控制预期效果评价等。

具体的施工前专项风险评估过程略。

4)施工过程专项风险评估

在B隧道右线施工至K5+460时,隧道涌水量突然增大,围岩破碎且出现涌水现象,与施工前对K5+450~K6+400区段预测情况存在较大差异。现场揭露情况表明施工前对该区段的地质条件和水文条件判断不够准确,须重新对该区段进行风险的辨识、分析和估测,并根据估测结果制定合适的风险控制措施。初判该区段的重大风险源包括涌水突泥、坍塌、大变形,下面以涌水突泥为例,进行施工过程重大风险源风险估测,其风险事件可能性采用指标体系法确定,风险事件后果严重程度采用后果当量估计法确定。

通过现场调查、监控量测与超前地质预报等手段,充分获取了该区段地质条件、水文条件和施工情况等资料。表8-24列出了B隧道右线K5+450~K6+400区段施工过程涌水突泥风险事件可能性评估指标体系及评估结果。

## B 隧道右线 K5+450~K6+400 区段施工过程涌水突泥风险事件可能性评估指标体系及评估结果

表 8-24

| 项别 | 评估指标 | 分级 | 基本分值 $R_{ij}$ 分值范围 | 取值 | 权重系数 $\gamma_{ij}$ | 评估分值 $X_{db9\text{-}ij}$ | 取值依据及评分值 |
|---|---|---|---|---|---|---|---|
| 地质条件 $X_{db9\text{-}1}$ | 围岩级别 $X_{db9\text{-}11}$ | Ⅵ级 | $75 < R_{ij} \leq 100$ | $R_{11}$ | $\gamma_{11}$ | $X_{db9\text{-}11} = R_{11} \times \gamma_{11}$ | 该区段为Ⅳ级围岩，$\underline{R_{11}=50}$ |
| | | Ⅴ级 | $50 < R_{ij} \leq 75$ | | | | |
| | | Ⅳ级 | $25 < R_{ij} \leq 50$ | | | | |
| | | Ⅲ级 | $0 < R_{ij} \leq 25$ | | | | |
| | | Ⅰ、Ⅱ级 | $R_{ij}=0$ | | | | |
| | 断层破碎带宽度 $X_{db9\text{-}12}$ | $X_{db9\text{-}12} \geq 50m$ | $75 < R_{ij} \leq 100$ | $R_{12}$ | $\gamma_{12}$ | $X_{db9\text{-}12} = R_{12} \times \gamma_{12}$ | 该区段不存在断层，$\underline{R_{12}=0}$ |
| | | $20m \leq X_{db9\text{-}12} < 50m$ | $50 < R_{ij} \leq 75$ | | | | |
| | | $0m < X_{db9\text{-}12} < 20m$ | $25 < R_{ij} \leq 50$ | | | | |
| | | 不存在断层破碎带 | $R_{ij}=0$ | | | | |
| | 岩溶发育程度 $X_{db9\text{-}13}$ | 岩溶极发育 | $75 < R_{ij} \leq 100$ | $R_{13}$ | $\gamma_{13}$ | $X_{db9\text{-}13} = R_{13} \times \gamma_{13}$ | 综合现场施工与探测，该区段岩溶极发育~发育，$\underline{R_{13}=80}$ |
| | | 岩溶发育 | $50 < R_{ij} \leq 75$ | | | | |
| | | 岩溶较发育 | $25 < R_{ij} \leq 50$ | | | | |
| | | 岩溶不发育 | $R_{ij}=0$ | | | | |
| 水文地质条件 $X_{db9\text{-}2}$ | 地下涌水情况 $X_{db9\text{-}21}$ | 每10m长隧道涌水量大于或等于125L/min | $75 < R_{ij} \leq 100$ | $R_{21}$ | $\gamma_{21}$ | $X_{db9\text{-}21} = R_{21} \times \gamma_{21}$ | 该区段每10m长隧道涌水量约 136.5L/min，$\underline{R_{21}=100}$ |
| | | 每10m长隧道涌水量为25~125L/min | $50 < R_{ij} \leq 75$ | | | | |
| | | 每10m长隧道涌水量为10~25L/min | $25 < R_{ij} \leq 50$ | | | | |
| | | 每10m长隧道涌水量小于10L/min | $0 < R_{ij} \leq 25$ | | | | |
| 环境条件 $X_{db9\text{-}3}$ | 地表水体情况 $X_{db9\text{-}31}$ | 隧址地表存在湖泊、河流、水库等水体，且与隧道存在水力联系 | $50 < R_{ij} \leq 100$ | $R_{31}$ | $\gamma_{31}$ | $X_{db9\text{-}31} = R_{31} \times \gamma_{31}$ | 隧址地表水较丰富，主要有金沙江水系和澜沧江水系，走廊带内沟壑纵横，河流众多，但与隧道水力联系较弱，因此，该区段取 $\underline{R_{31}=25}$ |
| | | 隧址地表存在湖泊、河流、水库等水体，与隧道水力联系较弱 | $0 < R_{ij} \leq 50$ | | | | |
| | | 隧址地表不存在湖泊、河流、水库等水体 | $R_{ij}=0$ | | | | |
| 施工因素 $X_{db9\text{-}4}$ | 防排水措施 $X_{db9\text{-}41}$ | 很差 | $75 < R_{ij} \leq 100$ | $R_{41}$ | $\gamma_{41}$ | $X_{db9\text{-}41} = R_{41} \times \gamma_{41}$ | 该区段防排水措施一般，$\underline{R_{41}=30}$ |
| | | 较差 | $50 < R_{ij} \leq 75$ | | | | |
| | | 一般 | $25 < R_{ij} \leq 50$ | | | | |
| | | 合理 | $R_{ij}=0$ | | | | |
| 超前预报与监控量测 $X_{db9\text{-}5}$ | 超前地质预报 $X_{db9\text{-}51}$ | 地震波场/电磁波场前兆信息变化强烈 | $75 < R_{ij} \leq 100$ | $R_{51}$ | $\gamma_{51}$ | $X_{db9\text{-}51} = R_{51} \times \gamma_{51}$ | 该区段物探异常，$\underline{R_{51}=55}$ |
| | | 地震波场/电磁波场前兆信息变化较强 | $50 < R_{ij} \leq 75$ | | | | |
| | | 地震波场/电磁波场前兆信息变化较小 | $0 < R_{ij} \leq 50$ | | | | |

续上表

| 项别 | 评估指标 | 分级 | 基本分值 $R_{ij}$ | | 权重系数 $\gamma_{ij}$ | 评估分值 $X_{db9\text{-}ij}$ | 取值依据及评分值 |
|---|---|---|---|---|---|---|---|
| | | | 分值范围 | 取值 | | | |
| 超前预报与监控量测 $X_{db9\text{-}5}$ | 监控量测方案合理性 $X_{db9\text{-}52}$ | 量测频率很低、必测项目很不全面或无监测项目,信息反馈很差或无反馈 | $75 < R_{ij} \leq 100$ | $R_{52}$ | $\gamma_{52}$ | $X_{db9\text{-}52} = R_{52} \times \gamma_{52}$ | 经过现场调研,该区段施工监控量测方案量测频率较合理、必测项目全面,有一定选测项目,信息反馈及时,$R_{52} = 10$ |
| | | 量测频率较低、有一定必测项目但不全面,信息反馈较差 | $50 < R_{ij} \leq 75$ | | | | |
| | | 量测频率一般、必测项目较全面,无选测项目,信息反馈一般 | $25 < R_{ij} \leq 50$ | | | | |
| | | 量测频率较合理、必测项目全面,有一定选测项目,信息反馈及时 | $0 < R_{ij} \leq 25$ | | | | |
| | | 量测频率合理、必测项目全面,选测项目合理,信息反馈很及时 | $R_{ij} = 0$ | | | | |

由表 8-24 可知,涌水突泥风险事件的评估指标共 8 项,根据 B 隧道右线 K5+450~K6+400 区段现场揭露情况,结合专家分析,8 项评估指标的重要性排序为地下涌水情况、围岩级别、岩溶发育程度、超前地质预报、地表水体情况、防排水措施、监控量测方案合理性、断层破碎带宽度,参考表 7-1(重要性排序法权重系数表),得到可能性评估指标的相应权重系数见表 8-25。

**B 隧道右线 K5+450~K6+400 区段施工过程涌水突泥风险事件**
**可能性评估指标重要性排序及权重系数**    表 8-25

| 排序 | 1 | 2 | 3 | 4 | 5 | 6 | 7 | 8 |
|---|---|---|---|---|---|---|---|---|
| 评估指标 | 地下涌水情况 $X_{db9\text{-}21}$ | 围岩级别 $X_{db9\text{-}11}$ | 岩溶发育程度 $X_{db9\text{-}13}$ | 超前地质预报 $X_{db9\text{-}51}$ | 地表水体情况 $X_{db9\text{-}31}$ | 防排水措施 $X_{db9\text{-}41}$ | 监控量测方案合理性 $X_{db9\text{-}52}$ | 断层破碎带宽度 $X_{db9\text{-}12}$ |
| 权重系数 | 0.23 | 0.20 | 0.17 | 0.14 | 0.11 | 0.08 | 0.05 | 0.02 |

按式(7-2)、式(7-3)计算 B 隧道右线 K5+450~K6+400 区段施工过程涌水突泥风险事件可能性分值 $P_{db9}$ 后,根据表 7-2 确定该区段可能性等级,评估结果见表 8-26。

**B 隧道右线 K5+450~K6+400 区段施工过程涌水突泥风险事件可能性分值及等级**    表 8-26

| 评估指标 | 地下涌水情况 $X_{db9\text{-}21}$ | 围岩级别 $X_{db9\text{-}11}$ | 岩溶发育程度 $X_{db9\text{-}13}$ | 超前地质预报 $X_{db9\text{-}51}$ | 地表水体情况 $X_{db9\text{-}31}$ | 防排水措施 $X_{db9\text{-}41}$ | 监控量测方案合理性 $X_{db9\text{-}52}$ | 断层破碎带宽度 $X_{db9\text{-}12}$ | $P_{db9}$ | 等级 |
|---|---|---|---|---|---|---|---|---|---|---|
| 权重系数 | 0.23 | 0.20 | 0.17 | 0.14 | 0.11 | 0.08 | 0.05 | 0.02 | | |
| K5+450~K6+400 区段各指标基本分值 | 100 | 50 | 80 | 55 | 25 | 30 | 10 | 0 | 59.95 | 4 |

B隧道右线K5+450~K6+400区段涌水突泥风险事件的后果严重程度等级采用后果当量估计法确定,参考表6-23、表6-24、表6-26~表6-28,综合考虑人员伤亡、直接经济损失、社会影响、环境影响、工期延误等,具体取值见表8-27。按式(6-7)计算风险事件后果当量$DC$值,并根据表6-25确定涌水突泥风险事件的后果严重程度等级。

B隧道右线K5+450~K6+400区段施工过程涌水突泥风险事件后果及严重程度等级　　表8-27

| 风险事件后果 | | | | | 后果当量 | 后果严重程度等级 |
|---|---|---|---|---|---|---|
| 人员伤亡(死亡/重伤/轻伤人数) | 直接经济损失(万元) | 社会影响$C_S$值 | 环境影响$C_H$值 | 工期延误控制工期$C_G$值 | | |
| 7/0/0 | 1000 | 1/3 | 1/3 | 4 | 14.17 | 3 |

根据涌水突泥风险事件发生的可能性和后果严重程度等级,采用风险矩阵法,借助表6-1(重大风险源风险等级标准)确定其风险等级,并依据表6-29(重大风险源风险估测汇总表)的格式,整理风险估测结果,见表8-28。

B隧道右线K5+450~K6+400区段施工过程涌水突泥风险估测结果　　表8-28

| 重大风险源 | 施工区段 | 风险事件可能性等级 | 风险事件后果 | | | | | 后果当量 | 风险事件后果严重程度等级 | 风险等级 |
|---|---|---|---|---|---|---|---|---|---|---|
| | | | 人员伤亡(死亡/重伤/轻伤人数) | 直接经济损失(万元) | 社会影响$C_S$值 | 环境影响$C_H$值 | 工期延误$C_G$值 | | | |
| 涌水突泥 | K5+450~K6+400 | <u>4</u> | 7/0/0 | 1000 | 1/3 | 1/3 | 4 | 14.17 | <u>3</u> | 较大风险(Ⅲ) |

同理,对B隧道右线K5+450~K6+400区段坍塌和大变形风险进行估测,估测结果见表8-29,可知该区段涌水突泥风险等级为Ⅲ级,须制定针对性的风险控制措施以降低风险水平,并进行风险控制预期效果评价。

B隧道右线K5+450~K6+400区段施工过程风险事件风险等级汇总　　表8-29

| 隧道区段 | 坍塌 | 涌水突泥 | 大变形 |
|---|---|---|---|
| K5+450~K6+400 | 一般风险(Ⅱ) | 较大风险(Ⅲ) | 一般风险(Ⅱ) |

## 8.2 盾构法隧道施工安全风险评估案例

### 8.2.1 国内某市政道路隧道

1)隧道概况

某市公路盾构隧道(简称"C隧道")位于市区建成区,沿线穿越大量建(构)筑物,且多数为重要的高敏感性建(构)筑物,包括城市立交桥、河流、地铁站及居民楼等。该隧道盾构段全长3603m,盾构段采用泥水平衡盾构机,掘进断面直径15.2m,管片厚650mm,标准环宽2000mm,每环由10块管片组成。

盾构隧道全线主要位于强透水砂卵石地层,沿线80%以上的区段存在上软下硬、断层破碎带、全断面岩层等不良地质,隧道全线最小覆土厚度约8.5m,地下水位较高,沿线的市政管线主要位于素填土或淤泥质黏土层中。

2)总体风险评估

根据隧道工程施工安全总体风险评估流程(图5-1)的要求,C隧道应首先采用主控因素判识法进行总体风险评估,其评估步骤如下。

(1)主控因素判识。

根据盾构法隧道工程施工总体风险评估的主控因素,宜从隧道长度、掘进断面直径、附属工程、隧道主体邻近建(构)筑物、隧道穿越水体、不良地质段长度、岩溶发育程度等7个方面对C隧道进行总体风险评估,判识结果详见表8-30。

C隧道主控因素判识结果　　　　表8-30

| 主控因素 | 评估指标 | 总体风险等级 | | 判识依据 |
| --- | --- | --- | --- | --- |
| | 因素描述 | 重大风险（Ⅳ级） | 较大风险（Ⅲ级） | |
| 隧道长度 | 隧道长度大于或等于6000m | | | C隧道盾构段全长为3603m |
| | 隧道长度为3000~6000m | | √ | |
| 掘进断面直径 | 掘进断面直径大于或等于18m | | | C隧道断面直径为15.2m |
| | 掘进断面直径为16~18m | | | |
| 附属工程 | 联络通道、始发或者到达端头位于富水砂层或建(构)筑物下无法直接加固 | √ | | C隧道的始发与到达端均位于强透水砂卵石地层,且周边设有高架桥,位于交通量大、人流密集的地段 |
| | 联络通道、始发或者到达端头位于富水地层或开挖线以外1倍覆土厚度加0.5倍洞径范围内存在重要建(构)筑物 | | | |
| 隧道主体邻近建(构)筑物 | 隧道正上方或者开挖线以外0.5倍洞径范围内存在密集或高敏感性建(构)筑物,且涉及隧道长度大于或等于600m | √ | | C隧道位于市区建成区,沿线穿越大量建(构)筑物,且多数为重要的高敏感性建(构)筑物,包括城市立交桥、河流、地铁站及居民楼等,涉及隧道长度大于600m |
| | 开挖线以外0.5倍洞径~1倍覆土厚度加0.5倍洞径范围内存在密集或高敏感性建(构)筑物,且涉及隧道长度大于或等于600m | | | |
| 隧道穿越水体 | 常水位下隧道长度大于或等于1500m,或水压大于或等于0.6MPa | | | C隧道穿越城市河流,具体水压不详,但预计较小 |
| | 常水位下隧道长度为600~1500m,或水压为0.45~0.6MPa | | | |
| 不良地质段长度 | 不良地质段长度大于或等于600m | √ | | 上软下硬段、断层破碎带、全断面岩层等不良地质占全线80%以上 |
| | 不良地质段长度为400~600m | | | |

续上表

| 主控因素 | 评估指标 | | 总体风险等级 | | 判识依据 |
|---|---|---|---|---|---|
| | 因素描述 | | 重大风险（Ⅳ级） | 较大风险（Ⅲ级） | |
| 岩溶发育程度 | 岩溶极发育,且存在宽度大于或等于2/3洞径的岩溶洞穴、地下暗河等 | | | | 岩溶不发育 |
| | 岩溶发育,且存在宽度大于或等于1/3洞径的岩溶洞穴等 | | | | |

(2)风险等级。

根据2024年版指南5.1.3的要求,双洞和多洞隧道宜分别按单洞进行总体风险评估,并取风险等级高者作为隧道总体风险等级。C隧道左线和右线主控因素判识情况基本一致。

根据2024年版指南5.2.3的要求,不同主控因素确定的隧道总体风险等级不同时,以等级高值为准。根据C隧道的隧道长度、附属工程、隧道主体邻近建(构)筑物、不良地质段长度等主控因素,可确定其总体风险等级为重大风险(Ⅳ级),见表8-31。

C隧道总体风险评估结果　　表8-31

| 隧道名称 | 主控因素判识结果汇总 | | 指标体系法 | 风险等级 |
|---|---|---|---|---|
| | 主控因素 | 判识结果 | | |
| C隧道（左线/右线） | 隧道长度(3603m) | Ⅲ级 | — | 重大风险(Ⅳ级) |
| | 附属工程(始发/到达端均位于强透水砂卵石地层) | Ⅳ级 | | |
| | 隧道主体邻近建(构)筑物(沿线穿越大量重要的高敏感性建(构)筑物) | Ⅳ级 | | |
| | 不良地质段长度(占隧道全线80%以上) | Ⅳ级 | | |

通过主控因素判识法已确定C隧道的总体风险等级,无须再采用指标体系法开展评估。根据2024年版指南5.1.5的要求,总体风险评估等级为重大风险(Ⅳ级)、较大风险(Ⅲ级)的隧道工程宜开展专项风险评估,因此C隧道需进行专项风险评估。

3)施工前专项风险评估

施工前专项风险评估应依照图6-1的流程顺序进行,开展风险辨识与风险分析、风险估测、风险控制以及风险控制预期效果评价等,本案例仅叙述风险估测阶段的重大风险源估测内容。

盾构法隧道施工常见的重大风险源包括掌子面失稳、建(构)筑物受损、突水等,结合C隧道总体风险评估的主控因素,其专项风险评估中重大风险源风险估测应主要围绕掌子面失稳、建(构)筑物受损、突水等3项展开。此外,根据C隧道实际工程条件,无其他需要补充的重大风险源。

C隧道在进行重大风险源风险估测时,应根据隧道类型和地质、水文等相关资料完整性,按照表6-10规定的修正系数($D_2$)对风险事件可能性评估分值进行修正。C隧道项目地层情况较清晰及参数取值合理,故$D_2$取值为1.0。

针对 C 隧道的具体情况,需对盾构始发、盾构到达和正常掘进等工序,以及下穿市政立交、市政河流、居民楼及地铁站等特殊施工区段进行施工前掌子面失稳、建(构)筑物受损、突水三种风险事件风险估测。本案例选取有代表性的正常掘进阶段、下穿市政立交及下穿市政河流进行举例说明。

(1)掌子面失稳。

①正常掘进。

C 隧道正常掘进阶段掌子面失稳风险事件可能性评估指标体系及评估结果见表 8-32。

**C 隧道施工前掌子面失稳风险事件可能性评估指标体系及评估结果**(正常掘进阶段)

表 8-32

| 项别 | 评估指标 | 分级 | 分值范围(分) | 取值依据及评分值 |
|---|---|---|---|---|
| 建设规模 $X_{sh1-1}$ | 掘进断面直径 $X_{sh1-11}$ | $X_{sh1-11} \geq 18m$ | 10 | C 隧道断面直径为 15.2m,根据插值计算,**分值取 5.8 分** |
| | | $16m \leq X_{sh1-11} < 18m$ | 7~10 | |
| | | $14m \leq X_{sh1-11} < 16m$ | 4~7 | |
| | | $X_{sh1-11} < 14m$ | 1~4 | |
| 地质与环境条件 $X_{sh1-2}$ | 覆土厚度(以洞径倍数表示) $X_{sh1-21}$ | $X_{sh1-21} < 0.5$ | 10 | C 隧道全线最小覆土厚度约 8.5m,根据插值计算,**分值取 9.6 分** |
| | | $0.5 \leq X_{sh1-21} < 1.0$ | 10~7 | |
| | | $1.0 \leq X_{sh1-21} < 2.0$ | 7~4 | |
| | | $X_{sh1-21} \geq 2.0$ | 4~1 | |
| | 不良地质段长度 $X_{sh1-22}$ | $X_{sh1-22} \geq 600m$ | 10 | C 隧道上软下硬段、断层破碎带、全断面岩层等不良地质占全线 80% 以上,**分值取 10 分** |
| | | $100m \leq X_{sh1-22} < 600m$ | 7~10 | |
| | | $0m < X_{sh1-22} < 100m$ | 4~7 | |
| | | 无不良地质 | 0 | |
| | 邻近/穿越地层水体情况 $X_{sh1-23}$ | 存在承压水、河道水位变化等不利水文条件 | 5 | C 隧道全线主要位于砂卵石地层,该地层透水性强,层厚较大,地下水位较高,**分值取 5 分** |
| | | 存在不间断水源补充 | 2 | |
| | | 不存在不利水文条件 | 0 | |
| | 地下管线情况 $X_{sh1-24}$ | 管线全断面位于富水砂层或粉细砂层 | 7 | C 隧道全线管线主要位于素填土或淤泥质黏土层中,**分值取 1 分** |
| | | 管线部分断面位于富水砂层或粉细砂层 | 4 | |
| | | 管线位于其他地层 | 1 | |
| 设备选型 $X_{sh1-3}$ | 盾构机选型 $X_{sh1-31}$ | 适应性和可靠性较差 | 3 | C 隧道盾构机选型较好,**分值取 1 分** |
| | | 适应性和可靠性一般 | 2 | |
| | | 适应性和可靠性较好 | 1 | |

按式(6-8):$P_{shk} = D_2 \times \sum X_{shk-ij}$,计算正常掘进阶段掌子面失稳风险事件可能性评估分值:$P_{sh1} = 1.0 \times (5.8 + 9.6 + 10 + 5 + 1 + 1) = 32.4$。根据表 6-33 确定其风险事件可能性等级为 4 级。

②下穿市政立交。

C 隧道下穿市政立交阶段掌子面失稳风险事件可能性评估指标体系及评估结果见表8-33。

**C 隧道施工前掌子面失稳风险事件可能性评估指标体系及评估结果**（下穿市政立交阶段）

表 8-33

| 项别 | 评估指标 | 分级 | 分值范围(分) | 取值依据及评分值 |
|---|---|---|---|---|
| 建设规模 $X_{sh1-1}$ | 掘进断面直径 $X_{sh1-11}$ | $X_{sh1-11} \geq 18m$ | 10 | C 隧道断面直径为 15.2m，根据插值计算，**分值取 5.8 分** |
| | | $16m \leq X_{sh1-11} < 18m$ | 7~10 | |
| | | $14m \leq X_{sh1-11} < 16m$ | 4~7 | |
| | | $X_{sh1-11} < 14m$ | 1~4 | |
| 地质与环境条件 $X_{sh1-2}$ | 覆土厚度(以洞径倍数表示) $X_{sh1-21}$ | $X_{sh1-21} < 0.5$ | 10 | 下穿段最小覆土厚度约为 11m，根据插值计算，**分值取 8.6 分** |
| | | $0.5 \leq X_{sh1-21} < 1.0$ | 10~7 | |
| | | $1.0 \leq X_{sh1-21} < 2.0$ | 7~4 | |
| | | $X_{sh1-21} \geq 2.0$ | 4~1 | |
| | 不良地质段长度 $X_{sh1-22}$ | $X_{sh1-22} \geq 600m$ | 10 | 下穿段长度为 70m，存在上软下硬地质，根据插值计算，**分值取 6.1 分** |
| | | $100m \leq X_{sh1-22} < 600m$ | 7~10 | |
| | | $0m < X_{sh1-22} < 100m$ | 4~7 | |
| | | 无不良地质 | 0 | |
| | 邻近/穿越地层水体情况 $X_{sh1-23}$ | 存在承压水、河道水位变化等不利水文条件 | 5 | 下穿段仅存在部分地表滞水，无不利水文条件，**分值取 0 分** |
| | | 存在不间断水源补充 | 2 | |
| | | 不存在不利水文条件 | 0 | |
| | 地下管线情况 $X_{sh1-24}$ | 管线全断面位于富水砂层或粉细砂层 | 7 | 下穿段存在的雨水管线位于素填土和淤泥质黏土层中，**分值取 1 分** |
| | | 管线部分断面位于富水砂层或粉细砂层 | 4 | |
| | | 管线位于其他地层 | 1 | |
| 设备选型 $X_{sh1-3}$ | 盾构机选型 $X_{sh1-31}$ | 适应性和可靠性较差 | 3 | C 隧道盾构机选型较好，**分值取 1 分** |
| | | 适应性和可靠性一般 | 2 | |
| | | 适应性和可靠性较好 | 1 | |

按式(6-8): $P_{shk} = D_2 \times \sum X_{shk-ij}$，计算下穿市政立交阶段掌子面失稳风险事件可能性评估分值：$P_{sh1} = 1.0 \times (5.8 + 8.6 + 6.1 + 0 + 1 + 1) = 22.5$。根据表6-33确定其风险事件可能性等级为2级。

③下穿市政河流。

C 隧道下穿市政河流阶段掌子面失稳风险事件可能性评估指标体系及评估结果见表8-34。

**C隧道施工前掌子面失稳风险事件可能性评估指标体系及评估结果**（下穿市政河流阶段）

表 8-34

| 项别 | 评估指标 | 分级 | 分值范围(分) | 取值依据及评分值 |
|---|---|---|---|---|
| 建设规模 $X_{sh1-1}$ | 掘进断面直径 $X_{sh1-11}$ | $X_{sh1-11} \geq 18m$ | 10 | C隧道断面直径为15.2m，根据插值计算，**分值取5.8分** |
| | | $16m \leq X_{sh1-11} < 18m$ | 7~10 | |
| | | $14m \leq X_{sh1-11} < 16m$ | 4~7 | |
| | | $X_{sh1-11} < 14m$ | 1~4 | |
| 地质与环境条件 $X_{sh1-2}$ | 覆土厚度(以洞径倍数表示) $X_{sh1-21}$ | $X_{sh1-21} < 0.5$ | 10 | 河道区最小覆土厚度约14m，根据插值计算，**分值取7.5分** |
| | | $0.5 \leq X_{sh1-21} < 1.0$ | 10~7 | |
| | | $1.0 \leq X_{sh1-21} < 2.0$ | 7~4 | |
| | | $X_{sh1-21} \geq 2.0$ | 4~1 | |
| | 不良地质段长度 $X_{sh1-22}$ | $X_{sh1-22} \geq 600m$ | 10 | 穿越段长度为100m，存在上软下硬地质，**分值取7分** |
| | | $100m \leq X_{sh1-22} < 600m$ | 7~10 | |
| | | $0m < X_{sh1-22} < 100m$ | 4~7 | |
| | | 无不良地质 | 0 | |
| | 邻近/穿越地层水体情况 $X_{sh1-23}$ | 存在承压水、河道水位变化等不利水文条件 | 5 | 下穿河道，存在承压水，**分值取5分** |
| | | 存在不间断水源补充 | 2 | |
| | | 不存在不利水文条件 | 0 | |
| | 地下管线情况 $X_{sh1-24}$ | 管线全断面位于富水砂层或粉细砂层 | 7 | 穿越段存在的管线主要位于素填土或淤泥质黏土层中，**分值取1分** |
| | | 管线部分断面位于富水砂层或粉细砂层 | 4 | |
| | | 管线位于其他地层 | 1 | |
| 设备选型 $X_{sh1-3}$ | 盾构机选型 $X_{sh1-31}$ | 适应性和可靠性较差 | 3 | C隧道盾构机选型较好，**分值取1分** |
| | | 适应性和可靠性一般 | 2 | |
| | | 适应性和可靠性较好 | 1 | |

按式(6-8)：$P_{shk} = D_2 \times \sum X_{shk-ij}$，计算下穿市政河流阶段掌子面失稳风险事件可能性评估分值：$P_{sh1} = 1.0 \times (5.8 + 7.5 + 7 + 5 + 1 + 1) = 27.3$。根据表6-33确定其风险事件可能性等级为3级。

综上，C隧道重点施工工序/区段的施工前掌子面失稳风险可能性评估结果见表8-35。

**C隧道重点施工工序/区段的施工前掌子面失稳风险事件可能性分值及等级**　　表 8-35

| 重点施工工序/区段 | 资料完整性修正系数 $D_2$ | 掘进断面直径 $X_{sh1-11}$ | 覆土厚度 $X_{sh1-21}$ | 不良地质段长度 $X_{sh1-22}$ | 邻近/穿越地层水体情况 $X_{sh1-23}$ | 地下管线情况 $X_{sh1-24}$ | 盾构机选型 $X_{sh1-31}$ | $P_{sh1}$ | 可能性等级 |
|---|---|---|---|---|---|---|---|---|---|
| 正常掘进 | 1.0 | 5.8 | 9.6 | 10 | 5 | 1 | 1 | 32.4 | 4 |
| 下穿市政立交 | 1.0 | 5.8 | 8.6 | 6.1 | 0 | 1 | 1 | 22.5 | 2 |
| 下穿市政河流 | 1.0 | 5.8 | 7.5 | 7 | 5 | 1 | 1 | 27.3 | 3 |

C 隧道施工前掌子面失稳风险事件的后果严重程度等级采用后果当量估计法确定，参考表 6-23、表 6-24、表 6-26～表 6-28，综合考虑人员伤亡、直接经济损失、社会影响、环境影响、工期延误等，具体取值见表 8-36，并按式(6-7)计算风险事件后果当量 DC 值，根据表 6-25 确定风险事件的后果严重程度等级。

C 隧道重点施工工序/区段的施工前掌子面失稳风险事件后果及严重程度等级　　表 8-36

| 重点施工工序/区段 | 风险事件后果 | | | | | 后果当量 | 后果严重程度等级 |
| --- | --- | --- | --- | --- | --- | --- | --- |
| | 人员伤亡（死亡/重伤/轻伤人数） | 直接经济损失（万元） | 社会影响 $C_S$ 值 | 环境影响 $C_H$ 值 | 工期延误控制工期 $C_G$ 值 | | |
| 正常掘进 | 5/0/0 | 4000 | 1 | 1 | 4 | 21 | 4 |
| 下穿市政立交 | 5/0/0 | 4000 | 3 | 1 | 4 | 23 | 4 |
| 下穿市政河流 | 5/0/0 | 4000 | 3 | 3 | 4 | 25 | 4 |

根据 C 隧道施工前掌子面失稳风险事件发生的可能性和后果严重程度等级，采用风险矩阵法，借助表 6-1（重大风险源风险等级标准）确定其风险等级，并依据表 6-29 重大风险源风险估测汇总表格式，整理风险估测结果，见表 8-37。

C 隧道重点施工工序/区段的施工前掌子面失稳风险估测结果　　表 8-37

| 重大风险源 | 施工工序/区段 | 风险事件可能性等级 | 风险事件后果 | | | | | 后果当量 | 风险事件后果严重程度等级 | 风险等级 |
| --- | --- | --- | --- | --- | --- | --- | --- | --- | --- | --- |
| | | | 人员伤亡（死亡/重伤/轻伤人数） | 直接经济损失（万元） | 社会影响 $C_S$ 值 | 环境影响 $C_H$ 值 | 工期延误 $C_G$ 值 | | | |
| 掌子面失稳 | 正常掘进 | 4 | 5/0/0 | 4000 | 1 | 1 | 4 | 21 | 4 | 重大风险（Ⅳ） |
| | 下穿市政立交 | 2 | 5/0/0 | 4000 | 3 | 1 | 4 | 23 | 4 | 较大风险（Ⅲ） |
| | 下穿市政河流 | 3 | 5/0/0 | 4000 | 3 | 3 | 4 | 25 | 4 | 较大风险（Ⅲ） |

(2) 建（构）筑物受损。

当盾构隧道穿越或接近隧道影响范围内（通常认为两倍掘进断面直径范围内）重要建（构）筑物时，需要针对各建（构）筑物开展建（构）筑物受损风险评估，其他重点施工工序（如始发、到达、联络通道施工、盾尾刷更换、进仓作业、盾构机安装及拆除等）若影响范围内无重要建（构）筑物，可不单独进行建（构）筑物受损风险评估。本案例以下穿市政立交和市政河流为例进行说明。

①下穿市政立交。

C 隧道下穿市政立交阶段建（构）筑物受损风险事件可能性评估指标体系及评估结果见表 8-38。

**C隧道施工前建(构)筑物受损风险事件可能性评估指标体系及评估结果**(下穿市政立交阶段)

表 8-38

| 项别 | 评估指标 | 分级 | 分值范围(分) | 取值依据及评分值 |
|---|---|---|---|---|
| 建设规模 $X_{sh2-1}$ | 掘进断面直径 $X_{sh2-11}$ | $X_{sh2-11} \geq 18m$ | 10 | C隧道断面直径为15.2m,根据插值计算,**分值取5.8分** |
| | | $16m \leq X_{sh2-11} < 18m$ | 7~10 | |
| | | $14m \leq X_{sh2-11} < 16m$ | 4~7 | |
| | | $X_{sh2-11} < 14m$ | 1~4 | |
| | 覆土厚度(以洞径倍数表示) $X_{sh2-12}$ | $X_{sh2-12} < 0.5$ | 2 | 下穿段最小覆土厚度约11m,**分值取1分** |
| | | $0.5 \leq X_{sh2-12} < 1.0$ | 1 | |
| 隧道线性 $X_{sh2-2}$ | 路线最小转弯半径(以洞径倍数表示) $X_{sh2-21}$ | $X_{sh2-21} < 40$ | 5 | 下穿段路线最小转弯半径为800m,根据插值计算,**分值取4.4分** |
| | | $40 \leq X_{sh2-21} < 80$ | 5~3 | |
| | | $X_{sh2-21} \geq 80$ | 3~1 | |
| 地质与环境条件 $X_{sh2-3}$ | 建(构)筑物重要性及敏感性 $X_{sh2-31}$ | 较高 | 7 | 下穿立交桥,为重要性及敏感性较高的建筑物,**分值取7分** |
| | | 一般 | 4 | |
| | | 较低 | 1 | |
| | 隧道主体与建(构)筑物距离(以洞径倍数表示) $X_{sh2-32}$ | $X_{sh2-32} < 0.5$ | 12 | 隧道主体与桩底最小距离为5.9m,**分值取12分** |
| | | $0.5 \leq X_{sh2-32} < 1.0$ | 12~8 | |
| | | $1.0 \leq X_{sh2-32} < 2.0$ | 8~4 | |
| | | $X_{sh2-32} \geq 2.0$ | 4~1 | |
| | 建(构)筑物保护或加固方案适应性 $X_{sh2-33}$ | 较差 | 5 | 立交桥的加固保护措施较好,**分值取1分** |
| | | 一般 | 3 | |
| | | 较好 | 1 | |
| | 建(构)筑物周边不良地质 $X_{sh2-34}$ | 存在不良地质大于或等于2处 | 10 | 桥桩嵌入岩层中,无不良地质,**分值取0分** |
| | | 存在不良地质1处 | 5 | |
| | | 邻近段无不良地质 | 0 | |
| 设备选型 $X_{sh2-4}$ | 盾构机选型 $X_{sh2-41}$ | 适应性和可靠性较差 | 3 | C隧道盾构机选型较好,**分值取1分** |
| | | 适应性和可靠性一般 | 2 | |
| | | 适应性和可靠性较好 | 1 | |

按式(6-8): $P_{shk} = D_2 \times \sum X_{shk-ij}$,计算下穿市政立交阶段建(构)筑物受损风险事件可能性评估分值: $P_{sh2} = 1.0 \times (5.8 + 1 + 4.4 + 7 + 12 + 1 + 0 + 1) = 32.2$。根据表6-33确定其风险事件可能性等级为4级。

②下穿市政河流。

C隧道下穿市政河流阶段建(构)筑物受损风险事件可能性评估指标体系及评估结果见表8-39。

C 隧道施工前建(构)筑物受损风险事件可能性评估指标体系及评估结果(下穿市政河流阶段)

表 8-39

| 项别 | 评估指标 | 分级 | 分值范围(分) | 取值依据及评分值 |
|---|---|---|---|---|
| 建设规模 $X_{sh2-1}$ | 掘进断面直径 $X_{sh2-11}$ | $X_{sh2-11} \geq 18m$ | 10 | C 隧道断面直径为 15.2m,根据插值计算,**分值取 5.8 分** |
| | | $16m \leq X_{sh2-11} < 18m$ | 7~10 | |
| | | $14m \leq X_{sh2-11} < 16m$ | 4~7 | |
| | | $X_{sh2-11} < 14m$ | 1~4 | |
| | 覆土厚度(以洞径倍数表示)$X_{sh2-12}$ | $X_{sh2-12} < 0.5$ | 2 | 下穿段最小覆土厚度约为 14m,**分值取 1 分** |
| | | $0.5 \leq X_{sh2-12} < 1.0$ | 1 | |
| 隧道线性 $X_{sh2-2}$ | 路线最小转弯半径(以洞径倍数表示) $X_{sh2-21}$ | $X_{sh2-21} < 40$ | 5 | 下穿段路线最小转弯半径为 800m,根据插值计算,**分值取 4.4 分** |
| | | $40 \leq X_{sh2-21} < 80$ | 5~3 | |
| | | $X_{sh2-21} \geq 80$ | 3~1 | |
| 地质与环境条件 $X_{sh2-3}$ | 建(构)筑物重要性及敏感性 $X_{sh2-31}$ | 较高 | 7 | 下穿市内河流,为重要性及敏感性较高的构筑物,**分值取 7 分** |
| | | 一般 | 4 | |
| | | 较低 | 1 | |
| | 隧道主体与建(构)筑物距离(以洞径倍数表示)$X_{sh2-32}$ | $X_{sh2-32} < 0.5$ | 12 | 隧道主体距离河底 14m,根据插值计算,**分值取 8.6 分** |
| | | $0.5 \leq X_{sh2-32} < 1.0$ | 12~8 | |
| | | $1.0 \leq X_{sh2-32} < 2.0$ | 8~4 | |
| | | $X_{sh2-32} \geq 2.0$ | 4~1 | |
| | 建(构)筑物保护或加固方案适应性 $X_{sh2-33}$ | 较差 | 5 | 加固保护措施较好,**分值取 1 分** |
| | | 一般 | 3 | |
| | | 较好 | 1 | |
| | 建(构)筑物周边不良地质 $X_{sh2-34}$ | 存在不良地质大于或等于 2 处 | 10 | 河底位于淤泥质黏土层中,**分值取 5 分** |
| | | 存在不良地质 1 处 | 5 | |
| | | 邻近段无不良地质 | 0 | |
| 设备选型 $X_{sh2-4}$ | 盾构机选型 $X_{sh2-41}$ | 适应性和可靠性较差 | 3 | C 隧道盾构机选型较好,**分值取 1 分** |
| | | 适应性和可靠性一般 | 2 | |
| | | 适应性和可靠性较好 | 1 | |

按式(6-8):$P_{shk} = D_2 \times \sum X_{shk-ij}$,计算下穿市政河流阶段建(构)筑物受损风险事件可能性评估分值:$P_{sh2} = 1.0 \times (5.8 + 1 + 4.4 + 7 + 8.6 + 1 + 5 + 1) = 33.8$。根据表 6-33 确定其风险事件可能性等级为 4 级。

综上,C 隧道重点施工工序/区段的施工前建(构)筑物受损风险可能性评估结果见表 8-40。

C 隧道施工前建(构)筑物受损风险事件的后果严重程度等级采用后果当量估计法确定,具体取值见表 8-41,并按式(6-7)计算风险事件后果当量 $DC$ 值,根据表 6-25 确定风险事件的后果严重程度等级。

**C 隧道重点施工工序/区段的施工前建(构)筑物受损风险可能性分值及等级**　　表 8-40

| 重点施工工序/区段 | 资料完整性修正系数 $D_2$ | 掘进断面直径 $X_{sh2-11}$ | 覆土厚度 $X_{sh2-12}$ | 路线最小转弯半径 $X_{sh2-21}$ | 建(构)筑物重要性及敏感性 $X_{sh2-31}$ | 隧道主体与建(构)筑物距离 $X_{sh2-32}$ | 建(构)筑物保护或加固方案适应性 $X_{sh2-33}$ | 建(构)筑物周边不良地质 $X_{sh2-34}$ | 盾构机选型 $X_{sh2-41}$ | $P_{sh2}$ | 可能性等级 |
|---|---|---|---|---|---|---|---|---|---|---|---|
| 下穿市政立交 | 1.0 | 5.8 | 1 | 4.4 | 7 | 12 | 1 | 0 | 1 | 32.2 | 4 |
| 下穿市政河流 | 1.0 | 5.8 | 1 | 4.4 | 7 | 8.6 | 1 | 5 | 1 | 33.8 | 4 |

**C 隧道重点施工工序/区段的施工前建(构)筑物受损风险事件后果及严重程度等级**

表 8-41

| 重点施工工序/区段 | 风险事件后果 | | | | | 后果当量 | 后果严重程度等级 |
|---|---|---|---|---|---|---|---|
| | 人员伤亡(死亡/重伤/轻伤人数) | 直接经济损失(万元) | 社会影响 $C_S$ 值 | 环境影响 $C_H$ 值 | 工期延误控制工期 $C_G$ 值 | | |
| 下穿市政立交 | 4/0/0 | 2000 | 3 | 1 | 4 | 17 | 4 |
| 下穿市政河流 | 10/0/0 | 4000 | 3 | 3 | 4 | 30 | 4 |

根据 C 隧道施工前建(构)筑物受损风险事件发生的可能性和后果严重程度等级,采用风险矩阵法并依据表 6-1 确定其风险等级,风险估测结果见表 8-42。

**C 隧道重点施工工序/区段的施工前建(构)筑物受损风险估测结果**　　表 8-42

| 重大风险源 | 施工工序/区段 | 风险事件可能性等级 | 风险事件后果 | | | | | 后果当量 | 风险事件后果严重程度等级 | 风险等级 |
|---|---|---|---|---|---|---|---|---|---|---|
| | | | 人员伤亡(死亡/重伤/轻伤人数) | 直接经济损失(万元) | 社会影响 $C_S$ 值 | 环境影响 $C_H$ 值 | 工期延误 $C_G$ 值 | | | |
| 建(构)筑物受损 | 下穿市政立交 | <u>4</u> | 4/0/0 | 2000 | 3 | 1 | 4 | 17 | <u>4</u> | 重大风险(Ⅳ) |
| | 下穿市政河流 | <u>4</u> | 10/0/0 | 4000 | 3 | 3 | 4 | 30 | <u>4</u> | 重大风险(Ⅳ) |

(3)突水。

①正常掘进。

C 隧道正常掘进阶段突水风险事件可能性评估指标体系及评估结果见表 8-43。

**C 隧道施工前突水风险事件可能性评估指标体系及评估结果**(正常掘进阶段)　　表 8-43

| 项别 | 评估指标 | 分级 | 分值范围(分) | 取值依据及评分值 |
|---|---|---|---|---|
| 建设规模 $X_{sh3-1}$ | 隧道长度 $X_{sh3-11}$ | $X_{sh3-11} \geq 6000m$ | 5 | C 隧道长度为 3603m,根据插值计算,<u>分值取 3.4 分</u> |
| | | $3000m \leq X_{sh3-11} < 6000m$ | 3~5 | |
| | | $1000m \leq X_{sh3-11} < 3000m$ | 2 | |
| | | $X_{sh3-11} < 1000m$ | 1 | |

续上表

| 项别 | 评估指标 | 分级 | 分值范围(分) | 取值依据及评分值 |
|---|---|---|---|---|
| 建设规模 $X_{sh3-1}$ | 掘进断面直径 $X_{sh3-12}$ | $X_{sh3-12} \geq 18m$ | 5 | C隧道断面直径为15.2m，分值取2分 |
| | | $16m \leq X_{sh3-12} < 18m$ | 3~5 | |
| | | $14m \leq X_{sh3-12} < 16m$ | 2 | |
| | | $X_{sh3-12} < 14m$ | 1 | |
| 隧道线性 $X_{sh3-2}$ | 路线最小转弯半径(以洞径倍数表示) $X_{sh3-21}$ | $X_{sh3-21} < 40$ | 5 | C隧道全线最小转弯半径为750m，根据插值计算，分值取4.5分 |
| | | $40 \leq X_{sh3-21} < 80$ | 5~3 | |
| | | $X_{sh3-21} \geq 80$ | 3~1 | |
| 地质与环境条件 $X_{sh3-3}$ | 覆土厚度(以洞径倍数表示) $X_{sh3-31}$ | $X_{sh3-31} < 0.5$ | 5 | C隧道全线最小覆土厚度约8.5m，根据插值计算，分值取4.8分 |
| | | $0.5 \leq X_{sh3-31} < 1.0$ | 5~3 | |
| | | $1.0 \leq X_{sh3-31} < 2.0$ | 2 | |
| | | $X_{sh3-31} \geq 2.0$ | 1 | |
| | 不良地质段长度 $X_{sh3-32}$ | $X_{sh3-32} \geq 600m$ | 10 | 上软下硬段、断层破碎带、全断面岩层占C隧道全线80%以上，分值取10分 |
| | | $100m \leq X_{sh3-32} < 600m$ | 7~10 | |
| | | $0m < X_{sh3-32} < 100m$ | 4~7 | |
| | | 无不良地质 | 0 | |
| | 邻近/穿越地层水体情况 $X_{sh3-33}$ | 存在承压水、河道水位变化等不利水文条件 | 12 | C隧道全线主要位于砂卵石地层，该地层透水性强，层厚较大，地下水位较高，分值取12分 |
| | | 存在不间断水源补充 | 8 | |
| | | 不存在不利水文条件 | 0 | |
| | 地下管线情况 $X_{sh3-34}$ | 管线全断面位于富水砂层或粉细砂层 | 10 | C隧道全线管线主要位于素填土或淤泥质黏土层中，分值取4分 |
| | | 管线部分断面位于富水砂层或粉细砂层 | 7 | |
| | | 管线位于其他地层 | 4 | |
| 设备选型 $X_{sh3-4}$ | 盾构机选型 $X_{sh3-41}$ | 适应性和可靠性较差 | 3 | C隧道盾构机选型较好，分值取1分 |
| | | 适应性和可靠性一般 | 2 | |
| | | 适应性和可靠性较好 | 1 | |

按式(6-8): $P_{shk} = D_2 \times \sum X_{shk-ij}$，计算正常掘进阶段突水风险事件可能性评估分值: $P_{sh3} = 1.0 \times (3.4 + 2 + 4.5 + 4.8 + 10 + 12 + 4 + 1) = 41.7$。根据表6-33确定其风险事件可能性等级为5级。

②下穿市政立交。

C隧道下穿市政立交阶段突水风险事件可能性评估指标体系及评估结果见表8-44。

**C 隧道施工前突水风险事件可能性评估指标体系及评估结果**(下穿市政立交阶段)

表 8-44

| 项别 | 评估指标 | 分级 | 分值范围(分) | 取值依据及评分值 |
|---|---|---|---|---|
| 建设规模 $X_{sh3-1}$ | 隧道长度 $X_{sh3-11}$ | $X_{sh3-11} \geq 6000\text{m}$ | 5 | C 隧道长度为 3603m,根据插值计算,**分值取 3.4 分** |
| | | $3000\text{m} \leq X_{sh3-11} < 6000\text{m}$ | 3~5 | |
| | | $1000\text{m} \leq X_{sh3-11} < 3000\text{m}$ | 2 | |
| | | $X_{sh3-11} < 1000\text{m}$ | 1 | |
| | 掘进断面直径 $X_{sh3-12}$ | $X_{sh3-12} \geq 18\text{m}$ | 5 | C 隧道断面直径为 15.2m,**分值取 2 分** |
| | | $16\text{m} \leq X_{sh3-12} < 18\text{m}$ | 3~5 | |
| | | $14\text{m} \leq X_{sh3-12} < 16\text{m}$ | 2 | |
| | | $X_{sh3-12} < 14\text{m}$ | 1 | |
| 隧道线性 $X_{sh3-2}$ | 路线最小转弯半径(以洞径倍数表示) $X_{sh3-21}$ | $X_{sh3-21} < 40$ | 5 | 下穿段最小转弯半径为 800m,根据插值计算,**分值取 4.4 分** |
| | | $40 \leq X_{sh3-21} < 80$ | 5~3 | |
| | | $X_{sh3-21} \geq 80$ | 3~1 | |
| 地质与环境条件 $X_{sh3-3}$ | 覆土厚度(以洞径倍数表示) $X_{sh3-31}$ | $X_{sh3-31} < 0.5$ | 5 | 下穿段最小覆土厚度约 11m,根据插值计算,**分值取 4.1 分** |
| | | $0.5 \leq X_{sh3-31} < 1.0$ | 5~3 | |
| | | $1.0 \leq X_{sh3-31} < 2.0$ | 2 | |
| | | $X_{sh3-31} \geq 2.0$ | 1 | |
| | 不良地质段长度 $X_{sh3-32}$ | $X_{sh3-32} \geq 600\text{m}$ | 10 | 下穿段长度为 70m,存在上软下硬地质,根据插值计算,**分值取 6.1 分** |
| | | $100\text{m} \leq X_{sh3-32} < 600\text{m}$ | 7~10 | |
| | | $0\text{m} < X_{sh3-32} < 100\text{m}$ | 4~7 | |
| | | 无不良地质 | 0 | |
| | 邻近/穿越地层水体情况 $X_{sh3-33}$ | 存在承压水、河道水位变化等不利水文条件 | 12 | 下穿段仅存在部分地表滞水,无不利水文条件,**分值取 0 分** |
| | | 存在不间断水源补充 | 8 | |
| | | 不存在不利水文条件 | 0 | |
| | 地下管线情况 $X_{sh3-34}$ | 管线全断面位于富水砂层或粉细砂层 | 10 | 下穿段存在的雨水管线位于素填土和淤泥质黏土层中,**分值取 4 分** |
| | | 管线部分断面位于富水砂层或粉细砂层 | 7 | |
| | | 管线位于其他地层 | 4 | |
| 设备选型 $X_{sh3-4}$ | 盾构机选型 $X_{sh3-41}$ | 适应性和可靠性较差 | 3 | C 隧道盾构机选型较好,**分值取 1 分** |
| | | 适应性和可靠性一般 | 2 | |
| | | 适应性和可靠性较好 | 1 | |

按式(6-8): $P_{shk} = D_2 \times \sum X_{shk\text{-}ij}$,计算下穿市政立交阶段突水风险事件可能性评估分值: $P_{sh3} = 1.0 \times (3.4 + 2 + 4.4 + 4.1 + 6.1 + 0 + 4 + 1) = 25$。根据表 6-33 确定其风险事件可能性

等级为2级。

③下穿市政河流。

C隧道下穿市政河流阶段突水风险事件可能性评估指标体系及评估结果见表8-45。

**C隧道施工前突水风险事件可能性评估指标体系及评估结果**（下穿市政河流阶段）

表8-45

| 项别 | 评估指标 | 分级 | 分值范围(分) | 取值依据及评分值 |
|---|---|---|---|---|
| 建设规模 $X_{sh3-1}$ | 隧道长度 $X_{sh3-11}$ | $X_{sh3-11} \geq 6000m$ | 5 | C隧道长度为3603m,根据插值计算,**分值取3.4分** |
| | | $3000m \leq X_{sh3-11} < 6000m$ | 3~5 | |
| | | $1000m \leq X_{sh3-11} < 3000m$ | 2 | |
| | | $X_{sh3-11} < 1000m$ | 1 | |
| | 掘进断面直径 $X_{sh3-12}$ | $X_{sh3-12} \geq 18m$ | 5 | C隧道断面直径为15.2m,**分值取2分** |
| | | $16m \leq X_{sh3-12} < 18m$ | 3~5 | |
| | | $14m \leq X_{sh3-12} < 16m$ | 2 | |
| | | $X_{sh3-12} < 14m$ | 1 | |
| 隧道线性 $X_{sh3-2}$ | 路线最小转弯半径（以洞径倍数表示） $X_{sh3-21}$ | $X_{sh3-21} < 40$ | 5 | 下穿段最小转弯半径为800m,根据插值计算,**分值取4.4分** |
| | | $40 \leq X_{sh3-21} < 80$ | 5~3 | |
| | | $X_{sh3-21} \geq 80$ | 3~1 | |
| 地质与环境条件 $X_{sh3-3}$ | 覆土厚度（以洞径倍数表示） $X_{sh3-31}$ | $X_{sh3-31} < 0.5$ | 5 | 河道区最小覆土厚度约为14m,根据插值计算,**分值取3.3分** |
| | | $0.5 \leq X_{sh3-31} < 1.0$ | 5~3 | |
| | | $1.0 \leq X_{sh3-31} < 2.0$ | 2 | |
| | | $X_{sh3-31} \geq 2.0$ | 1 | |
| | 不良地质段长度 $X_{sh3-32}$ | $X_{sh3-32} \geq 600m$ | 10 | 下穿段长度为100m,存在上软下硬地质,**分值取7分** |
| | | $100m \leq X_{sh3-32} < 600m$ | 7~10 | |
| | | $0m < X_{sh3-32} < 100m$ | 4~7 | |
| | | 无不良地质 | 0 | |
| | 邻近/穿越地层水体情况 $X_{sh3-33}$ | 存在承压水、河道水位变化等不利水文条件 | 12 | 下穿河道,存在承压水,**分值取12分** |
| | | 存在不间断水源补充 | 8 | |
| | | 不存在不利水文条件 | 0 | |
| | 地下管线情况 $X_{sh3-34}$ | 管线全断面位于富水砂层或粉细砂层 | 10 | 下穿段存在的雨水管线位于素填土和淤泥质黏土层中,**分值取4分** |
| | | 管线部分断面位于富水砂层或粉细砂层 | 7 | |
| | | 管线位于其他地层 | 4 | |
| 设备选型 $X_{sh3-4}$ | 盾构机选型 $X_{sh3-41}$ | 适应性和可靠性较差 | 3 | C隧道盾构机选型较好,**分值取1分** |
| | | 适应性和可靠性一般 | 2 | |
| | | 适应性和可靠性较好 | 1 | |

按式(6-8): $P_{shk} = D_2 \times \sum X_{shk-ij}$, 计算下穿市政河流阶段突水风险事件可能性评估分值: $P_{sh3} = 1.0 \times (3.4 + 2 + 4.4 + 3.3 + 7 + 12 + 4 + 1) = 37.1$。根据表6-33确定其风险事件可能性等级为4级。

综上, C隧道重点施工工序/区段的施工前突水风险事件可能性评估结果见表8-46。

C隧道重点施工工序/区段的施工前突水风险事件可能性分值及等级　　表8-46

| 重点施工工序/区段 | 资料完整性修正系数 $D_2$ | 隧道长度 $X_{sh3-11}$ | 掘进断面直径 $X_{sh3-12}$ | 路线最小转弯半径 $X_{sh3-21}$ | 覆土厚度 $X_{sh3-31}$ | 不良地质段长度 $X_{sh3-32}$ | 邻近/穿越地层水体情况 $X_{sh3-33}$ | 地下管线情况 $X_{sh3-34}$ | 盾构机选型 $X_{sh3-41}$ | $P_{sh3}$ | 可能性等级 |
|---|---|---|---|---|---|---|---|---|---|---|---|
| 正常掘进 | 1.0 | 3.4 | 2 | 4.5 | 4.8 | 10 | 12 | 4 | 1 | 41.7 | 5 |
| 下穿市政立交 | 1.0 | 3.4 | 2 | 4.4 | 4.1 | 6.1 | 0 | 4 | 1 | 25 | 2 |
| 下穿市政河流 | 1.0 | 3.4 | 2 | 4.4 | 3.3 | 7 | 12 | 4 | 1 | 37.1 | 4 |

C隧道施工前突水风险事件的后果严重程度等级采用后果当量估计法确定,具体取值见表8-47,并按式(6-7)计算风险事件后果当量 $DC$ 值, 根据表6-25确定风险事件的后果严重程度等级。

C隧道重点施工工序/区段的施工前突水风险事件后果及严重程度等级　　表8-47

| 重点施工工序/区段 | 风险事件后果 | | | | | 后果当量 | 后果严重程度等级 |
| | 人员伤亡(死亡/重伤/轻伤人数) | 直接经济损失(万元) | 社会影响 $C_S$ 值 | 环境影响 $C_H$ 值 | 工期延误控制工期 $C_G$ 值 | | |
|---|---|---|---|---|---|---|---|
| 正常掘进 | 10/0/0 | 4000 | 1 | 3 | 4 | 28 | 4 |
| 下穿市政立交 | 10/0/0 | 4000 | 3 | 1 | 4 | 28 | 4 |
| 下穿市政河流 | 10/0/0 | 4000 | 3 | 3 | 4 | 30 | 4 |

根据C隧道施工前突水风险事件发生的可能性和后果严重程度等级,采用风险矩阵法并依据表6-1确定其风险等级,风险估测结果见表8-48。

C隧道重点施工工序/区段的施工前突水风险估测结果　　表8-48

| 重大风险源 | 施工工序/区段 | 风险事件可能性等级 | 风险事件后果 | | | | | 后果当量 | 风险事件后果严重程度等级 | 风险等级 |
| | | | 人员伤亡(死亡/重伤/轻伤人数) | 直接经济损失(万元) | 社会影响 $C_S$ 值 | 环境影响 $C_H$ 值 | 工期延误 $C_G$ 值 | | | |
|---|---|---|---|---|---|---|---|---|---|---|
| 突水 | 正常掘进 | <u>5</u> | 10/0/0 | 4000 | 1 | 3 | 4 | 28 | <u>4</u> | 重大风险(Ⅳ) |
| | 下穿市政立交 | <u>2</u> | 10/0/0 | 4000 | 3 | 1 | 4 | 28 | <u>4</u> | 较大风险(Ⅲ) |
| | 下穿市政河流 | <u>4</u> | 10/0/0 | 4000 | 3 | 3 | 4 | 30 | <u>4</u> | 重大风险(Ⅳ) |

(4)小结。

综上,C隧道施工前各类重大风险源风险等级汇总见表8-49。

C隧道施工前各类重大风险源风险等级汇总　　　　表8-49

| 施工工序/区段 | 掌子面失稳 | 建(构)筑物受损 | 突水 |
|---|---|---|---|
| 正常掘进 | 重大风险(Ⅳ) | — | 重大风险(Ⅳ) |
| 下穿市政立交 | 较大风险(Ⅲ) | 重大风险(Ⅳ) | 较大风险(Ⅲ) |
| 下穿市政河流 | 较大风险(Ⅲ) | 重大风险(Ⅳ) | 重大风险(Ⅳ) |

## 8.2.2　孟加拉国吉大港卡纳普里河底隧道

1)隧道概况

孟加拉国吉大港卡纳普里河底隧道位于孟加拉国吉大港市郊区卡纳普里河入海口位置,连接卡纳普里河东西两岸。隧道段总长3315m,其中水下盾构段长2450m,西岸明挖暗埋段长395m,东岸明挖暗埋段长420m,东西两岸各设有一处工作井。

盾构隧道为分离式双管盾构,单管隧道单层两车道单向通行,隧道内设置3处联络通道,如图8-3所示。盾构隧道采用泥水平衡盾构机掘进,掘进断面直径为12.12m,管片设计采用双面楔形通用环,外径为11800mm,内径为10800mm,环宽为2000mm,壁厚为500mm,楔形量为40mm,管片拼装采用"5+2+1"错峰拼装。

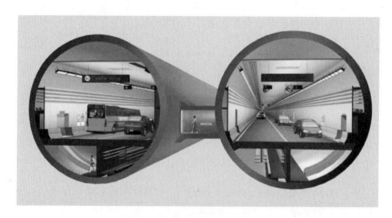

图8-3　盾构隧道横断面效果图

盾构隧道全线主要位于高水压粉细砂层,始发端最小覆土厚度为3.43m,到达端最小覆土厚度为3.44m,隧道下穿河道区最小覆土厚度约为15m,卡纳普里河深泓段最深处埋深为38.35m。主隧道附近无重要建(构)筑物,沿线无重要市政管线。

2)总体风险评估

根据隧道工程施工安全总体风险评估流程(图5-1)的要求,C隧道应首先采用主控因素判识法进行总体风险评估,其评估步骤如下。

(1) 主控因素判识。

根据盾构法隧道工程施工总体风险评估的主控因素,宜从隧道长度、掘进断面直径、附属工程、隧道主体邻近建(构)筑物、隧道穿越水体、不良地质段长度、岩溶发育程度等7个方面对卡纳普里河底隧道进行总体风险评估,判识结果详见表8-50。

卡纳普里河底隧道主控因素判识结果　　　　表8-50

| 评估指标 | | 总体风险等级 | | 判识依据 |
| --- | --- | --- | --- | --- |
| 主控因素 | 因素描述 | 重大风险（Ⅳ级） | 较大风险（Ⅲ级） | |
| 隧道长度 | 隧道长度大于或等于6000m | | | 卡纳普里河底隧道长度2450m |
| | 隧道长度为3000~6000m | | | |
| 掘进断面直径 | 掘进断面直径大于或等于18m | | | 卡纳普里河底隧道掘进断面直径12.12m |
| | 掘进断面直径为16~18m | | | |
| 附属工程 | 联络通道、始发或者到达端头位于富水砂层或建(构)筑物下无法直接加固 | √ | | 卡纳普里河底隧道始发端位于富水砂层 |
| | 联络通道、始发或者到达端头位于富水地层或开挖线以外1倍覆土厚度加0.5倍洞径范围内存在重要建(构)筑物 | | | |
| 隧道主体邻近建(构)筑物 | 隧道正上方或者开挖线以外0.5倍洞径范围内存在密集或高敏感性建(构)筑物,且涉及隧道长度大于或等于600m | | | 卡纳普里河底隧道主线附近无重要建(构)筑物 |
| | 开挖线以外0.5倍洞径~1倍覆土厚度加0.5倍洞径范围内存在密集或高敏感性建(构)筑物,且涉及隧道长度大于或等于600m | | | |
| 隧道穿越水体 | 常水位下隧道长度大于或等于1500m,或水压大于或等于0.6MPa | | | 卡纳普里河底隧道常水位下隧道长度1000m,最大水压0.53MPa |
| | 常水位下隧道长度为600~1500m,或水压为0.45~0.6MPa | | √ | |
| 不良地质段长度 | 不良地质段长度大于或等于600m | √ | | 卡纳普里河底隧道全线基本均位于不良地质段 |
| | 不良地质段长度为400~600m | | | |
| 岩溶发育程度 | 岩溶极发育,且存在宽度大于或等于2/3洞径的岩溶洞穴、地下暗河等 | | | 无岩溶 |
| | 岩溶发育,且存在宽度大于或等于1/3洞径的岩溶洞穴等 | | | |

(2)风险等级。

根据2024年版指南5.1.3的要求,双洞和多洞隧道宜分别按单洞进行总体风险评估,并取风险等级高者作为隧道总体风险等级。卡纳普里河底隧道左线和右线主控因素判识情况基本一致。

根据2024年版指南5.2.3的要求,不同主控因素确定的隧道总体风险等级不同时,以等级高值为准。根据卡纳普里河底隧道的附属工程、隧道穿越水体、不良地质段长度等主控因素,可确定其总体风险等级为重大风险(Ⅳ级),如表8-51所示。

卡纳普里河底隧道总体风险评估结果  表8-51

| 隧道名称 | 主控因素判识结果汇总 | | 指标体系法 | 风险等级 |
|---|---|---|---|---|
| | 主控因素 | 判识结果 | | |
| 卡纳普里河底隧道（左线/右线） | 附属工程（始发端位于富水砂层） | Ⅳ级 | — | 重大风险（Ⅳ级） |
| | 隧道穿越水体（常水位下隧道长度1000m,最大水压0.53MPa） | Ⅲ级 | | |
| | 不良地质段长度（隧道全线） | Ⅳ级 | | |

通过主控因素判识法已确定卡纳普里河底隧道的总体风险等级,无须再采用指标体系法开展评估。根据2024年版指南5.1.5的要求,总体风险评估等级为重大风险(Ⅳ级)、较大风险(Ⅲ级)的隧道工程宜开展专项风险评估,因此卡纳普里河底隧道须进行专项风险评估。

3）施工前专项风险评估

施工前专项风险评估应依照图6-1的流程顺序进行,开展风险辨识与风险分析、风险估测、风险控制以及风险控制预期效果评价等。盾构法隧道施工常见的重大风险源包括掌子面失稳、建(构)筑物受损、突水等,结合卡纳普里河底隧道总体风险评估的主控因素,其专项风险评估中重大风险源风险估测应主要围绕掌子面失稳、突水等2项展开。此外,根据卡纳普里河底隧道实际工程条件,无其他需要补充的重大风险源。

盾构法施工隧道应对重点施工工序(如始发、到达、联络通道施工、盾尾刷更换、进仓作业、盾构机安装及拆除等)及特殊施工阶段[如穿越或近接重要建(构)筑物、穿越不良地质段等]进行评估。结合卡纳普里河底隧道具体情况,在开展重大风险源风险估测时,应对盾构始发、到达及正常掘进阶段进行掌子面失稳和突水风险的估测。

此外,应根据地质、水文等相关资料完整性,按照表6-10规定的修正系数对风险事件可能性评估分值进行修正,由于卡纳普里河底隧道项目地处海外,地质与水文资料不完整、岩土计算参数选取依据欠充分,故 $D_2$ 取值1.2。

具体的施工前专项风险评估过程略。

4）施工过程专项风险评估

盾构机损伤是卡纳普里河底隧道施工过程专项风险评估中需估测的重大风险源,包括盾尾密封击穿、主轴承密封击穿、保压舱失压、刀具刀盘磨损、卡盾、盾体变形6种类型。本案例以盾尾密封击穿为例,选用指标体系法进行风险事件可能性估测,风险事件后果严重程度采用后果当量估计法确定。

第7章中表7-18为隧道施工过程盾构机损伤风险事件可能性评估指标体系,共包含了23项指标,根据卡纳普里河底隧道具体情况,本工程沿线不存在硬岩段与地下管线,排除硬岩段长度$X_{sh7-34}$与地下管线情况$X_{sh7-37}$指标;盾构机为泥水平衡盾构,排除指标渣土改良效果$X_{sh7-67}$指标;同时排除表7-18中与土压平衡盾构相关的指标。

结合专家分析,12项评估指标的重要性排序为:邻近/穿越地层水体情况、不良地质段长度、盾尾刷安装质量、盾尾刷选型、初涂油脂质量、油脂质量、覆土厚度、路线最小转弯半径、隧道长度、各腔室油脂压力合理性、盾构机掘进姿态控制、盾构掘进参数,参考表7-1(重要性排序法权重系数表),得到盾尾密封击穿可能性评估指标的相应权重系数见表8-52。

卡纳普里河底隧道施工过程盾尾密封击穿风险事件可能性评估指标
重要性排序及权重系数　　表8-52

| 排序 | 1 | 2 | 3 | 4 | 5 | 6 | 7 | 8 | 9 | 10 | 11 | 12 |
|---|---|---|---|---|---|---|---|---|---|---|---|---|
| 评价指标 | 邻近/穿越地层水体情况 $X_{sh7-36}$ | 不良地质段长度 $X_{sh7-33}$ | 盾尾刷安装质量 $X_{sh7-61}$ | 盾尾刷选型 $X_{sh7-41}$ | 初涂油脂质量 $X_{sh7-62}$ | 油脂质量 $X_{sh7-63}$ | 覆土厚度 $X_{sh7-31}$ | 路线最小转弯半径 $X_{sh7-21}$ | 隧道长度 $X_{sh7-11}$ | 各腔室油脂压力合理性 $X_{sh7-55}$ | 盾构机掘进姿态控制 $X_{sh7-51}$ | 盾构掘进参数 $X_{sh7-52}$ |
| 权重系数 | 0.16 | 0.15 | 0.13 | 0.12 | 0.10 | 0.09 | 0.08 | 0.06 | 0.05 | 0.03 | 0.02 | 0.01 |

结合前期资料与现场施工实际情况,卡纳普里河底隧道施工过程盾尾密封击穿风险事件可能性评估指标体系及评估结果见表8-53。

卡纳普里河底隧道施工过程盾构机损伤风险事件可能性评估
指标体系及评估结果(盾尾密封击穿)　　表8-53

| 项别 | 评估指标 | 分级 | 基本分值 $R_{ij}$ 分值范围 | 基本分值 $R_{ij}$ 取值 | 权重系数 $\gamma_{ij}$ | 取值依据及评分值 |
|---|---|---|---|---|---|---|
| 建设规模 $X_{sh7-1}$ | 隧道长度 $X_{sh7-11}$ | $X_{sh7-11} \geq 6000m$ | $75 < R_{ij} \leq 100$ | 43.1 | 0.05 | 卡纳普里河底隧道长度2450m,根据插值计算,$R_{11}=43.1$ |
| | | $3000m \leq X_{sh7-11} < 6000m$ | $50 < R_{ij} \leq 75$ | | | |
| | | $1000m \leq X_{sh7-11} < 3000m$ | $25 < R_{ij} \leq 50$ | | | |
| | | $X_{sh7-11} < 1000m$ | $0 < R_{ij} \leq 25$ | | | |
| 隧道线性 $X_{sh7-2}$ | 路线最小转弯半径(以洞径倍数表示) $X_{sh7-21}$ | $X_{sh7-21} < 40$ | $60 < R_{ij} \leq 100$ | 0 | 0.06 | 卡纳普里河底隧道路线最小转弯半径2550m,大于80倍洞径,$R_{21}=0$ |
| | | $40 \leq X_{sh7-21} < 80$ | $30 < R_{ij} \leq 60$ | | | |
| | | $X_{sh7-21} \geq 80$ | $0 < R_{ij} \leq 30$ | | | |

续上表

| 项别 | 评估指标 | 分级 | 基本分值 $R_{ij}$ | | 权重系数 $\gamma_{ij}$ | 取值依据及评分值 |
|---|---|---|---|---|---|---|
| | | | 分值范围 | 取值 | | |
| 地质与环境条件 $X_{sh7-3}$ | 覆土厚度（以洞径倍数表示）$X_{sh7-31}$ | $X_{sh7-31} \geq 2.0$ | $75 < R_{ij} \leq 100$ | 100 | 0.08 | 卡纳普里河深泓段最深处埋深38.35m，超过2倍洞径，$\underline{R_{31}=100}$ |
| | | $1.0 \leq X_{sh7-31} < 2.0$ | $50 < R_{ij} \leq 75$ | | | |
| | | $0.5 \leq X_{sh7-31} < 1.0$ | $25 < R_{ij} \leq 50$ | | | |
| | | $X_{sh7-31} < 0.5$ | $0 < R_{ij} \leq 25$ | | | |
| | 不良地质段长度 $X_{sh7-33}$ | $X_{sh7-33} \geq 600m$ | $75 < R_{ij} \leq 100$ | 100 | 0.15 | 卡纳普里河底隧道主要穿越粉细砂层，总长度大于1000m，$\underline{R_{33}=100}$ |
| | | $100m \leq X_{sh7-33} < 600m$ | $50 < R_{ij} \leq 75$ | | | |
| | | $0m < X_{sh7-33} < 100m$ | $25 < R_{ij} \leq 50$ | | | |
| | | 无不良地质 | $R_{ij}=0$ | | | |
| | 邻近/穿越地层水体情况 $X_{sh7-36}$ | 存在承压水、河道水位变化等不利水文条件 | $60 < R_{ij} \leq 100$ | 100 | 0.16 | 河道受潮汐影响存在变化，存在地下承压水，$\underline{R_{36}=100}$ |
| | | 存在不间断水源补充 | $30 < R_{ij} \leq 60$ | | | |
| | | 不存在不利水文条件 | $R_{ij}=0$ | | | |
| 设备选型 $X_{sh7-4}$ | 盾尾刷选型 $X_{sh7-41}$ | 不合适 | $60 < R_{ij} \leq 100$ | 10 | 0.12 | 盾尾刷选型合适，$\underline{R_{41}=10}$ |
| | | 一般 | $30 < R_{ij} \leq 60$ | | | |
| | | 合适 | $0 < R_{ij} \leq 30$ | | | |
| 盾构机控制 $X_{sh7-5}$ | 盾构机掘进姿态控制 $X_{sh7-51}$ | 较差 | $60 < R_{ij} \leq 100$ | 40 | 0.02 | 盾构机掘进姿态控制一般，$\underline{R_{51}=40}$ |
| | | 一般 | $30 < R_{ij} \leq 60$ | | | |
| | | 较好 | $0 < R_{ij} \leq 30$ | | | |
| | 盾构掘进参数 $X_{sh7-52}$ | 不适合 | $60 < R_{ij} \leq 100$ | 10 | 0.01 | 盾构掘进参数合适，$\underline{R_{52}=10}$ |
| | | 一般 | $30 < R_{ij} \leq 60$ | | | |
| | | 适合 | $0 < R_{ij} \leq 30$ | | | |
| | 各腔室油脂压力合理性 $X_{sh7-55}$ | 较差 | $60 < R_{ij} \leq 100$ | 10 | 0.03 | 各腔室油脂压力较合理，$\underline{R_{55}=10}$ |
| | | 一般 | $30 < R_{ij} \leq 60$ | | | |
| | | 较好 | $0 < R_{ij} \leq 30$ | | | |
| 质量控制 $X_{sh7-6}$ | 盾尾刷安装质量 $X_{sh7-61}$ | 较差 | $60 < R_{ij} \leq 100$ | 10 | 0.13 | 盾尾刷安装质量较好，$\underline{R_{61}=10}$ |
| | | 一般 | $30 < R_{ij} \leq 60$ | | | |
| | | 较好 | $0 < R_{ij} \leq 30$ | | | |
| | 初涂油脂质量 $X_{sh7-62}$ | 较差 | $60 < R_{ij} \leq 100$ | 10 | 0.10 | 初涂油脂质量较好，$\underline{R_{62}=10}$ |
| | | 一般 | $30 < R_{ij} \leq 60$ | | | |
| | | 较好 | $0 < R_{ij} \leq 30$ | | | |
| | 油脂质量 $X_{sh7-63}$ | 较差 | $60 < R_{ij} \leq 100$ | 10 | 0.09 | 油脂质量较好，$\underline{R_{63}=10}$ |
| | | 一般 | $30 < R_{ij} \leq 60$ | | | |
| | | 较好 | $0 < R_{ij} \leq 30$ | | | |

结合指标评分和相应权重,按式(7-2)和式(7-3)计算施工过程卡纳普里河底隧道盾尾密封击穿风险事件的可能性分值 $P_{sh7}$,并对照表 7-2 确定其可能性等级,评估结果见表 8-54。

卡纳普里河底隧道施工过程盾尾密封击穿风险事件可能性分值及等级　　表 8-54

| 盾构机损伤类型 | 可能性评估分值 $P_{sh7}$ | 可能性等级 |
| --- | --- | --- |
| 盾尾密封击穿 | 46.76 | 4 |

卡纳普里河底隧道盾尾密封击穿风险事件的后果严重程度等级采用后果当量估计法确定,参考表 6-23、表 6-24、表 6-26~表 6-28,综合考虑人员伤亡、直接经济损失、社会影响、环境影响、工期延误等,具体取值见表 8-55。按式(6-7)计算风险事件后果当量 DC 值,并根据表 6-25 确定风险事件后果严重程度等级。

卡纳普里河底隧道施工过程盾尾密封击穿风险事件后果及严重程度等级　　表 8-55

| 盾构机损伤类型 | 风险事件后果 | | | | | 后果当量 | 后果严重程度等级 |
| --- | --- | --- | --- | --- | --- | --- | --- |
| | 人员伤亡(死亡/重伤/轻伤人数) | 直接经济损失(万元) | 社会影响 $C_S$ 值 | 环境影响 $C_H$ 值 | 工期延误控制工期 $C_G$ 值 | | |
| 盾尾密封击穿 | 5/0/0 | 4000 | 3 | 1 | 4 | 23 | 4 |

根据卡纳普里河底隧道施工过程盾尾密封击穿风险事件发生的可能性和后果严重程度等级,采用风险矩阵法并依据表 6-1 确定其风险等级,风险估测结果见表 8-56。

卡纳普里河底隧道施工过程盾尾密封击穿风险估测结果　　表 8-56

| 重大风险源 | 风险事件可能性等级 | 风险事件后果 | | | | | | 风险事件后果严重程度等级 | 风险等级 |
| --- | --- | --- | --- | --- | --- | --- | --- | --- | --- |
| | | 人员伤亡(死亡/重伤/轻伤人数) | 直接经济损失(万元) | 社会影响 $C_S$ 值 | 环境影响 $C_H$ 值 | 工期延误 $C_G$ 值 | 后果当量 | | |
| 盾尾密封击穿 | 4 | 5/0/0 | 4000 | 3 | 1 | 4 | 23 | 4 | 重大风险(Ⅳ) |

同理,对其余类型的盾构机损伤风险事件进行估测,得到卡纳普里河底隧道施工过程中各类型盾构机损伤风险等级,见表 8-57。

卡纳普里河底隧道施工过程中各类型盾构机损伤风险等级汇总　　表 8-57

| 重大风险源 | 盾尾密封击穿 | 主轴承密封击穿 | 保压舱失压 | 刀具刀盘磨损 | 卡盾 | 盾体变形 |
| --- | --- | --- | --- | --- | --- | --- |
| 盾构机损伤 | 重大风险(Ⅳ) | 重大风险(Ⅳ) | 一般风险(Ⅱ) | 一般风险(Ⅱ) | 低风险(Ⅰ) | 一般风险(Ⅱ) |

# 附录A

# 典型风险评估方法

1) 点估计法(用于可能性估测)

施工前风险事件可能性等级的确定,除指标体系法外,也可采用点估计法,该方法是利用待评估隧道施工前风险事件部分或全部指标参数值分布的随机性,通过风险事件可能性分值计算公式建立累计概率分布函数,从而确定可能性等级的方法,具体步骤如图 A-1 所示。

图 A-1 点估计流程图

(1)确定状态函数。当存在多个随机变量影响目标值时,状态函数可用式(A-1)表示:

$$Z = F(x_1, x_2, \cdots, x_n) \tag{A-1}$$

式中: $Z$——目标值;

$x_1, x_2, \cdots, x_n$——随机变量。

(2)选取样本点组合。在随机变量 $x_i(i=1,2,\cdots,n)$ 的分布函数未知的情况下,不考虑其变化形态,只在区间 $(x_{\min}, x_{\max})$ 上分别对称地选择2个取值点,通常取均值 $\mu_{x_i}$ 的正负三个标准差 $\sigma_{x_i}$,按式(A-2)计算:

$$\left. \begin{array}{l} x_{i1} = \mu_{x_i} + 3\sigma_{x_i} \\ x_{i2} = \mu_{x_i} - 3\sigma_{x_i} \end{array} \right\} \tag{A-2}$$

每个随机变量均包括2个取值点,对于 $n$ 个随机变量,将会得到 $2^n$ 种计算组合,可求解得到 $2^n$ 个状态函数 $Z$ 的值。

(3)计算一阶矩和二阶中心矩。随机变量 $Z$ 的一阶矩($M_1$),按式(A-3)计算:

$$M_1 = E(Z) = \mu_Z = \int_{-\infty}^{+\infty} zf(z)\mathrm{d}z \tag{A-3}$$

一阶矩点估计按式(A-4)计算:

$$M_1 = E(Z) = \mu_Z = \sum_{j=1}^{2^n} P_j Z_j = \frac{1}{2^n}\sum_{j=1}^{2^n} Z_j \tag{A-4}$$

随机变量 $Z$ 的二阶中心矩($M_2$)为 $Z$ 的方差($\sigma_Z^2$),按式(A-5)计算:

$$M_2 = E[(Z-\mu_Z)^2] = \int_{-\infty}^{+\infty}(z-\mu_Z)^2 f(z)\mathrm{d}z \tag{A-5}$$

二阶中心矩点估计按式(A-6)计算:

$$M_2 = E[(Z-\mu_Z)^2] = \sigma_Z^2 = \sum_{j=1}^{2^n} P_j Z_j^2 - \mu_Z^2 = \frac{1}{2^n}\sum_{j=1}^{2^n} Z_j^2 - \mu_Z^2 \tag{A-6}$$

由随机变量 $Z$ 的一阶矩和二阶矩,即可得到反映 $Z$ 分布形态的统计参数平均值 $\mu_Z$ 和标准差 $\sigma_Z$。

(4)确定概率密度函数和累积分布函数。由平均值 $\mu_Z$ 和标准差 $\sigma_Z$ 拟合正态分布的概率密度函数,按式(A-7)计算:

$$f(z) = \frac{1}{\sigma_Z\sqrt{2\pi}}e^{-\frac{(z-\mu_Z)^2}{2\sigma_Z^2}} \tag{A-7}$$

按式(A-8)求得正态分布的累积分布函数:

$$F(z) = \frac{1}{\sigma_Z\sqrt{2\pi}}\int_{-\infty}^{z} e^{-\frac{(t-\mu_Z)^2}{2\sigma_Z^2}}\mathrm{d}t \tag{A-8}$$

得到正态分布的累计分布函数后,根据风险事件可能性等级划分标准即可确定可能性等级。

2)未确知测度法(用于可能性估测)

施工过程各风险事件可能性评估指标体系包含的指标较多,且指标信息呈现不确定性、模糊性和随机性等特点,如何科学合理地对不确定、未确知信息进行综合评价是确定各风险事件可能性等级的难点,未确知测度理论为解决这一问题提供一种较好的方法。该方法通过构造评估指标的单指标测度函数获取单指标测度矩阵,并结合指标权重求出多指标综合测度评价向量,依照置信度识别准则进行等级判定,得出风险事件可能性等级,其基本步骤如下。

(1)建立施工过程风险事件可能性评估指标体系。选择具有代表性的风险指标,删除具有较大相关性的风险指标,形成具有相互独立性的风险事件可能性评估指标体系,参与的评估指标有 $m$ 个,用 $I_1, I_2, \cdots, I_m$ 表示。

将定性指标定量化,再运用分级标准化法将每个指标分级,若分为4级,则可建立评判集为 $U = \{C_1, C_2, C_3, C_4\}$,即Ⅰ级、Ⅱ级、Ⅲ级、Ⅳ级,假定分别代表可能性低度、可能性中度、可能性高度和可能性极高,根据专家建议或相关文献、标准规范等设置一个取值标准,形成分级标准评定表,见表 A-1。

**分级标准评定表** 表 A-1

| 评估指标 | 分级标准 | | | |
|---|---|---|---|---|
| | Ⅳ级($C_4$) | Ⅲ级($C_3$) | Ⅱ级($C_2$) | Ⅰ级($C_1$) |
| $I_1$ | $> c_1$ | $b_1 \sim c_1$ | $a_1 \sim b_1$ | $< a_1$ |
| $I_2$ | $> c_2$ | $b_2 \sim c_2$ | $a_2 \sim b_2$ | $< a_2$ |
| …… | …… | …… | …… | …… |
| $I_m$ | $> c_m$ | $b_m \sim c_m$ | $a_m \sim b_m$ | $< a_m$ |

结合工程对象、相关规范和专家建议，对施工过程中隧道的各评价指标进行赋分，假设有 $n$ 个评估区段，以 $x_{ij}$ 表示第 $i$ 个评估区段关于第 $j$ 个评估指标的赋分值。

（2）建立未确知测度函数。$\mu_{ijk} = \mu(x_{ij} \in C_k)$ 表示所赋分值 $x_{ij}$ 属于第 $k$ 个可能性等级的测度值，且满足式（A-9）~式（A-11）：

$$0 \leq \mu(x_{ij} \in C_k) \leq 1 \quad (i=1,2,\cdots,n;j=1,2,\cdots,m;k=1,2,3,4) \quad \text{（A-9）}$$

$$\mu(x_{ij} \in U) = 1 \quad (i=1,2,\cdots,n;j=1,2,\cdots,m) \quad \text{（A-10）}$$

$$\mu\left[x_{ij} \in \bigcup_{l=1}^{k} C_l\right] = \sum_{l=1}^{k} \mu(x_{ij} \in C_l) \quad (k=1,2,3,4) \quad \text{（A-11）}$$

根据上述单指标测度定义及表 A-1，构建单指标测度函数（函数图形如图 A-2 ~ 图 A-4 所示）以便求得各评价指标的测度。

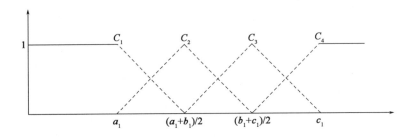

图 A-2　评估指标 $I_1$ 的单指标测度函数

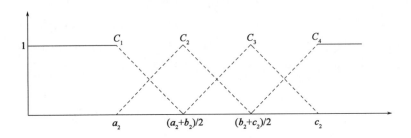

图 A-3　评估指标 $I_2$ 的单指标测度函数

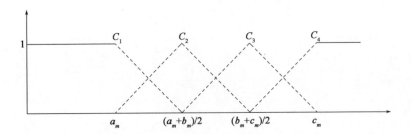

图 A-4　评估指标 $I_m$ 的单指标测度函数

将某一评估区段的指标赋分值代入上述单指标测度函数中,可计算得到单指标评价矩阵$(\mu_{ijk})_{m \times p}$,$p$是评判集内的分级个数,这里为4,见式(A-12):

$$(\mu_{ijk})_{m \times p} = \begin{bmatrix} \mu_{i11} & \mu_{i12} & \cdots & \mu_{i1p} \\ \mu_{i21} & \mu_{i22} & \cdots & \mu_{i2p} \\ \vdots & \vdots & \ddots & \vdots \\ \mu_{im1} & \mu_{im2} & \cdots & \mu_{imp} \end{bmatrix} \quad (A-12)$$

(3)利用重要性排序法或层次分析法确定指标权重,见式(A-13):

$$W = (w_1, w_2, \cdots, w_m) \quad (A-13)$$

(4)依照置信度识别准则判定等级。设$w_j$为指标$I_j(j=1,2,\cdots,m)$的权重,$\mu_{ik}$表示第$i$个评估区段隶属于第$k$个等级的程度,按式(A-14)计算:

$$\mu_{ik} = \sum_{j=1}^{m} w_j \mu_{ijk} \quad (i=1,2,\cdots,n; k=1,2,3,4) \quad (A-14)$$

按式(A-15)计算得出综合测度评价矩阵:

$$(\mu_{ik})_{n \times k} = \begin{bmatrix} \mu_{11} & \cdots & \mu_{14} \\ \vdots & \ddots & \vdots \\ \mu_{n1} & \cdots & \mu_{n4} \end{bmatrix} \quad (A-15)$$

为得到最优评价结果,引入置信度评价准则,设$\lambda$为置信度($\lambda \geq 0.6$)。若评价空间$\{C_1, C_2, \cdots, C_p\}$是有序的,且$C_p > C_{p-1} > \cdots > C_1$,按式(A-16)得:

$$k_0 = \min\left\{k : \sum_{l=1}^{k} \mu_{il} \geq \lambda\right\} \quad (k=1,2,3,4) \quad (A-16)$$

得出第$i$个评估区段对象属于第$k_0$个级别$C_{k0}$。

3)层次分析法(用于权重计算)

权重系数反映了评估指标对风险事件的影响程度,现有方法难以准确获取其数值,除重要性排序法以外,2024年版指南指出,指标权重也可采用层次分析法确定,具体流程如图A-5所示。

(1)建立重大风险源安全风险指标多层次结构模型,如图A-6所示。

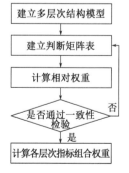

图A-5 层次分析法流程图

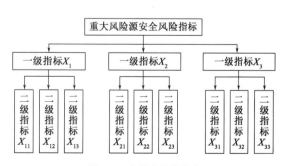

图A-6 多层次结构模型

（2）通过两两比较确定两指标的相对重要程度,可采用 1~9 标度法取值确定两指标间相对重要程度,见表 A-2,建立判断矩阵表,判断矩阵中 $a_{ij}$ 表示指标 $A_i$ 相对于指标 $A_j$ 的重要程度,见表 A-3。

因素两两比较的标度　　　　　　　　表 A-2

| 标度值 $a_{ij}$ | 含义 |
| --- | --- |
| 1 | 表示两个因素相比,前者与后者同等重要 |
| 3 | 表示两个因素相比,前者比后者稍重要 |
| 5 | 表示两个因素相比,前者比后者明显重要 |
| 7 | 表示两个因素相比,前者比后者强烈重要 |
| 9 | 表示两个因素相比,前者比后者极端重要 |
| 2、4、6、8 | 表示上述相邻判断的中间值 |
| 倒数 | 因素一与因素二重要性比较结果是因素二与因素一比较结果的倒数 |

指标间两两判断矩阵表　　　　　　　　表 A-3

| 判断项指标 | $A_1$ | $A_2$ | …… | $A_j$ | …… | $A_n$ |
| --- | --- | --- | --- | --- | --- | --- |
| $A_1$ | $a_{11}$ | $a_{12}$ | …… | $a_{1j}$ | …… | $a_{1n}$ |
| ⋮ | ⋮ | ⋮ | ⋮ | ⋮ | ⋮ | ⋮ |
| $A_i$ | $a_{i1}$ | $a_{i2}$ | …… | $a_{ij}$ | …… | $a_{in}$ |
| ⋮ | ⋮ | ⋮ | ⋮ | ⋮ | ⋮ | ⋮ |
| $A_n$ | $a_{n1}$ | $a_{n2}$ | …… | $a_{nj}$ | …… | $a_{nn}$ |

（3）按照式(A-17)计算判断矩阵中每行元素的几何平均值 $\overline{w}_i$,再按照式(A-18)进行归一化处理得到相对权重值 $w_i$。

$$\overline{w}_i = \sqrt[n]{\prod_{j=1}^{n} a_{ij}} \quad (i = 1,2,\cdots,n) \tag{A-17}$$

$$w_i = \overline{w}_i \Big/ \sum_{i=1}^{n} \overline{w}_i \tag{A-18}$$

（4）通过式(A-19)计算判断矩阵的最大特征值 $\lambda_{\max}$,再通过式(A-20)计算 CI 进行一致性检验,随机一致性指标 RI 见表 A-4,若 CI/RI < 0.1,则判断矩阵符合要求,否则需重新通过因素比较形成新矩阵进行计算。所有判断矩阵符合要求时,计算各层次指标的组合权重。

$$\lambda_{\max} = \sum_{i=1}^{n} \frac{(Aw)_i}{nw_i} \tag{A-19}$$

$$CI = \frac{\lambda_{\max} - n}{n - 1} \tag{A-20}$$

式中:CI——判断矩阵的一致性指标;
　　　n——判断矩阵的阶数。

**随机一致性指标 RI 取值表**    表 A-4

| $n$ | 1 | 2 | 3 | 4 | 5 | 6 | 7 | 8 | 9 |
|---|---|---|---|---|---|---|---|---|---|
| $RI$ | 0 | 0 | 0.58 | 0.90 | 1.12 | 1.24 | 1.32 | 1.41 | 1.45 |

4)后果当量估计法(用于后果严重程度估测)

后果当量估计法以死亡一人作为单位当量,按照相关法规、标准等量化人员伤亡、直接经济损失、环境影响、社会影响及工期延误等五种后果,使其与单位当量的严重程度相当,实现各类型后果量化统一。

参照《生产安全事故报告和调查处理条例》(2007 年国务院令第 493 号)、《隧道风险管理指南》(Guidelines for tunnelling risk management)(国际隧道协会,2003)、《城市轨道交通地下工程建设风险管理规范》(GB 50652—2011)、《铁路建设工程风险管理技术规范》(Q/CR 9006—2014)等国内外标准规范,确定后果当量估计法的具体换算当量为:1 个当量 = 1 人死亡 = 400 万元经济损失 = 3 级社会或环境影响 = 3 个月非控制工期工程 = 1 个月控制工期工程。

(1)人员伤亡。

参考表 A-5 ~ 表 A-8,知同一级别中死亡和重伤人数比例为 1:3 ~ 1:5,即 1 人死亡的后果等于 3 ~ 5 人重伤。

《生产安全事故报告和调查处理条例》(2007 年国务院令第 493 号)
**人员伤亡等级判断标准**    表 A-5

| 事故等级 | 判断标准 |
|---|---|
| 特别重大 | 30 人以上死亡,或者 100 人以上重伤(包括急性工业中毒,下同) |
| 重大 | 10 人以上 30 人以下死亡,或者 50 人以上 100 人以下重伤 |
| 较大 | 3 人以上 10 人以下死亡,或者 10 人以上 50 人以下重伤 |
| 一般 | 3 人以下死亡,或者 10 人以下重伤 |

《隧道风险管理指南》(国际隧道协会,2003)**人员伤亡等级判断标准**    表 A-6

| 分级 | 灾难性 | 非常严重 | 严重 | 显著 | 轻微 |
|---|---|---|---|---|---|
| 死亡/受伤人数 | $F > 10$ | $1 < F \leq 10, SI > 10$ | $1F, 1 < SI \leq 10$ | $1SI, 1 < MI \leq 10$ | $1MI$ |

注:F 表示死亡;SI 表示重伤;MI 表示轻伤。

《城市轨道交通地下工程建设风险管理规范》(GB 50652—2011)
**人员伤亡等级判断标准**    表 A-7

| 等级 | 5 | 4 | 3 | 2 | 1 |
|---|---|---|---|---|---|
| 建设人员 | 死亡(含失踪) 10 人以上 | 死亡(含失踪) 3 ~ 9 人, 或重伤 10 人以上 | 死亡(含失踪) 1 ~ 2 人, 或重伤 2 ~ 9 人 | 重伤 1 人, 或轻伤 2 ~ 10 人 | 轻伤 1 人 |
| 第三方 | 死亡(含失踪) 1 人以上 | 重伤 2 ~ 9 人 | 重伤 1 人 | 轻伤 2 ~ 10 人 | 轻伤 1 人 |

《铁路建设工程风险管理技术规范》(Q/CR 9006—2014)人员伤亡等级判断标准　　表 A-8

| 后果等级 | 5 | 4 | 3 | 2 | 1 |
|---|---|---|---|---|---|
| 人员伤亡数量（人） | $F \geq 30$ 或 $SI \geq 100$ | $10 \leq F < 30$ 或 $50 \leq SI < 100$ | $3 \leq F < 10$ 或 $10 \leq SI < 50$ | $F < 3$ 或 $SI < 10$ 或 $MI \geq 5$ | $MI < 5$ |

注：$F$ 为死亡人数；$SI$ 为重伤人数；$MI$ 为轻伤人数。

此外，《企业职工伤亡事故分类》(GB/T 6441—1986)规定："轻伤指损失工作日低于 105 日的失能伤害；重伤指相当于 GB/T 6441—1986 附录 B 中损失工作日等于和超过 105 日的失能伤害；死亡或永久性全失能伤害规定为 6000 日。"

综上分析，可估计 1 人死亡当量 = 3 人重伤 = 60 人轻伤。

(2)直接经济损失。

参考表 A-9 ~ 表 A-11，1 人死亡约相当于 400 万元直接经济损失。

《生产安全事故报告和调查处理条例》(2007 年国务院令第 493 号)
直接经济损失等级判断标准　　表 A-9

| 事故等级 | 判断标准 |
|---|---|
| 特别重大 | 1 亿元以上直接经济损失 |
| 重大 | 5000 万元以上 1 亿元以下直接经济损失 |
| 较大 | 1000 万元以上 5000 万元以下直接经济损失 |
| 一般 | 1000 万元以下直接经济损失 |

《城市轨道交通地下工程建设风险管理规范》(GB 50652—2011)
直接经济损失等级判断标准　　表 A-10

| 等级 | 5 | 4 | 3 | 2 | 1 |
|---|---|---|---|---|---|
| 工程本身 | 1000 万元以上 | 500 万 ~ 1000 万元 | 100 万 ~ 500 万元 | 50 万 ~ 100 万元 | 50 万元以下 |
| 第三方 | 200 万元以上 | 100 万 ~ 200 万元 | 50 万 ~ 100 万元 | 10 万 ~ 50 万元 | 10 万元以下 |

《铁路建设工程风险管理技术规范》(Q/CR 9006—2014)
直接经济损失等级判断标准　　表 A-11

| 后果等级 | 5 | 4 | 3 | 2 | 1 |
|---|---|---|---|---|---|
| 绝对经济损失（万元） | $EL \geq 10000$ | $5000 \leq EL < 10000$ | $1000 \leq EL < 5000$ | $100 \leq EL < 1000$ | $EL < 100$ |
| 相对经济损失(%) | $EL \geq 100$ | $50 \leq EL < 100$ | $20 \leq EL < 50$ | $5 \leq EL < 20$ | $EL < 5$ |

注：1. "$EL$" 指经济损失；

2. 相对经济损失的基数为原工程的造价；

3. 后果等级取绝对经济损失或相对经济损失中对应的最高等级。

(3)社会影响。

社会影响分级描述参考表 A-12，并淡化措辞，整体上降低一级。为了与人员伤亡等级保持一致，以各等级死亡人数的下限值作为当量值，即各等级社会影响当量值分别为 10、3、1、1/3、0。

**《铁路建设工程风险管理技术规范》(Q/CR 9006—2014)社会影响等级判断标准**　　表 A-12

| 后果等级 | 5 | 4 | 3 | 2 | 1 |
|---|---|---|---|---|---|
| 稳定影响 | 绝大部分群众有意见、反应极其强烈,引发大规模群体性事件 | 大部分群众有意见、反应特别强烈,引发较大规模群体性事件 | 部分群众有意见、反应强烈,引发矛盾冲突 | 多数群众理解支持但少部分人有意见,通过有效工作可防范与化解矛盾 | 绝大多数群众理解支持,极少数人有意见,矛盾易化解 |

(4)环境影响。

结合表 A-13 和表 A-14,从自然和社会角度对环境影响进行分级,考虑到公路隧道施工相比化工等工业活动对环境影响较轻,因此淡化各等级的定性描述,从整体上降低一级,即各等级环境影响当量值分别为:10、3、1、1/3、0。

**《城市轨道交通地下工程建设风险管理规范》(GB 50652—2011)**
**环境影响等级判断标准**　　表 A-13

| 等级 | 5 | 4 | 3 | 2 | 1 |
|---|---|---|---|---|---|
| 影响范围及程度 | 涉及范围非常大,周边生态环境发生严重污染或破坏 | 涉及范围很大,周边生态环境发生较重污染或破坏 | 涉及范围较大,区域内生态环境发生污染或破坏 | 涉及范围较小,邻近区域生态环境发生轻度污染或破坏 | 涉及范围很小,施工区域生态环境发生少量污染或破坏 |

**《铁路建设工程风险管理技术规范》(Q/CR 9006—2014)**
**环境影响等级判断标准**　　表 A-14

| 后果等级 | 5 | 4 | 3 | 2 | 1 |
|---|---|---|---|---|---|
| 自然环境影响 | 涉及范围非常大,周边生态环境发生严重污染或破坏 | 涉及范围很大,周边生态环境发生较重污染或破坏 | 涉及范围较大,邻近区域内生态环境发生污染或破坏 | 涉及范围较小,邻近区域生态环境发生轻度污染或破坏 | 涉及范围很小,施工区域生态环境发生少量污染或破坏 |
| 社会环境影响 | 恶劣的,或需转移安置 1000 人以上 | 严重的,或需转移安置 500~1000 人 | 较严重的,或需转移安置 100~500 人 | 需考虑的,或需转移安置 50~100 人 | 轻微的,或需转移安置小于 50 人 |

(5)工期延误。

结合表 A-15~表 A-17,将工期延误分为控制工期工程和非控制工期工程,综合专家意见:1 个当量 = 1 个月控制工期工程 = 3 个月非控制工期工程。

**《隧道风险管理指南》(国际隧道协会,2003)**
**工期延误等级判断标准**　　表 A-15

| 等级 | 灾难性 | 非常严重 | 严重 | 显著 | 轻微 |
|---|---|---|---|---|---|
| 工期延误(月) | >24 | 6~24 | 2~6 | 1/2~2 | <1/2 |

**《城市轨道交通地下工程建设风险管理规范》(GB 50652—2011)**
**工期延误等级判断标准**　　表 A-16

| 等级 | 5 | 4 | 3 | 2 | 1 |
|---|---|---|---|---|---|
| 长期工程 | 延误大于 9 个月 | 延误 6~9 个月 | 延误 3~6 个月 | 延误 1~3 个月 | 延误少于 1 个月 |
| 短期工程 | 延误大于 90d | 延误大于 60~90d | 延误 30~60d | 延误 10~30d | 延误少于 10d |

**《铁路建设工程风险管理技术规范》**(Q/CR 9006—2014)

**工期延误等级判断标准**　　　　　　　　　　　　　　　　　　　表 A-17

| 后果等级 | | 5 | 4 | 3 | 2 | 1 |
|---|---|---|---|---|---|---|
| 控制工期工程 | 绝对延误时间（月/单一事故） | >12 | 6~12 | 3~6 | 0.5~3 | ≤0.5 |
| | 相对延误时间(%) | >50 | 20~50 | 10~20 | 5~10 | ≤5 |
| 非控制工期工程 | 绝对延误时间（月/单一事故） | >24 | 12~24 | 6~12 | 1~6 | ≤1 |
| | 相对延误时间(%) | >100 | 50~100 | 25~50 | 10~25 | ≤10 |

综上所述，确定1个当量=1人死亡=400万元经济损失=3级社会或环境影响=3个月非控制工期工程=1个月控制工期工程。

需注意，根据《企业职工伤亡事故经济损失统计标准》(GB 6721—1986)，见表 A-18，"直接经济损失"包括因事故造成人身伤亡及善后处理支出的费用和毁坏财产的价值，但对于后果当量估计法，在人员伤亡的后果当量中，已经考虑了企业所支出的人身伤亡及善后处理等费用，因此采用该方法时，"直接经济损失"的统计范围不包括人员伤亡所支出的费用。

**经济损失类型及统计范围**　　　　　　　　　　　　　　　　　　表 A-18

| 分类 | 定义 | 统计范围 |
|---|---|---|
| 直接经济损失 | 因事故造成人身伤亡及善后处理支出的费用和毁坏财产的价值 | ①人身伤亡后所支出的费用：医疗费用（含护理费用）、丧葬及抚恤费用、补助及救济费用、歇工工资 |
| | | ②善后处理费用：处理事故的事务性费用、现场抢救费用、清理现场费用、事故罚款和赔偿费用 |
| | | ③财产损失价值：固定资产损失价值、流动资产损失价值 |
| 间接经济损失 | 因事故导致产值减少、资源破坏和受事故影响而造成其他损失的价值 | ①停产、减产损失价值 |
| | | ②工作损失价值 |
| | | ③资源损失价值 |
| | | ④处理环境污染的费用 |
| | | ⑤补充新职工的培训费用 |
| | | ⑥其他损失费用 |

5）安全检查表法（综合方法）

安全检查表法把检查对象加以分解，将大系统分割成若干子系统，以提问（表 A-19）或打分（表 A-20）的形式，将检查项目列表并逐项检查。

附录A 典型风险评估方法

_____项目隧道施工安全检查表(提问型检查表)　　　　表 A-19

| 序号 | 检查项目和内容 | 检查结果 | | | 标准依据 | 备注 |
|---|---|---|---|---|---|---|
| | | 是 | 部分符合 | 否 | | |
| 1 | | | | | | |
| 2 | | | | | | |
| … | | | | | | |
| N | | | | | | |

_____项目隧道施工安全检查表(打分型检查表)　　　　表 A-20

| 检查项目和内容 | 检查结果 | | 备注 |
|---|---|---|---|
| | 可判分数 | 判给分数 | |
| 检查条款 | 0-1-2-3(低度危险) | | |
| | 0-1-3-5(中度危险) | | |
| | 0-1-4-7(高度危险) | | |
| | 总的满分 | 总的判分 | |
| | 平均百分数 = 总的分数/总的可能的分数 = 判分/满分 | | |

注:选取 0-1-2-3 时,条款属于低危险程度,对条款的要求为"允许稍有选择,在条件许可的条件下首先应该这样做";选取 0-1-3-5 时,条款属于中等危险程度,对条款的要求为"严格,在正常的情况下均应这样做";选取 0-1-4-7 时,条款属于高危险程度,对条款的要求为"很严格,非这样做不可"。

提问型检查表(表 A-19)列举需查明的所有导致风险事件的不安全因素,采用提问方式,并以"是""部分符合"或"否"来回答。"是"表示符合要求;"部分符合"表示有一部分符合要求,另一部分不符合要求;"否"表示还存在问题,有待进一步改进。回答"是"的符号为"√","部分符合"的符号为"≈","否"的符号为"×"。在每个提问后可设置改进措施栏。每个检查表均需要注明检查时间、检查者、直接责任人,以便分清责任。为使提出的问题有所依据,可收集有关问题的规章制度、规范标准,在有关条款后面注明名称和所在章节。

打分型检查表(表 A-20)采用判分系统,判分系统可采用三级判分系统:0-1-2-3、0-1-3-5、0-1-4-7,其中评判"0"为不能接受的条款,低于标准较多的判"1",稍低于标准条件判给刚低于最大值的分数,符合标准条件的判给最大的分数。

判定的分数是一种以检查人员的知识和经验为基础的判断意见,检查表中分成不同的检查单元进行检查。为得到更为有效的检查结果,可用所得总分数除以各检查单元的最大总分数的比值,衡量各单元的安全程度,见表 A-20,可采用前述比值表示所检查的平均百分数。

6)专家调查法(综合方法)

专家调查法是专家依据自身的工程知识和经验,在现场调查的基础上,对工程施工安全风险作出评估的一种方法。参考《公路水运工程施工安全风险评估指南　第 1 部分:总体要求》(JT/T 1375.1—2022),评估小组成员应不少于 5 位专家,且为单数。每位专家应独立、客观给出评估结果及信心指数。专家应具备高级及以上技术职称,并具有 15 年及以上隧道工程建设管理、施工、监理、勘察设计或风险评估等工作经历,其中,组长应选择专业技术能力强、施工管理经验丰富的专家担任。专家调查法具体实施流程如图 A-7 所示。

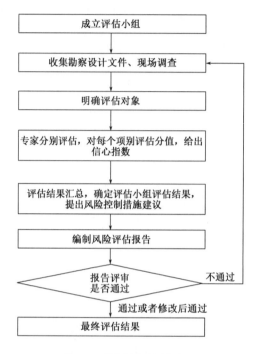

图 A-7 专家调查法评估流程

7) LEC 法(综合方法)

LEC 法根据作业人员在具有潜在危险性环境中作业,采用风险事件发生的可能性($L$,见表 A-21)、人员暴露于危险环境的频繁程度($E$,见表 A-22)、发生风险事件可能造成的后果($C$,见表 A-23)三种因素指标值的乘积进行风险估测,对于风险分值($D$,见表 A-24)高于 160 分的风险源,宜列为重大风险源进行风险估测。

风险分值($D$)计算按式(A-21)计算。

$$D = L \times E \times C \tag{A-21}$$

| 风险事件发生的可能性分值 $L$ | | | | | | | 表 A-21 |
|---|---|---|---|---|---|---|---|
| 分值(分) | 10 | 6 | 3 | 1 | 0.5 | 0.2 | 0.1 |
| 风险事件发生的可能性 | 完全会被预料到 | 相当可能 | 可能,但不经常 | 完全意外,可能性小 | 可以设想,不太可能 | 极不可能 | 实际上不可能 |

| 暴露于危险环境的频繁程度分值 $E$ | | | | | | 表 A-22 |
|---|---|---|---|---|---|---|
| 分值(分) | 10 | 6 | 3 | 2 | 1 | 0.5 |
| 暴露于危险环境的频繁程度 | 连续暴露 | 每天工作时间内暴露 | 每周一次或偶然暴露 | 每月暴露一次 | 每年暴露几次 | 非常罕见暴露 |

**风险事件造成的后果分值 C** 表 A-23

| 分值(分) | 100 | 40 | 15 | 7 | 3 | 1 |
|---|---|---|---|---|---|---|
| 风险事件造成的后果 | 10人以上死亡 | 3~9人死亡 | 1~2人死亡 | 严重伤残 | 有伤残 | 轻伤,需救护 |

**风险等级划分标准** 表 A-24

| 风险分值 $D$(分) | $D \geq 320$ | $160 \leq D < 320$ | $70 \leq D < 160$ | $20 \leq D < 70$ | $D < 20$ |
|---|---|---|---|---|---|
| 风险程度 | 极度危险,不能继续作业 | 高度危险,需要整改 | 显著危险,需要整改 | 比较危险,需要注意 | 稍有危险,可以接受 |
| 风险等级 | 5 | 4 | 3 | 2 | 1 |

# 附录B 隧道施工安全风险评估平台

为帮助评估人员更方便快捷地完成隧道风险评估工作,依据2024年版指南,开发了隧道施工安全风险评估平台:https://rerctunnel.kust.edu.cn/。平台根据该标准规定的评估流程与评估方法,构建了流程化结构体系,实现了隧道施工安全风险评估的便捷化、立体化和规范化。

平台包括钻爆法与盾构法总体风险评估和专项风险评估中施工前重大风险源风险估测等内容,通过输入隧道相关数据,平台将自动生成风险评估结果。评估过程中产生的数据通过评估报告的方式导出,具体评估流程如图 B-1 所示。

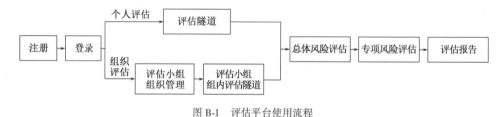

图 B-1 评估平台使用流程

1)准备

(1)注册。

进入平台后,点击面板左下角"开始注册!"进入注册页面,如图 B-2 所示,在页面中填写相关信息及图形验证码,输入正确后,点击"立即注册",注册成功后将自动跳转至登录页面。

图 B-2 注册页面

(2)登录。

在登录页面中输入注册时填写的手机号、密码与图形验证码后,点击"立即登录",如图 B-3 所示。

图 B-3　登录页面

(3)评估中心首页。

如图 B-4 所示,在评估中心首页上部显示了当前账号下"评估隧道""评估小组""组内评估""评估报告"四部分的分类记录数量;首页左侧导航栏显示了隧道风险评估平台的功能项。

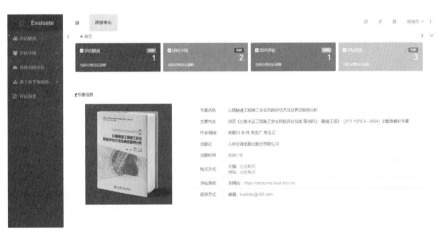

图 B-4　评估中心首页

(4)评估隧道。

对于无组织依赖、个人隧道评估项目,通过"评估隧道"页面进行管理,如图 B-5 所示,主要包括添加、编辑和删除三种功能。添加:填写隧道评估项目信息,增加隧道评估项目,如图 B-6 所示。编辑:修改隧道评估项目信息。删除:删除选定的隧道评估项目。

(5)评估小组。

对于有组织依赖、集体评估的隧道项目,通过"评估小组"进行管理。组织者通过"组织管理"进行成员管理,依托于组织集体的隧道评估项目通过"组内评估隧道"管理。

图 B-5 "评估隧道"页面

图 B-6 "添加隧道"页面

①组织管理。

用户可以通过"组织管理"作为管理者创建多个组织,或者作为组员受邀加入多个组织,如图 B-7 所示。

图 B-7 "组织管理"页面

管理者可以修改组织信息、添加组员或解散该组织,包括创建、编辑和解散三种功能。创建:填写评估小组信息,选择组员(单向确定,需正确填写系统内已创建用户的名称和电话),

创建评估小组,如图 B-8 所示。编辑:修改评估小组信息,修改组员(单向确定,需正确填写系统内已创建用户的名称和电话)。解散:删除该评估小组,移除组内全部隧道评估项目,移除全部组员。

图 B-8 "创建评估小组"页面

作为组员可以主动退出组织,对应"退出"功能。退出:主动退出评估小组,不再参与该组织内的隧道安全风险评估工作。

②组内评估隧道。

在此处管理依托于评估小组的隧道,如图 B-9 所示,同样包括添加、编辑和删除三种功能。添加:选择评估小组,填写隧道评估项目信息,增加集体评估隧道。编辑:修改隧道评估项目信息。删除:删除选定的隧道评估项目。

图 B-9 "组内评估隧道"页面

2)评估

(1)总体风险评估。

"总体风险评估"包括"钻爆法"和"盾构法"两部分,分别评估钻爆法和盾构法施工隧道总体风险,如图 B-10 所示。首先需进行"主控因素"判识,才能进行"指标体系"评估。"上次评估"处会显示最新的评估结果。

图 B-10 "总体风险评估"页面

①主控因素。

未进行评估的隧道项目,必须先进行"主控因素评估",每次成功评估后将覆盖上次评估结果,如图 B-11 所示。当在"主控因素"中未选择任意一项,表明当前隧道评估项目不满足主控因素描述情况,确认提交后无评估结果,需进行下一步"指标体系"评估。

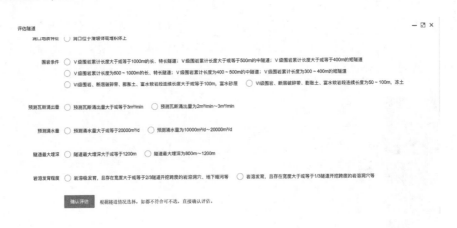

图 B-11 "主控因素评估"页面

②指标体系。

在隧道评估项目不满足主控因素描述情况时,需开展指标体系法评估。"指标体系评估"中所有信息均为必填项,如图 B-12 所示。根据各评估指标信息得出评估结果,多次评估仅保留最新结果。

(2)施工前专项风险评估。

在"总体风险评估"后,当评估结果为较大风险(Ⅲ级)或重大风险(Ⅳ级)时,需要进行下一步"施工前专项风险评估",包括钻爆法与盾构法共 9 类风险事件风险估测,如图 B-13 所示,各风险事件估测结果通过"可能性"和"风险等级"(风险等级中评估后果严重程度)两部分确定。

图 B-12 "指标体系评估"页面

图 B-13 "施工前专项风险评估"页面

① 可能性。

开展"施工前专项风险评估"时,需先进行"可能性评估",评估所填信息项均为必填项,如图 B-14 所示,多次评估只保留最新结果。

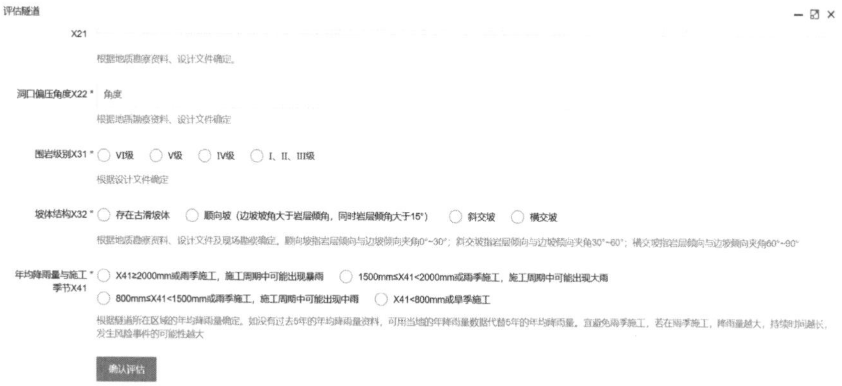

图 B-14 "可能性评估"页面

②风险等级。

完成"可能性评估"后,在"风险等级评估"中评估风险事件的后果严重程度,结合"可能性评估"结果确定风险事件的风险等级,如图 B-15 所示。

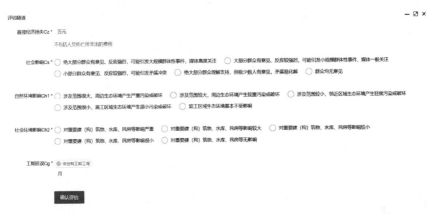

图 B-15 "风险等级评估"页面

3)导出

通过该功能以报告形式生成隧道信息、参评人员、总体风险评估和施工前专项风险评估主要内容与评估结果等,如图 B-16 所示。

图 B-16 "评估报告"页面

# 参 考 文 献

[1] 岑培山,田坤云,王喜民.蒙华铁路阳山隧道瓦斯危害性评估研究[J].现代隧道技术,2019,56(4):43-48.

[2] 陈洁金,周峰,阳军生,等.山岭隧道塌方风险模糊层次分析[J].岩土力学,2009,30(8):2365-2370.

[3] 陈蔚.山岭隧道洞口稳定性分析及失稳风险评估[J].低温建筑技术,2012,34(5):108-110.

[4] 陈祥,孙进忠,张杰坤,等.岩爆的判别指标和分级标准及可拓综合判别方法[J].土木工程学报,2009,42(9):82-88.

[5] 陈杨.隧道洞口段软弱破碎围岩变形特征及开挖支护优化研究[D].青岛:青岛理工大学,2018.

[6] 陈宇飞,成国文,王成洋.山岭公路隧道富水带软弱围岩突泥涌水成因与处治方法[J].企业技术开发,2017,36(8):14-18.

[7] 陈志敏,欧尔峰,马丽娜.隧道及地下工程[M].北京:清华大学出版社,2014.

[8] 陈壮.隧道浅埋段软弱围岩地表高压旋喷桩加固机理及设计方法[D].成都:西南交通大学,2021.

[9] 成威.基于LEC法的隧道施工安全风险评估研究[J].交通世界,2021(36):11-13.

[10] 程远,刘志彬,刘松玉,等.基于层次分析法的大跨浅埋公路隧道施工风险识别[J].岩土工程学报,2011,33(S1):198-202.

[11] 程远,朱合华,刘松玉,等.基于模糊理论大跨浅埋公路隧道施工风险评估[J].地下空间与工程学报,2016,12(6):1616-1622.

[12] 崔悦震,王健.隧道内瓦斯气体安全监测技术及其应用[J].煤矿现代化,2020(1):68-71.

[13] 代洪波,季玉国.我国大直径盾构隧道数据统计及综合技术现状与展望[J].隧道建设(中英文),2022,42(5):757-783.

[14] 邓泽庭,周会信.赛格水电站左岸碎裂白云岩岩体结构、岩体工程地质分类、建基岩体利用的初步研究[C]//中国水力发电工程学会第四届地质及勘探专业委员会第一次学术交流会论文集,2008:10.

[15] 丁秀丽,张雨霆,黄书岭,等.隧洞围岩大变形机制、挤压大变形预测及应用[J].岩石力学与工程学报,2023,42(3):521-544.

[16] 范建海,陈志超,夏述光.软岩隧道矿山法施工大变形风险评估[J].铁道建筑,2013(7):52-56.

[17] 冯夏庭,张传庆,陈炳瑞,等.岩爆孕育过程的动态调控[J].岩石力学与工程学报,2012,31(10):1983-1997.

[18] 付长建.偏压小净距隧道洞口段失稳探析及处治措施[J].公路交通科技(应用技术版),2015,11(6):35-37.

[19] 高攀科,谢永利.隧道软弱围岩的改进BP神经网络位移反分析[J].郑州大学学报(工学版),2013,34(1):23-26.

[20] 高帅,胡明香,李文彪.中空注浆锚杆在隧道地表加固中的应用[J].北方交通,2022(1):87-90,94.

[21] 高新强,艾旭峰,孔超.高水压富水区裂隙岩体隧道渗流场的特征[J].中国铁道科学,2016,37(6):42-49.

[22] 高阳,孙浩凯,刘德军,等.强降雨影响下破碎复理岩地层隧道洞口段失稳机理[J].中南大学学报(自然科学版),2019,50(9):2295-2303.

[23] 宫凤强,闫景一,李夕兵.基于线性储能规律和剩余弹性能指数的岩爆倾向性判据[J].岩石力学与工程学报,2018,37(9):1993-2014.

[24] 谷明成,何发亮,陈成宗.秦岭隧道岩爆的研究[J].岩石力学与工程学报,2002(9):1324-1329.

[25] 桂志敬,吴忠广,严琼,等.公路隧道施工安全风险评估方法优化研究[J].中国安全生产科学技术,2018,14(9):136-143.

[26] 郭刚.LEC风险分析方法改进及在隧道施工中的应用研究[J].价值工程,2012,31(30):118-120.

[27] 郭彦伟,龚雪晴,杨利明.基于风险矩阵法的隧道洞口失稳风险评估[J].公路交通科技(应用技术版),2016,12(8):28-30.

[28] 何成兴.特长隧道涌水突泥处治工艺及安全施工[J].交通世界,2022(S1):45-46.

[29] 何美丽,刘霁,刘浪,等.隧道坍方风险评价的未确知测度模型及工程应用[J].中南大学学报(自然科学版),2012,43(9):3665-3671.

[30] 何平,李建强,王佳亮.武广客专某隧道涌水突泥成因及整治措施研究[J].路基工程,2019(1):218-222.

[31] 贺志军.山岭铁路隧道工程施工风险评估及其应用研究[D].长沙:中南大学,2009.

[32] 洪开荣,冯欢欢.中国公路隧道近10年的发展趋势与思考[J].中国公路学报,2020,33(12):15.

[33] 洪开荣.我国隧道及地下工程发展现状与展望[J].隧道建设,2015,35(2):95-107.

[34] 侯俊敏.山岭隧道洞口段围岩变形特征及其控制技术研究[D].湘潭:湘潭大学,2014.

[35] 胡新红,熊建军,刘涛.盘岭隧道突水和突泥事故地质成因分析及处治措施[J].路基工程,2016(2):207-210.

[36] 黄杰.天池隧道岩溶涌水突泥成因分析及整治措施[J].山西建筑,2009,35(22): 338-339.

[37] 黄慷,杨林德.崇明越江盾构隧道工程耐久性失效风险研究[J].现代隧道技术,2004 (2):8-13.

[38] 黄朱林,申禄坤.浅述人工智能在隧道工程中的应用[J].隧道建设,2007(1):26-28,40.

[39] 贾润枝,周岐文,张宇轩,等.卵石层隧道洞口段防排水和加固体系优化设计[J].市政技术,2022,40(9):116-121.

[40] 贾艳领,钟乃龙,欧阳璐,等.断层破碎带隧道地质综合超前预报应用实践[J].公路, 2021,66(3):353-359.

[41] 蒋强,伍建和,吴博.龙山头隧道施工安全总体风险评估[J].公路交通科技(应用技术版),2015,11(9):165-168.

[42] 李奥.大断面隧道塌方机理与安全性控制研究[D].北京:北京交通大学,2022.

[43] 李杰.基于可靠度方法的既有铁路边坡稳定性分析[J].铁道工程学报,2014,(2): 33-37.

[44] 李金成.隧道施工煤与瓦斯突出防治措施[J].建筑技术开发,2019,46(11):140-141.

[45] 李平.基于风险矩阵法的浅埋隧道施工风险评估及控制[J].工程建设与设计,2018 (11):207-209.

[46] 李庶林,桑玉发,王泳嘉.深井硬岩岩爆巷道支护研究[C]//第六届全国岩石动力学学术会议文集.中国岩石力学与工程学会岩石动力学专业委员会,1998:5.

[47] 李向阳.隧道瓦斯防治安全技术措施探讨[J].西部探矿工程,2005(7):229-230.

[48] 李跃强.浅埋偏压大断面隧道洞口段开挖顺序优化[J].公路,2018,63(2):286-291.

[49] 刘保国,沈铭龙,马强.模糊网络分析法在公路山岭隧道施工风险分析中的应用[J].岩石力学与工程学报,2014,33(S1):2861-2869.

[50] 刘辉,孙世梅.基于改进LEC法的公路隧道施工安全评价研究[J].现代隧道技术,2015, 52(1):26-32,61.

[51] 刘钦,李术才,李煜航,等.龙潭隧道F2断层处涌水突泥机理及治理研究[J].地下空间与工程学报,2013,9(6):1419-1426.

[52] 刘世煌.风险评价指数矩阵法在安全预评价中的应用[J].水利规划与设计,2015(8): 85-87.

[53] 刘晓.大管棚预注浆超前支护技术在隧道施工中的应用[J].黑龙江交通科技,2022,45 (7):131-133.

[54] 刘志强,吴剑,师亚龙,等.挤压性大变形隧道研究现状与展望[J].现代隧道技术,2019, 56(S1):41-50.

[55] 娄健,徐华,韩富庆,等.隧道浅埋段软弱围岩高压旋喷桩地表加固机理及现场试验方案

设计[J].公路,2022,67(8):403-409.

[56] 卢焱毅,张文博.高原地区隧道洞口段穿越堆积体施工综合技术[J].公路交通科技(应用技术版),2018,14(10):213-216.

[57] 罗明恒,王世平.公路隧道洞口段施工技术及变形控制监测[J].山西建筑,2015,41(18):185-187.

[58] 罗文艺.岩溶隧道涌水风险评价体系及应用[J].铁道建筑,2013,2:52-56.

[59] 吕擎峰,霍振升,赵彦旭,等.基于TSP的隧道施工风险评估[J].铁道标准设计,2018,62(8):117-123.

[60] 孟云.大断面隧道洞口偏压段施工方法研究[J].公路,2017,62(6):349-354.

[61] 明涛.复杂软岩隧道洞口段围岩及边仰坡稳定性研究[D].重庆:重庆交通大学,2022.

[62] 聂利超.隧道施工含水构造激发极化定量超前地质预报理论及其应用[J].岩石力学与工程学报,2015,34(11):2374.

[63] 曲宏略,刘哲言,陈爽,等.锚杆支护参数对岩爆防治效果的影响研究[J].地下空间与工程学报,2023,19(1):326-333,342.

[64] 茹媛博,苏昭.某隧道突泥涌水灾害的致灾成因分析及危险性评价[J].勘察科学技术,2022(3):24-28.

[65] 申瑾.土石界面浅埋偏压隧道围岩变形与支护结构力学行为研究[D].石家庄:石家庄铁道大学,2021.

[66] 宋翱.基于隧道掌子面的三维地震智能超前地质预报探测技术研究[D].北京:中国地质大学,2020.

[67] 宋国壮,张玉芳.拉林铁路隧道洞口高位高陡危岩体发育类型及风险评估[J].铁道建筑,2021,61(1):88-92.

[68] 宋浩然,张顶立,谭光宗.大连湾海底隧道风险评估及对策研究[J].北京交通大学学报,2013,37(4):1-6.

[69] 宋平.铁路隧道施工安全风险管理研究[D].长沙:中南大学,2009.

[70] 宋战平,裴佳锋,潘红伟,等.浅埋偏压隧道洞口段超前大管棚支护效果分析[J].现代隧道技术,2022,59(6):86-96.

[71] 孙景来,刘保国,储昭飞,等.隧道坍塌事故类型划分及其主要特征[J].中国铁道科学,2018,39(6):44-51.

[72] 孙景来.山岭隧道钻爆法施工坍塌风险及围岩稳定性评价研究[D].北京:北京交通大学,2020.

[73] 孙啟秀,卢保东,徐洪庆,等.黄瓜山隧道施工安全风险评估分析[J].西部交通科技,2020,10:138-140.

[74] 唐永红,周游.金丽温高速公路船寮隧道塌方处理[J].湖南交通科技,2005(2):

104-106.

[75] 唐雨春,冯宇.山区隧道洞口浅埋段软弱围岩开挖工法探讨[J].湖南交通科技,2015,41(3):130-132,145.

[76] 陶伟.新二郎山隧道岩爆特征与防治经验总结[J].四川建筑,2016,36(2):264-265.

[77] 田四明,吴克非,刘大刚,等.高原铁路极高地应力环境隧道主动支护设计方法研究[J].铁道学报,2022,44(3):39-63.

[78] 仝跃,岳瑶,黄宏伟,等.钻爆法施工隧道塌方风险量化评估模型及其应用[J].土木与环境工程学报(中英文),2022,44(5):46-56.

[79] 王臣,李健,李德宏,等.岩溶隧道超前预报方案优化研究[J].中国安全生产科学技术,2022,18(S1):140-146.

[80] 王春河,朱福强,罗兴,等.隧道改扩建工程施工风险评估研究[J].现代隧道技术,2021,58(2):63-70.

[81] 王国法,李前,赵志礼,等.强矿压冲击工作面巷道冲击倾向性测试与超前支护系统研究[J].山东科技大学学报(自然科学版),2011,30(4):1-9.

[82] 王军.浅谈隧道瓦斯的防治[J].江西建材,2016(1):156,160.

[83] 王梦恕,宋克志.渤海湾跨海通道建设的紧迫性及现实条件和初步方案[J].北京交通大学学报,2013,37(1):1-10.

[84] 王梦恕.中国盾构和掘进机隧道技术现状、存在的问题及发展思路[J].隧道建设,2014,34(3):179-187.

[85] 王攀,王志斌,罗谢鑫,等.云南香丽高速小中甸隧道局部突泥涌水处理方案[J].湖南城市学院学报(自然科学版),2018,27(5):23-28.

[86] 王亚琼,杨强,潘红伟,等.基于3DEC模拟的高地应力水平层状隧道围岩变形破坏特征分析[J].现代隧道技术,2022,59(4):127-136,146.

[87] 王燕,黄宏伟,李术才.海底隧道施工风险辨识及其控制[J].地下空间与工程学报,2007(S1):1261-1264.

[88] 魏纲,周琰.邻近盾构隧道的建筑物安全风险模糊层次分析[J].地下空间与工程学报,2014,10(4):956-961.

[89] 魏有仪,王鹰.非伴煤瓦斯隧道概念及其工程意义[J].西藏大学学报(自然科学版),2014,29(2):117-124.

[90] 翁其能,吴秉其,向帅,等.隧道涌水突泥风险评价模型研究[J].重庆交通大学学报(自然科学版),2012,31(5):944-945,947,965.

[91] 吴坚,黄俊,李升连,等.基于专家调查法的公路隧道洞口失稳风险分析[J].地下空间与工程学报,2009,5(S1):1407-1411.

[92] 吴平,武磊.瓦斯隧道安全施工技术及管理探讨[J].能源与环保,2018,40(4):54-57.

[93] 吴贤国,张立茂,候铁明,等.地铁盾构隧道施工对邻近建筑物的安全风险分析方法[J].城市轨道交通研究,2015,18(8):105-110.

[94] 武磊.瓦斯隧道危险性评价及防治技术分析[J].公路,2019,64(8):230-234.

[95] 武文娟.瓦斯隧道施工通风技术探析及应用[J].工程与建设,2022,36(3):754-756.

[96] 胥阳安.高瓦斯长大隧道施工中瓦斯防治技术与安全管理对策[J].工程技术研究,2021,6(3):188-189.

[97] 徐东强,李永亮,王可意.基于AHP-DEA的公路隧道大变形风险评估[J].中外公路,2018,38(4):218-222.

[98] 徐峰,王玉成.光华山隧道洞口失稳分析及处治研究[J].河南科技,2013(23):42.

[99] 徐士良,朱合华,丁文其,等.秦岭公路隧道通风竖井岩爆预测和防治措施[J].岩土力学,2009,30(6):1759-1763.

[100] 徐向东.隧道岩爆防治作用机理初探[J].铁道工程学报,2008(10):36-39,44.

[101] 徐啸川,徐光黎,魏文豪,等.示踪实验在湾潭隧道涌水突泥判别中的应用[J].地质科技通报,2023,42(2):297-304.

[102] 许磊,祁乐,张庆.深部高地应力巷道围岩变形特征分析与支护应用[J].山东煤炭科技,2022,40(9):36-38.

[103] 闫肃.采用平导超前和无轨运输方式的长大瓦斯隧道施工六阶段通风技术[J].现代隧道技术,2020,57(2):80-85.

[104] 杨佳奇,申玉生,曹帮俊,等.寒区隧道洞口段施工安全风险研究[J].公路,2020,65(5):317-324.

[105] 杨战博,寇君淑,杨欢,等.关林子公路隧道下穿既有道路施工风险评估[J].水利与建筑工程学报,2016,14(2):30-34,39.

[106] 叶志明,江见鲸.土木工程概论[M].3版.北京:高等教育出版社,2009.

[107] 尹平,马中南,李伟,等.公路隧道工程瓦斯爆炸机理与事故预防[J].公路交通科技,2006(12):149-152.

[108] 于家武,郭新新.木寨岭公路隧道复合型大变形控制技术与实践[J].隧道建设(中英文),2021,41(9):1565-1576.

[109] 詹华侨.隧洞工程超前支护施工中超前小导管的运用分析[J].中国设备工程,2022(8):244-245.

[110] 张晨曦,吴顺川,吴金.山岭隧道施工中塌方风险评估模型研究及应用[J].中国安全生产科学技术,2019,15(9):128-134.

[111] 张航,彭雪峰,周扬,等.松散岩堆体地层下城市隧道洞口段施工方案变更合理性研究[J].隧道建设(中英文),2021,41(S1):265-275.

[112] 张军伟,陈云尧,孙毅夫,等.我国隧道施工坍塌事故分布特征分析(2006—2016)[J].

灾害学,2017,32(4):132-137.

[113] 张梅,黄鸿健,张民庆,等.高地应力软岩隧道预留空间法试验研究[J].现代隧道技术,2014,51(1):164-170.

[114] 张沙峤,高启战,乔梁.隧道洞口仰坡失稳类型及防治措施研究[C]//2017年8月建筑科技与管理学术交流会论文集.中国北京,2017:2.

[115] 张晓利,宋家利,石志强.高瓦斯隧道施工安全风险控制措施研究[J].工程与建设,2022,36(2):412-414.

[116] 章龙管,刘绥美,李开富,等.基于故障树与贝叶斯网络的地铁盾构施工风险预测[J].现代隧道技术,2021,58(5):21-29,55.

[117] 赵茗年,王永刚,庞小冲,等.高寒地区公路特长隧道风险评估优化应用[J].地下空间与工程学报,2020,16(S1):426-430.

[118] 赵锡灿.公路隧道总体安全风险评估指标及方法优化探究[J].公路交通技术,2021,37(3):132-137.

[119] 周航,廖昕,陈仕阔,等.基于组合赋权和未确知测度的深埋隧道岩爆危险性评价——以川藏交通廊道桑珠岭隧道为例[J].地球科学,2022,47(6):2130-2148.

[120] 周军红.穿越煤层隧道瓦斯防治技术探讨[J].交通世界(建养·机械),2011(9):206-207.

[121] 周志波.浅谈隧道塌方的超前地质预报及其防治对策[J].科技创新与应用,2016(5):224.

[122] 邹超,徐林生.浅埋偏压高速公路隧道施工风险评估及控制研究[J].四川建筑,2020,40(4):345-347.

[123] ALIAHMADI A,SADJADI S J,JAFARI-ESKANDARI M. Design a new intelligence expert decision making using game theory and fuzzy AHP to risk management in design,construction,and operation of tunnel projects (case studies:Resalat tunnel) [J]. International Journal of Advanced Manufacturing Technology,2011,53(5-8):789-798.

[124] ARMAGHANI D J,KOOPIALIPOOR M,MARTO A,et al. Application of several optimization techniques for estimating TBM advance rate in granitic rocks [J]. Journal of Rock Mechanics and Geotechnical Engineering,2019,11(4):779-789.

[125] BIENIAWSKI Z T. Engineering rock mass classifications:a complete manual for engineers and geologists in mining,civil,and petroleum engineering[M]. New York:John Wiley & Sons,1989.

[126] BUTRA J,KUDEŁKO J. Rockburst hazard evaluation and prevention methods in Polish copper mines[J]. Cuprum:czasopismo naukowo-techniczne górnictwa rud,2011,2(10):25-30.

[127] CAO Y,ZHOU X K,YAN K. Deep learning neural network model for tunnel ground surface

settlement prediction based on sensor data[J]. Mathematical Problems in Engineering, 2021, 2021:9488892.

[128] CHUNG H, PARK J, KIM B K, et al. A Causal Network-Based Risk Matrix Model Applicable to Shield TBM Tunneling Projects[J]. Sustainability, 2021, 13(9):4846.

[129] EINSTEIN H H, VICK S G. Geologic model for a tunnel cost model[C]// Proceedings of rapid excavation and tunneling conference, 1974, (2):1701-1720.

[130] ELBAZ K, SHEN S L, ZHOU A N, et al. Prediction of disc cutter life during shield tunneling with AI via the incorporation of a genetic algorithm into a GMDH-type neural network[J]. Engineering, 2021, 7(2):238-251.

[131] ERHARTER G H, MARCHER T, REINHOLD C. Rock mechanics for natural resources and infrastructure development[M]. CRC Press, 2019:2426-2432.

[132] ESKESEN S D, KAMPMANN J. Risk Reductio., Strategy Employed for the Copenhagen Metro[C]// Reducing Risk in Tunnel Design and Construction: Proc. Intern. Conf. Basel, December 141. 1998, 151.

[133] ESKESEN S D, TENGBORG P, KAMPMANN J, et al. Guidelines for tunnelling risk management: international tunnelling association, working group No. 2[J]. Tunnelling and underground space technology, 2004, 19(3):217-237.

[134] GUO J, LAO Z, HOU M, et al. Mechanical fault time series prediction by using EFMSAE-LSTM neural network[J]. Measurement, 2021, 173:108566.

[135] HAMIDI J K, SHAHRIAR K, REZAI B, et al. Performance prediction of hard rock TBM using Rock Mass Rating (RMR) system[J]. Tunnelling and Underground Space Technology, 2010, 25(4):333-345.

[136] HAN H, GAO X. Fault prediction of shield machine based on rough set and BP neural network[C]// 2017 4th International Conference on Information Science and Control Engineering (ICISCE). IEEE, 2017:994-998.

[137] HYUN K C, MIN S, CHOI H, et al. Risk analysis using fault-tree analysis (FTA) and analytic hierarchy process (AHP) applicable to shield TBM tunnels[J]. Tunnelling and underground space technology, 2015, 49:121-129.

[138] KAMPMANN J, ESKESEN S D, SUMMERS J W. Risk assessment helps select the contractor for the Copenhagen Metro System[C]// Proceedings of the world tunnel congress. 1998, 98:123-128.

[139] KHADEMI H J, SHAHRIAR K, REZAI B, et al. Risk assessment based selection of rock TBM for adverse geological conditions using Fuzzy-AHP[J]. Bulletin of engineering geology and the environment, 2010, 69:523-532.

[140] KIM J, KIM C, KIM G, et al. Probabilistic tunnel collapse risk evaluation model using analytical hierarchy process (AHP) and Delphi survey technique[J]. Tunnelling and Underground Space Technology, 2022, 120: 104262.

[141] KIM T H, KWAK N S, KIM T K, et al. A TBM data-based ground prediction using deep neural network[J]. Journal of Korean Tunnelling and Underground Space Association, 2021, 23(1): 13-24.

[142] KOHESTANI V R, BAZARGANLARI M R, ASGARI M J. Prediction of maximum surface settlement caused by earth pressure balance shield tunneling using random forest[J]. Journal of AI and Data Mining, 2017, 5(1): 127-135.

[143] KOLIC D. Risk analysis for design and construction aspects of Mala Kapela tunnel[M] // Reclaiming The Underground Space-Volume 1. London: Routledge, 2022: 513-519.

[144] LEE C J, WU B R, CHEN H T, et al. Tunnel stability and arching effects during tunneling in soft clayey soil[J]. Tunnelling and Underground Space Technology, 2006, 21(2): 119-132.

[145] LIU J, DU Z, MA L, et al. Identification and assessment of subway construction risk: an integration of AHP and experts grading method[J]. Advances in Civil Engineering, 2021(1): 6661099.

[146] MAHDEVARI S, SHAHRIAR K, YAGIZ S, et al. A support vector regression model for predicting tunnel boring machine penetration rates[J]. International Journal of Rock Mechanics and Mining Sciences, 2014, 72: 214-229.

[147] MAHMOODZADEH A, MOHAMMADI M, HASHIM IBRAHIM H, et al. Machine learning forecasting models of disc cutters life of tunnel boring machine[J]. Automation in Construction, 2021, 128: 103779.

[148] MENG G, YE Y, WU B, et al. Risk assessment of shield tunnel construction in karst strata based on fuzzy analytic hierarchy process and cloud model[J]. Shock and Vibration, 2021, 2021(1): 7237136.

[149] PEARL J. Fusion, propagation, and structuring in belief networks[J]. Artificial Intelligence, 1986, 29(3): 241-288.

[150] POURTAGHI A, LOTFOLLAHI-YAGHIN M A. Wavenet ability assessment in comparison to ANN for predicting the maximum surface settlement caused by tunneling[J]. Tunnelling and Underground Space Technology, 2012, 28: 257-271.

[151] SAATY T L. The analytic hierarchy process (AHP)[J]. The Journal of the Operational Research Society, 1980, 41(11): 1073-1076.

[152] SALAZAR LEDEZMA G F. Stochastic and economic evaluation of adaptability in tunneling design and construction[D]. Cambridge: Massachusetts Institute of Technology, 1983.

[153] SHI M, SUN W, ZHANG T, et al. Geology prediction based on operation data of TBM: Comparison between deep neural network and soft computing methods[C]//2019 1st International Conference on Industrial Artificial Intelligence (IAI). IEEE, 2019: 1-5.

[154] SOUSA R L. Risk assessment in tunnels using Bayesian Networks[J]. Innovative Modelling in Geomechanics, CRC Press, London, 2012: 211-244.

[155] ŠPAČKOVÁ O, STRAUB D. Dynamic Bayesian network for probabilistic modeling of tunnel excavation processes[J]. Computer-Aided Civil and Infrastructure Engineering, 2013, 28(1): 1-21.

[156] STACK B. Handbook of mining and tunnelling machinery[M]. Chichester: John Wiley & Sons, 1982.

[157] STURK R, OLSSON L, JOHANSSON J. Risk and decision analysis for large underground projects, as applied to the Stockholm ring road tunnels[J]. Tunnelling and Underground Space Technology, 1996, 11(2): 157-164.

[158] SUWANSAWAT S, EINSTEIN H H. Artificial neural networks for predicting the maximum surface settlement caused by EPB shield tunneling[J]. Tunnelling and Underground Space Technology, 2006, 21(2): 133-150.

[159] WANG Y, SU J, ZHANG S, et al. A Dynamic Risk Assessment Method for Deep-Buried Tunnels Based on a Bayesian Network[J]. Geofluids, 2020, 2020(1): 8848860.

[160] XU H, ZHOU J, ASTERIS P G, et al. Supervised machine learning techniques to the prediction of tunnel boring machine penetration rate[J]. Applied Sciences, 2019, 9(18): 3715.

[161] YANG H Q, SONG K L, ZHOU J Y. Automated recognition model of geomechanical information based on operational data of tunneling boring machines[J]. Rock Mechanics and Rock Engineering, 2022, 55(3): 1499-1516.

[162] ZHANG P, CHEN R P, WU H N. Real-time analysis and regulation of EPB shield steering using Random Forest[J]. Automation in Construction, 2019, 106: 102860.

[163] 国家标准局. 企业职工伤亡事故分类标准: GB 6441—86[S]. 北京: 中国标准出版社, 1987.

[164] 国家能源局. 水工隧洞设计规范: NB/T 10391—2020[S]. 北京: 中国水利水电出版社, 2021.

[165] 国家铁路局. 铁路隧道设计规范(2024年局部修订): TB 10003—2016[S]. 北京: 中国铁道出版社, 2017.

[166] 国家铁路局. 铁路瓦斯隧道技术规范: TB 10120—2019[S]. 北京: 中国铁道出版社, 2019.

[167] 中华人民共和国交通运输部. 2023年交通运输行业发展统计公报[R]. 北京: 交通运输

部,2024.

[168] 中华人民共和国交通运输部.公路隧道设计规范 第一册 土建工程:JTG 3370.1—2018[S].北京:人民交通出版社股份有限公司,2019.

[169] 上海市住房和城乡建设管理委员会.城市轨道交通设计规范:DG/TJ08-109—2017[S].上海:同济大学出版社,2017.

[170] 中国人民共和国铁道部.铁路隧道设计规范:TB 10003—2005[S].北京:中国铁道出版社,2005.

[171] 中国铁路总公司.铁路建设工程风险管理技术规范:Q/CR 9006—2014[S].北京:中国铁道出版社,2015.

[172] 中国铁路总公司.铁路隧道超前地质预报技术规程:Q/CR 9217—2015[S].北京:中国铁路总公司,2015.

[173] 中华人民共和国国务院公报.生产安全事故报告和调查处理条例[Z].北京:中华人民共和国国务院,2007.

[174] 中华人民共和国交通运输部.公路工程地质勘察规范:JTG C20—2011[S].北京:人民交通出版社,2011.

[175] 中华人民共和国交通运输部.公路工程质量检验评定标准 第一册 土建工程:JTG F80/1—2017[S].北京:人民交通出版社股份有限公司,2018.

[176] 中华人民共和国交通运输部.公路工程施工安全技术规范:JTG F90—2015[S].北京:人民交通出版社股份有限公司,2015.

[177] 中华人民共和国交通运输部.公路瓦斯隧道设计与施工技术规范:JTG/T 3374—2020[S].北京:人民交通出版社股份有限公司,2020.

[178] 中华人民共和国交通运输部.公路隧道施工技术规范:JTG/T 3660—2020[S].北京:人民交通出版社股份有限公司,2020.

[179] 中华人民共和国住房和城乡建设部,中华人民共和国国家质量监督检验检疫总局.水利水电工程地质勘察规范(2022年版):GB 50487—2008[S].北京:中国计划出版社,2009.

[180] 中华人民共和国住房和城乡建设部.盾构法开仓及气压作业技术规范:CJJ 217—2014[S].北京:中国建筑工业出版社,2014.

[181] 中华人民共和国住房和城乡建设部.地下工程防水技术规范:GB 50108—2008[S].北京:中国计划出版社,2009.

[182] 中华人民共和国住房和城乡建设部.地铁设计规范:GB 50157—2013[S].北京:中国建筑工业出版社,2014.

[183] 中华人民共和国住房和城乡建设部.水力发电工程地质勘察规范:GB 50287—2016[S].北京:中国计划出版社,2017.

[184] 中华人民共和国住房和城乡建设部. 盾构法隧道施工及验收规范：GB 50446—2017[S]. 北京：中国建筑工业出版社，2017.

[185] 中华人民共和国住房和城乡建设部. 城市轨道交通地下工程建设风险管理规范：GB 50652—2011[S]. 北京：中国建筑工业出版社，2012.

[186] 中华人民共和国住房和城乡建设部. 城市轨道交通工程监测技术规范：GB 50911—2013[S]. 北京：中国建筑工业出版社，2014.

[187] 中华人民共和国住房和城乡建设部. 工程岩体分级标准：GB/T 50218—2014[S]. 北京：中国计划出版社，2015.

[188] 央视国际. 南京地铁工地塌陷引发爆炸[EB/OL].（2007-2-6）[2024-05-08]. http://discovery.cctv.com/20070206/100897_1.shtml.

[189] 央视国际. 南京地铁工地坍塌原因查明 系土层受浸软化所致[EB/OL].（2007-4-5）[2024-05-08]. http://news.cctv.com/china/20070405/100157.shtml.

[190] 水泥网. 南京2号线地铁施工频出事故[EB/OL].（2007-5-11）[2024-05-08]. https://www.ccement.com/news/content/1120083.html.

[191] 筑龙路桥. 惠罗高速公路在建隧道坍塌4人死亡[EB/OL].（2014-5-22）[2024-05-08]. https://bbs.zhulong.com/102020_group_3000015/detail19189712/.

[192] 隧道施工在线. 隧道常见灾害与防治技术（下）[EB/OL].（2017-5-22）[2024-05-21]. https://www.sohu.com/a/142668064_766131.

[193] 土木在线论坛. 94%岩爆区的隧道怎么破，第一次想用"骇人"来形容！[EB/OL].（2017-11-22）[2024-06-12]. https://bbs.co188.com/thread-9683639-1-1.html.

[194] 搜狐网. 乐业隧道坍塌事故结案：现有技术难以完全查明的特殊不良地质灾害！[EB/OL].（2021-1-11）[2024-06-12]. https://www.sohu.com/a/443910531_99933679.

[195] 安全管理网. 兰新铁路小平羌隧道"4.20"坍塌事故[EB/OL].（2018-12-04）[2024-06-05]. https://www.safehoo.com/Case/Case/Collapse/201812/1545853.shtml.